全国高职高专规划教材·财经系列

经济学应用基础

主　编　许开录
副主编　黄肃新　王霖琳
　　　　仇文君
参　编　奚　刚　文莉菲
　　　　张军奎　张想明
主　审　高　强

内 容 简 介

本书立足我国高等职业技术教育的特点特色,着眼培养高层次应用型、技能型人才的需要,深入浅出地阐述了现代西方经济学的有关基本理论、基本原理及其在人们现实生活中的应用。全书共含 16 个模块,包括微观经济和宏观经济两部分。微观经济部分主要介绍市场供求理论及其应用,消费者的行为理论及其应用,厂商的生产理论、成本理论与均衡理论及其应用,生产要素的价格决定理论及其应用、市场失灵与微观经济政策等;宏观经济部分主要介绍国民收入的核算与决定理论、就业理论、通货膨胀理论、经济周期理论、经济增长理论、国际经济理论及其应用、货币市场与宏观经济政策等。

本书紧紧围绕高职经管类专业学生的知识、能力、素质目标,通过引导启示、理论诠释与案例研讨,引导学生从理论与实践的结合上进行探究式学习与理性化思考,在此基础上,有质疑、有批判地吸收、借鉴现代西方经济学的合理成分,以为后续专业核心课程的学习与相应职业行为能力的强化提升奠定良好的基础。

本书结构严谨,体系完整,脉络清晰,通俗易懂,实用性、针对性、可操作性强,可作为高职高专院校经管类、财经类、营销类、贸易类、物流类专业学生学习经济知识、建构理性思维的入门教材。

图书在版编目(CIP)数据

经济学应用基础/许开录主编. —北京:北京大学出版社,2011.8
(全国高职高专规划教材·财经系列)
ISBN 978-7-301-10844-4

Ⅰ.①经… Ⅱ.①许… Ⅲ.①经济学-高等职业教育-教材 Ⅳ.①F0

中国版本图书馆 CIP 数据核字(2011)第 173108 号

书　　　名:	经济学应用基础
著作责任者:	许开录　主编
责 任 编 辑:	吴坤娟
标 准 书 号:	ISBN 978-7-301-10844-4/F·2859
出 版 发 行:	北京大学出版社
地　　　址:	北京市海淀区成府路 205 号　100871
网　　　址:	http://www.pup.cn
电子信箱:	zyjy@pup.cn
电　　　话:	邮购部 62752015　发行部 62750672　编辑部 62756923　出版部 62754962
印　刷　者:	三河市北燕印装有限公司
经　销　者:	新华书店
	787 毫米×1092 毫米　16 开本　22.25 印张　486 千字
	2011 年 8 月第 1 版　2020 年 9 月第 4 次印刷
定　　　价:	42.00 元

未经许可,不得以任何方式复制或抄袭本书之部分或全部内容。
版权所有,侵权必究
举报电话:(010)62752024　电子信箱:fd@pup.pku.edu.cn

前　言

　　高职高专教育是我国高等教育的重要组成部分，其目标任务是培养生产、建设、管理与服务一线需要的高层次应用型、技能型、创业型人才，要求所培养的学生应在掌握必要专业基础理论与知识的基础上，重点掌握从事本专业相关职业岗位工作所必需的工作过程知识，以为学生专业能力、方法能力与社会能力的强化提升提供相应的知识架构。为此，开发的教材不能只是学科知识的系统传授，要体现高职教育的特点特色与目标定位，要突出应用性、针对性、实践性与差异性，避免"全"而"深"的面面俱到，专业基础理论要以应用为目的，以必须、够用为尺度，要根据教育部16号文件精神和各高职院校的生源差异，从教育的本质出发，通过校企合作，开发基于职业体系而非学科体系的特色教材，使学生通过课程学习，尽可能获取与未来职业工作有关的知识、经验与技能，最终实现自身能力的拓展与提升。

　　本书是笔者在对西方经济学理论体系进行系统学习和深入研究的基础上，针对特定教育对象的实际需要加工提炼、整合编纂而成的通俗教材，是西方经济学基本理论与分析方法的汇集，也是初学经济学的人们最适宜的简明读本。由北京大学出版社策划并组织有关高职院校多年从事本课程教学、研究的专业教师编写的这本《经济学应用基础》，试图改变传统经济学教材的编写思路，从体系结构到体例安排，编出一部既不同于本科同类教科书又区别于现行高职教科书，即能真正体现高职教育特点和通识课程性质的教学用书。为此，在本书编写过程中，笔者一方面认真学习借鉴前人同类教材的精髓与优点，另一方面，又充分考虑高职院校学生实际，强调内容的实用性、过程的互动性与编排的特色性，突出实用经济学知识的提炼和基本经济理论的诠释，注重与社会生产实践和人们日常生活的紧密结合，倡导案例教学与启发引导，着眼学生综合素质与独立分析问题、解决问题能力的培养，力求做到实用、有用，简明通俗。其中涉猎的有关经济概念、专业术语、经济范畴和经典理论在不违背原作者本意的前提下，用我们民族的、大众的文化思维、语言习惯进行了创作整合，同时注意与国际通用经济范畴、经济语言、经济工具的接轨。所以，本书的突出特点是重点明确，详略适中，体系结构可分可合，教学内容可增可减，总体上微观经济所占比重大，宏观经济所占比重小。各学校可根据自己的教学时数和专业培养目标进行灵活取舍。

　　本书由甘肃农业职业技术学院的许开录拟定编写提纲并主编，由中国海洋大学管理学院博导高强教授担任主审。撰稿的具体分工是：甘肃农业职业技术学院的许开录编写模块一、六、九；甘肃工业职业技术学院的奚刚编写模块二、十五；乌兰察布职业学院的仇文君编写模块三、十一；甘肃交通职业技术学院的张想明编写模块四、十二；陕西航空职业技术学院的张军奎编写模块五、十三；甘肃农业职业技术学院的文莉菲编写模块七、十六；

南昌职业学院的黄肃新编写模块八、十；大庆职业学院的王霖琳编写模块十四。最后由许开录统改、定稿。本书在编写过程中，编者参阅和采撷了大量国内外同类教材和专家学者的研究成果，恕不能一一列出，在此谨向各位作者致谢！中国海洋大学高职学院的李晓静院长、惠州学院的尤玉平教授以及各参编老师所在学校对本书的写作及顺利出版给予了大力支持，提出了许多宝贵意见，在此一并表示感谢！

　　本书既可作为高职院校经管类、财经类、营销类、物流类、贸易类专业学生的教材，也可作为从事经济、管理工作的各类专业技术人员的培训教材。同时，对于有兴趣学习经济学知识的人们，也具有一定的参考价值。由于经济学内容浩繁芜杂，流派众多，理论性、系统性很强，因此，如何将其精深理论转换为适合高职学生特点的人文素养和职业能力正处在实践探索之中，加之我们水平有限，书中缺点错误在所难免，恳请同行及广大读者批评指正。

编　者

2011 年 7 月

目　　录

模块一　经济学入门 …………… (1)
　单元一　走进经济学　认知
　　　　　经济学 ………………… (2)
　　　一、经济学的定义及其分类 …… (3)
　　　二、微观经济学和宏观经济学 … (5)
　单元二　资源的稀缺性及其配置
　　　　　方式 …………………… (7)
　　　一、资源及资源的稀缺性 ……… (8)
　　　二、资源配置与机会成本 ……… (9)
　　　三、资源的配置方式 …………… (10)
　单元三　经济学的研究对象与
　　　　　研究方法 ………………… (13)
　　　一、经济学的研究对象 ………… (14)
　　　二、经济学的研究方法 ………… (14)
　研讨案例 ………………………… (15)
　总结与回顾 ……………………… (15)
　思考与练习 ……………………… (16)

模块二　市场供求理论及其应用 (17)
　单元一　市场与市场机制 ………… (18)
　　　一、市场与市场体系 …………… (19)
　　　二、市场机制的概念与内容 … (20)
　　　三、市场机制的特点与功能 … (20)
　　　四、市场机制的作用原理
　　　　　分析 …………………… (22)
　单元二　需求与需求规律 ………… (23)
　　　一、需求的概念 ………………… (24)
　　　二、需求表和需求曲线 ………… (24)
　　　三、影响商品需求的因素 …… (25)
　　　四、需求函数 ………………… (26)
　　　五、需求曲线的例外 …………… (27)
　　　六、需求量变化和需求水平
　　　　　变化的区别 …………… (27)

　单元三　供给与供给规律 ………… (29)
　　　一、供给的概念 ………………… (30)
　　　二、供给表和供给曲线 ………… (30)
　　　三、影响商品供给的因素 …… (31)
　　　四、供给函数 ………………… (32)
　　　五、供给曲线的例外 …………… (32)
　　　六、供给量的变化与供给水平
　　　　　变化的区别 …………… (33)
　单元四　市场均衡及其均衡价格
　　　　　的决定 ………………… (34)
　　　一、市场均衡的概念 …………… (35)
　　　二、市场均衡价格的决定 …… (35)
　　　三、市场均衡价格的变动 …… (36)
　　　四、均衡价格模型的应用 …… (37)
　单元五　弹性理论及其应用 ……… (39)
　　　一、需求价格弹性及其应用 … (40)
　　　二、需求交叉价格弹性及其
　　　　　应用 …………………… (41)
　　　三、需求的收入弹性及其
　　　　　应用 …………………… (42)
　　　四、供给的价格弹性 …………… (43)
　　　五、蛛网理论 ………………… (44)
　研讨案例 ………………………… (45)
　总结与回顾 ……………………… (46)
　思考与练习 ……………………… (46)

**模块三　消费者行为理论及其
　　　　应用*** ………………… (48)
　单元一　基数效用理论及其
　　　　　应用 …………………… (49)
　　　一、效用的含义 ………………… (50)
　　　二、基数效用理论 ……………… (50)
　　　三、边际效用递减规律及其

I

　　　　应用 …………………………（51）
　　四、消费者均衡 ………………（53）
单元二　序数效用理论及其
　　　　应用 …………………………（56）
　　一、序数效用理论 ………………（57）
　　二、无差异曲线与商品的边际
　　　　替代率 ………………………（57）
　　三、消费者的预算线 ……………（60）
　　四、消费者均衡原理及其
　　　　应用 …………………………（61）
研讨案例 ………………………………（63）
总结与回顾 ……………………………（65）
思考与练习 ……………………………（65）

模块四　厂商的生产理论及其
　　　　　应用 …………………………（66）

单元一　厂商与生产 …………………（67）
　　一、厂商与其生产目标 …………（68）
　　二、生产函数 ……………………（68）
　　三、短期和长期 …………………（70）
单元二　厂商的短期生产函数
　　　　及应用 ………………………（71）
　　一、总产量、平均产量和边际
　　　　产量 …………………………（72）
　　二、边际收益递减规律 …………（72）
　　三、总产量、平均产量和边际
　　　　产量曲线 ……………………（73）
　　四、生产投入的三阶段理论及其
　　　　合理范围的确定 ……………（75）
单元三　厂商的长期生产函数
　　　　及应用 ………………………（76）
　　一、等产量曲线 …………………（77）
　　二、生产要素的边际替代率 ……（78）
　　三、等成本线 ……………………（80）
　　四、生产要素的最优搭配（生产者
　　　　均衡） ………………………（80）
研讨案例 ………………………………（83）
总结与回顾 ……………………………（84）
思考与练习 ……………………………（85）

模块五　厂商的成本理论及其
　　　　　应用 …………………………（86）

单元一　厂商的成本及种类 …………（87）
　　一、成本的概念 …………………（88）
　　二、成本的种类 …………………（88）
单元二　短期成本函数及其
　　　　应用 …………………………（90）
　　一、短期总成本、总固定成本、
　　　　总可变成本 …………………（91）
　　二、短期平均成本与短期边际
　　　　成本 …………………………（91）
　　三、短期成本曲线及其变动
　　　　规律 …………………………（92）
单元三　长期成本函数及其
　　　　应用 …………………………（95）
　　一、长期总成本 …………………（96）
　　二、规模经济与长期平均
　　　　成本 …………………………（96）
　　三、长期边际成本 ………………（98）
单元四　厂商利润最大化的决策
　　　　原理及其应用 ………………（99）
　　一、厂商的收益及收益
　　　　曲线 …………………………（100）
　　二、利润最大化的决策原理
　　　　及其应用 ……………………（101）
研讨案例 ………………………………（102）
总结与回顾 ……………………………（103）
思考与练习 ……………………………（103）

模块六　厂商的均衡理论及其
　　　　　应用 …………………………（105）

单元一　市场结构类型 ………………（106）
　　一、划分市场结构的标准 ………（107）
　　二、市场结构类型 ………………（107）
单元二　完全竞争市场的厂商
　　　　均衡 …………………………（111）
　　一、需求曲线和收益曲线 ………（112）
　　二、完全竞争厂商的短期
　　　　均衡 …………………………（114）

三、完全竞争厂商的长期
　　　　均衡 …………………… (116)
　　四、经济学家对完全竞争市场
　　　　的评价 ………………… (117)

单元三　完全垄断市场的厂商
　　　　均衡 …………………… (118)
　　一、需求曲线和收益曲线 …… (119)
　　二、完全垄断市场的短期
　　　　均衡 …………………… (120)
　　三、垄断厂商的长期均衡 …… (121)
　　四、价格歧视 …………………… (122)
　　五、经济学家对完全垄断市场
　　　　的评价 ………………… (123)

单元四　垄断竞争市场的厂商
　　　　均衡 …………………… (124)
　　一、需求曲线和收益曲线 …… (125)
　　二、垄断竞争厂商的短期
　　　　均衡 …………………… (126)
　　三、垄断竞争厂商的长期
　　　　均衡 …………………… (126)
　　四、经济学家对垄断竞争市场
　　　　的评价 ………………… (127)
　　五、非价格竞争 ……………… (127)

单元五　寡头垄断市场的厂商
　　　　均衡 …………………… (128)
　　一、寡头垄断市场上厂商的
　　　　均衡 …………………… (129)
　　二、经济学家对寡头垄断市场
　　　　的评价 ………………… (131)

研讨案例 ……………………………… (132)
总结与回顾 …………………………… (132)
思考与练习 …………………………… (133)

模块七　生产要素价格决定理论
　　　　及其应用 ……………… (134)
单元一　生产要素的供给、需求及
　　　　配置的均衡 …………… (135)
　　一、生产要素及其收入
　　　　分配 …………………… (136)

　　二、生产要素的需求与
　　　　供给 …………………… (137)
　　三、生产要素配置的均衡 …… (139)

单元二　工资理论及其应用 …… (140)
　　一、劳动的供给与需求 ……… (141)
　　二、工资变动的收入效应和
　　　　替代效应 ……………… (142)
　　三、劳动价格工资的决定 …… (143)

单元三　利息理论及其应用 …… (146)
　　一、资本的供给与需求 ……… (147)
　　二、资本价格利息率的
　　　　决定 …………………… (148)

单元四　地租理论及其应用 …… (150)
　　一、土地的供给与需求 ……… (151)
　　二、土地价格地租的决定 …… (151)

单元五　利润理论 ……………… (153)
　　一、正常利润 ………………… (154)
　　二、超额利润 ………………… (155)

单元六　洛伦茨曲线与基尼
　　　　系数 …………………… (157)
　　一、洛伦茨曲线及其应用 …… (158)
　　二、基尼系数及其应用 ……… (159)

研讨案例 ……………………………… (160)
总结与回顾 …………………………… (161)
思考与练习 …………………………… (161)

模块八　市场失灵与微观经济
　　　　政策 …………………… (162)
单元一　市场与政府 …………… (163)
　　一、自由与干预 ……………… (164)
　　二、市场失灵 ………………… (165)
　　三、政府的局限性 …………… (168)

单元二　公共产品与社会
　　　　成本 …………………… (170)
　　一、政府与城市交通 ………… (171)
　　二、公共产品的供给 ………… (172)
　　三、外部影响与社会成本 …… (174)
　　四、政府的政策 ……………… (175)

单元三　政府对产业的管制 …… (177)

一、竞争、垄断与公共福利 …(178)
二、政府的产业结构政策 …(179)
三、自由与管制 …(180)
研讨案例 …(181)
总结与回顾 …(181)
思考与练习 …(181)

模块九 国民收入的核算与决定理论 …(182)
单元一 国民收入及其核算 …(183)
一、国民收入的概念与国民收入的经济总量指标 …(184)
二、国内生产总值的核算方法 …(186)
三、名义GDP和实际GDP …(187)
单元二 国民收入循环流程 …(189)
一、国民经济的内部环流 …(190)
二、国民收入环流的均衡 …(191)
三、注入和漏出 …(192)
单元三 消费、储蓄与投资 …(194)
一、消费及消费函数 …(195)
二、储蓄及储蓄函数 …(197)
三、投资及投资函数 …(198)
单元四 国民收入的决定理论及其应用 …(200)
一、简单的国民收入决定模型 …(201)
二、总需求—总供给模型 …(203)
三、总需求—总供给模型的应用 …(206)
单元五 乘数理论及其应用 …(208)
一、投资乘数及其应用 …(209)
二、预算乘数及其应用 …(210)
研讨案例 …(211)
总结与回顾 …(212)
思考与练习 …(213)

模块十 就业理论及其应用 …(214)
单元一 就业与失业 …(215)

一、充分就业的定义 …(216)
二、失业与失业率 …(216)
三、失业的种类及原因 …(218)
四、失业的治理对策 …(220)
单元二 就业理论及其应用 …(221)
一、凯恩斯主义前的传统就业理论 …(222)
二、凯恩斯的就业理论及其应用 …(222)
研讨案例 …(224)
总结与回顾 …(224)
思考与练习 …(225)

模块十一 通货膨胀理论及其应用 …(226)
单元一 通货膨胀及其成本 …(227)
一、通货膨胀的定义 …(228)
二、通货膨胀率与价格指数 …(228)
三、通货膨胀的成本 …(229)
单元二 通货膨胀产生的原因及其影响 …(231)
一、通货膨胀产生的原因 …(232)
二、通货膨胀的影响 …(234)
单元三 通货膨胀与失业的关系 …(238)
一、通货膨胀与失业的关系 …(239)
二、菲利普斯曲线及其应用 …(239)
三、治理通货膨胀的基本对策 …(240)
研讨案例 …(241)
总结与回顾 …(242)
思考与练习 …(242)

模块十二 经济周期理论及其应用* …(243)
单元一 经济周期的定义及其类型 …(244)

一、经济周期的概念……（245）
　　二、经济周期的类型……（246）
单元二　凯恩斯及其以前的经济
　　　　周期理论……（248）
　　一、凯恩斯以前的经济周期
　　　　理论……（248）
　　二、凯恩斯的经济周期
　　　　理论……（251）
单元三　汉森-萨缪尔森模型
　　　　及其应用……（252）
　　一、汉森-萨缪尔森模型的经济
　　　　内涵……（253）
　　二、加速原理……（253）
　　三、汉森-萨缪尔森模型
　　　　分析……（254）
　　四、经济周期的上限和
　　　　下限……（255）
研讨案例……（257）
总结与回顾……（258）
思考与练习……（258）

模块十三　经济增长理论及其
　　　　　　应用*……（259）
单元一　经济增长的定义与
　　　　效应……（260）
　　一、经济增长的概念……（261）
　　二、经济增长的效应……（261）
单元二　经济增长的代表性理论
　　　　及其应用……（262）
　　一、经济增长模型及其
　　　　应用……（263）
　　二、库兹涅茨的经济增长理论
　　　　及其应用……（266）
　　三、经济增长因素分析理论
　　　　及其应用……（268）
　　四、零经济增长理论及其
　　　　应用……（270）
研讨案例……（272）
总结与回顾……（273）

思考与练习……（273）

模块十四　货币市场……（274）
单元一　金融制度概述……（275）
　　一、中央银行……（276）
　　二、商业银行……（276）
　　三、中央银行与商业银行之间的
　　　　制度规定……（277）
　　四、金融市场……（278）
单元二　货币的供给与需求……（279）
　　一、货币及其职能……（280）
　　二、货币供给与存款创造……（280）
　　三、货币需求与流动偏好
　　　　陷阱……（282）
单元三　货币市场的均衡……（286）
　　一、利息率的决定……（287）
　　二、利息率与国民收入……（288）
　　三、货币供给对产出、就业和
　　　　价格的影响程度……（289）
研讨案例……（290）
总结与回顾……（291）
思考与练习……（291）

模块十五　宏观经济政策及其
　　　　　　应用……（293）
单元一　宏观经济政策目标……（294）
　　一、需求管理……（295）
　　二、宏观经济政策目标……（295）
单元二　财政政策及其应用……（298）
　　一、财政政策的功能作用及
　　　　特点……（299）
　　二、财政政策工具及应用……（300）
　　三、财政政策的局限性……（303）
单元三　货币政策及其应用……（305）
　　一、货币政策的含义……（305）
　　二、货币政策措施及其
　　　　应用……（306）
　　三、货币政策的局限性……（309）
单元四　宏观经济政策的协调
　　　　与配合应用……（311）

一、财政政策与货币政策的
　　　　搭配 …………………(311)
　　二、相机抉择的方法…………(312)
　研讨案例 ……………………………(313)
　总结与回顾 …………………………(314)
　思考与练习 …………………………(315)
模块十六　国际经济理论* ………(316)
　单元一　国际贸易的基本
　　　　　理论 …………………(317)
　　一、绝对优势理论 ……………(318)
　　二、相对优势理论 ……………(319)
　　三、要素禀赋理论 ……………(320)
　　四、对外贸易利益的计算 ……(320)
　　五、贸易保护理论 ……………(322)
　单元二　资源要素的国际
　　　　　流动 …………………(325)

　　一、劳动力的国际流动………(326)
　　二、资本的国际流动…………(327)
　　三、国际技术转移 ……………(329)
　单元三　国际收支 …………………(330)
　　一、国际收支的概念 …………(331)
　　二、国际收支平衡表…………(331)
　　三、国际收支的调节 …………(335)
　单元四　汇率 ………………………(338)
　　一、汇率及其标价 ……………(339)
　　二、汇率制度 …………………(339)
　　三、汇率变动对经济的
　　　　影响 …………………(340)
　研讨案例 ……………………………(342)
　总结与回顾 …………………………(342)
　思考与练习 …………………………(343)
主要参考文献 ………………………(344)

模块一　经济学入门

大家可能不知道什么是经济学，但当你打开电视、翻开报纸，你会看到关于经济状况的报道；当你出门办事、外出旅游，你一定碰到过令人心焦的交通堵塞；当你去听某大牌歌星的专场演唱会，你会发现门票早已被抢光而且价格贵得惊人；当你和朋友一起聚会聊天，你们自觉不自觉地会谈到近期的房价走势、股市行情。

事实上，我们每个人都处在一定的社会经济环境中，都会在日常的社会生产、生活中遇到大量与经济学有关的问题。比如，个人如何购物消费？家庭如何投资理财？企业如何扩大生产？政府如何控制失业？为什么会存在社会贫富差距？为什么会出现企业扩张兼并？为什么货币会贬值？为什么利息要上税？为什么中国会频调银行利率？为什么有些人年薪上百万，有些人却找不到工作？诸如此类的问题，我们都能从经济学中找到答案。现在我们就带领大家一起走进经济学。

单元一　走进经济学　认知经济学

> **知识目标**
> 认知理解经济学的本质内涵,了解经济学的分类。
>
> **能力目标**
> 通过本节的学习,你应该能够:
> 1. 对经济学的本质及分类有正确认知;
> 2. 学会运用经济学的基础知识和理性思维分析解决现实经济问题。

引导启示

有三个经济学家和三个数学家一起乘火车去旅行,数学家讥笑经济学家没有真才实学,弄出的学问还摆了一堆诸如"人都是理性的"之类的假设条件;而经济学家则笑话数学家们过于迂腐,脑子不会拐弯,缺乏理性选择。最后经济学家和数学家打赌看谁完成旅行花的钱最少,三个数学家于是每个人买了一张票上车,而三个经济学家却只买了一张火车票。列车员来查票时,三个经济学家就躲到了厕所里,列车员敲厕所门查票时,经济学家们从门缝里递出一张票说,买了票了,就这样蒙混过关了。三个数学家一看经济学们这样就省了两张票钱,很不服气,于是在回程时也如法炮制,只买了一张票,可三个经济学家一张票也没有买就跟着上了车。数学家们心想,一张票也没买,看你们怎么混过去。等到列车员开始查票的时候,三个数学家也像经济学家们上次一样,躲到厕所里去了,而经济学家们却坐在座位上没动。过了一会儿,厕所门外响起了敲门声,并传来了查票的声音。数学家们乖乖地递出车票,却不见查票员把票递回来,原来是经济学家们冒充查票员,把数学家们的票骗走,躲到另外一个厕所去了。数学家们最后还是被列车员查到了,乖乖的补了三张票,而经济学家们却只掏了一张票的钱,就完成了这次往返旅行。这个故事经常被经济学教授们当作笑话讲给刚入门的大学生听,以此来激发学生们学习经济学的兴趣。

相关知识

一、经济学的定义及其分类

(一) 经济学的定义

经济学是一个内容相当广泛而松散的概念,迄今为止,世界上还不存在一个被所有经济学家一致认同的定义。不同的历史时期,有不同的经济学家对社会经济问题进行考察研究,自会有不同的认识和观点。由于物质资料的生产、交换、分配、消费活动,即所谓的经济活动,是人类维系与谋求自身生存、发展的最基本的社会活动。所以,经济学可以被看做是研究社会经济关系和经济活动规律及其应用的学科的总称。

1934年罗宾斯曾给出一个关于经济学的定义:经济学是研究人类行为的一门科学,它考察人们如何处理目的与具有多种用途的稀缺性手段之间的关系。

具有类似思想的另一种定义是:经济学是研究个人、企业、政府以及其他社会经济组织如何在社会内进行选择,以及这些选择如何决定社会稀缺资源的使用的科学。这个定义较为普遍,在一些常用的教科书中都能见到。

以上两种表述尽管存在一定差异,但他们却有一个最大的共同点:即都强调资源的稀缺性问题。也就是说,无论是个人、企业,还是政府,所拥有的资源总是有限的,因此,如何将稀缺的资源在商品和劳务的生产以及商品和劳务的消费中进行最有效的分配,就成为经济学研究的不变课题。于是,便引申出我们的结论:经济学是一门研究稀缺资源如何在多种用途之间进行合理配置和有效利用的科学。这一定义表明:经济学的逻辑前提是资源的稀缺,它蕴藏着一个重要的概念,即效率。也就是说,经济学的整个逻辑是围绕资源配置和资源利用的效率展开的。资源配置的效率意味着一国合理组织生产和消费,使生产者的生产既没有短缺也没有过剩,消费者的需求也能得到最大的满足;资源利用的效率是指既定的资源如何实现充分利用,使之生产出更多的经济物品。经济学正是通过研究如何提高稀缺资源的利用效率来最大限度地解决有限资源满足人们无限需要的问题(如图1-1所示)。

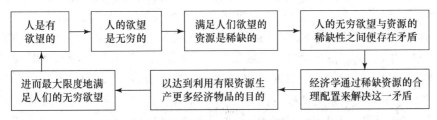

图1-1 人的欲望需求与稀缺资源的矛盾关系

(二) 经济学的分类

随着资本主义商品经济的发展和社会分工的深化,人类经济活动的内容愈来愈复杂、愈来愈丰富,专业分工愈来愈细;同时,各种经济活动之间、经济活动与其他社会活动之间相互依存、相互渗透的联系,也愈来愈紧密。适应这种情况,经济学的研究范围也越来越扩展。一方面,从带有高度概括性的理论经济学中不断分化出带有应用性的、独立的部门经济学、专业经济学等分支学科;另一方面,也出现了经济学科内部各个分支相互交叉的学科,以及经济学科与其他社会科学以至自然科学之间彼此联结的边缘学科。与此同时,随着经济学研究的深化,对分析精确性的要求也愈来愈高,以至出现了研究经济数量分析方法的数量经济学科。另外,为了总结历史经验,为理论研究和政策制定提供系统的历史依据,出现了各种经济发展史学科;为了追溯和总结经济理论本身的发展演变,又产生了经济思想史学科。这样,就在社会科学中逐步形成了一个包罗万象的、门类繁多的经济学科体系。

具体的经济学分类,中外学术界众说纷纭,莫衷一是。但基本可分为以下三类。

1. 理论经济学

理论经济学主要论述经济学的基本概念、基本原理,以及经济运行发展的一般规律,为各个经济学科提供基础理论。如政治经济学、生产力经济学、微观经济学、宏观经济学、国际经济学等。此外,福利经济学也已发展成为理论经济学的一个独立分支。

2. 经济学史

经济学史主要研究人类社会各个历史时期不同国家或地区的经济活动和经济关系发展演变的具体过程及其特殊规律,为总结历史经验和预见未来社会经济发展趋势提供依据,也为研究各个历史时期形成的经济思想、学说、政策提供历史背景。如中国经济史、英国经济史、欧洲经济史、世界经济史、古代经济史、近代经济史、现代经济史等。

3. 应用经济学

应用经济学主要是针对某一生产部门或某个经济领域的经济活动、经济关系及其规律特点而建立起来的专门为本部门、本领域服务的各类应用经济学科。如工业经济学、农业经济学、商业经济学、资源经济学、投资经济学、消费经济学等。同时还包括为行使经济管理职能对其分属的经济业务进行专门考察与总结的有关具体经济学科。如国际贸易、企业管理、财务会计、经济统计、市场营销、财政税收等。

(三) 现代西方经济学

资产阶级经济学从它的产生到现在,经历了重商主义、古典经济学、庸俗经济学和庸俗经济学后这四个阶段。庸俗经济学产生于18世纪末,大致结束于19世纪70年代。在这一时期,西方经济学经历了一次以边际效用学派兴起为代表的重大变动。那时,杰文斯在英国、门格尔在奥地利、瓦尔拉斯在瑞士,顺次建立了英国学派、奥地利学派和洛桑学派。虽然这三个派别的学说并不完全一致,但他们却具有一个重要的共同点:即放弃了亚当·斯密和大卫·李嘉图的劳动价值论,提出了边际效用价值论来与马克思的劳动价值论相对立。

到了1890年,英国剑桥大学教授马歇尔把三个派别的边际效用理论和当时资产阶级经济学的一些其他说法,如供求论、节欲论、生产费用论等综合在一起,构成了一个折中的理论体系。以马歇尔的理论体系为基础,再加上瓦尔拉斯、庇古、克拉克、威克斯迪特等人提出的新论点,形成了以马歇尔和瓦尔拉斯为代表的西方经济思想体系。自19世纪末期以来,以马歇尔和瓦尔拉斯为代表的西方经济学广泛流行于西方世界。马歇尔和瓦尔拉斯等人认为:价格制度不但能使每种生产要素都得到应有的报酬,能使每个消费者得到最大的满足,而且在宏观经济的运行中,能够起着自行调节的作用,以便消除或熨平周期性的经济波动。这套理论企图把资本主义说成是一个理想的社会,把自由放任、国家不干预经济生活的主张解释为最好的政策,宣扬国家对于经济的干预只能使这个社会变坏,而不能使它变得更好。

到了20世纪30年代,由于垄断的日趋严重,商品价格受供求决定的规律受到挑战,完全放任自由的市场能够使资源配置达到最优的理论出现问题,再加上1929年后西方世界经济的大萧条,资本主义社会处于覆灭的危险之中。在此历史背景下,西方国家开始干预经济生活,以解决失业问题和经济萧条的状态。于是,传统的西方经济学已经不能完全适应西方社会的需要。1936年,凯恩斯出版了《就业、利息和货币通论》,在这本书里,凯恩斯宣称:资本主义的自发作用不能保证资源的使用达到充分就业的水平,因此,资本主义国家必须干预经济生活,以解决失业和经济的周期性波动。希克斯又在1939年出版的《价值与资本》一书中对马歇尔的基数效用论进行了修补,提出了序数效用论。第二次世界大战以后,凯恩斯主义的流行又使整个西方经济学体系出现了显著漏洞。传统经济学主张实行自由放任,国家不干预经济生活。而凯恩斯则主张自由放任的市场不能自行解决失业与经济波动的问题,因此,应实行国家干预经济的政策。这样,在西方经济理论体系内部就出现了围绕国家是否应该干预社会经济生活的诸多矛盾和不协调。

鉴于此,以萨缪尔森为首的一些西方经济学家逐渐建立了新古典综合派理论体系。该学派把研究个量问题的微观经济学和考察总量问题的宏观经济学纳入统一经济体系中,宣称传统的自由放任和凯恩斯的国家干预是代表统一理论体系所涉及的两种不同情况,前者的不足可以由后者加以弥补,两种理论相辅相成。这一理论体系在第二次世界大战以后一直居于正统地位,并且在西方经济学界享有较高威信。

但进入到20世纪70年代以后,西方世界出现的经济滞胀,即失业与通货膨胀同时并存的问题,给新古典综合学派的宏观经济学部分又一致命打击。因为,该学派不但无法解释经济滞胀的并存,而且也提不出解决这一问题的对策办法。于是,西方经济学中的其他许多派别,如货币主义、供给学派、新剑桥学派、新奥地利学派、理性预期学派、新制度学派等开始纷纷对新古典综合学派进行抨击和责难,企图以自己的理论在整体或部分上取代新古典综合派。后来的研究,不少西方学者便强调微观与宏观的结合,强调市场配置资源与政府宏观调控的并用,微观经济领域靠市场自发调节,而市场出现失灵时则需要政府的宏观干预。

于是,西方经济学发展到目前,微观与宏观的综合便成为西方学者的共识。现代西方经济学就是指20世纪30年代以来,西方一些有重要影响的经济学家所提出的研究对象、方法、理论观点及政策主张的综合。但这里所说的"西方",并非地理概念,而是社会概念,泛指西欧、北美、日本等发达资本主义国家。"现代"则是指20世纪30年代以来。

二、微观经济学和宏观经济学

(一)微观经济学

微观经济学是经济学的重要组成部分。"微观"一词源于希腊文,意思是"小",因此有人把微观经济学叫做"小经济学"。微观经济学的研究对象是个体经济单位。个体经济单位是指单个消费者、单个家庭、单个厂商和单个市场等。它所研究的是市场经济中的个体经济单位如何进行最优决策,如何进行理性选择的问题,以及这些决策将会受到哪些因素的影响。由于个体经济单位的选择主要受价格的影响,如个人一般根据劳动的价格(工资)决定是否就业,家庭一般根据商品的价格决定是否购买,企业一般根据资金的价格(利率)决定是否贷款等。因此,微观经济学的中心问题便是价格问题,也正是这个原因,微观经济学被称为价格理论。围绕着价格,微观经济学主要考察消费者(个人)、生产者(厂商)选择消费、安排生产、决策投资的行为及其后果,并由此形成了一系列指导生产、消费、决策的科学理论。具体包括供求理论、价格理论、消费者行为理论、生产理论、成本理论、厂商的均衡理论以及生产要素的收入决定理论(分配理论)等。

微观经济学的建立是以一定的假设条件为前提的,但在众多的假设条件中,至少有两个条件是最基本的假设条件。

第一,理性人的假设。这个假设条件也被称为"经济人"的假设条件。"经济人"被假定为经济生活中的一般人的抽象,其本性被假设为自私的、利己的。"经济人"在一切经济生活中的行为都是以利己为动机的,试图以最低的经济代价去追逐个人利益的最大化。一般而论,经济学中通常假定理性的消费者是为了获得最大效用,而理性的生产者则是为了获得最大利润。正如西方经济学的鼻祖亚当·斯密在其巨著《国富论》中讲的那样:"每个人都在力图应用他的资本,来使其生产品能得到最大的价值。一般地说,他并不企图增进公共福利,也不知道他所增进的公共福利为多少。他所追逐的仅仅是他个人的安乐,仅仅是他个人的利益。在这样做时,有一只看不见的手引导他去促进一种目标,而这种目标绝不是他所追逐的东西。由于追逐他自己的利益,他经常促进了社会利益,其效果要比他真正想促进社会利益时所得到的效果为大。"

第二,完全信息的假设。这一假设条件的主要含义是指市场上每一个从事经济活动的个体经济单位或经济主体(即买者和卖者)都对有关情况具有完全的知识和对称的、透明的市场信息,他们知晓市场价格和商品的需求与供给,并对商品本身的特点、特性了如指掌。

(二)宏观经济学

宏观经济学是经济学的另一个重要组成部分。宏观经济学以整个国民经济为视野,以经济活动总过程为研究对象,把整个经济系统作为一个整体,主要考察社会总供给、总需求、国民总收入、物价总水平以及失业就业的总体情况及其相互关系,探讨宏观经济总量的决定及其变动。因此,宏观经济学又被称作"大经济学"。由于宏观经济学以收入和就业分析为中心,因而也被称为收入理论或就业理论。宏观经济学的理论主要包括:国民收入决定理论、就业理论、通货膨胀理论、经济周期理论、经济增长理论和宏观经济政策理论。其中的经济增长理论和经济周期(经济波动)理论是宏观经济学的两个独立分支。

在这里需要说明的是,微观经济学和宏观经济学并不是两种不同的经济理论体系,而是经济学体系中的两个组成部分,二者相互补充,互为前提。微观经济学主要考察既定资源条件下个体经济单位如何根据自身利益进行选择以及选择的后果,而宏观经济学则研究微观经济学中假定不变的资源总量(包括生产要素、经济物品和国民收入等)是如何决定的。

单元二　资源的稀缺性及其配置方式

> **知识目标**
> 认知理解资源及资源的稀缺性,熟悉资源的配置方式。
>
> **能力目标**
> 通过本节的学习,你应该能够:
> 1. 对资源与资源的稀缺性有正确的认知;
> 2. 学会运用机会成本理性配置资源;
> 3. 对不同资源配置方式的优缺点有正确的认知,并能运用市场机制合理配置资源。

引导启示

2010年秋季,上海某演出公司策划了一场歌星演唱会,演唱会拟定在上海万人体育馆内举行。演唱会一旦举行,成本开支几乎是完全可以预算的:歌星及乐队的出场费、招待费(包括餐饮、住宿、交通等开支)、场地租赁费、保安费、工作人员加班费等。

演出公司估计,尽管到时市里要举办韩国电影周活动,但凭借他们所请几位歌星的影响力,出票数有望至少达到6000张。当然,场内位置不同,票价也不同,但按平均票价计算,出票数达到4800张便正好与演唱会的成本持平。因此,演唱会盈利是绝对有把握的。

刚到演出公司实习的经济系大学生周思渊看了演出策划书后有些困惑:每增加一个观众的票价收入是公司的边际收益,这时的边际成本是多少呢?按照MR=MC的原则,理想的观众人数又是多少呢?周思渊百思不得其解,于是便回学校向他的经济学老师求救。

周思渊的经济学老师向他解释:因为演唱会的成本几乎是固定的,每增加一位观众,其总成本的变化几乎为0,也就是边际成本为0。从经济学上讲,当MR大于MC时,增加产销量(此处为观众)会带来利润总额的增加,因此,每增加一名观众都会使总利润增加。由于场馆内的座位数是既定的,因此,观众的增加极限是场馆内的座位数,这样,场馆内的座位数便是能够给演出公司带来最大利润的理想观众数。教师的诠释使周思渊恍然大悟。

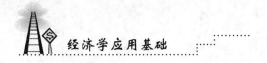

相关知识

一、资源及资源的稀缺性

(一) 资源的概念

人类物质资料生产活动所需要的各种生产要素被统称为资源。资源按其丰裕程度被分为经济资源和自由取代资源,前者是稀缺的,以致要使用它就必须付出一定的代价;后者如空气、阳光等,其数量的丰富以致人们不付分文便可以得到它。经济学中所讨论的资源主要是稀缺的经济资源,也就是指投入生产过程用来生产满足人们需求和欲望的经济物品及劳务等各种生产要素的总和。传统经济学所研究的资源主要包括劳动、土地、资本和企业家的才能四种类型。而现代经济学所研究的资源范围则越来越广泛,除以上四种资源外,还包括技术资源、信息资源、旅游资源等。

劳动是人类在生产过程中所提供的体力和智力的总和。土地不仅指土地本身,还包括地上和地下的一切自然资源,如森林、江河湖泊、海洋、矿藏等。资本分为实物形态的资本和货币形态的资本。实物形态的资本又称为资本品或投资品,如厂房、设备、燃料、原料等。货币形态的资本通常称为货币资本,如现金、存款、有价证券等。企业家的才能则是指企业家组建、领导、管理、经营企业的能力与才干,这其实是一种无形资产,也可以说是一种高级劳动形态。通过对各种生产资源要素的合理搭配与运用,形成一定的生产方式,厂商通过这一定的生产方式便可向社会生产提供各种有用的实物产品,如房屋、汽车、原材料、食品、化妆品等;也可以通过这一定的生产方式向社会提供各种有用的无形产品(服务),如教育、医疗、管理、旅游、咨询等。

(二) 资源的稀缺性

资源的稀缺性是指经济生活中存在着这样一个基本事实:社会拥有的一切经济资源和绝大多数自然资源,其数量总是有限的,因而不可能生产出满足人们一切需求和欲望的经济物品。资源的稀缺性是相对于人类的无穷欲望而言的。人作为社会的主宰,其需求和欲望具有无限增长和扩大的趋势,而为了满足这种欲望,客观上就需要生产更多的经济物品和劳务,从而需要更多的资源。但在一定时期内,可用于生产经济物品和劳务的资源与人们的无穷欲望相比总是远远不够的,这就是所谓的稀缺性。正因为如此,如何将有限的资源在不同商品和劳务的生产以及商品和劳务的消费中进行最优配置,就成为经济学研究的重要课题。

经济学认为,稀缺性是人类社会产生以来一直困扰人类的一个难题,也是人类面临的永恒问题。任何社会,不论它的社会经济制度如何,也不论它处在什么历史年代,几乎所有的的经济问题都根源于一个基本事实,即人类需要的无限性和满足需要的资源的有限性。正是由于这样一个基本矛盾,便产生了社会的基本经济问题,产生了研究这一基本经济问题的经济学。所以,从根本上讲,经济学是与稀缺性进行斗争的学问。因为经济学要解决社会如何将稀缺性的、竞争性的资源在现在和将来、在生产的各种商品和劳务之间做出选择,以决定生产什么、生产多少、怎样生产的问题;要解决社会能否用其有限的资源,在管理和技术的约束条件下,生产尽可能多的物品和劳务,以提高其效率的问题。

二、资源配置与机会成本

(一) 资源配置

资源配置也叫资源分配,是经济主体将其拥有的稀缺资源在不同产品、不同项目、不同用途以及不同目的之间进行的分配。如一定量的资本如何在电视机与电冰箱的生产中分配;一定量的土地如何在粮食作物与经济作物的种植中分配;一定量的劳动如何在物质利益与精神目标的追逐中分配等。在这里我们所讲的资源配置是人类一种自觉的选择行为,是基于提高效率的有目的、有计划的分配,而非随心所欲的乱分配。通过分配解决稀缺资源究竟如何使用(生产如何安排、消费如何选择)才能获得最大效用和价值的问题,所以,纯经济学的资源配置主要强调的是效率而非公平。

(二) 机会成本

机会成本又称"择一成本",是指既定数量的资源用于生产一种产品必须放弃的另一种产品的收益,或是一定量的资源为得到某种好处而必须放弃的其他好处。如一定量的土地,具有种植农产品、建造工厂、修筑公路等多种用途,但最终人们只能选择一种用途,必须放弃其他用途,人们由于放弃其他用途而损失的价值就叫做机会成本。机会成本是进行资源配置最优选择和进行所得所失理性分析的重要概念。正是这一概念传播的经济学思想教会了人们正确决策和理性取舍。

经济学常用生产可能性边界曲线来说明机会成本。生产可能性边界曲线也叫做生产可行线、等资源线。它是指在一定的生产技术条件下,利用现有资源进行两种产品生产时,所有资源有保证的各种可能的产品组合所构成的边界限(如图 1-2 所示)。

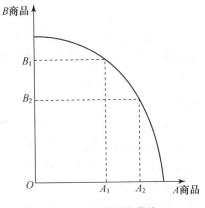

图 1-2 生产可能曲线

假定利用既定数量的资源生产 A、B 两种产品,用横轴表示 A 产品的产出量,纵轴表示 B 产品的产出量,如果 A、B 均为能无限细分的产品,则在既定资源利用上,两种产品各种可能的产量组合便可形成一条曲线,这条曲线就叫生产可能曲线。生产可能曲线表示在既定资源利用上 A 产品生产规模的扩大,产量的增加,必然导致 B 产品生产规模的下降,产量的减少,B 产品减少的价值就是 A 产品增量的机会成本,反之亦然。生产可能曲线凹向坐标原点的特征表明一种产品的生产转换为另一种产品的生产所产生的机会成本是递增的。

三、资源的配置方式

所有社会都面对资源的稀缺问题,但他们解决问题的方式在很大程度上是不同的。其重要区别之一在于政府控制经济的程度,也就是经济体制的区别。经济体制是指与一定生产力发展水平相适应的生产关系的具体形式,即生产、交换、分配和消费的具体形式。也可以理解为一个国家或地区管理经济的组织体系及相应的规章制度。在人类社会已经实践的经济体制中,自由的市场经济、完全的计划经济以及二者某种程度上混合的经济是主要的经济体制,也是稀缺资源的基本配置方式。

(一)市场经济资源配置方式

如果一个社会实行的是纯粹的自由市场经济,则意味着资源的配置根本没有政府参与。经济系统中的个人、家庭和厂商完全根据市场信号做出与自身有关的所有经济决策。消费者根据市场决定提供多少劳动和其他生产要素,选择消费什么产品;厂商根据市场决定投资什么项目,生产什么产品,使用哪些生产要素以及如何进行生产。因此,自由市场经济中的资源配置是通过供求机制、价格机制、竞争机制,并借助经济主体的下列行为完成的:

(1)厂商的目的是为了获取最大化的利润。

(2)消费者在购买商品时总是希望用最少的货币购买到最多的、最好的商品。

(3)每个人都能自由做出他们的经济选择,消费者自由决定用自己的收入去购买什么产品,工人自由决定在哪里工作以及多高工资报酬才会工作,厂商自由选择生产、销售什么产品以及使用何种生产方式进行生产等。

(4)厂商和消费者做出的供给和需求决策相互影响、相互掣肘,并以价值为基础决定商品、服务的交换价格。

(5)通过市场机制的自发调节,稀缺资源由价格低的产品向价格高的产品转移,由供给过剩的部门向供给不足的部门流动,由效率低的部门向效率高的部门流动,以此实现稀缺资源在当时市场环境和经济技术条件下的最优配置。

(二)计划经济资源配置方式

完全的计划经济又称为命令式经济,它是经济体制的另一个极端。在这一经济体制中,所有与资源配置有关的经济活动都由政府或通过政府指令来进行。计划经济体制作为一种资源的配置方式,一般与土地和资本归集体或国家所有的经济制度相联系。一般来说,国家是从以下三个层次对稀缺资源进行配置的。

(1)在现在消费和未来投资之间进行的配置。通过牺牲现在消费,把资源用于未来投资,以提高经济的增长速度。国家选择用来投资的资源数量依赖于广泛的宏观经济政策以及对增长重要性的看法。

(2)在微观经济层次上计划各行业以及各企业的生产能力、规模产量以及所使用的生产技术、需要的劳动力和其他资源。为保证投入的可行性,国家可能作某种形式的投入—产出分析,以便制定合理的、周密的经济发展规划和资源配置计划。

(3)在消费者之间进行经济产出的分配。政府根据一定时期内的经济发展目标,将用于消费者个人消费的那部分经济产出通过工资政策、税收政策、利息政策、价格政策等进行计划管理和政府安排,以达到在兼顾公平前提下,通过保持适度收入差距来激励消费者个人努力工作,提高效率的经济目的。

(三) 混合经济资源配置方式

1. 自由市场经济的优缺点

自由的市场经济自发起作用,不需要昂贵和复杂的官僚机构来协调经济决策,市场机制能对变化的需求和供给情况迅速做出反应,以便把稀缺资源配置到最需要它们的地方。这些是市场经济的主要优点。但在实践中,依靠自由的市场经济配置资源也会出现这样或那样的问题。这些问题主要表现在:

(1) 厂商之间的竞争是有限的,一些大公司可能会垄断一个行业。

(2) 缺乏竞争和高额垄断利润可能会使公司失去进一步提高效率的动力。

(3) 一些厂商的行为对社会是有害的,如一个化工厂可能会污染环境。

(4) 私有企业不会生产一些对社会有利但对自身无利的产品。

(5) 自由市场经济可能会导致宏观经济的不稳定,可能会出现高失业率和经济危机。

(6) 自由市场经济从自我利益出发,可能会鼓励自私、贪婪、物质利益和权力至上。

2. 完全计划经济的优缺点

完全的计划经济,政府对经济做通盘考虑,能够避免市场经济的盲目性和两极分化,使整个国家的资源配置符合特定的国家目标。然而,在实践中,命令式的计划经济为达到避免失业、供求均衡、平均分配的目标,却要以巨大的社会管理成本为代价。其主要原因是:

(1) 经济越发展,计划越复杂,对做出计划的关键性信息进行收集和分析的任务就越大,庞大官僚机构的运行成本就越高。

(2) 如果由国家武断地制定价格,计划中可能包含着对资源的无效使用。

(3) 很难给出适当的动机促使工人和管理者在不降低品质的情况下创造更多的产品。

(4) 如果完全由国家分配资源,个体的自由就大大降低,工人不能选择到哪里去工作,厂商则不能选择如何去生产。

(5) 如果厂商按计划进行生产,消费者却根据自己的意愿来消费,政府会遇到产品短缺和过剩同时并存的结构性矛盾。

3. 混合经济资源配置方式

纯粹形式的自由放任经济和命令式的计划经济都存在这样或那样的问题,因而在现实中并不存在。所有现实的资源配置方式在某种意义上讲都是上述两种体制结合而成的,即所谓的混合经济。混合经济是指既有市场调节,又有政府干预的经济。在这种经济制度中,决策结构既有分散的方面,又有集中的特征;相应地,决策者的动机和激励机制可以是经济的,也可以是被动地接受上级命令;整个经济制度中的信息传递也同时通过价格和计划来执行。通过市场机制,经济社会解决生产什么和生产多少、怎样生产和为谁生产的问题,而在市场机制出现错误时,则通过政府干预来提高资源使用效率、促进社会平等、维持经济持续稳定增长。计划和市场这两种混合形式的相对优越性取决于对各种政治经济目标的权衡,如对自由、平等、生产效率、顾客意愿的满足、经济增长和完全就业等目标的权衡。混合经济中没有哪一种形式在所有方面都是优越的。政府主要是对以下领域进行调控,以维护经济的良性运行。

（1）通过税收、补贴或直接控制价格来调控商品和投入的相对价格。

（2）通过收入所得税、福利支出或直接控制工资、利润、房租等来调节相对收入。

（3）通过法律法规（例如把生产不安全的产品定为非法）、直接提供产品和服务（如教育和国防）、税收、补贴或国有化来调控生产和消费的类型。

（4）通过使用税收和政府开支、控制银行借款和利息、直接控制价格、收入和汇率来调控失业、通货膨胀、经济增长和支出赤字的平衡等宏观经济问题。

单元三 经济学的研究对象与研究方法

知识目标
1. 认知经济学是以社会稀缺资源的合理配置及其有效利用为研究对象的;
2. 认知市场经济条件下经济学的主要研究方法。

能力目标
通过本节的学习,你应该能够:
1. 对经济学的研究对象与研究方法有正确认知;
2. 运用实证分析法和规范分析法调查研究与自己专业有关的经济问题或经济现象。

引导启示

人类早期历史中,游牧觅食是一项主要的经济活动。人类的游牧民族和部落以渔猎或采摘蔬果的方式从周围环境获得食物。现代的一些活动逻辑上是类似于游牧觅食的。例如,沿街叫卖的商贩可以说是在寻觅顾客。

所有游牧觅食者都面临一个重要的选择,就是如何分配时间去寻找食物与寻找其他有用资源。想象一下一个在沙漠中游荡的游牧民族,沙漠中一无所有,只是偶尔有几块小绿洲。任何一个绿洲中的食物都会逐渐消耗殆尽,因此这个游牧民族最终还是要继续前行。他们的经济问题只是什么时候转场或者再次上路。如果我们假定供游牧民族生息的草原足够辽阔,或者说草场的草料足以维持他们的生存,转场就没有必要了。而游牧民族之所以要不断转场,就是因为在一个草场待下去草场上的草料不足以维持生命的延续,是不得已而为之。这便涉及到经济学中大家经常讨论的一个话题,即资源的稀缺性问题。

在人们的现实生活中,的确有许多问题都可以简化为"转场"问题。把资本家看做是牧民,资本就是受之驱赶的牛羊,商品市场视为牧草或草场。资本家牧民通过把资本牛羊投放到不同的商品牧场上以求资本牛羊能够不断地、尽快地增长"体重"。如商场何时更换商品种类、股民何时换股、何时将新产品投入生产、何时到新的市场设立新的营销网点等,这些都与资源的稀缺性有关。经济学就是以社会稀缺资源的高效配置与合理利用为研究对象的。

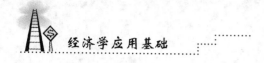

> 相关知识

一、经济学的研究对象

经济学是适应人类社会解决资源有效利用的需要而产生的,因而它研究的核心内容就离不开稀缺资源在有竞争性的用途中有效配置的问题,由此规定了经济学的研究对象。总体来讲,是以人类社会物质资料的生产、分配、交换、消费关系及其运动发展规律为研究对象。具体来讲,则是以社会稀缺资源的合理配置及其有效利用为研究对象的。

二、经济学的研究方法

任何一门科学都有特定的研究方法。马克思主义政治经济学与西方经济学虽然在世界观和方法论方面存在着根本的对立,但这并不意味着它们在具体研究方法上有什么本质的区别。事实上,马克思与绝大多数西方经济学家,在经济学的具体方法选择上,都曾有所侧重地使用到诸如抽象法、归纳法、演绎法、数量分析法等研究方法。下面所要介绍的是市场经济发达国家经济学界普遍采用的一些分析研究方法。

(一)实证分析法和规范分析法

经济学中的实证分析就是描述经济现象"是什么"以及社会经济问题"实际上是如何解决的"。或者说,实证分析就是依据经济现象自身运动的实际情况,来解释有关经济变量之间的函数关系和因果关系。它回答的问题是:经济现象是什么?经济事物的现状如何?有几种可供选择的方案,如果作出了某种选择,将会带来什么样的后果。实证分析在分析经济问题和建立经济理论时,通常不涉及伦理标准和价值判断标准,只研究经济活动中各种经济现象之间的相互联系,运用"大胆假设、小心求证,在求证中检验假设"的方法,在作出与经济行为有关的假定前提下,分析和预测人们经济行为的后果。

经济学中的规范分析则是研究经济活动"应该是什么",或者说研究社会经济问题"应该是怎样解决的",这就涉及伦理标准和价值标准。因此,规范分析常以一定的价值判断作为出发点和基础,提出行为标准,并以此作为处理经济问题和制定经济政策的依据。它回答的问题是:经济活动"应该是什么";社会面临的经济问题应该怎样解决;哪个方案好,哪个方案不好;采用某种方案是否应该,是否合理,为什么要作出这样的选择等。由于人们的道德伦理标准和价值观念不同,对同一经济问题、经济政策会有迥然不同的意见和价值判断。对于应该做什么,应该怎么做的问题,不同的经济学家也可能会有完全不同的结论。

(二)抽象分析法和均衡分析法

抽象分析法是在纷繁复杂的现象中,抽去某些非本质的、次要的因素,找出其固有的本质特征或规律,加以概括,得出概念、范畴,形成理论,然后用本质规律去说明现象。在经济学的研究中,人们常利用抽象方法,撇开非本质的经济现象,抽取经济现象中的本质属性,经过思考,上升到理性认识,形成概念、范畴和理论系统。

均衡分析法是由英国经济学家马歇尔将力学中的均衡概念引入经济分析研究中而形成

的一种方法。经济体系中的均衡,是指各种相互对立或相互关联的力量在变动中处于相对平衡而不再变动的状态,它表明各种相互对立或相互作用的力量刚好处于稳定状态。如市场中某种商品若按3元的价格进行交换,这时的供给量与需求量如果正好相等,该市场状态便处于均衡状态,此时的价格就是买卖双方都愿意接受的均衡价格。

(三) 静态分析法和动态分析法

静态分析与均衡分析密切联系,主要分析经济现象的均衡状态以及有关经济变量达到均衡状态时所需具备的条件,但并不论及达到均衡状态的过程。其主要特点是在分析经济活动时,抽掉了时间因素,只是在基本变量或因素静止不变条件下试图确定出均衡状态。

动态分析法则要考虑经济活动的实际发展和变化过程,它认为在时间的推移过程中,人口、生产技术、资本数量、市场行情、经营管理和消费者偏好等是会发生变化的,以此为前提来研究以上因素的变化如何影响一个经济体系的运动发展。其主要特点是加入了时间因素,从时间序列上对社会经济活动作时点分析和期间分析,事前分析和事后分析。

(四) 经济数量分析法

经济数量分析法就是通过建立相应经济数学模型的方法,来描述与所研究经济现象和经济问题有关的变量之间的相互关系及其变化规律。它既可用文字来说明,也可用数学公式来表达,还可用几何图形来表示。由于社会经济现象错综复杂,影响因素众多,所以,要建立相应经济数学模型,就必须进行抽象、简化和假定,即首先通过经济定性分析,舍弃一些影响较小的因素或变量,而只对一个或若干个主要变量的影响进行分析,以探寻经济现象的内在联系和变化规律,进而进行科学决策的方法。

案例1:张扬在某大学经济系上学,父亲早逝,下岗在家的母亲靠卖早点供儿子读书。每月600元的生活费,张扬不到20天就花完了,张扬的母亲问儿子钱是怎么花的,儿子却只能说个大概。于是,张扬母亲便让儿子把每笔开支记录下来,三个月后,张扬母亲根据儿子的开支记录给张扬制订了一个开销计划,并每月分三次给儿子寄钱,结果一年下来,张扬的开支每月平均只有480元。张扬也在母亲的启发下,懂得了如何合理安排自己的预算。请用经济学的稀缺资源配置原理对张扬母子的行为进行评述。

案例2:某人拥有10万元的积蓄,如果将其全部存进银行,一年的利息净收入约为0.56万元;如果买一辆出租车雇人来开,一年的净利润大约是3.2万元;如果投资开一家小餐馆,一年的净利润大约是2.8万元,此人通过投资效益分析,理性的做出了买出租车的决策。请用经济学的资源稀缺法则和机会成本理论对此人的投资决策行为进行评述。

在包括经济学初学者在内的大多数人看来,经济学既枯燥又乏味,充满了统计数字和专业术语,且总是与货币有割舍不断的联系,因此,人们普遍以为,经济学的主题内容是货币。

其实,这是一种误解。经济学真正的主题内容是理性,其隐而不彰的深刻内涵就是人们理性地采取行动的事实。经济学关于理性的假设是针对个人而不是团体。经济学是理解人们行为的方法,它源自这样的假设:每个人不仅有自己的目标,而且还会主动地选择正确的方式和行为来实现这些目标。这样的假设虽然未必总是正确,但却很实用,在这样的假设下发展起来的经济学,不仅有实用价值,能够指导我们的日常生活,而且这样的学问本身也由于充满了理性而足以娱人心智,令人乐而忘返。

经济学以稀缺资源的高效配置与合理利用为特定研究对象,总体上是以人类社会物质资料的生产、交换、分配、消费关系及其运动发展规律为研究对象的。因为人类社会物质生产活动所需要的绝大多数资源,相对于人的无穷欲望来说,都是稀缺的。稀缺性是一个普遍的规律,稀缺性存在于一切时代和一切社会。它是伴随人类社会发展始终的问题。这就使得人类要不断地探索资源如何有效利用的问题,从而形成了以研究稀缺资源合理配置和有效利用为主题的经济学。经济学所要回答和解决的问题就是:如何将稀缺的、竞争性的资源在现在和将来、在不同用途、不同商品和劳务之间进行合理配置,以期在管理和技术的约束条件下,为社会生产提供尽可能多的物品和劳务。

经济学又包括微观经济学和宏观经济学。微观经济学又称价格理论,宏观经济学又称收入理论或就业理论。市场和计划是社会进行资源配置的两种基本方式。从世界范围来看,市场对资源的配置起基础性作用。由于自由的市场经济具有很大的外部性,为实现国民经济的持续均衡发展,客观上要求政府对经济实行干预。因此,所有现实的资源配置方式(经济体制)都是既有市场调节,又有政府干预的经济,即混合经济。

思考与练习

1. 基本概念
   稀缺法则 机会成本 生产可能边界 市场机制 实证分析 规范分析 经济模型 微观经济学 宏观经济学
2. 为何把微观经济学叫做价格理论?为何把宏观经济学叫做收入理论或就业理论?
3. 资源配置有哪几种方式?各有何利弊?
4. 如何从人的无穷欲望来理解资源的稀缺性?
5. 经济学中常说的生产要素有哪些?
6. 试用机会成本、生产可能边界两个分析工具分析说明某稀缺资源如何进行合理配置。

模块二 市场供求理论及其应用

微观经济学通过对个体经济单位经济行为的研究,来说明商品经济条件下市场机制的运行和作用,以及改善这种运行的途径。价格分析是微观经济学分析的核心,微观经济学也被称为价格理论。在微观经济学中,任何商品的价格都是由商品的需求和供给这两个因素共同决定的。正因为如此,对需求曲线和供给曲线的初步论述,通常被当作为微观经济学分析的出发点。为此,我们在专门论述消费理论、生产理论及分配理论之前,需要首先阐述市场、市场机制及市场供求的一般理论,重点是阐明市场供求规律和市场均衡价格的形成问题。

单元一　市场与市场机制

> **知识目标**
> 1. 认知市场与市场体系;
> 2. 认知市场机制的特点与作用机理。
>
> **能力目标**
> 通过本节的学习,你应该能够:
> 1. 对现代市场体系与市场机制有正确的认知;
> 2. 学会运用市场机理对资源进行优化配置。

引导启示

　　2002年3月4日,四川省最大的乳品企业四川华西乳业有限公司突然做出惊人之举,把库存的2吨鲜奶"哗哗"倒进了下水道。3月5日,成都商报赫然登出一条醒目新闻,华西乳业把收购不久的牛奶倒入下水道,这种情况已经连续1周……

　　这一事件也使人们联想起了那些接二连三的相关报道。如海南的牛奶收购价一降再降,1斤牛奶的价钱还不如1瓶矿泉水,最要命的是奶站还拒收,求卖无门的奶农只好忍痛倒掉牛奶,有的干脆将奶牛宰杀;广西一家从事奶牛饲养、加工和销售的民营企业,每逢销售淡季就不得不把卖不出去的鲜奶白白倒掉,1年就倒掉100吨;继而是兰州市近郊28位奶农因买方单方面中断购销契约,无奈而愤怒地将鲜奶倾倒在该公司厂房门前。这些倒奶事件引起了社会舆论的极大震动,痛心者有之,斥责者有之,呼吁者有之。有人联想起在小学课本中看到的描写资本家把牛奶倒进大海的故事,惊呼我国出现了生产相对过剩的经济危机!也有人提出疑问,"鲜牛奶在我们这个刚刚脱离温饱还不算太久的国度里,被接二连三地倒掉,当真中国人就是牛奶多的喝不完了吗?"事实并非如此,这些奇怪现象的发生都可从经济学的市场供求理论、价格理论、需求弹性理论中找到正确答案。

一、市场与市场体系

市场首先是指商品交换的场所,同时市场是交换关系的总和。市场是体现供给与需求这一对矛盾的,这对矛盾在市场上又必须统一,因为只有统一了,卖方和买方各自的销售和购进愿望才能实现。认识这种矛盾与统一的最一般的规律性,是经济学的任务之一。

市场体系是商品交换关系中的各种市场密切联系、相互制约而形成的有机统一体。市场体系是以商品市场为主体,包括其他各类市场在内的各类型市场的总和。现代市场体系处于不断丰富和发展过程之中,它不仅包括消费品和生产资料等商品市场,而且包括资本市场、劳动力市场、技术市场、信息市场等生产要素市场。其中,商品市场、资本市场和劳动力市场是现代市场体系的核心。现代市场经济只有借助于完整的市场体系,才能有效地配置资源。

(一)市场体系的构成与分类

现代市场经济中的市场体系可以从不同角度分析其构成,但是,最主要有以下4种。

(1)从市场交易或流通的对象分,市场体系包括商品市场和生产要素市场两大类。商品市场是以生产出的产品或服务为交易对象的市场,如消费品市场、生产资料市场等。生产要素市场则是以生产要素为交易对象的市场,如土地市场、劳动力市场、金融市场、技术市场、信息市场等。

(2)从市场交易的空间范围分,市场体系包括地方性市场、区域性市场、全国性市场和世界市场等,是一个在空间上高度统一的市场整体。

(3)从市场组织和机构设置分,市场体系包括各种市场中介组织、批发市场和零售市场等,它既是从生产到批发再到零售的扩散式的流通体系,又是大宗商品的集散中心和遍布城乡的门市小店构成的市场网络。

(4)从市场交易的具体方式分,市场体系又可划分为现货交易市场和期货交易市场等。

(二)现代市场体系的特征

(1)统一性。现代市场体系是统一的,它是由各种相互作用、相互联系的子市场构成的一个有机整体。表现为统一的国内市场、统一的尺度和标准。

(2)开放性。现代市场体系是开放的,市场主体能够自由地进入市场参与竞争,商品和要素也能在不同行业、不同部门、不同地区以及国内外市场上自由流动。现代市场体系对外开放是渐进的、全方位的。

(3)竞争性。现代市场体系是竞争性的,在各类市场竞争中,垄断竞争对当代市场体系的开放具有特别重要的意义,它要求并且促进了国际分工,扩大了产品的市场空间,促进了市场一体化。

(4)有序性。现代市场体系是有序的,有序的市场体系才有效率。具体体现是:法律与法治;非正式规则;秩序与市场中介组织。

(5)脆弱性。现代市场体系是脆弱的,经济全球化存在的一系列矛盾,易形成对市场体系的冲击,各种外部冲击导致市场体系的脆弱性。这些冲击可能来自商品市场,也可能来自资本市场,还可能是来自资本市场和货币市场的投机性冲击。

二、市场机制的概念与内容

"机制"一词的本意是指机器的构造及相互作用原理,后来逐渐应用于生物学和病理学,其含义为本系统内各要素的构成及相互作用原理。随着"机制"一词的广泛应用,经济学也将之引入并定义为经济系统中诸因素相互作用、自动耦合的原理。

(一) 市场机制的概念

一般认为,市场机制就是市场运行的实现机制。它作为一种经济运行机制,是指市场机制体内的供求、价格、竞争、风险等要素之间互相联系及其作用的机理。市场机制有一般和特殊之分。一般市场机制是指在任何市场都存在并发生作用的市场机制,主要包括供求机制、价格机制、竞争机制和风险机制。具体市场机制是指各类市场上特定的并起独特作用的市场机制,主要包括金融市场上的利率机制、外汇市场上的汇率机制、劳动力市场上的工资机制等。

市场机制运行的动力来源于市场主体对其个体利益的追求,通过传动系统转换为企业目标与社会经济目标;传动是由市场信息、交通运输以及各项服务来实现的;调节则是通过价值规律、供求规律以及竞争规律作用下的价格、工资、利率变动来完成的。

(二) 市场机制的内容

市场机制从不同的角度可以有不同的理解,主要包括以下3个视角。

(1) 从市场机制运行的一般内容作结构划分可以将之分为:一是商品市场的价格机制;二是金融市场的信贷利率机制;三是劳动市场的工资机制。

(2) 从市场机制运行的原理上划分,可分为动力机制与平衡机制。动力机制包括利益机制、竞争机制;而平衡机制包括供求机制、价格机制与调节机制。动力机制是市场活力与效率的源泉,平衡机制是各市场主体相互协调生产与消费、资源配置的保证机制。

(3) 从市场机制不同的作用方式分,可分为供求机制、竞争机制与风险机制。供求机制是价格与供求关系的内在联系、相互作用的原理。竞争机制是竞争与价格、供求相互作用原理,它通过经营者利益的驱动,保证价格供求机制在市场上充分作用,从而调节经济活动。风险机制是指风险与竞争及供求共同作用的原理,在利益的诱惑下,风险作为一种外在压力同时作用于市场主体,与竞争机制同时调节市场的供求。

三、市场机制的特点与功能

(一) 市场机制的特点

世界各国经济发展的历史实践都表明,市场机制是迄今为止最为有效的一种促进经济增长与资源优化配置的经济运行方式,与计划方式相比,它具有以下特点。

(1) 自调节性。首先,市场机制的自调节性源于微观经济主体的自调节能力。生产者根据价格自动调节生产量;消费者根据价格自动调节购买量及选择不同商品组合。其次,市场主体的自调节能力使市场客体也具有自调节特点。价格具有与供求相结合自动起落调节的功能,利率、工资也是如此。再次,自调节远非市场经济的充分调节。由于市场经济以利益目标的传导为特殊机理,自调节以个体利益为基本目标,在大多数情况下,个体目标不能与企业目标、社会目标相一致,微观不能与宏观有效衔接,自调节效果受到影响,有时这种调节的成本相当巨大。所以并不能保证市场的良性运行,必须辅之以其他的调节方式。

(2) 自平衡性。首先商品生产者、消费者的天性及其制衡使市场机制自平衡。市场机制典型的内容是价格机制。价格机制作用的内容为:当供给小于需求时,价格上涨;当供给大于需求时,价格下跌,供求自动趋于平衡。市场机制自平衡的特性是不充分的,它受到外部、内部条件的制约。

(3) 动态相关性。首先,市场机制运行是靠各市场要素间相互联动、传导、制约实现的。如投资的增加意味着对劳动力与资金需求的增加,供不应求、价格上涨则会在一定时期内形成超额利润,从而吸引其他投资者的进入;在市场激烈的竞争环境中,一方的经营策略会带动其他竞争者竞争手段的调整等。这种相关性是市场机制运行作用的前提。一旦这些联系被人为地割断,市场机制便无法正常起作用。其次,市场机制的相关性是处于动态之中的。

(4) 发展性。纵观整个经济发展史,从市场产生到当前的现代市场经济是一个由封闭走向开放的动态的发展过程。在这一过程中市场机制的内涵、功能日益丰富加强,最终成为微观与宏观经济的纽带及资源配置的基本方式。

(二) 市场机制的功能

市场机制的特点决定了市场机制的功能。市场机制自调节、自平衡、动态相关性的特点决定了市场机制具有一种动态的自组织、自平衡的调节能力。市场机制的发展性特点,显示了市场机制对资源的充分利用及刺激功能。

1. 调节功能

市场经济中价格是反映市场商品稀缺程度的信号,商品生产者为了实现利益的最大化,就要依据市场信号,按平均利润率规律要求作出决策。生产那些价格高,有利可图的,也是社会稀缺的产品。其稀缺程度愈高就会使价格与利润愈高,也愈加吸引生产者进行投资。与此同时,生产者减少生产那些价格低、相对社会过剩的无利可图的产品。产品愈过剩,价格愈低就会愈无人进入且快速退出生产。这样在不断的动态平衡调节中,市场机制具有促进供求总量与结构的平衡,优化资源配置,调节宏观比例关系的功能。例如,在某汽车市场上,厂商生产的汽车量小于消费者想购买的数量,这样就有一些消费者购买不到汽车。为了使厂商的产量和消费者的购买数量相等,那么只要让厂商增加产量,或消费者抑制自己的购买欲望,减少购买。而汽车价格的上涨就会产生这种结果,因为更高的价格会刺激厂商提供更多的汽车,也会抑制消费者的购买欲望。当汽车产量增加后,价格就会下降,消费者的购买欲望也可以得到满足。正是在这种调节过程中,市场机制中的价格机制解决了微观经济主体"生产什么"、"如何生产"和"为谁生产"的资源配置问题。

2. 激励功能

市场机制对经济具有特殊的促进效率与财富增长的功能。首先,市场机制的特殊之处在于创造了一种有效率的组织制度与市场规律,使个人的谋利方式与社会财富效率增长相结合。其次,市场机制使个人资源可以从社会资源角度有效分配,一切稀缺资源以价格为媒介通过市场在全社会进行有效配置,发挥其最大效用。再次,市场环境迫使市场主体的能量得到最大限度的发挥。市场的机会、风险与竞争使企业与个人处于一个危机四伏又充满机遇的环境之中,不进则退。置身其中就必须持续地、永不停息地参与竞争、奋进,才能不被淘汰出局,从而使一切潜能得到最大限度地发挥。

四、市场机制的作用原理分析

(一) 动力机制

所谓动力机制是市场内各利益主体、各要素相互协调、相互制约形成的推动企业发展、社会经济增长的动力作用原理。市场动力机制是以二重传导的方式作用的。社会经济首先将宏观目标,如经济增长、供求平衡等通过市场传导给企业,企业依据自身情况选择确定符合社会需要的经营目标;个人追求个体利益最大化的原始动力又转化为企业追求盈利目标的动力,而企业目标又统一于社会经济的基本目标之下,市场原始动力机制的作用使社会经济资源得到最有效的配置。

两百多年以前,亚当·斯密曾用这样一段名言,对市场机制的作用原理做了最精辟的论述,他说:"每个人都在力图应用他的资本,来使其生产的产品能得到最大的价值。确实,他通常既不打算促进公共的利益,也不知道他自己在什么程度上促进公共利益。他所盘算的也只是他自己的利益。在这样做时,他受到一只看不见的手的指导,去尽力达到一个并非他本意想要达到的目的。也并不因为事不出于本意,就对社会有害。他追求自己的利益,往往使他能比在真正出于本意的情况下更有效促进社会的利益。"这就是亚当·斯密著名的"看不见手"的作用原理。他说明通过市场机制能使社会达到最大的福利。

(二) 平衡机制

所谓平衡机制是市场各主体、各要素相互影响、相互作用下不断调整适应,使供求趋向平衡,使资源合理配置的作用原理。它由价格机制、供求机制、竞争机制、风险机制共同构成。具体而言,价格与供求在动态中不断调节。供求态势影响价格的变动,反过来价格的变动又影响供求变化,供给者和需求者为了各自的利益相应调节自己的行为,两者在市场上通过不断的无限多的动态组合趋向平衡。供不应求价格上涨引发竞争者的进入、生产的扩大,从资源配置角度看是资源流向符合社会需要的部门和企业;大量竞争者的进入引发市场占有率的竞争,优胜劣汰的结果使资源流向竞争力强的企业与地区;企业对市场超额利润的追求推动整体技术进步与生产力水平的提高,同时也使资源配置的效率提高。风险的存在,竞争中优胜劣汰的残酷会使企业在参与竞争及其他行为决策时更加审慎而合理。这样自觉不自觉地使资源得到优化配置,宏观比例趋向协调平衡。

单元二 需求与需求规律

> **知识目标**
> 1. 认知市场需求,了解影响市场需求的因素;
> 2. 认知需求规律及其作用机理。
>
> **能力目标**
> 通过本节的学习,你应该能够:
> 1. 对市场需求规律及其作用机理有正确认知;
> 2. 学会运用需求价格理论指导厂商按需生产。

引导启示

在人们的经济生活中,有一个问题似乎不能说清楚:究竟是先产生需求再产生供给,还是先产生供给才产生需求?这有点像问"是先有蛋还是先有鸡"。我想,可能有时候是需求带动供给,很多的新产品就是在人们强烈的需求下产生的;也有时候是供给诱导需求,比如新潮的时装,常常是生产出来上市以后,才吸引了人们的眼球,引发了人们的需求。但在某种商品的价格决定中,供给与需求就像一把剪刀的两个刀片,作用是不分彼此的,它们共同决定商品的价格;同时价格又像一只无形的手,在市场经济中自发地调节需求和供给,调节的最后结果就使市场达到了均衡,实现了社会资源的合理配置。

总之,许多东西在经济学家眼里都像是产品,都可以从供给和需求的角度来进行分析。需求是提供产品的动力,供给是满足需求的前提。需求反应了人们对某种商品和服务的购买愿望和购买能力。比如要兴办教育,是因为存在大量的对"教育"产品有需求的人,而有了"教育"产品的供给,才能满足"教育"产品的需求。如果想上学的都能上学,教育资源得到充分利用,也就达到了教育市场的供求平衡。

现实中,影响人们需求的因素很多,其中价格是最重要的影响因素之一。对大多数商品和服务而言,需求量与价格呈反方向变化,价格上涨,需求量下降;价格下降,需求量上升。

相关知识

一、需求的概念

经济学中所说的需求,是指在一定时期内和一定条件下,消费者愿意且能够购买某种物品和劳务的数量。需要与需求的区别:需要是人们的一种心理现象,它表现为人们对客观事物的渴求和欲望,是成为人们行动的直接导因和原动力。作为消费者,当他只有购买消费品的欲望,而无能力支付货币时,就只是需要;只有当他既有对消费品的欲望,并且有货币支付能力时,才是需求。因此构成需求的两个条件是:有购买欲望;有购买能力。

例如,某个城镇有10万户居民,居民对电冰箱的需要量是每户一台,但在一定价格条件下,只有十分之一的居民对电冰箱有支付能力,这样,该城市对电冰箱的有效需求就是1万台,而不是10万台。

需求反映了消费者对商品的需求量与该商品价格之间的对应关系,二者之间的关系遵循着一个特定的规律:随着商品价格的上升,消费者对商品的需求量就会下降;反之,商品价格下降,消费者对商品的需求量就会增加。需求量和价格之间之所以会遵循这一规律,可以由以下两方面的原因予以解释:

(1) 收入效应:当商品价格上升时,消费者既定收入对商品的购买力下降,需求量减少;反之,商品价格下降,既定收入的购买力上升,需求量增加。

(2) 替代效应:当商品价格上升时,消费者会转而购买其他的替代商品;当商品价格下降时,消费者会减少购买其他替代品转而购买该商品。

收入效应的程度主要依赖于这种商品的支出在实际收入中所占的比例,该商品支出所占的比例越大,当该商品的价格提高时,这种商品的需求量降低的幅度越大。替代效应的程度主要依赖于可以替代该商品的其他商品的数量以及它们之间相互接近的程度。

二、需求表和需求曲线

需求可以分为单个消费者的需求和市场需求,单个消费者的需求构成市场需求,而市场需求才是决定价格的因素之一。对一种商品的市场需求可以用需求表和需求曲线来表示。需求表是用来反映某一时期某种商品的不同价格与该商品需求量之间对应关系的序列表。如表2-1是一定时期(1990年)人们在不同价格水平下对煤的市场需求量。

表2-1　1990年煤的市场需求表

每吨价格(美元)	36	35	34	33	32	31	30
年需求量(百万吨)	565	570	580	590	600	610	630

市场需求也可以用市场需求曲线来表示,就是按照市场需求表中的数字绘制成一个曲线图,图的纵坐标表示商品的单价,而横坐标表示人们对该商品的需求量。如图2-1所示,就是根据表2-1中数字绘制而成的煤的市场需求曲线。

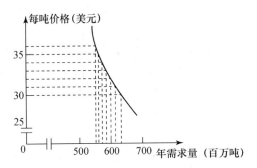

图 2-1　1990 年煤的市场需求曲线

价格绘在纵轴上，数量绘在横轴上的作图法，导源于许多年前的竞争市场理论。那时，企业对产品价格无控制能力，却能控制产量，通过产量去决定产品的市场价格。所以，在原始模式中，价格是因变量，数量（指供给量，不是需求量）是自变量。由于这个缘故，价格/数量图就这样画出来了。

关于市场需求曲线，应明确以下两点。

第一，市场需求曲线是向右下方倾斜的，其斜率为负，意思是说，该商品的价格提高，人们对它的需求量减少，反之，该商品的价格下降，人们则对它的需求量增加，这种商品的需求数量与其价格成反方向变化的关系称之为需求规律或需求定理。关于这一规律，应理解以下两点：其一，只有在影响消费者行为的其他因素都保持不变的假定前提下才成立；其二，这一规律虽然对大多数商品的市场需求曲线来说都是适用的，但对有些商品而言则不适用。后面我们再具体分析这一规律的例外情况。

第二，任何市场需求曲线，都只适用于某一特定的时期，如图 2-2 中煤的市场需求曲线，只适用于 1990 年。不仅如此，任何市场需求曲线的形状和位置，还取决于这一时期的长短及其他因素。

三、影响商品需求的因素

需求是购买愿望和购买能力的统一，所以，影响需求的因素包括影响购买愿望和购买能力的各种经济因素和社会因素。这些因素主要有以下几种。

（一）商品本身的价格

这是对商品需求影响的决定性因素。一般来说，需求量随着价格的变动呈反方向变动。但也有一些例外情况，某些商品价格越下降，人们对它的需求量越小。例如，珠宝首饰在某种程度上代表一个人的社会经济地位和身份，如果价格过低，人们就不愿意购买它，需求量自然就减少；而某些商品价格越高，人们对它的需求量越大，如一些具有收藏价值的名贵古董、字画、邮票等。

价格效应的典型事例，是著名的"吉芬之谜"或"吉芬效应"。吉芬是 19 世纪英国的经济学家，他对爱尔兰的土豆销售情况进行了研究，发现土豆价格上升时，对土豆的需求量也上升；价格下降时，对其需求量也减少。土豆不是奢侈品也不是贵重品，为什么会出现这种情况？原来土豆价格上升，意味着穷人实际收入减少，穷人不得不多消费这种商品，而少消费其他价格较高的食品。于是出现了土豆价格越高，需求量反而上升的现象。

（二）消费者的收入

在一般情况下，当消费者的收入水平提高时，就会增加对商品的需求量。相反，当消费者的收入水平下降时，就会减少对商品的需求量。在特殊情况下，消费者收入越高，其对一定价格下的某种商品的需求量就越少。例如：我国国民收入增加，对高档、名牌商品的需求量增加，对一些低档、普通商品的需求量减少。

（三）消费者的偏好

消费者偏好也叫消费者嗜好或欲望，它表示在不考虑预算约束条件下消费者喜欢或愿意消费的各种物品和劳务的数量。在其他条件既定的情况下，消费者对某一商品的消费偏好减弱或加强，即使该种商品的价格不变，需求量也会发生变化。

（四）相关商品的价格变动

相关商品的价格发生变化，即使某种商品的价格不变，消费者对它的需求量也会发生变化。相关商品包括两类：其一是互补商品，指两种商品共同满足一种欲望。例如，录音机与磁带，汽车与汽油。互补商品之间价格变动时，对需求量的影响是：一种商品的价格上升时，对另一种商品的需求量就减少。价格与数量变动呈反方向变动。其二是替代商品，指两种商品可以互相代替来满足同一种欲望。例如，面粉与大米，煤气与天然气。替代商品之间价格变动时，对需求量的影响是：一种商品的价格上升时，对另一种商品的需求量就增加。价格与数量变动呈同方向变动。

（五）人们对商品价格的预期

预期行情看涨，需求量将增加；预期行情看跌，需求量将减少。

影响商品需求量的因素还有很多，例如：政府的消费政策、企业的促销策略（广告、推销方式、销售渠道的选择及其实施效果）、人口及其构成的变动（人口数量、地理分布、文化结构、年龄结构等）、国民收入分配状况和时间因素等，都会影响商品的需求量。

四、需求函数

将以上影响商品需求的各种因素综合起来，我们便得到需求函数。所谓需求函数，指的就是在某一特定时期内某种商品的各种可能的购买量和决定这些购买量的因素之间的关系，其公式如下：

$$Q = f(P, I, P_r, T \cdots) \tag{2.1}$$

式中：Q 表示需求量，P 为该商品的价格，I 为消费者收入，P_r 为相关商品的价格，T 表示消费者偏好……

需求函数可能是线性的，也可能是非线性的，应视具体问题而定。

例如，某洗衣机厂在市场调查的基础上，确定出市场上对该厂洗衣机的需求函数为：

$$Q = -200P + 200I + 0.5A$$

上式表明：Q 是 P, I, A 的线性函数，而且，价格每增加 1 元，居民对洗衣机的需求量将减少 200 台；居民平均收入每增加 1 元，将增加需求量 200 台；广告费每增加 1 元，将增加需求量 0.5 台。

假定在计划年度内，预计来年 $P=300$ 元，$I=800$ 元，$A=10000$ 元，那么，计划期该洗衣机的预计需求量就为 105000 台。

在企业的产品需求函数中,究竟应该包括哪些影响需求的自变量,主要取决于企业的目标和所掌握的信息,综合考虑各因素与需求之间的关系。

五、需求曲线的例外

正常的需求曲线是从左到右向下方倾斜的,但也有一些例外,如:吉芬商品(就是指一些低档生活必需品,在某些特定条件下,由于价格上涨而导致需求量增加的商品。如马铃薯、粮食之类的生活必需品。)和某些具有炫耀性的商品(珠宝首饰、古董、名画、名贵的邮票等)。这些商品的需求曲线是从左到右向上方延伸的(如图 2-2 所示)。还有投机性商品(如股票等),其价格发生变动时,由于受人们心理因素影响,以及对未来的预期,需求呈现出不规则的变化。

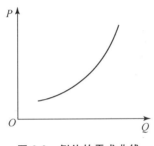

图 2-2 例外的需求曲线

六、需求量变化和需求水平变化的区别

(一)需求量的变化

所谓需求量的变化,是指在决定需求的非价格因素维持不变的情况下,只是由于某种商品本身价格变化所引起的对该商品需求的变化。实际上,任何一个既定的市场需求表或市场需求曲线都是根据上述假定绘制而成的。其变化特点是:需求曲线维持不动,需求量随价格变动而沿着原需求曲线变动(如图 2-3 所示)。当图中的价格为 P_0 时,需求量为 Q_0;当价格下降到 P_1 时,需求量增大到 Q_1,需求量沿着给定的需求曲线的轨迹从 A 移动到 B。

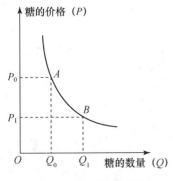

图 2-3 糖的需求曲线

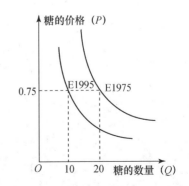

图 2-4 消费者偏好导致糖的需求曲线变化

(二)需求水平的变化

需求水平或需求状况的变化是指在商品本身的价格保持不变的情况下,由于其他非价格因素所引起的需求变化。这就是说,需求水平的变化是指在同一价格水平下,消费者愿意和能够购买的商品量的增加或减少。其变化特点是:需求曲线位移。需求曲线右上移,意味着需求增加;需求曲线左下移,意味着需求减少。如图2-4所示,假定1975年在0.75元的价格下,人们对糖块的需求是20万块,由于人们对糖的偏好减弱,1995年在0.75元的价格下,对糖块的需求是10万块。这样,需求曲线便会向左移动。因此,当价格给定时,因其他因素的变化,需求曲线则会发生或左或右的移动。

单元三 供给与供给规律

知识目标
1. 认知市场供给,了解影响商品市场供给的因素;
2. 认知供给规律及其作用机理。

能力目标
通过本节的学习,你应该能够:
1. 对商品供给规律及其作用机理有正确的认知;
2. 学会运用供给理论指导厂商正确选择投资项目与产品结构。

引导启示

据报道,北京市规划委曾组织相关部门针对城市发展进程中的交通拥挤问题进行了专项调研,提出了解决北京旧城交通拥挤问题的十项措施,其中,"车辆进入旧城要交拥挤费"赫然在列。众所周知,北京的交通拥堵是出了名的,这些年来,人们为缓解交通拥堵问题想了很多招数。在市中心地区收取拥挤费,这个办法早就有人提过,但一直颇有争议,赞同者很多,反对者也不少。此次市规委有意将收拥挤费由政策设想变成现实,确实需要几分勇气。那么,收取拥挤费对缓解城市的交通拥挤究竟有没有作用?

"拥挤费"是个舶来品。2003年,伦敦市长列文斯顿在市民的拥护和非议声中,在伦敦市中心开征拥挤费。凡是在工作日早7点至晚6点半进入市中心的车辆需交纳拥挤费,每车每天交费5英镑(2005年又涨到了8英镑),违规者要受重罚。据有关调查资料显示,收取拥挤费后,伦敦市中心路面交通流量减少了30%,70%多的伦敦市民认为拥挤费对改善市内交通发挥了高效作用。收取拥挤费,说到底就是政府利用价格杠杆调节特定区域车流量的一种方式,其通过改变公共服务价格(使用市中心道路的费用)影响人们的行为选择,确实能发挥出分流车辆、缓解市中心交通拥堵的作用。

至于收取交通拥挤费合不合理?很多反对者质疑拥挤费的合理性,认为有失公平。政府收取拥挤费,等于让"有车一族"承担了额外的成本,但我们认为,只要定价合理,这些额外的成本并不会破坏社会公平。原因在于：第一，与那些步行、骑车和乘坐公交工具的人相比，"有车一族"占用的人均公共交通服务份额更多，自然要承担更多的责任和道路建设成本。第二，大量小汽车（私家车和公务车）的涌入是造成北京交通拥堵日益严重的重要原因，有车族（包括私家车车主和公务车使用者）在享受方便舒适的同时，却连带了其他行路人时时饱尝交通拥挤的苦果，交纳一定的拥挤费，算是有车族为自己用车行为的"外部性"付了费，否则就真的有点不公平了。

收取交通拥挤费的主要目的是鼓励市民多用公共交通工具、少用私车出行。但如果公共交通工具还继续保持目前少、慢、挤，再加服务质量差的状况，那最后无非是两种结果：一是交通拥挤尽管短时期内得到了缓解，但前提是以大家的生活质量下降为代价的；二是有车族不堪忍受，重新被逼回小车里，分流车辆的目标完全落空。因此，要从根本上解决城市的交通拥挤问题，还必须从扩大公交容量，改善公交服务质量入手，只有公交才能担当"压轴"的角色。即使将来真的要收取交通拥挤费，也必须用于改善城市的公共交通和道路建设，如果没有道路的有效供给和发达的城市公共交通的改善，交通拥挤费的功效很快就会消失。因此，根治城市交通拥挤的问题还是要依靠科学规划和各种配套措施的综合治理，只有制定和执行好以改善城市公交服务为中心的"政策套餐"，公众出行才会舒心、安心、省心和放心。

相关知识

一、供给的概念

在上一节我们分析了市场需求。在这一节，我们将沿着相同的思路，讨论市场供给。所谓供给，就是在一定时期内和一定条件下，生产者愿意并且能够为消费者提供某种商品的数量。根据定义，如果生产者对某种商品只有提供出售的愿望，而没有提供出售的能力，则不能形成有效供给，也不能算作供给。对应于一个特定的价格，生产者愿意并能够提供出售的商品的数量被称为供给量。生产者为提供一定量的商品所愿意接受的价格被称之为供给价格。因此构成供给的两个基本条件是：有出售的愿望；有供应的能力。

二、供给表和供给曲线

供给也可以分为单个厂商的供给和整个行业的供给（市场供给），单个厂商供给的总和就构成整个行业的供给或市场供给，而正是市场供给，才是决定价格的因素之一。本章所研究的重点，也是市场供给。市场供给可以用市场供给表来表示。供给表是用来反映某一时期某种商品的不同价格与该商品供给量之间对应关系的表格。例如，在一定时期（1990年）煤的市场供给可用表2-2来表示。

表2-2　1990年煤的市场供给表

每吨价格（美元）	30	31	32	33	34	35	36
年供给量（百万吨）	500	550	600	650	675	700	725

市场供给也可以用市场供给曲线来表示，如图2-5所示，就是根据表2-2中数字绘制而

成的煤的市场供给曲线。图的纵坐标表示每单位商品的价格，而横坐标表示单位时间内的供给量。

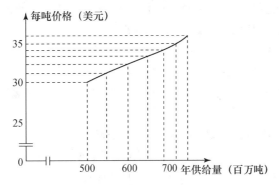

图 2-5　1990 年煤的市场供给曲线

关于市场供给曲线，也应注意以下两点。

第一，市场供给曲线是向右上方倾斜的，其斜率为正，意思是说，商品的价格提高，该商品的供给量增加，反之，商品价格下降，则该商品的供给量减少，这种供给数量和商品价格成正方向变化的关系称为供给规律或供给定理。关于这一规律，也应注意以下两点：其一，只有在影响供给的其他因素都保持不变的假定前提下才成立；其二，这一规律虽然对大多数商品的市场供给曲线来说都是适用的，但有些特殊商品如劳动的供给则是这一规律的例外。

第二，任何市场供给曲线，都只适用于某一特定的时期，如图 2-5 中煤的市场供给曲线，就只适用于 1990 年。而且其形状和位置要取决于该时期的长短及其他因素。

供给曲线的斜率，对购买者极为重要。如果供给曲线的斜率很大（曲线很陡），就意味着只有按很高的价格，增长的需求才能得到满足。相反，供给曲线的斜率很小（曲线平缓），则表明生产能迅速扩大，更高的需求不会引起价格的大幅度上涨。

影响供给曲线斜率的因素主要有：

(1) 产品特点。某些产品扩大生产困难，其供给曲线的斜率就大；相反，产品扩大生产容易，则其供给曲线的斜率就小。

(2) 时间长短。在短期内，迅速增加产量是有困难的，所以供给曲线很陡。但在长期，更多的资源能够投入生产，新的工厂也能建成和投产，所以供给曲线的斜率就比较小。

(3) 交通运输及信息传递情况。运输迅速，信息灵通，供给曲线的斜率较小；运输缓慢，信息阻塞，供给曲线的斜率较大。

三、影响商品供给的因素

供给是供给愿望和供给能力的统一，所以，影响供给的因素包括影响供给愿望和供给能力的各种经济因素和社会因素。这些因素主要有以下几个。

(一) 厂商目标

市场经济条件下，厂商的唯一目标是为了获取最大利润。如果预期利润大，厂商就去投资生产；如果预期无利可图，或者获利不大，厂商就不去投资生产和转移现有的生产项目。

（二）商品的价格

在其他条件不变的情况下，商品价格提高，意味着生产这种商品会给厂商带来更多的利润，因而会吸引厂商去投资生产，从而增加这种商品的供给；反之，商品价格下降，厂商就会由于利润减少而削减生产，从而减少这种商品的供给。

（三）生产的技术水平

生产技术进步，意味着劳动生产率的提高，单位成本的下降，在商品售价不变的情况下，会给厂商带来更多的利润。因此，生产技术越进步，厂商一般越愿意并能够提供更多的商品。

（四）生产成本以及影响生产成本的生产要素价格

当价格既定时，成本越高，利润就越少，企业的供给量就会减少。反之，成本越低，利润就越多，企业的供给量就会增加。企业产品成本的高低，又受生产要素价格高低的影响。

（五）相关商品的价格

与消费领域的商品有互替作用一样，生产领域内的商品也有互替作用。比如一亩地，可以生产玉米，也可以生产可可。如果玉米的价格上涨，厂商自然愿意把生产可可的土地转向生产玉米，于是可可的生产缩减，供给相应减少。

（六）厂商对未来行情的预测

如果某种商品的行情看涨，厂商就会减少现在的供应量，等待行情上涨后再增加供给；如果此种商品的行情看跌，厂商就会把现有的存货尽快抛售出去，从而增加现在的供给。

影响供给量的其他因素很多，例如：政府的政策以及其他因素的影响、气候（农作物最为明显）、新供给资源的开发或旧货资源的耗竭等。

四、供给函数

将以上决定供给的各种因素综合起来考察，我们便得到供给函数。所谓供给函数，指的就是在某一特定时期内某种商品的供给与决定供给的各因素之间的关系，其公式如下：

$$Q_s = f(P, M, V, P_r \cdots) \tag{2.2}$$

式中：Q_s 表示供给量，P 为该商品的价格，M 为生产该商品的要素价格，V 表示技术水平，P_r 表示用相同的资源所能生产的其他商品的价格。

五、供给曲线的例外

正常商品的供给曲线是一条由左下方到右上方延伸的曲线，但劳工的供给曲线却不完全遵循这一规律。在某一工资水平之下，劳工的供给会随着工资水平的提高而增加，随着工资水平的下降而减少。然而，当工资上升到一定水平以后，由于劳工此时对货币的需要不那么迫切，而相对于闲暇、娱乐、旅游等更感兴趣。所以，即使工资再上升，劳工的供给量也不再增加，甚至有减少的趋势。这种变动情况可用图2-6来表示。

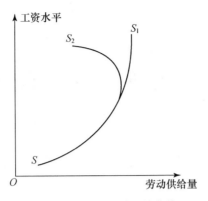

图 2-6 例外的劳动供给曲线

图中横轴表示劳动的供给量,纵轴表示工资水平,SS_1 为劳动供给曲线,当工资水平上升到一定程度以后,劳动的实际供给曲线可能由 SS_1 变为 SS_2。

六、供给量的变化与供给水平变化的区别

(一) 供给量的变化

供给量的变化是指决定供给的其他因素均保持不变的情况下,只是由于商品本身价格变化所引起的该商品供给的变化。其变化特点是:供给曲线维持不动,供给量沿着原供给曲线而变动。实际上,前述的市场供给表或市场供给曲线都是根据这一假定绘制而成的。如图 2-7 所示,某商品的价格从 P_0 上升到 P_1,其供给量相应从 Q_0 增加到 Q_1。因此,供给量会沿着供给曲线从 A 到 B 变动。

(二) 供给水平的变化

供给水平或供给状况的变化是指在商品本身的价格保持不变的情况下,由于其他非价格因素所引起的供给曲线的移动。其变化特点是:供给曲线位移。供给曲线右下移,意味着供给增加;供给曲线左上移,意味着供给减少。如图 2-8 所示,或许是由于一种新的生产技术使得某商品的生产成本降低,从而使供给曲线向右发生移动。

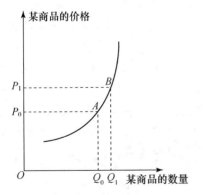

图 2-7 某商品的供给曲线

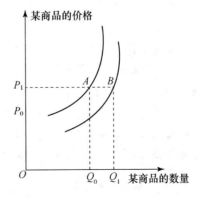

图 2-8 某商品的供给曲线位移

单元四 市场均衡及其均衡价格的决定

> **知识目标**
> 1. 认知市场均衡及均衡价格；
> 2. 认知理解市场均衡理论的本质内涵；
> 3. 认知市场均衡价格的形成过程及反映的供求状况。
>
> **能力目标**
> 通过本节的学习，你应该能够：
> 1. 对市场均衡的概念有正确的认知；
> 2. 运用市场均衡理论分析厂商所处的市场环境；
> 3. 依据市场均衡价格变化反映的市场供求指导厂商合理确定生产规模。

引导启示

当你考上大学，在选择学什么专业时，一方面要考虑自己的兴趣爱好和能力特长，另一方面还要调查了解不同专业人才的市场供求状况，从经济学的观点来看，如果某一专业的人才供给大于社会的现实需求，工作就不容易找，即使找到了与你所学专业相吻合的工作，工资薪酬也不会太高。反之，如果某一专业的人才供给满足不了社会的现实需求，工作就比较容易找，由于存在一定的市场供需缺口，相应的工资薪酬也比较高。因此，一个理性的人在选择报考哪所学校、哪个专业时，一般都要考虑将来的就业情况、教育投资补偿和预期的收益回报。经济学的市场均衡理论不仅能指导厂商合理配置资源要素，确定最适生产规模，而且这一理论包含的核心思想能引导人们在现实生活中可根据供求关系决定的均衡价格对自己的行为做出理性抉择，以期提高行动的预见性，避免行动的盲目性。

相关知识

一、市场均衡的概念

商品的需求量和需求曲线只说明消费者对某种商品在每一价格水平下的需求量,同样,商品的供给和供给曲线也只说明生产者对某种商品在每一价格水平下的供给量,但都没说明这种商品本身的价格究竟是多少。通过对需求和供给的综合分析,我们可以了解到在自由市场上商品的价格以及购买和出售的数量是怎样被决定的。表2-3列举的某地苹果市场供给和市场需求的变化可以说明什么是市场均衡。

表2-3 某地苹果的市场需求和供给表(每月)

价格(元/千克)	4	8	12	16	20
市场需求量(万吨)	700	500	350	200	100
市场供给量(万吨)	100	200	350	530	700

如果苹果的价格开始为4元/千克,需求量会超出供给量600万吨,消费者不能得到他们想要的全部商品,因此,消费者会愿意出较高的价格来购买,生产者不能或不愿意提供足够的苹果来满足需求,他们会乐于接受较高的价格。这样短缺就会抬高价格。而当价格上涨时,需求量下降,供给量增加,短缺逐渐消失。如果开始时的价格较高,比如20元/千克,此时供给量会超过需求量600万吨,市场上出现苹果的过剩。生产者之间相互竞争以便卖掉过剩的产品,结果将会导致价格下降。

由以上分析可知,仅有一个价格可以持久,即供给等于需求时的价格:12元/千克,这时供给量和需求量都是350万吨,市场上既不存在短缺也不存在过剩,此时,需求和供给两种相反的力量处于均衡的状态,这是买卖双方都愿意接受并保持下去的状态,这种状态就叫市场均衡。因此,均衡的含义是各种力量处于平衡的状态。当市场达到这种状态后,如果价格背离均衡价格,就有自动恢复到均衡点并保持均衡的趋势。

二、市场均衡价格的决定

(一)市场均衡价格的概念

所谓市场均衡价格,是指消费者为购买一定量的商品所愿意支付的需求价格与生产者为提供一定量的商品所愿意接受的供给价格相一致时的价格。市场均衡价格的形成,取决于供需双方。如果用图形表示,也就是市场需求曲线和市场供给曲线的交点所决定的该商品的价格水平,而与均衡价格相对应的数量,称之为均衡数量(如图2-9所示)。

商品的均衡价格表现为商品市场上需求和供给这两种相反的力量共同作用的结果,它是在市场的供求力量的自发调

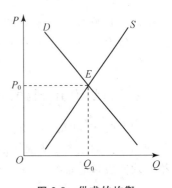

图2-9 供求的均衡

节下形成的。在均衡价格时,买者愿意买进的数量和卖者愿意提供的数量正好相等,这时的价格处在一种相对稳定的状态。在这种价格下,市场上的每一个人都得到了满足,买者得到了他想要买的东西,卖者卖出了他想卖的东西。因此,均衡价格有时也被称为市场出清价格。而当市场价格偏离均衡价格时,市场上就会出现需求量和供给量不相等的状态。一般来说,在市场机制的作用下,这种供求不相等的非均衡状态会逐步消失,实际的市场价格会自动恢复到均衡价格水平。

(二) 市场均衡价格的形成

市场均衡价格是通过市场供求关系的自发调节而形成的。由于供求的相互作用,一旦市场价格背离均衡价格,买者和卖者的行为使市场具有自动恢复均衡的趋势。我们以牛肉为例,用图 2-10 来说明市场均衡价格的形成。

第一种情况:市场的现实价格高于均衡价格。

在图 2-10(a)中,当牛肉的市场价格在 6 元时,供给量(80 公斤)超过了需求量(40 公斤)出现牛肉过剩,在现行价格下,卖者发现冰库里堆满了想卖而卖不出的牛肉,他们的反应必然是降低市场价格,一直到供给与需求相等,市场又恢复均衡为止。

第二种情况:市场现实价格低于均衡价格。

在图 2-10(b)中,当牛肉的价格在 3 元时,需求量(80 公斤)超过了供给量(40 公斤),存在短缺,买者不得不排长队等候购买牛肉的机会。由于太多的买者抢购太少的物品,卖者的反应必然是提高市场价格,一直提高到供给与需求相等,市场又恢复到均衡为止。

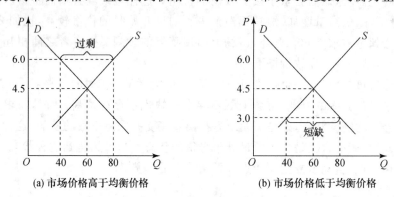

(a) 市场价格高于均衡价格　　(b) 市场价格低于均衡价格

图 2-10　非均衡的市场

总之,市场均衡价格的形成,取决于供需双方。均衡是市场的必然趋势,也是市场的正常状态。而脱离均衡点的价格必然形成供过于求或求过于供的失衡状态。由于市场中供求双方竞争力量的作用,存在着自我调节的机制,失衡将趋于均衡。

三、市场均衡价格的变动

如上所述,既然均衡价格是由供求水平或供求曲线共同决定的,那么很明显,均衡价格的变动也自然是由供求曲线的移动所引起的。下面我们就来讨论供求曲线的移动对均衡价格及均衡数量的影响。

（一）需求曲线的移动对均衡价格的影响

在供给曲线不变时，需求增加（曲线右上移），均衡价格上升，均衡数量增加；供给曲线不变时，需求减少（曲线左下移），均衡价格下降，均衡数量减少。即需求曲线的变动引起均衡价格与均衡数量的同方向变动。这种需求曲线的移动对均衡价格及均衡数量的影响，称为需求变化效应（如图2-11(a)所示）。

（二）供给曲线的移动对均衡价格的影响

在需求曲线不变的情况下，供给增加（曲线右下移），均衡价格下降，均衡数量增加；供给减少（曲线左上移），均衡价格上升，均衡数量减少。即供给的变动引起均衡价格按反方向变动，引起均衡数量按同方向变动。这种供给曲线的移动对均衡价格及均衡数量的影响，称为供给变化效应（如图2-11(b)所示）。

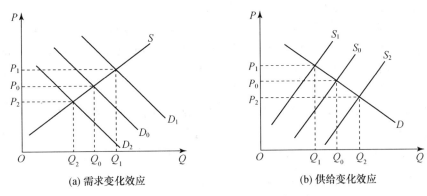

图 2-11　供求变动对均衡价格的影响

供求定理：在其他条件不变的情况下，需求变动分别引起均衡价格和均衡数量同方向变动；供给变动分别引起均衡价格反方向变动，均衡数量同方向变动。

（三）需求和供给曲线同时变动

需求和供给曲线同时变动时，均衡价格和均衡数量的变动程度和方向，取决于需求和供给各自变动程度的大小和方向。

四、均衡价格模型的应用

（一）限制价格（最高限价）

限制价格指政府所规定的某种产品的最高价格。如规定粮食、糖、肉、奶等物品的最高价格。限制价格总是低于市场均衡价格的。政府实行限制价格的目的往往是为了抑制某些商品的价格上涨，尤其是为了对付通货膨胀。有时，为了限制某些行业，特别是一些垄断性很强的公用事业的价格（如水价、电价），政府也采取限制价格的做法。限制价格有利于社会稳定，促进社会平等，但是限制价格政策也会引起严重的不利后果。具体表现如下：

（1）价格水平低，不利于刺激生产，从而使产品长期存在短缺。例如：春运期间的运力紧张现象；医院看专家门诊难等。

（2）配给制会引起社会风气败坏，产生黑市交易。

（3）价格水平低，不利于抑制需求，从而使资源缺乏和严重浪费并存。例如：我国的自来水浪费现象。

(4) 生产者可能粗制滥造,降低产品质量,造成变相涨价。

(二) 支持价格(最低限价)

支持价格指政府所规定的某种产品的最低价格。如政府为了扶持农业,实行农产品支持价格。支持价格总是高于市场均衡价格的。政府实行支持价格的目的是为了扶持某些行业的发展。农产品的支持价格就是一些国家所普遍采取的政策。

实行支持价格会出现供过于求,为了不使价格下跌,政府必须采取一些对策:

(1) 通过限制农民的耕地面积来限制农产品的产量。

(2) 加强科学研究工作,扩大农产品的用途,以刺激需求。

(3) 政府收购剩余部分,作为储备,供将来使用(出口或外援)。

(三) 征税(或补贴)对价格和销售量的影响

假定政府对某种产品征税,办法是按单位产品征收一定量的税。征税的结果是:

(1) 对需求曲线无影响。因为税是由销售者或生产者付给国家的,购买者对于价格中是否包含税收并不关心,他们关心的是价格的高低。价格上升,购买量减少;价格下降,购买量增加。

(2) 使供给曲线向左上方移动,结果使产品价格提高了,销售数量减少了。

(3) 税金的负担者是消费者和生产者,得益者是国家。

如果政府对企业的产品补贴,则会产生相反的影响。其结果是:供给曲线向右下方移动,均衡价格下降,均衡数量增加。

单元五 弹性理论及其应用

知识目标
1. 认知需求弹性与供给弹性的实质;
2. 认知需求弹性与供给弹性在人们经济生活中的作用。

能力目标
通过本节的学习,你应该能够:
1. 对需求弹性与供给弹性有正确的认知;
2. 正确计算不同商品的弹性系数;
3. 依据需求弹性与供给弹性指导厂商进行正确的价格决策和生产决策。

引导启示

有人说,气候不好对农民不利,因为谷物歉收,必然会减少农民的收入。但也有人说,气候不好反而对农民有利,因为农业歉收后谷物的价格就会上涨,农民因此而增加收入。究竟哪种说法正确呢?我们可用经济学的弹性理论进行诠释。

评价气候不好对农民是否有利,主要看农民来自于农业的收入,在气候不好的情况下会如何变动。气候不好对农民的直接影响是农业歉收,即农产品的供给减少,这表现为农产品的供给曲线向左上方移动。如果此时市场对农产品的需求状况不发生变化,即需求曲线保持不变,那么农产品供给的减少将会导致市场均衡价格的上升。一般来说,人们对农产品的需求是缺乏弹性的,由需求的价格弹性与销售总收入上升之间的关系可知,此时农民的农业收入将随着均衡价格的上升而增加。因而在需求状况不因气候不好发生变化并且对农产品需求缺乏弹性的情况下,气候不好引致的农业歉收对农民收入的增加是有利的。当然,若需求状况也同时发生变化,或者需求不是缺乏弹性,那么农民将不因气候不好而得到更多的收入。由此可知,对这一问题的回答应该首先对农产品的需求弹性及需求状况做出假定,而不能绝对地下结论。

相关知识

"弹性"是一个物理学概念,是指某物体对外部作用力的反应程度。例如,沙发的弹性大,木头的弹性小。商品的需求和供给会随着种种因素的变化而变化,那么它们会在多大程度上随着种种因素的变化而变化呢?这就是供求弹性所要解决的问题。在经济学中,弹性指经济变量之间存在函数关系时,因变量对自变量变化的反应敏感程度。或者说,因变量的变动幅度(变动的百分比)对自变量变动幅度的比例关系。弹性的大小可用弹性系数来衡量:

弹性系数 = 因变量 y 变动的百分比/自变量 x 变动的百分比。

需求的弹性主要包括需求的价格弹性、需求的收入弹性和需求的交叉价格弹性,供给弹性主要研究价格变动对供给量变动的影响。下面分别加以介绍。

一、需求价格弹性及其应用

需求的价格弹性是指商品的需求量对该商品价格变化反应的灵敏程度。或者说,商品需求量变化的百分率对价格变化的百分率的比率。

需求价格弹性系数的计算公式有弧弹性和点弹性,下面主要介绍弧弹性。

设需求价格弹性系数为 E_{dp},需求量为 Q,需求量变化为 ΔQ,价格为 P,价格变化为 ΔP。根据定义,可以得到下面几个求需求价格弹性的公式:

需求价格弹性 = 需求量变化率/价格变化率

即:
$$E_{dp} = \frac{\Delta Q}{Q} / \frac{\Delta P}{P} = \frac{\Delta Q}{\Delta P} \times \frac{P}{Q} \tag{2.3}$$

(一)理解需求价格弹性要注意以下四点

(1) 在需求量和价格这两个经济变量中,价格是自变量(主动因素),需求量是因变量(被动因素)。

(2) 需求弹性系数是相对数之比,不是绝对量之比。

(3) 需求弹性系数可正可负,但是通常都取绝对值,即正值。

例如:某种商品原来的价格为 100 元时,需求量为 150 件;后降价降到 80 元时,需求量上升为 180 件,试计算该商品的需求弹性系数?

解:$\Delta Q = 180 - 150 = 30$(件) $Q = 150$(件)
$\Delta P = 80 - 100 = -20$(元) $P = 100$(元)

$$E_{dp} = \left| \frac{\Delta Q}{Q} / \frac{\Delta P}{P} \right| = \left| \frac{30}{150} / \frac{-20}{100} \right| = 1$$

(二)需求价格弹性的五种情况

(1) $|E_{dp}| = 0$,无论价格怎样波动,该种商品的需求量始终都是不发生变化。这种商品叫需求完全无弹性商品,例如某些药品。需求曲线是一条垂直于横坐标的直线。

(2) $|E_{dp}| \to \infty$,只要价格既定,买方就尽量收购商品,不受数量的限制。这种商品叫需求完全弹性商品,例如政府按既定价格收购黄金、银元、珠宝等。需求曲线将是一条与横坐标平行的直线。

(3) $|E_{dp}|=1$,这种商品需求量的变动率和价格变动率相等。这种商品叫需求单位弹性商品,一般来讲,接近于生活必需品的商品一类。需求曲线是等轴双曲线或正双曲线。

(4) $0<|E_{dp}|<1$,说明需求量变动对价格变动的反应程度很小,属于这种情况的多是生活必需品。这种商品叫需求缺乏弹性商品,例如食盐、粮食等,价格再高也不会少吃,价格便宜也不会多吃。需求曲线较陡(斜率较大)。

(5) $1<|E_{dp}|<\infty$,说明价格变化很小,对这类商品的需求量也会有较大幅度的增减。这种商品叫需求富有弹性商品,奢侈品多属于这种情况。需求曲线比较平坦(斜率较小)。

(三)需求价格弹性的应用

综上所述,如果商品需求是富有弹性的,涨价后厂商收入反而下降,因为需求量下降的速度要大于价格上涨的速度;如果需求是缺乏弹性的,那么涨价可提高厂商收入,因为需求量下降的速度要小于价格上涨的速度;所以,在厂商制定价格时,必须考虑有关商品的需求弹性情况。若$E_{dp}<1$,采取提价政策;若$E_{dp}>1$,采取降价政策。

价格弹性与销售收入之间的这种简单而又重要的关系,被广泛地运用于产品定价决策和对外贸易之中。例如,对于一个谋求最大利润的企业来说,决不会选择在其需求曲线缺乏弹性的区间降价。因为这样做一方面虽可使销售量增加而增加了销售收入,但另一方面却因价格降低而减少了销售收入,最终净结果将因产品缺乏弹性而使销售收入减少。而且,销售数量的增加又会导致销售成本的上升,其结果必然是利润的急剧下降。

(四)影响需求价格弹性的因素

(1) 商品是生活必需品还是奢侈品。必需品弹性小,奢侈品弹性大。

(2) 可替代的物品越多,性质越接近,弹性越大,反之则越小。如毛织品可被棉织品、丝织品、化纤品等替代。

(3) 购买商品的支出在人们收入中所占的比重大,弹性就大;比重小,弹性就小。

(4) 商品用途的广泛性。一种商品的用途越广泛,它的需求弹性越大,反之越小。

(5) 时间因素。同样的商品,长期看弹性大,短期看弹性小。因为时间越长,消费者越容易找到替代品或调整自己的消费习惯。

二、需求交叉价格弹性及其应用

需求交叉价格弹性是指商品需求量对其他某一相关商品价格变动的反应灵敏度,或者说,商品需求量变动的百分率对其他某一相关商品价格变动的百分率的比例。

设需求交叉价格弹性系数为E_{xy},X商品的需求量为Q_x,需求变量为ΔQ_x,Y商品的价格为P_y,价格变量为ΔP_y,根据定义,可得到需求交叉价格弹性的计算公式:

$$E_{xy}=\frac{\Delta Q_x}{Q_x}\bigg/\frac{\Delta P_y}{P_y}=\frac{\Delta Q_x}{\Delta P_y}\times\frac{P_y}{Q_x} \qquad (2.4)$$

注意:相关商品有两种情况。一是互替商品,由于它的需求量变动与其相关商品价格变动呈同方向变化,因此,需求的交叉价格弹性为正数;二是互补商品,由于它的需求量变动与其相关商品价格变动呈反方向变化,因此,需求的交叉价格弹性为负数。

(一)理解交叉价格弹性要注意以下四点

(1) 若$E_{xy}>0$,说明X和Y是替代产品,而且产品X的价格变动与产品Y的需求量变动方向一致。

(2) 若 $E_{xy}<0$，说明 X 和 Y 是互补商品，而且 X 的价格变动与 Y 的需求量变动方向相反。

(3) 若 $E_{xy}=0$，说明 X 和 Y 这两种产品相互独立，互不相关。

(4) E_{xy} 可能为正，也可能为负，所以一般用绝对值来表示其大小。绝对值大，说明产品之间的相关程度大，反之则小。

(二) 交叉价格弹性的应用

正是由于产品之间具有替代和互补关系，使得交叉价格弹性与企业的销售收入紧密结合起来。对于那些生产多种产品，各种产品相互之间存在着明显的替代关系或互补关系的企业来说，在制定价格时，必须充分考虑到替代产品和互补产品之间的相互影响。因为就一种产品来说，提高价格可能增加销售收入，但如果把它对相关产品的影响考虑进去，则可能导致企业整体销售收入的下降。

相关产品价格弹性的概念还可用来测定部门之间的关系。如果某个企业的产品与有关部门的产品之间的相关价格弹性很大，且为正值，那么，说明它们属于同一部门或同一行业。在这种情况下，一旦某企业提高产品的价格，就会把大量销售份额抛给有关部门的其他企业。如果相关价格弹性很小或接近于零，说明企业的产品与有关部门生产的产品互不相关，因而可以判定它们不属于同一部门或同一行业。

三、需求的收入弹性及其应用

需求的收入弹性是指商品的需求量对消费者收入变动反应的灵敏程度，或者说是商品需求量变化百分率对消费者收入变化百分率的比例。

设需求的收入弹性系数为 E_m，需求量为 Q，需求量变化为 ΔQ，收入量 M，收入量变化为 ΔM。根据定义的公式为：

$$E_m = \frac{\Delta Q}{Q} \bigg/ \frac{\Delta M}{M} = \frac{\Delta Q}{\Delta M} \times \frac{M}{Q} \tag{2.5}$$

(一) 理解需求收入弹性要注意以下三点

(1) $E_m<0$ 的商品，称为低档商品。说明收入增加后，对某商品的需求量反而减少了。即 Q 与 M 反方向变动。

19 世纪，德国统计学家恩格尔发现：在一般情况下，当人们的收入增加时，所增加的收入中，用于购买生活必需品的支出所占比重将会减少，而用于购买奢侈品的支出所占比重将会增加。

(2) $0<E_m<1$ 的商品，称为正常商品。

(3) $E_m>1$ 的商品，称为高档商品。

上述 2 和 3 两种情况，说明收入增加后，某商品的需求量有所增加，即 M、Q 同方向变动。大多数商品均如此。一般来说，生活必需品的收入弹性较小，而高级消费品的收入弹性较大。

(二) 需求收入弹性的应用

(1) 若 $E_m<1$，则该种产品的生产部门，将不能按比例地分享国民收入的增长额。即该产品的发展速度小于国民收入的增长速度。

例如，如果某种产品的 $E_m=0.25$，这说明消费者收入每增加 1%，他们对该种产品的需求仅增长 0.25%。在这种情况下，该种产品就不能保持它在国民经济中的相对重要性。由于需求量的增长小于国民收入的增长，所以该种产品的生产部门将不能按比例地分享国民收入的增长额，其发展速度就会缓慢一些。

(2) 若 $E_m>1$，则该产品的生产部门，将在国民收入的增长额中得到一个超过比例的份额。即说明该产品的发展速度快于国民收入的增长速度。

例如，如果某种产品的收入弹性 $E_m=2.5$，说明需求增长的速度为收入增长的 2.5 倍，即收入每增加 1%，需求将增长 2.5%。因此，当 $E_m>1$ 时，该种产品的生产部门将在国民收入的增长额中得到一个超比例的份额，其发展速度就会快些。

因此，在计划工农业各部门的发展速度时，收入弹性是要考虑的一个重要因素。收入弹性大的行业，由于其需求量的增长要快于国民收入的增长，其发展速度也就应当快些。收入弹性小的行业，由于其需求量的增长要慢于国民收入的增长，其发展速度就只能慢些。例如，家用电器的收入弹性大于农产品的收入弹性，所以，家用电器的发展速度一定要快于农业的发展速度。又例如，在组织出口物资时，最好能够把收入弹性大的物品与收入弹性小的物品搭配起来。因为收入弹性大的物品，在西方经济繁荣、居民收入增加时，需求量很大，但一旦碰到经济萧条，居民收入减少，销路就会锐减。与收入弹性小的物品相搭配，就可免受西方经济周期的影响而带来的损失。

四、供给的价格弹性

供给弹性表明商品供给量的变化对价格变化反应的灵敏程度，即供给量变动百分率与价格变动百分率的比例。影响商品供给量的因素很多，这里我们只研究一种因素即价格变动对供给量变动的影响。所以我们一般讲的供给弹性实际上就是供给的价格弹性。

设 E_{xp} 表示供给弹性系数，Q_s 为商品供给量，ΔQ_s 为商品供给量的增减。P 为商品的价格，ΔP 为商品价格的增减，则供给弹性系数的计算公式为：

$$E_{xp}=\frac{\Delta Q_s}{Q_s}\bigg/\frac{\Delta P}{P}=\frac{\Delta Q_s}{\Delta P}\times\frac{P}{Q_s} \tag{2.6}$$

由于供给量的变化与价格的变化在方向上一致，所以供给弹性为正数。

(一) 供给弹性的五种情况

(1) $E_{xp}=0$，它表明无论价格怎样变化，供给数量都保持不变。这种商品属于供给完全无弹性商品，如一些无法复制的珍贵名画、古董，就属于这种情况。

(2) $E_{xp}\to\infty$，它表明，只要价格既定，供给数量将会无限大。这种商品属于供给完全弹性商品，如在劳动力严重过剩的地区，劳动力的价格(工资)即使不发生变化，劳动力的供给也会源源不断地增加。

(3) $E_{xp}=1$，它表明，供给量变动幅度有可能接近于他们的价格变动幅度，因此供给量与价格变动成等比例。这种商品属于单一弹性商品，如某些机械产品。

(4) $0<E_{xp}<1$，它表明，此种商品的供给量变化大大小于其价格的变化。这种商品属于供给缺乏弹性商品，一般来讲，资本密集型产品的供给多属于这种情况，因为这类生产不容易很快增加或减少，所以价格变动后，短期内供给量的增减不会太大。

(5) $1 < E_{xp} < \infty$,它表明,此种商品供应量的变化大于其价格的变化但却小于无穷。这种商品属于供给富有弹性商品,一般说,劳动密集型产品的供应多属于这种情况,因为这种产品生产的增加或减少相对容易些,所以价格变动后,供应量能较大幅度地改变。

(二)影响供给价格弹性的因素

(1) 进入和退出该行业的难易程度。如果某一行业进入和退出壁垒很少,厂商可灵活根据价格和需求情况进入和退出该行业,则该产品的供给弹性较大,反之则较小。

(2) 供给者类别的大小。单个生产者的供给弹性小,一个行业的供给弹性大得多。

(3) 时间的长短。这是影响供给弹性大小的主要因素。在极短时间内,供给量限于已有库存,无法随价格变化而变化,弹性近乎为零;随着时间的延长,供给弹性逐渐增大。因为生产者对价格变化作出反应尚需一定时间。

(4) 产量的大小。从某一行业来说,在产量很小的时候,要扩大产量很容易,供给接近完全弹性,随着产量的增加弹性逐渐减少,直至接近零。

五、蛛网理论

一般来说,如果商品的价格高于均衡点,就会导致商品的供给量大于商品的需求量,从而造成价格下跌;反过来,如果商品的价格低于均衡点,就会导致商品的需求量大于供给量,从而造成商品的价格上升。这种商品价格背离均衡点要向均衡点靠拢的现象并非绝对的。

在现实生活中,有许多商品的价格背离均衡点后却并不向均衡点靠拢,之所以这样的直接原因,很大程度上在于供给和需求曲线的弹性大小。

蛛网理论是用来描述动态化市场上供给、需求和价格变动的模型,它说明偏离均衡点的价格需要进行调整的轨迹。

(一)蛛网理论所研究的商品具有如下特点

(1) 生产周期较长,并在生产规模确定之后中途不易变更;

(2) 不是耐用商品;

(3) 本期价格由上期产量决定,市场价格变动只会影响下期产量。

蛛网理论主要运用于周期性生产的商品,最典型的例子就是农产品,因为生产者会根据上期商品的卖价调节价格和产出。

(二)蛛网的形状

蛛网的形状有三种:收敛型蛛网、发散型蛛网和封闭型蛛网。之所以出现以上不同形状,关键在于需求量和供给量变动对价格变动反应的灵敏程度,即需求弹性和供给弹性的大小。

1. 收敛型蛛网

当需求弹性大于供给弹性,即 $E_{dp} > E_{xp}$,或者需求曲线的斜率绝对值小于供给曲线的斜率绝对值时,蛛网呈现封闭型。我们可以做这样的解释:当出现供需缺口时,需要通过价格调整使需求量与供给量相等。由于需求弹性大于供给弹性,因此只需将价格调整较小的幅度,就能使需求量与供给量相等;而当价格调整较小的幅度时,供给量变化幅度较小,从而使供需缺口缩小。周而复始,价格调整幅度越来越小,供需缺口也越来越小,所以蛛网是收敛的。

2. 发散型蛛网

当需求弹性小于供给弹性,即 $E_{dp} < E_{xp}$,或者需求曲线的斜率绝对值大于供给曲线的斜率绝对值时,蛛网呈发散型。我们可以这样来解释:当出现供需缺口时,需要通过价格调整使需求量与供给量相等。由于需求弹性小于供给弹性,因此需将价格调整较大的幅度,才能使需求量与供给量相等;而当价格调整较大的幅度时,供给量变化幅度也较大,从而使供需缺口扩大。周而复始,价格调整的幅度越来越大,供需缺口也越来越大,所以蛛网是发散的。

3. 封闭型蛛网

当需求弹性等于供给弹性,即 $E_{dp} = E_{xp}$,或者需求曲线的斜率绝对值等于供给曲线的斜率绝对值时,蛛网呈现封闭型。我们可以这样来理解:当供需出现缺口时,需要通过价格调整使需求量和供给量相一致。由于需求弹性等于供给弹性,因此价格调整使供给量调整的幅度和需求量调整的幅度相同,因而供需缺口不会变化。所以蛛网既不收敛又不发散,于是趋于封闭。

(三) 关于蛛网理论的说明

蛛网理论旨在说明在市场机制的自发调节的情况下,农产品市场经常发生蛛网型波动,从而影响农业生产的稳定性。在现实生活中,农产品广泛存在着发散型蛛网波动的现象。为消除或减轻农产品在市场上经常出现的这种蛛网型波动的现象,一般有两种方法:

(1) 由政府运用支持价格或限制价格之类经济政策对市场进行干预;

(2) 利用市场本身的调节作用机制进行调节,可运用期货市场来进行调节。

研讨案例

案例1:看过病的人都知道,在一些名牌医院挂专家门诊号有多难。价钱倒不贵,北京协和医院治疗门诊的最高价格为14元。这是政府规定的专家门诊的最高价格。这种政策的目的是为了保证穷人也能找专家看病,但它却引起了什么后果呢?由于价格低,无论大病、小病,人人都想看专家门诊,但专家看病的积极性并不高。这样,供给量小于需求量,存在短缺。在存在短缺但价格又不能上升的情况下,解决供给小于需求的方法有三种:配给(由医院决定给准)、排队和黑市。黑市交易是票贩子和病人之间的交易。票贩子是一批以倒号为业的人,他们或拉帮结伙装作病人挂号,或者与医院有关人员勾结把号弄到手,然后以黑市的均衡价格(比如100元)卖给病人。尽管公安部门屡次打击票贩子,但由于丰厚的利润,票贩子屡禁不止。医院为了对付票贩子,实行了持身份证的挂号实名制看病,但仍没有解决问题,变化只是票贩子由卖号变为卖排队的位置,可见只要存在限制价格,短缺就无法消除,票贩子决不会消失。

票贩子的存在既损害了病人的利益,又损害了专家的利益。病人不得不付出高价,这种高价又不由专家所得。在我们的例子中,限制价格14元是医院得到的价格,病人却付出了100元,其间的差额86元就归票贩子及提供号的人所得。政府有关部门制定限制价格的意图也许是为了维护消费者的利益,但实际上却损害了消费者的利益。

从经济学的角度看,消除票贩子的办法不是"加大打击力度"等,而是取消对专家挂号费的限制价格政策。一旦价格放开,挂号费上升,想看专家门诊的人减少(小病不找专家,大病、疑难病症才找专家),愿意看病的专家增加,最终实现供求相等。这时,票贩子无利可图,自然也就消失了。

当然,放开专家门诊涉及到医疗制度的改革问题,比如医院分级收费、医药分开、完善社会保障体系等。但要解决专家门诊的供求矛盾,从根本上铲除票贩子,还是要放开价格。这是医疗市场化改革的重要内容。

——改编自梁小民《微观经济学纵横谈》,三联书店,2000。

案例2:你是一个大型艺术博物馆的馆长。你的财务经理告诉你,博物馆缺乏资金,并建议你考虑改变门票价格以增加总收益。你将怎么办呢?你是要提高门票价格,还是降低门票价格?回答取决于需求弹性。如果参观博物馆的需求是缺乏弹性的,那么提高门票价格会增加总收益。但是,如果需求是富有弹性的,那么提高价格就会使参观者减少的如此之多,以至于总收益减少。在这种情况下,你应该降价,参观者人数会增加得如此之多,以至于总收益会增加。

为了估算需求的价格弹性,你需要请教你的统计学家。他们会用历史资料来研究门票价格变化时,参观博物馆人数的逐年变动情况。或者他们也可以用国内各种博物馆参观人数的资料来说明门票价格如何影响参观人数。在研究这两种资料时,经济学家还需要考虑到影响参观人数的其他因素——天气、人口、藏品多少等——以便把价格因素独立出来。最后,这种资料分析会提供一个需求价格弹性的估算,你可以用这种估算来决定你的财务问题做出什么反应。

——转引自曼昆《经济学原理》,北京大学出版社,1999。

总结与回顾

市场机制是市场经济内在的作用机制,它解决一定市场环境条件下企业生产什么、生产多少、如何生产以及为谁生产的问题,以此实现稀缺资源的高效配置。微观经济学的核心是价格理论。价格是由供给与需求达到均衡条件下形成的。在其他条件不变的情况下,价格与需求量之间存在反方向变动的关系,与供给量之间存在同方向变动的关系。需求的变动引起均衡价格与均衡数量同方向的变化;供给的变动引起均衡价格反方向变动,引起均衡数量同方向变动。价格的变动率与需求量(供给量)的变动率之间的关系就是弹性理论要说明的问题。在现实中,绝大部分商品的需求(供给)弹性是属于缺乏弹性或者富有弹性的。

思考与练习

1. 基本概念

市场体系　市场机制　价格机制　需求　需求规律　供给　供给规律　均衡价格　需求的价格弹性　供给的价格弹性

2. 现代市场体系的特征有哪些?

3. 什么是市场机制？简述市场机制的特点及作用原理？
4. 影响需求和供给的主要因素有哪些？
5. 解释均衡价格的决定和形成过程。
6. 分析供求曲线移动会导致均衡价格和均衡数量如何变动？
7. 利用下列数据，画出需求曲线和供给曲线，求出均衡价格和均衡数量是多少？

某商品的价格变化与相应需求量、供给量的关系

价格（元）	需求（块）	供给（块）
1	420	0
2	210	100
3	140	140
4	105	160
5	84	170

8. 苹果和梨是替代产品，现在苹果的价格上升，并认为它将是影响梨市场变化的主要因素。此时，市场上梨的需求量和价格如何变化？

9. 指出发生下列几种情况时，某种蘑菇的需求曲线的移动方向是左移、右移，还是不变？为什么？

（1）卫生组织发布一份报告称这种蘑菇会致癌；

（2）另一种蘑菇的价格上涨了；

（3）消费者的收入增加了；

（4）培育蘑菇的工人工资增加了。

10. 下列事件对产品 A 的供给有何影响？

（1）生产 A 的技术有重大革新；

（2）在生产 A 的行业内，企业数目减少了；

（3）生产 A 的人工和原材料价格上涨了；

（4）预计产品 A 的价格会下降。

11. 某企业某产品的价格弹性在 1.5～2.0 之间，如果明年把价格降低 10%，问销售量预期会增加多少？

12. 政府为了解决居民住房问题，要制定一个住房的长远规划。假定根据研究资料，已知租房需求的收入弹性在 0.8 和 1.0 之间，买房需求的收入弹性在 0.7～1.0 之间。估计今后十年内，每人每年平均可增加收入 2%～3%。问十年后，对住房的需求量将增加多少？

模块三　消费者行为理论及其应用*

上一个模块我们介绍了需求曲线和供给曲线的基本特征，即需求曲线向右下方倾斜，供给曲线向右上方倾斜，但并没有说明形成这些特征的原因是什么。在微观经济学中，构造需求曲线和供给曲线是分别以对消费者行为和生产者行为的分析作为依据的。本模块通过说明消费者的行为理论，来揭示隐藏在需求曲线背后的涵意。

经济学中所言的消费者是指能够做出消费决策并可进行自主消费的经济单位，如个人和家庭。消费者行为理论就是通过分析消费者的行为基础，建立起消费者行为模型，阐明消费者购买各种商品的数量达到均衡的条件，进而研究消费者如何利用有限的收入对各种商品的购买进行合理抉择，最终能使消费者获得最大的满足。

单元一 基数效用理论及其应用

知识目标
1. 认知理解效用、边际效用与总效用的经济内涵；
2. 认知边际报酬递减规律；
3. 了解基数效用理论的基本假设及其缺陷。

能力目标
通过本节的学习，你应该能够：
1. 对经济学中的效用、边际效用与总效用有正确的认知；
2. 对经济学中的边际报酬递减规律有正确的认知；
3. 学会运用基数效用理论对消费者的消费行为进行分析。

引导启示

美国总统罗斯福连任三届后，曾有记者问他有何感想，总统一言不发，只是拿出一块三明治面包让记者吃，这位记者不明白总统的用意，又不便问，只好吃了。接着总统拿出第二块，记者还是勉强吃了。紧接着总统拿出第三块，记者为了不撑破肚皮，赶紧婉言谢绝。这时罗斯福总统微微一笑："现在你知道我连任三届总统的滋味了吧"。这个故事揭示了经济学中的一个非常重要的原理——边际效用递减规律。

经济学的边际效用是指某种物品的消费量每增加一单位所增加或减少的消费者心理上的满足程度。就拿罗斯福总统让记者吃面包的这件事来说：如果记者吃第一个面包的总效用是 10 个效用单位，吃第 2 个面包的总效用是 18 个效用单位，吃第 3 个面包的总效用还为 18 个效用单位，那么，记者吃第一个面包的边际效用就是 10 效用单位，吃第 2 个面包的边际效用则为 8 个效用单位，再吃第 3 个面包的边际效用即为 0 个效用单位。这几个数字说明记者随着所吃面包数量的增加，其边际效用是递减的。那么，记者为什么不再吃第三个面包呢？这是因为他再吃也不会增加任何效用。再比如，水是非常宝贵的，没有水，人们就会死亡，但是如果你连续喝，当超过了你所能饮用的数量时，那么多余的水就没有什么作用了，再喝水的边际价值就几乎为零,或是在零以下。

同样的道理,消费者购买物品是为了自身效用的最大化,而且,物品的效用越大,消费者愿意支付的价格就越高。根据效用理论,厂商在决定生产什么时,首先要考虑商品能带给消费者多大的效用或价值。企业要使自己生产的产品能卖出去,而且能卖高价,就要分析消费者的心理,产品要能满足消费者的偏好。一个企业要成功,不仅要了解当前的消费需求,还要善于发现未来的消费走势。这样才能从消费需求中了解到消费者的需求偏好及变动,并能及时开发出能够满足这种需求偏好的产品。当然,从经济学的效用理论来讲,消费者连续消费同一种产品的边际效用是递减的。如果企业连续只生产一种产品,它带给消费者的边际效用就在递减,消费者愿意支付的价格就低了。因此,企业要不断研发新产品,即使是同样功能效用的产品,只要具备一定的差异特色,就不会导致边际效用递减。

相关知识

一、效用的含义

消费者是指在经济中能够做出消费决策的经济主体。那么,消费的目的是什么呢?萨缪尔森提出的幸福方程式:幸福=效用/欲望

欲望是一种缺乏的感觉与求得满足的愿望。不足之感,求足之愿。它是一种心理感觉,特点是具有无限性和层次性。

效用(Utility)是消费者从消费某种物品中所得到的满足程度。消费者消费某种物品获得的满足程度高就是效用大,反之,便是效用小。如果消费者从消费某种物品中感到痛苦,则是负效用。例如,一个人喜欢吸烟胜过喝茶,那么香烟对他的效用就大于茶;如果一个人根本不吸烟而且讨厌烟雾缭绕的环境,那么香烟对他来说就没有效用甚至是负效用。

效用是一种心理感觉,它是一种主观感受,不同于使用价值。使用价值反映的是物品本身所具有的自然属性和客观属性,它不以人的主观感受为转移,而效用纯粹是人的主观心理感受,因时因地都会发生变化。

效用是一种心理感觉,所以消费者行为理论也就更偏重于心理分析。同时,效用也可以表示偏好,因为效用是消费者消费某种物品获得的满足程度,而这种满足程度的大小取决于消费者的偏好。消费者对某种物品或物品组合的偏好越高,从消费这种物品或物品组合中得到的效用也越大。

二、基数效用理论

(一)基数效用论概述

既然效用是用来表示消费者在消费商品时所感受到的满足程度,于是,就产生了对这种"满足程度"即效用大小的度量问题。在这一问题上,西方经济学家先后提出了基数效用和序数效用的概念。

基数和序数这两个术语来自数学。基数是指1,2,3,…,基数是可以加总求和的。例如,

基数 3 加 9 等于 12，且 12 是 3 的 4 倍，4 的 3 倍。序数是指第一、第二、第三、…，序数只表示顺序或等级，不能加总求和。例如，序数第一、第二、第三，可以是 12、15、20，也可以是 18、20、30。它所要表明的仅仅是第二大于第一，第三大于第二，至于各自的具体数量是多少，则无法具体度量，或者说是没有意义的。

从 19 世纪到 20 世纪初期，西方经济学家普遍使用基数效用的概念，比较有代表性的经济学家有德国的戈森、英国的吉文斯和埃奇沃斯、奥地利的门格尔、法国的瓦尔拉和美国的费雪。所谓基数效用，是指假定商品的效用可以用某种单位计算其数值并可以加总求和，表示效用大小的计量单位被称作效用单位。例如，对某一个人来说，吃一顿丰盛的晚餐和看一场高水平的足球比赛，其效用分别是 5 效用单位和 10 效用单位，则这两种消费的效用之和为 15 效用单位，且后者的效用是前者的 2 倍。

基数效用论是研究消费者行为的一种理论，其基本观点是：假定消费者消费商品获得的效用可以用基数加以度量，从而效用函数在消费过程中被决定下来；同时，基数效用论还假定边际效用服从递减规律。在此假定基础上，采用边际效用分析法，就可以用具体数字来研究消费者效用最大化的问题，进而得到消费者的均衡条件。基数效用论进而证明，若边际效用递减规律成立，那么消费者的需求曲线是向右下方倾斜的。

（二）基数效用论的缺陷

（1）效用的可度量性。由于效用是一种主观心理感觉，因而消费不同商品或是一种商品的不同数量时消费者获得的满足程度是很难度量的。不仅如此，当涉及两个消费者对效用的比较时，这一问题就显得更为突出。

（2）边际效用递减规律无法验证。决定消费者需求曲线形状的关键是边际效用服从递减规律，但这一规律却无法验证，因而它是一个人的心理感受，很难用统计规律加以说明。

（3）以边际效用为基础的单个需求曲线在加总时会涉及消费者效用之间的相互比较。

三、边际效用递减规律及其应用

基数效用论除了提出效用可以用基数衡量的假定外，还提出了边际效用递减规律的假定。边际效用递减规律贯穿于基数效用论，是基数效用论分析消费者行为，并进一步推导消费者需求曲线的基础。

（一）总效用和边际效用

总效用 TU(Total Utility)是指消费者在一定时间内从一定数量的商品消费中所得到的效用量的总和。假定消费者对一种商品的消费数量为 Q，则总效用函数为：

$$TU = f(Q) \tag{3.1}$$

边际效用 MU(Marginal Utility)则是指消费者在一定时间内增加一单位商品的消费所得到的效用量的增量，这一增量可能是正值也可能是负值。

边际效用函数为：

$$MU = \frac{\Delta TU(Q)}{\Delta Q} \tag{3.2}$$

当商品的增加量趋于无穷小时，则有：

$$MU = \lim_{\Delta Q \to 0} \frac{\Delta TU(Q)}{\Delta Q} = \frac{\mathrm{d}TU(Q)}{\mathrm{d}Q} \tag{3.3}$$

这里需要指出的是,在西方经济学中,边际分析法是最基本的分析方法之一,边际效用是本书出现的第一个边际概念。在此我们有必要强调一下,边际量的一般含义是表示一单位的自变量的变化量所引起的因变量的变化量。抽象的边际量的定义公式为:

$$边际量 = \frac{因变量的变化量}{自变量的变化量}$$

明确了边际量的概念,我们就用表 3-1 来说明总效用与边际效用的关系。

表 3-1 某商品的效用表

商品数量 Q	总效用 TU	边际效用 MU
0	0	0
1	30	30
2	50	20
3	60	10
4	60	0
5	50	−10

根据表 3-1 的数据可以做出表示总效用和边际效用关系的示意图,如图 3-1 所示。

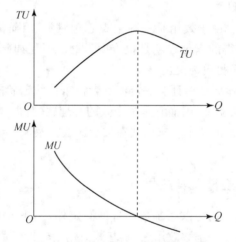

图 3-1 总效用与边际效用的关系

从图 3-1 可以看出,MU 曲线向右下方倾斜,反映了边际效用的变化呈递减趋势;TU 曲线是以递减的速率先上升后下降。当边际效用为正值时,总效用曲线呈上升趋势;当边际效用递减为零时,总效用曲线达到最高点;当边际效用继续递减为负值时,总效用曲线呈下降趋势。从数学意义上讲,如果效用曲线是连续的,则每一消费量上的边际效用值是总效用曲线上相应点的切线的斜率。

(二)边际效用递减规律

边际效用递减规律是:在一定时间内,在其他商品的消费数量保持不变的条件下,随着消费者对某种商品消费量的增加,消费者从该商品连续增加的每一消费单位中所得到的效用增量即边际效用是递减的。

边际效用递减规律成立的原因,可以作如下解释:

(1)从人的生理和心理的角度。由于随着消费相同消费品的连续增加,从人的生理和心理的角度讲,从每一单位消费品中所感受到的满足程度和对重复刺激的反应程度是递减的。

(2) 从商品的多用途的角度。由于在一种商品具有几种用途时,消费者总是将第一单位的消费品用在最重要的用途上,第二单位的消费品用在次重要的用途上,等等。这样,消费品的边际效用随消费品的用途重要性的递减而递减。例如:在仅有少量水的情况下(如在沙漠或航海中),人们十分珍惜地饮用,以维持生命,水的边际效用很大。随着水量增加,除满足饮用外,还可以用来洗脸、洗澡和洗衣,水的重要性相对降低,边际效用也就相应减小。

由此看来,边际效用递减规律是符合实际情况的,即消费者消费某种商品一定数量之中的最后一单位给消费者提供的效用一定小于前一单位所提供的效用,但该解释的有效性是以假定人们消费行为的决策是符合理性为其前提条件的。

四、消费者均衡

消费者均衡所研究的是消费者在既定收入的情况下,如何实现效用最大化的问题。

(一) 消费者均衡的概念

消费者均衡是研究单个消费者如何把有限的货币收入分配在各种商品的购买中以获得最大的效用。这里的均衡是指消费者实现最大效用时既不想再增加,也不想再减少任何商品的购买数量而达到的一种相对静止的状态。消费者均衡就是表示消费者实现这一目的时的心理满足状态。我们知道"均衡"具有不变的意思,由于消费者已经达到最佳的满意状况,因此,他不会改变他所购买的各种商品和劳务的数量及其组合;如果消费者的消费未能使他的效用最大化,他就会改变消费决策,重新调整他所购买的各种商品和劳务的数量,直到总效用达到最大化为止。那么,究竟在什么情况下才会达到效用最大化即消费者的均衡状况呢?在研究消费者均衡时,我们假设:

第一,消费者的嗜好(即消费者偏好)是既定的。这也就是说,消费者对各种物品效用与边际效用的评价是既定的,不会发生变动。

第二,消费者的收入是既定的,每1元货币的边际效用对消费者都是相同的。

第三,物品的价格是既定的。消费者均衡正是要说明在这些假设条件之下,如何把有限的收入分配于各种物品的购买与消费上,以获得效用最大化。

(二) 消费者均衡的条件

在基数效用论中,消费者实现效用最大化的均衡条件是:消费者用既定的全部收入购买价格既定的各种商品时,应该使自己所购买的各种商品的边际效用与价格之比相等,即消费者应使自己花费在各种商品购买上的最后一单位货币所带来的边际效用相等。

假设消费者的收入为 M,所购买和消费两种物品的数量为 Q_X、Q_Y,其价格分别为 P_X、P_Y,所带来的边际效用分别为 MU_X、MU_Y,每单位货币的边际效用为 MU_m。因此,消费者均衡的一般数学模型表现为:

$$M = P_X Q_X + P_Y Q_Y \tag{3.4}$$

$$\frac{MU_X}{P_X} = \frac{MU_Y}{P_Y} = MU_m \tag{3.5}$$

(3.4)式表明的是消费预算限制条件。如果消费者的支出超过收入,消费购买是不现实的;如果支出小于收入,就无法实现在既定收入条件下的效用最大化。

(3.5)式表明的是消费者均衡的实现条件。每单位货币无论是购买 X 物品或是 Y 物品,所得到的边际效用都相等。

如果消费的是多种物品,则可把上述模型扩展为:

$$M = P_1Q_1 + P_2Q_2 + \cdots + P_nQ_n \tag{3.6}$$

$$\frac{MU_1}{P_1} = \frac{MU_2}{P_2} = \cdots = \frac{MU_n}{P_n} = \lambda \tag{3.7}$$

λ 表示的是单位货币效用,即每一单位货币所得到的商品的边际效用都相等。

消费者之所以按照这一原则来购买商品并实现效用最大化,是因为在既定收入条件下,多购买 X 物品就要减少对 Y 物品的购买。随着 X 购买量的增加,X 物品的边际效用就会递减,随之而来的是,Y 物品的边际效用就会递增。为了使所购买的 X、Y 的组合能够带来最大的总效用,消费者就必须调整这两种物品的组合数量,其结果是增加对 Y 物品的购买,减少对 X 物品的购买。如此来回调整这两种物品的购买数量及其组合,就最终会出现当他所购买的最后一个单位 X 物品所带来的边际效用与其价格之比等于他所购买的最后一个单位 Y 物品所带来的边际效用与其价格之比时,他所获得的总效用最大。

换句话说,也就是消费者无论购买哪种物品,只有当他的每一单位货币所购买的不同的物品的边际效用都相等时,就实现了最大的总效用,即消费者均衡,两种物品的购买数量也就随之确定,不需要再进行调整。

(三)单个消费者需求曲线的推导

基数效用论运用边际效用递减规律和消费者均衡的条件,推导单个消费者的需求曲线,解释了需求曲线向右下方倾斜的原因:从消费者角度看,他支付价格的高低与效用的大小是正相关的。即效用大,所支付的价格就高,反之则低。

商品的需求价格指消费者在一定时期内对一定量的某种商品所愿意支付的价格。商品的需求价格取决于商品的边际效用。由于边际效用递减,相应需求价格递减。考虑消费者只购买一种商品的情况,则消费者均衡的条件为:$MU/P=\lambda$。上式表示:一方面,消费者对任何一种商品的最优购买量应该是使最后一单位货币购买该商品所带来的边际效用和所付出的这一单位货币的边际效用相等;另一方面,由于对任何一种商品而言,随着需求量的不断增加,边际效用 MU 是递减的,则在货币的边际效用 λ 不变的前提下,商品的需求价格 P 必然应同比例于边际效用 MU 的递减而递减,才能实现消费者均衡。这就说明了商品的需求量与商品的价格成反方向变动。

(四)消费者剩余

消费者剩余(Consumer Surplus)是消费者在购买一定数量的某种商品时愿意支付的最高总价格与他实际支付的总价格之间的差额。这一概念是英国经济学家马歇尔在20世纪初提出的。

消费者剩余并不是实际收入的增加,只是一种心理感觉。因为消费者行为理论是一种心理分析,所以,这一概念是有意义的,并在分析其他问题时得到了运用。

现举例说明:有一辆轿车要卖出,采取拍卖的方式进行出售,现在有四个可能的买主 A、B、C、D,他们均想购买这辆轿车,但他们每人愿意支付的价格不同且有限(如表 3-2 所示)。

表 3-2　轿车出价表

买　者	最高支付价（万元）
A	100
B	80
C	70
D	60

开始叫价（从低向高叫价）。当 A 买主叫出 80 万元（或略高一点）时，叫价停止。于是，A 买主支付 80 万元（或略高一点）得到了该辆轿车。而 A 买主心里愿意为此支付的价格是 100 万元，实际上只支付了 80 万元，于是 A 买主就得到了 20 万元的消费者剩余。

单元二 序数效用理论及其应用

知识目标
1. 认知理解序数效用理论的经济内涵；
2. 认知无差异曲线、消费者预算线的主要特征。

能力目标
通过本节的学习，你应该能够：
1. 对经济学的序数效用理论有正确的认知；
2. 正确计算商品的边际替代率；
3. 学会运用无差异曲线和消费者的预算线正确确定效用最大化的商品组合。

引导启示

　　毋庸置疑，每一个人消费的目的都是为了获得幸福，但对于什么是幸福，美国经济学家萨谬尔森提出了"幸福方程式"这样一个概念。"幸福方程式"就是：幸福＝效用/欲望。从这个方程式中我们看到欲望与幸福是成反比的，也就是说人的欲望越大越不幸福，因为人的欲望是无穷的。所以，我们在分析消费者行为理论的时候，就假定人的欲望是一定的。但在离开效用理论后，我们再来思考萨谬尔森的"幸福方程式"，觉得他对幸福与欲望关系的诠释非常精辟。

　　在现实生活中，不同的人对幸福有不同的理解：政治家把实现自己的理想和抱负作为最大的幸福；企业家把赚到更多的钱当作自己最大的幸福；教师把学生喜欢听自己的课作为自己最大的幸福；老百姓则往往把平平淡淡、衣食无忧作为自己最大的幸福。事实上，幸福是一种感觉，自己感觉幸福就一定幸福。

　　从萨谬尔森的"幸福方程式"我们不由地联想到鲁迅笔下的"阿Q精神"。鲁迅塑造的阿Q形象，是用来唤醒旧制度下中国老百姓那种逆来顺受劣根性的。但从另一个角度看，人生如果一点阿Q精神都没有，就会感到不幸福。因此，"阿Q精神"在一定条件下是人生获取幸福的一种手段。知足常乐、适可而止、随遇而安、退一步海阔天空、该阿Q时就阿Q，尽管这些说法不一定正确,但却有着深刻的经济内涵,幸福就像是商品带给消费者的效用,说到底,是人们心理上的一种感觉,它的大小很难用消费商品数量的多少来衡量。

相关知识

一、序数效用理论

到了 20 世纪 30 年代,序数效用的概念为大多数西方经济学家接受并使用,其代表人物有意大利的帕累托、英国的希克斯和艾伦。序数效用论是为了弥补基数效用论的缺陷而提出的另一种研究消费者行为理论,其基本观点是:效用作为一种心理现象,类似于香、丑,其大小,无法具体衡量,也不能加总求和,效用间的比较只能通过顺序或等级来表示,即效用只能用序数来表示。这样就可避免纯属个人主观心理的效用如何计量的问题,特别是避免了效用在每个人之间无法比较的理论难题。在现代微观经济学中,通常使用序数效用论的概念。

例如:口渴了,喝一杯茶感觉好,看一份报纸感觉一般,因而两者比较,喝茶的效用大于看报的效用,喝茶的效用排在第一,看报的效用排在第二。

取代基数效用论的关于效用的大小可以用"效用单位"表示的说法。消费者对于各种不同的商品组合的偏好(即爱好)程度是有差别的,这种偏好程度的差别决定了不同商品组合效用的大小顺序。一般来说,序数效用论对消费者偏好有三个基本假定:

第一,对于任何两个商品组合 A 和 B,消费者总是可以作出,而且也仅仅只能作出以下三种判断中的一种:对 A 的偏好大于对 B 的偏好,对 A 的偏好小于对 B 的偏好,对 A 和 B 的偏好相同(A 和 B 是无差异的)。

第二,对于任何三个商品组合 A、B 和 C,如果某消费者已经作出判断:对 A 的偏好大于(或小于、或等于)对 B 的偏好,对 B 的偏好大于(或小于、或等于)对 C 的偏好。那么,该消费者必须作出对 A 的偏好大于(或小于、或等于)对 C 的偏好的判断。

第三,消费者对每一种商品的消费都处于尚未达到饱和前的状态。

二、无差异曲线与商品的边际替代率

(一)无差异曲线

1. 无差异曲线(又称效用等高线、等效用线)

无差异曲线是用来表示两种商品的不同数量的组合给消费者所提供的效用是完全相同的一条曲线。或者说在这条曲线上,无论两种商品的数量怎样组合,所带来的总效用是相同的。与无差异曲线相对应的效用函数为:

$$U = f(X_1, X_2) \tag{3.8}$$

其中,X_1 和 X_2 分别为商品 1 和商品 2 的数量;U 是常数,表示某个效用水平。这里的 U 只表示某一个效用水平,而不在乎其具体数值的大小。如表 3-3 和图 3-2 所示。假设下列任何一种商品的组合,其总效用相同。

表 3-3　某消费者的无差异表

组合	苹果	梨
A	8	2
B	6	4
C	2	8

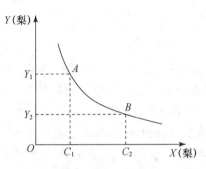

图 3-2　某消费者的无差异曲线

在图 3-2 中，横轴 X 代表 X 商品（苹果）的数量，纵轴 Y 代表 Y 商品（梨）的数量，AB 为无差异曲线，线上任何一点上 X 商品与 Y 商品不同数量的组合给消费者所带来的效用都完全相同。因此，无差异曲线也被称为等效用线。

2．无差异曲线的基本特征

（1）无差异曲线是一条向右下方倾斜的曲线，其斜率为负值。它表明在收入与价格既定的条件下，为了获得同样的满足程度，增加一种商品就必须放弃或减少另一种商品，两种商品在消费者偏好不变的条件下，不能同时减少。

（2）在同一平面图上有无数条效用无差异曲线，不同的效用无差异曲线所代表的满足程度不同。距离原点越远的曲线，所代表的效用越大，距离原点越近的曲线，所代表的效用越小。如图 3-3 所示。I_1、I_2、I_3 是三条不同的效用无差异曲线，它们分别代表不同的效用，其效用的大小顺序为：$I_1 < I_2 < I_3$。

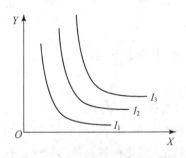

图 3-3　某消费者的无差异曲线示意图

（3）在同一平面图上，任意两条无差异曲线不能相交，否则与第二点矛盾。
（4）无差异曲线是一条凸向原点的线。这是由边际替代率递减规律所决定的。

(二)边际替代率及其递减规律

1. 商品的边际替代率

商品的边际替代率即在维持效用水平或满足程度不变的前提下,消费者增加一单位某种商品的消费所需放弃的另一种商品的消费量。以 RCS 代表商品的边际替代率,ΔX_1、ΔX_2 各为商品 1 和商品 2 的变化量,则商品 1 对商品 2 的边际替代率为:

$$\text{RCS}_{12} = -\frac{\Delta X_2}{\Delta X_1} \tag{3.9}$$

在通常情况下,由于商品 1 和商品 2 的变化量成反方向变动,为使商品的边际替代率是正值以便于比较,在公式中加了一个负号。

假定商品数量的变化量趋于无穷小,即当 $\Delta X_1 \to 0$ 时,则有:

$$\text{RCS}_{12} = \lim_{\Delta X_1 \to 0} -\frac{\Delta X_2}{\Delta X_1} = -\frac{\mathrm{d}X_2}{\mathrm{d}X_1} \tag{3.10}$$

上式说明无差异曲线上任一点的商品的边际替代率等于无差异曲线在该点处的切线斜率的绝对值。

2. 商品边际替代率递减规律

序数效用论在分析消费者行为时提出了商品的边际替代率递减规律的假定。商品的边际替代率递减规律即在维持效用水平不变的前提下,随着一种商品消费量的连续增加,消费者为得到每一单位的这种商品所需放弃的另一种商品的消费量是递减的。其递减原因可以解释为:当消费者处于商品 1 的数量较少和商品 2 的数量较多时,会由于拥有较少的商品 1 而对每一单位的商品 1 更偏好,由于拥有较多商品 2 而对每一单位的商品 2 的偏好程度较低,即商品 1 对商品 2 的边际替代率较大。随着消费者拥有的商品 1 的数量越来越多,相应对每一单位商品 1 的偏爱程度会越来越低;同时,消费者拥有的商品 2 的数量会越来越少,相应地对每一单位商品 2 的偏爱程度会越来越高。则每一单位的商品 1 所能替代的商品 2 的数量越来越少,即商品的边际替代率是递减的。

由于商品的边际替代率等于无差异曲线的斜率的绝对值,商品的边际替代率递减规律决定了无差异曲线凸向原点。下面,我们利用图形来具体说明商品的边际替代率递减规律和无差异曲线形状之间的关系(如图 3-4 所示)。

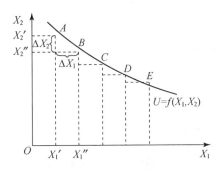

图 3-4 商品的边际替代率递减规律和无差异曲线的形状

从图 3-4 可以看出,当消费者沿着既定的无差异曲线由 A 点运动到 B 点时,商品 1 的增加量为 ΔX_1,相应的商品 2 的减少量为 ΔX_2,这两个变量的比值的绝对值即 $-\Delta X_2/\Delta X_1$ 就是 RCS_{12},在图 3-4 中,由于无差异曲线是凸向原点的,这就保证了当商品 1 的数量一单位一单位地逐步增加时,即由 A 点经过 B、D 点运动到 E 点的过程中,每增加一单位的商品 1 所需放弃的商品 2 的数量是递减的。

三、消费者的预算线

(一)预算线的概念

预算线又称为预算约束线、消费可能线或价格线。表示在消费者收入和商品价格既定的条件下,消费者的全部收入所能购买到的两种商品的不同数量的各种组合。

用 I 表示消费者的既定收入,P_1、P_2 分别为已知的商品 1 和商品 2 的价格,X_1 和 X_2 分别为商品 1 和商品 2 的数量。预算线方程为:

$$I = P_1 X_1 + P_2 X_2 \tag{3.11}$$

预算线的形状如图 3-5 所示。

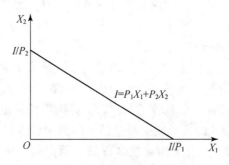

图 3-5 消费者的预算线图

消费者的全部收入购买商品 1 的数量为 I/P_1,是预算线在横轴的截距;消费者的全部收入购买商品 2 的数量为 I/P_2,是预算线在纵轴的截距;$-P_1/P_2$ 为预算线的斜率,即两种商品价格之比的负值。

(二)预算线的变动

消费者的收入 I 或商品价格 P_1 和 P_2 变化时,会引起预算线的变动。预算线的变动有以下四种情况。

1. 预算线与消费者收入的关系

两种商品价格不变,消费者的收入变化时,会引起预算线的截距变化,使预算线发生平移(如图 3-6 所示)。

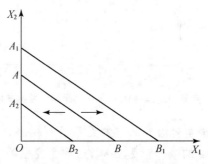

图 3-6 收入变动导致的预算线变动图

消费者的收入增加,则使预算线 AB 向右平移至 A_1B_1;消费者的收入减少,则使预算线 AB 向左平移至 A_2B_2。两种商品价格和消费者的收入同比例同方向变化时,预算线不变。

2. 预算线与商品价格的关系

消费者的收入不变,两种商品价格同比例同方向变化时,会引起预算线的截距变化,使预算线发生平移。消费者的收入不变,一种商品价格不变而另一种商品价格变化时,会引起预算线的斜率及相应截距变化(如图 3-7 所示)。

在图 3-7(a)中,商品 1 的价格 P_1 下降,使预算线 AB 移至 AB_1;商品 1 的价格 P_1 提高,则使预算线 AB 移至 AB_2。同理,在图 3-7(b)中,商品 2 的价格下降和提高,分别使预算线 AB 移至 A_1B 和 A_2B。

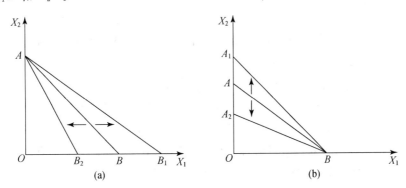

图 3-7 商品价格变动导致的预算线变动图

四、消费者均衡原理及其应用

(一) 消费者效用最大化的均衡条件

序数效用论将无差异曲线和预算线结合起来说明消费者均衡。消费者的偏好决定了消费者的无差异曲线,一个消费者关于任何两种商品的无差异曲线有无数条;消费者的收入和商品价格决定了消费者的预算线,在收入和商品价格既定的条件下,一个消费者关于两种商品的预算线只有一条。只有既定的预算线与其中一条无差异曲线相切,切点才是消费者的均衡点。在切点处,无差异曲线和预算线的斜率相等。无差异曲线斜率的绝对值即为商品的边际替代率,预算线斜率的绝对值即为两种商品的价格之比,则消费者效用最大化的均衡条件是:

$$\text{RCS} = \frac{P_1}{P_2} \tag{3.12}$$

如图 3-8 所示,既定的预算线 I 与无差异曲线 U 相切于 E 点,E 点是消费者均衡点。在均衡点 E 上,消费者关于商品 1 和商品 2 的最优购买数量组合为(X_{01}、X_{02})。

为什么只有在无差异曲线与预算线相切时,消费者才能获得最大限度的满足呢?

第一种情况:当消费预算线在消费无差异曲线的下方,即两线即不相切,也不相交,表明以现在的收入水平

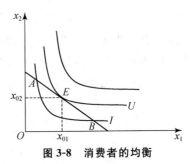

图 3-8 消费者的均衡

无法达到所期望的消费满足程度;

第二种情况:当消费预算线与消费无差异曲线相交时,一是无法确定消费行为;二是无法实现效用最大化;

第三种情况:当消费预算线与消费无差异曲线相切时,表明在这一切点上,在一定的收入约束条件下,为了实现最大效用,消费者愿意用一单位某种商品代替另一种商品的数量等于市场上这一单位商品可以换取的另一种商品数量,因此,就实现了效用最大化。所以,消费者均衡条件:消费预算线的斜率与无差异曲线的斜率相等,两种商品的边际替代率等于两种商品的价格之比。

为什么说只有在 $RCS=P_1/P_2$ 时,消费者才能获得最大的满足呢?

因为如果 $RCS=dX_2/dX_1=1/0.5>1/1=P_1/P_2$,那么,从不等式右边看,在市场上消费者总支出不变条件下,消费者减少 1 单位商品 2 的购买,就可增加 1 单位商品 1 的购买,而从不等式的左边看,消费者认为,在减少 1 单位的商品 2 的消费量时,只需要增加 0.5 单位商品 1 的消费量,就可以维持原有的满足程度。这样,消费者就因多得到 0.5 单位商品 1 的消费量而使总效用增加。所以,在这种情况下,理性的消费者必然会不断地减少对商品 2 的购买并增加对商品 1 的购买,以便获得更大的效用。如图 3-8 中的 A 点,无差异曲线斜率的绝对值大于预算线的斜率的绝对值,即 $RCS>P_1/P_2$,消费者会沿着预算线 I 减少对商品 2 的购买并增加对商品 1 的购买,逐步达到均衡点 E 点。

相反,如果 $RCS=dX_2/dX_1=0.5/1<1/1=P_1/P_2$,那么,从不等式右边看,在市场上消费者总支出不变的条件下,消费者减少 1 单位商品 2 的购买,就可增加 1 单位商品 1 的购买。而从不等式的左边看,消费者认为,在减少 1 单位商品 1 的消费量时,只需要增加 0.5 单位商品 2 的消费量,就可以维持原有的满足程度。这样,消费者就因多得到 0.5 单位商品 2 的消费量而使总效用增加。所以,在这种情况下,理性的消费者必然会不断地减少对商品 1 的购买并增加对商品 2 的购买,以便获得更大的效用。如图 3-8 中的 B 点,无差异曲线斜率的绝对值小于预算线的斜率的绝对值,即 $RCS<P_1/P_2$,消费者会沿着预算线 I 减少对商品 1 的购买并增加对商品 2 的购买,逐步达到均衡点 E 点。

很清楚,只有当消费者将两种商品的消费量调整到 $RCS=P_1/P_2$ 时,或者说,调整到由消费者主观偏好决定的两种商品的边际替代率和市场上两种商品的价格之比相等时,消费者才处于一种既不想再增加也不想再减少任何一种商品购买量的均衡状态。

(二) 消费均衡原理的应用

1. 单个消费者的需求曲线

序数效用论运用边际替代率递减规律和消费者均衡的条件,推导出单个消费者的需求曲线,同样是向右下方倾斜的。消费者的需求曲线可由消费者的价格—消费曲线推导得出。价格—消费曲线用来说明一种商品价格变化对消费者均衡的影响。它是在消费者的偏好、收入以及其他商品价格不变的条件下,与某一种商品的不同价格水平相联系的消费者的预算线和无差异曲线相切的消费者效用最大化的均衡点的轨迹(如图 3-9 所示)。

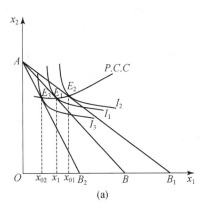 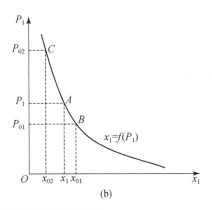

图 3-9 价格—消费曲线和消费者的需求曲线

在图 3-9(a)中,商品 X_1 的价格 P_1 发生变化,从 P_1 下降为 P_{01} 再上升为 P_{02},相应的预算线从 AB 移至 AB_1 再移至 AB_2,分别与无差异曲线 I_1、I_2 和 I_3 相切于均衡点 E_1、E_2 和 E_3。随着商品 X_1 的价格不断变化,可以找到无数个消费者的均衡点。它们的轨迹即价格—消费曲线 $P.C.C.$。在每一个均衡点上,都存在着商品 1 的价格和商品 1 的需求量之间的一一对应关系。如:在均衡点 E_1、E_2 和 E_3,商品 1 的价格从 P_1 下降为 P_{01},再上升为 P_{02},则商品 1 的需求量由 X_1 增加为 X_{01},再减少为 X_{02}。将每一个 P_1 值和相应均衡点上的 X_1 值绘制在商品的价格—数量坐标图上,则得到了单个消费者的需求曲线 $X_1 = f(P_1)$,如图 3-9(b)所示。图 3-9(b)中需求曲线 $X_1 = f(P_1)$ 上的 A、B、C 点分别与图 3-9(a)中的价格—消费曲线 $P.C.C.$ 上的均衡点 E_1、E_2 和 E_3 相对应。

2. 市场需求曲线

一种商品的市场需求是指在一定时期内在各种不同价格水平下市场中所有消费者对某种商品的需求数量。

假定在某一商品市场上有 n 个消费者,都具有 n 个不同的个人需求函数 $Q_i^d = f_i(P)$,$i = 1,2,3\cdots n$,于是,该商品的市场需求函数为:

$$Q_i^d = \sum_{i=1}^{n} f_i(P) = F(P) \tag{3.13}$$

可见,一种商品的市场需求量是每一个价格水平上的该商品的所有个人需求量的加总。则市场需求曲线是单个消费者的需求曲线的水平加总。因此,如同单个消费者的需求曲线一样,市场需求曲线一般也是向右下方倾斜,市场需求曲线上的每个点都表示在相应的价格水平下可以给全体消费者带来最大效用水平或满足程度的市场需求量。

案例 1:水对生命如此不可缺少,为什么价格却很低,而对于生命并非必不可少的钻石却具有如此高的价格呢?

人们都知道,钻石是一种十分稀缺的物品,因为,它本身的总量就很少,开发加工要付出相当高的成本,所以钻石出售的价格也很高;相比之下,水却丰裕得多,在世界上的许多地区,只需花费很低的成本就可以得到水,它的价格当然也不会很高。其实,对人类来说,世界上水的供给比世界上钻石的供给更有用,水在整体上的效用并不决定它的价格或需求。相反,水的价格取决于它的边际效用,取决于最后一杯水的有用性。由于有如此之多的水,所以,最后一杯水只能以很低的价格出售,即使最初的几滴水相当于生命自身的价值,但最后的一些水仅仅用于浇草坪或洗汽车。因此,我们发现,像水那样非常有用的商品只能以几乎接近于零的价格出售,因为最后的一滴水几乎一文不值。相反,钻石的数量如此缺乏,而人类对它的需求又是如此的大,因此它对我们的效用就很大,价格当然就会相当昂贵。

一般来讲,商品的数量越多,它的最后一单位的相对购买愿望越小。因此,为什么大量的水具有低微的价格。为什么必不可少的物品,如空气却成为免费物品,其答案就清楚了。在这两种情况下,正是巨额的数量使其边际效用大大减少,因而降低了这些重要物品的价格。

案例2:一辆汽车的两大特性是其款式设计(例如设计和内部特点)和其性能(例如汽油里程数和驾驶性能)。款式设计和性能都是受到人们关注的特性,一辆汽车的款式设计越好,性能越佳,其需求量就越大。然而,重新设计款式,提高性能,是要花钱的。在一辆汽车里,应该怎样增加其特性呢?问题的答案部分地取决于生产成本,也取决于消费者对于汽车特性的偏好,汽车消费者组别的不同偏好可以影响其购买决定。有关美国汽车需求的一项新近的研究表明,在以往的20多年里,绝大多数消费者偏好的是款式而不是性能。

考虑两个消费者组别,每个组别想花10000美元用于汽车的款式和性能(其余的钱用于此处不予讨论的其他汽车特性上),但对于款式和性能,每个组别有不同的偏好。

图3-10显示了每个组别中的个人所面临的购车预算。第一组别,在款式和性能中偏好性能。通过在一条典型个人的无差异曲线和预算线之间寻找切点,便可以发现,这一组别的消费者偏好这样一种汽车:其性能值7000美元,款式值3000美元。而第二组别的消费者偏好性能值2500美元,款式值7500美元的汽车。统计研究表明,大多数消费者属于第二组别。

在获悉组别偏好的情况下,一家汽车公司就可以设计产品、制订销售计划了。一个具有潜在盈利的选择是,制造这样一种车型,它注重款式的程度略低于图(b)中个人所偏好的程度,但远高于图(a)中个人所偏好的程度,以吸引这两组人。第二个选择是,生产较多的、注重款式的汽车,生产少量的、注重性能的汽车。这两种选择都是上述对购车偏好了解的结果。

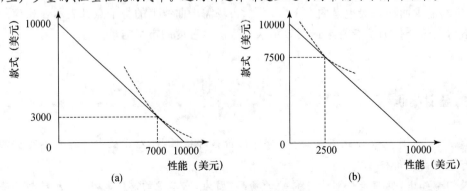

图3-10 某汽车消费预算图

基数效用论用总效用和边际效用概念来说明消费者行为,并且用边际效用概念和边际效用递减规律来解释消费者的需求和支付意愿。

消费者均衡是指在消费者收入和商品价格既定的条件下,消费者在购买多种商品时,消费者实现最大效用时既不想再增加、也不想再减少任何商品购买数量的一种相对静止的状态。这一状态可用数学表达式表示:

$$\frac{MU_1}{P_1} = \frac{MU_2}{P_2} = \cdots = \frac{MU_n}{P_n} = \lambda; 或 RCS = \frac{P_1}{P_2}$$

边际效用虽然决定消费者的支付意愿,但消费者实际支付价格是由市场中买者之间、卖者之间、买卖之间的竞争决定的。消费者剩余是边际效用与市场价格的差额。

无差异曲线是表示效用不变前提下,两种物品的所有可能组合。这些组合对消费者产生的总满足程度(即提供的效用)是相同的。基数效用论是用边际效用分析法来说明消费者均衡。序数效用论用无差异曲线和预算线来说明消费者均衡。

1. 基本概念

效用　边际效用　边际效用递减规律　消费者均衡　无差异曲线　消费预算线

2. 基数效用论和序数效用论各自是怎样解释消费者均衡的?两者有何异同?

3. 假定商品 X 的价格 $P_X=10$,商品 Y 的价格 $P_Y=2$,消费者收入 $M=100$。试求:

(1) M 和 P_Y 不变,P_X 价格下降 50% 的预算线方程?

(2) P_X 和 P_Y 不变,M 增加一倍时的预算线方程?

4. 已知某消费者每年用于商品 1 和商品 2 的收入为 540 元,两商品的价格分别为 $P_1=20$ 元和 $P_2=30$ 元,该消费者的效用函数为 $U=3X_1X_2^2$。试求:

(1) 该消费者每年应购买的两种商品的数量各是多少?

(2) 该消费者每年从中获得的总效用是多少?

5. 根据下表计算:

面包的消费量(Q)	总效用(TU)	边际效用(MU)
1	2	20
2	30	
3		5

(1) 消费第二个面包时的边际效用是多少?

(2) 消费三个面包的总效用是多少?

6. 什么是边际效用递减规律?

7. 用无差异曲线和消费可能线说明如何实现消费者均衡。

8. 如何理解"税收取之于民用之于民"这句话?

模块四　厂商的生产理论及其应用

　　上一个模块我们分析了需求背后的原因,研究了消费者如何合理地购买各种商品和服务。消费者理性的购买行为是基于他们在购买商品时对消费商品的效用(收益和价值)与代价(价格和支出)的理性权衡。

　　在这一模块中,我们接着分析作为商品供给者的厂商及它们合乎理性的生产和销售行为。现实中的厂商应该以什么方式进行生产?厂商合理的生产或销售数量应该是多少?厂商怎样面对市场理性决策其最优的产量及规模水平?以及在决策时应遵循什么经济原则等。

单元一 厂商与生产

知识目标
1. 认知理解厂商的定义及生产目标;
2. 认知生产函数及其基本类型;
3. 了解经济学中厂商的短期与长期划分。

能力目标
通过本节的学习,你应该能够:
1. 对厂商与厂商的生产目标有正确的认知;
2. 对生产函数的定义、表示方法及其基本类型有正确的认知;
3. 根据厂商生产要素投入量的时间周期进行短期与长期的正确划分。

引导启示

台塑集团的老板王永庆被称为"主宰台湾的第一大企业家"、"华人经营之神"。王永庆的事业是从台塑生产塑胶粉粒 PVC 开始的。当时每月仅产 PVC 100 吨,是世界上规模最小的。王永庆知道,降低成本、扩大产量,才能打入世界市场。于是,他冒着产品积压的风险,把产量扩大到 1200 吨,并以低价格迅速占领了世界市场。王永庆扩大产量、降低成本的作法揭示了经济学中的一个重要原理——规模经济原理。

在现实生产中,不论厂商以何种组织形式存在,也不论采取何种生产方式,其生产目标都是谋求最大化的利润。台塑集团成功的事实告诉我们,一个理性的生产者,必须根据市场的竞争态势和自己的经营目标,对其资源配置和生产安排做出正确抉择。王永庆扩大生产规模,降低生产成本,低价占领市场的策略启示我们,在商品经济条件下,利润最大化是一个企业竞争生存的基本准则。经济学的生产函数理论可以帮助我们确定利润最大化目标前提下厂商的最佳生产规模和最适资源投入,进而指导厂商以有限的资源条件生产尽可能多的产品,创造尽可能多的价值。

相关知识

一、厂商与其生产目标

(一) 厂商

厂商也称生产者或企业,指能够作出统一生产决策的单个经济单位。厂商主要可以采取三种组织形式:个人、合伙和公司性质的经营组织形式。

个人企业是单个人所有的企业,在独资企业中,无论是业主自己经营还是雇佣他人经营,业主都需要支付全部费用,并获得全部收益。同时,独资企业所有人对企业的负债承担无限责任。

合资企业又称合伙制企业,它是由两个或两个以上的人共同分担经营责任的企业。大多数合资企业都以协议的形式规定合资人的责任和利益,同独资企业一样,合资企业的合伙人对企业的负债承担无限责任。

公司是以法律程序建立的法定实体,其特点是企业与创办者和所有人相分离,一般以发行股票的形式筹建,股票持有人为股东,股东推举一些人作为董事,股东对企业承担有限责任,与前两种企业相比,公司有利于筹集大量资金,且风险相对分散。

(二) 厂商的目标

在微观经济学中,一般总是假定厂商的目标是追求利润最大化。这一基本假定是理性经济人的假定在生产理论中的具体化。但是,在现实经济生活中,厂商有时并不一定选择实现最大利润的决策。

在信息不完全的条件下,厂商所面临的市场需求可能是不确定的,而且,厂商也有可能对产量变化所引起的生产成本的变化情况缺乏准确的了解,于是,厂商长期生存的经验做法也许就是实现销售收入最大化或市场销售份额最大化,以此取代利润最大化的决策。

在现代公司制企业组织中,企业的所有者往往并不是企业的真正经营者,企业的日常决策是由企业所有者的代理人经理作出的。企业所有者和企业经理之间是委托人和代理人之间的契约关系。经理会在一定的程度上偏离企业的利润最大化目标,而追求其他一些有利于自身利益的目标。更重要的是,西方经济学家指出,尽管在信息不完全条件下制定恰当的实现利润最大化的策略有多么困难,经理的偏离这种目标的动机有多么强烈,有一点是很清楚的:在长期,一个不以利润最大化为目标的企业终将被市场竞争所淘汰。所以,实现利润最大化是一个企业竞争生存的基本准则。

但这种目标的实现,一般从两个方面来理解:

(1) 在不考虑价值形态因素的情况下,如何在生产要素资源有限的情况下,实现生产要素资源的合理配置和最优配置,即产量最大化;

(2) 在考虑价值形态因素的情况下,即在成本一定的情况下,实现利润最大化。

二、生产函数

生产是对各种生产要素进行组合以制成产品的过程。所以,厂商进行生产的过程就是从生产要素的投入到产品的产出的过程。

(一) 生产函数的含义和表示方法

生产要素是指生产中所使用的各种资源。生产要素的类型一般被划分为以下四种：劳动(L)是指人类在生产过程中提供的体力和智力的总和。土地(N)是包括土地和地上、地下的一切自然资源。资本(K)包括资本品（实物形态）和货币资本（货币形态）。企业家才能(E)是指企业家组织建立和经营管理企业的才能。生产是这四种生产要素合作的过程，产品则是这四种生产要素共同努力的结果。

生产函数表示在一定时期内，在技术水平不变的情况下，生产中所使用的各种生产要素的数量与所能生产的最大产量之间的关系。假定 $X_1, X_2, \cdots, X_n$ 依次表示某产品生产过程中所使用的 n 种生产要素的投入数量，Q 表示所能生产的最大产量，则生产函数可写为：

$$Q = f(X_1, X_2, \cdots, X_n) \tag{4.1}$$

通常假定生产中只使用劳动(L)和资本(K)两种生产要素，则生产函数写为：

$$Q = f(L, K) \tag{4.2}$$

注意：生产函数的前提条件是一定时期内既定的生产技术水平，一旦生产技术水平变化，原有生产函数就会变化，从而形成新的生产函数。

(二) 两种类型的生产函数

1. 固定投入比例的生产函数

固定投入比例生产函数是指在每一个产量水平上任何一对要素投入量之间的比例都是固定的生产函数。假定生产中只使用劳动(L)和资本(K)两种生产要素，则固定投入比例生产函数通常写为：

$$Q = \text{Minimum}\left(\frac{L}{U}, \frac{K}{V}\right) \tag{4.3}$$

其中，Q 表示一种产品的产量，U 和 V 分别为固定的劳动和资本的生产技术系数，各表示生产一单位产品所需的固定的劳动的投入量和资本的投入量。该生产函数表示：产量 Q 取决于 L/U 和 K/V 这两个比值中较小的一个，即使其中的一个比例数值较大，那也不会提高产量 Q。这是因为 Q 的生产被假定为必须按照 L 和 K 之间的固定比例，当一种生产要素数量固定时，另一种生产要素数量再多，也不能增加产量。该生产函数一般又假定劳动(L)和资本(K)两种生产要素都满足最小的要素投入组合的要求，则有：

$$Q = \frac{L}{U} = \frac{K}{V}$$

即：
$$\frac{K}{L} = \frac{V}{U} \tag{4.4}$$

式 4.4 表示两种生产要素的固定投入比例等于两种生产要素的固定生产技术系数之比。就固定投入比例生产函数而言，当产量发生变化时，各要素的投入量以相同的比例发生变化，故各要素的投入量之间的比例维持不变。

2. 柯布-道格拉斯生产函数

柯布-道格拉斯生产函数是由数学家柯布和经济学家道格拉斯于 20 世纪 30 年代初共同提出的。该生产函数的一般形式为：

$$Q = AL^{\alpha}K^{\beta} \tag{4.5}$$

其中,A、α、β 均为参数,$0<\alpha<1$,$0<\beta<1$。

参数 α、β 的经济含义是:

(1) 当 $\alpha+\beta=1$ 时,α、β 各表示劳动和资本在生产过程中的相对重要性,α 为劳动所得在总产量中所占份额,β 为资本所得在总产量中所占份额。根据柯布和道格拉斯两人对美国 1899—1922 年期间有关经济资料的分析和估算,α 值约为 0.75,β 值约为 0.25。

(2) 根据 α、β 之和,判断规模报酬。当 $\alpha+\beta>1$,则为规模报酬递增;当 $\alpha+\beta=1$,则为规模报酬不变;当 $\alpha+\beta<1$,则为规模报酬递减。

三、短期和长期

短期和长期的划分是以生产者能否变动全部要素投入数量作为标准的,而并非是指具体的时间长短。短期是指生产者来不及调整全部生产要素的投入数量,至少有一种生产要素的投入量是固定不变的时间周期。在短期内,生产要素投入分为不变要素投入(例如厂房、机器设备等)和可变要素投入(例如劳动、原材料等)。长期则是指生产者可以调整全部生产要素投入量的时间周期。在长期内,所有生产要素都是可变的投入要素。

单元二　厂商的短期生产函数及应用

> **知识目标**
> 1. 认知理解总产量、平均产量和边际产量；
> 2. 认知短期生产函数及其三个阶段的划分；
> 3. 认知理解边际收益递减规律。
>
> **能力目标**
> 通过本节的学习,你应该能够：
> 1. 对总产量、平均产量和边际产量有正确的认知；
> 2. 对厂商短期生产函数的变化及其资源投入的合理范围有正确的认知；
> 3. 应用短期生产函数对厂商单一资源的最适投放量进行准确地计算。

引导启示

某印刷车间,拥有4台印刷机。如果该车间只有1名工人,这名工人的产量一定有限,因为他不能利用他的全部时间来操作印刷机,他还必须亲自做许多辅助工作,如取原料、排版、搬运等。现假定这名工人的日产量为13单位。如果车间增加到2名工人,尽管第2名工人的技术技能与第1名工人相同,但增加这名工人所增加的产量一定会超过第1名工人原来的产量。这是因为两个人就可以进行协作,协作可以产生新的生产力。现假定增加第2名工人所增加的日产量为17单位。此时总产量就从每天的13单位提高到了30单位。同理,假定增加到3名工人时,每天的总产量就达到60单位。增加到4名工人时,即每人操作1台印刷机时,总产量上升到每天104单位。如果车间工人数增加到5名,总产量将继续上升,因为新增的第5名工人可以专做搬运等辅助工作,但第5名工人增加的产量会少于第4名工人增加的产量。现假定第5名工人使日产量增加30单位,使总产量达到134单位。如果工人的数量增加到6名,第6名工人可能是个替换工,即当其他工人需要休息或有病时由他来替代,这样,也能增加产量,但增加的产量就更少了。如果工人继续增加下去,可以设想一定会达到这样的阶段,即增加工人不仅不会增加产量,而且还会使产量减少。例如,当工人太多,许多工人无活可干,到处闲逛,以致影响生产正常进行时,就会产生这种情况。

这个案例说明,只要印刷机、车间面积等生产要素固定不变,随着劳动力数量的增加,在开始时,劳动力能与大量丰富的固定生产要素结合,所以,其边际产量是递增的;但随着劳动力数量的不断增加,能与新增劳动力结合的固定生产要素就越来越少,这时,边际产量就会递减。这一现象,就是人们所说的边际收益递减规律。边际收益递减规律不是偶然的现象,而是被大量生产实践所证明了的规律。例如,在农业中,如果在固定的土地面积上增施化肥,开始时,每增加1公斤化肥所能增加的农作物的产量是递增的,但当所施化肥的数量超过一定限度,每增加1公斤化肥所能增加的农作物产量就会递减,此时,如果继续追加化肥的施用量而不改变其他资源要素的投入,农作物产量不但不会再增加,反而会减少。

相关知识

一、总产量、平均产量和边际产量

厂商生产某一特定产量的成本不仅取决于所需生产要素的价格,还取决于生产这一产量所需生产要素的数量,而这些数量又是由生产的技术层面所决定的,即是由投入和产出的关系所决定的。相对于特定的一种可变生产要素投入量,可以定义该要素的总产量、平均产量和边际产量。假定厂商只使用资本和劳动两种投入,劳动(L)的投入量可变,但资本(K)的投入量不变,则生产函数为:$Q=f(L,\overline{K})$,它表示在资本投入量不变时,由劳动投入量变化所带来的最大产量的变化。由此,我们可以得到劳动的总产量(Total Product,简称为 TP_L)、劳动的平均产量(Average Product,简称为 AP_L)和劳动的边际产量(Marginal Product,简称为 MP_L)这三个概念。

劳动的总产量 TP_L 指与一定的可变要素劳动的投入量相对应的最大产量,写为:

$$TP_L = f(L,\overline{K}) \tag{4.6}$$

劳动的平均产量 AP_L 指总产量与所使用的可变要素劳动的投入量之比,写为:

$$AP_L = \frac{TP_L(L,\overline{K})}{L} \tag{4.7}$$

劳动的边际产量 MP_L 指增加一单位可变要素劳动的投入量所增加的产量,写为:

$$MP_L = \frac{\Delta TP_L(L,\overline{K})}{\Delta L} \tag{4.8}$$

或

$$MP_L = \lim_{\Delta L \to 0} \frac{\Delta TP_L(L,\overline{K})}{\Delta L} = \frac{\mathrm{d}TP_L(L,\overline{K})}{\mathrm{d}L} \tag{4.9}$$

二、边际收益递减规律

微观经济学通常以一种可变生产要素的生产函数考察短期生产理论,以两种可变生产要素的生产函数考察长期生产理论。

边际收益递减规律又称边际报酬递减规律,它的基本内容是在技术水平不变的情况下,当把一种可变的生产要素投入到一种或几种不变的生产要素中时,最初这种生产要素的增加会使产量增加,但当它的增加超过一定限度时,增加的产量将要递减,最终还会使产量绝对减少。

边际收益递减规律成立的原因在于:在产品的生产过程中,不变要素投入和可变要素投入之间存在着一个最佳组合比例。由于不变要素投入量总是存在的,随着可变要素投入量逐渐增加,生产要素的组合逐渐接近最佳组合比例,可变要素的边际产量递增。生产要素的组合达到最佳组合比例时,可变要素的边际产量达到最大值。此后,随着可变要素投入量继续增加,生产要素的组合逐渐偏离最佳组合比例,可变要素的边际产量递减。

在技术水平不变的情况下,边际收益递减规律所反映的这种现象,在生产实践、社会活动和科学实验过程中是十分明显的。例如,在工业部门生产过程中,由于劳动力增加的过多,超过了正常配置的固定资产和设备,就会使生产效率降低。一些企业进行的"减员增效",就是按边际收益递减规律办事的必然反映。

边际收益递减规律需要注意的3个方面:

(1) 边际收益递减规律发生的前提条件是技术不变;

(2) 边际收益递减规律存在的另一个条件是增加一种可变投入要素,而其他投入要素为固定要素;

(3) 在其他生产要素不变的情况下,一种可变生产要素增加所引起的产量或收益的变动经历3个阶段:① 产量递增阶段:这时可变生产要素的增加会带来产量或收益的增加。因为在开始阶段不变生产要素没有得到充分利用,可变生产要素的增产潜能巨大,随着可变资源要素投入量的不断增加,产量以递增的速度增加。② 边际产量递减阶段:这时生产要素的增加仍可使总产量增加,但增加的幅度,即每增加一单位生产要素的边际产量开始递减,说明在这一阶段,不变生产要素已接近充分利用,可变生产要素的增产潜能已得到了尽可能的释放,不可能再象第一阶段那样使产量急速增加。③ 产量绝对减少阶段:这时生产要素的增加不但不能使总产量增加,反而使总产量开始迅速减少。说明不变生产要素已经充分利用,可变生产要素的增产潜能在当时的生产技术条件下已发挥殆尽,再增加可变生产要素的投入只会增加成本,降低产出,而不会使经济效益继续提高。

三、总产量、平均产量和边际产量曲线

(一) 总产量、平均产量和边际产量曲线的形状

为了更直观地了解单一可变生产要素劳动的投入量(L)与劳动的总产量(TP_L)、劳动的平均产量(AP_L)和劳动的边际产量(MP_L)之间的数量关系及其曲线特征,我们首先利用表4-1,绘出TP_L、AP_L与MP_L的曲线(如图4-1所示)。

表4-1 劳动的总产量、平均产量和边际产量

劳动的投入量 L	劳动的总产量 TP_L	劳动的平均产量 AP_L	劳动的边际产量 MP_L
0	0	0	—
1	3	3	3
2	8	4	5
3	12	4	4

续表

劳动的投入量 L	劳动的总产量 TP_L	劳动的平均产量 AP_L	劳动的边际产量 MP_L
4	15	3.75	3
5	17	3.4	2
6	17	2.83	0
7	16	2.29	−1
8	13	1.625	−3

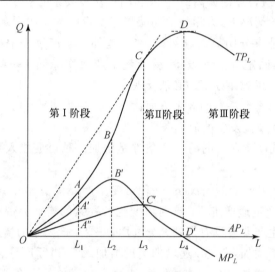

图 4-1 劳动的总产量、平均产量和边际产量曲线

(二)总产量曲线、平均产量曲线和边际产量曲线之间的关系

1. 总产量曲线和平均产量曲线的关系

根据平均产量的定义可知,连接 TP_L 曲线上任一点和坐标原点的线段的斜率,可以表示为该点上的 AP_L 值。例如,在图 4-1 中,当劳动的投入量为 L_1 时,连接 TP_L 曲线上 A 点和坐标原点的线段 OA 的斜率即 AL_1/OL_1,就是相应的 AP_L 值,它等于 AL_1'' 的高度。

在图 4-1 中,当 AP_L 曲线在 C' 点达最大值时,TP_L 曲线必然有一条从坐标原点出发的最陡的切线,相切 TP_L 曲线于相应的 C 点。

2. 总产量曲线和边际产量曲线的关系

根据边际产量的定义可知,过 TP_L 曲线上任一点的切线的斜率,可以表示为该点上的 MP_L 值。例如,在图 4-1 中,当劳动的投入量为 L_1 时,过 TP_L 曲线上 A 点的切线的斜率,就是相应的 MP_L 值,它等于 $A'L_1$ 的高度。

在图 4-1 中,在总产量的上升段(D 点以前),MP_L 为正值。当 TP_L 曲线在 D 点达最大值时,MP_L 为 0。在总产量的下降段(D 点以后),MP_L 为负值。进一步地,当 TP_L 曲线先以递增的速率增加时,MP_L 曲线上升,当 TP_L 曲线的斜率在拐点 B 达最大值时,MP_L 曲线在 B' 点达最大值;当 TP_L 曲线在 B 点后以递减的速率继续增加时,MP_L 曲线在 B' 点后下降。直至 TP_L 曲线的斜率在 D 点降为 0 时,MP_L 曲线在 D' 点与坐标横轴相交。

3. 平均产量曲线和边际产量曲线的关系

平均产量曲线和边际产量曲线相交于平均产量曲线的最大值点。MP_L 曲线的变动快

于 AP_L 曲线的变动。在图 4-1 中,在 C' 点以前,MP_L 曲线高于 AP_L 曲线,MP_L 曲线将 AP_L 曲线拉上,AP_L 曲线是上升的;在 C' 点以后,MP_L 曲线低于 AP_L 曲线,MP_L 曲线将 AP_L 曲线拉下,AP_L 曲线是下降的。MP_L 曲线与 AP_L 曲线相交于 AP_L 曲线的最大值 C' 点。

原因在于边际量与平均量之间存在着如下关系:对于任何两个相应的边际量和平均量而言,只要边际量小于平均量,边际量就把平均量拉下;只要边际量大于平均量,边际量就把平均量拉上。当边际量等于平均量时,平均量必然达到其自身的极值点。

四、生产投入的三阶段理论及其合理范围的确定

受边际收益递减规律的影响,总产量 TP_L、平均产量 AP_L、边际产量 MP_L 的相互关系,实际上反映的就是一种生产要素合理投入的问题。这种合理投入主要体现在三个区间阶段上,如图 4-1 所示。

(一) 一种可变生产要素投入的三阶段

第一阶段(Ⅰ)的主要特征有:$MP_L>0$,TP_L、AP_L、MP_L 呈上升趋势;并 $MP_L>AP_L$;但 MP_L 在达到最大值时,已经成下降趋势。当 $MP_L=AP_L$ 的最高点时,第一阶段结束。

第二阶段(Ⅱ)的主要特征有:$MP_L>0$,TP_L 呈上升趋势,AP_L 下降;$AP_L>MP_L$;当 $MP_L=0$ 时,TP_L 达到最大,第二阶段结束。

第三阶段(Ⅲ)的主要特征有:$MP_L<0$,TP_L、AP_L 呈急剧下降趋势。

(二) 一种可变生产要素的合理投入

现在要问:假定产品都可以销售出去,那么生产者投入的一种可变生产要素的数量及生产的产品数量应为多少?如果生产者以利润最大化为目标,由于利润等于总销售金额与总成本之差,而销售金额等于产量与产品价格的乘积。成本则等于所使用的生产要素数量和生产要素价格之积,所以这个问题涉及的一些因素需要在以后各章节中逐步深入讨论。在这里,我们假定产品价格和生产要素的价格是已知和不变的,这样,该问题可以归结为投入的一种可变要素数量与产量之间的相互关系问题。

在第Ⅰ阶段,平均产量一直在增加,边际产量大于平均产量。表明在这一阶段,相对于投入不变的资本来说,劳动量缺乏。劳动量的增加可以使资本的作用得到充分发挥,从而使产量增加。也就是说,每增加一单位劳动投入量所增加的产量,大于在现阶段总产量下的平均劳动产量。因而任何理性的生产者都不会把劳动投入量确定在这一阶段,而是会连续增加可变要素劳动的投入量至少到 L_3,以增加总产量,否则不变要素资本无法得到充分利用。

第Ⅲ阶段,当劳动量增加到这一阶段后,边际产量为负数,总产量开始绝对减少,此时劳动投入是绝对的太多。可见,在这一阶段生产者减少可变要素劳动的投入量是有利的。因此,理性的生产者不会把劳动的投入量确定在这一阶段,而会通过减少劳动投入量来增加总产量,以摆脱劳动的边际产量为负值和总产量下降的局面,并退回到第二阶段。

第Ⅱ阶段,此时,平均产量开始下降;总产量在增加;尽管边际产量仍然大于零,但呈下降趋势,即每增加一单位劳动投入量所增加的产量小于在现阶段总产量下的平均劳动产量。这表明随着劳动投入量的不断增加,相对不变要素资本的作用已得到充分发挥。

一般而言,劳动投入(可变要素的投入)到第Ⅱ阶段最合适,但劳动量的投入究竟在这一区域的哪一点上,还需要结合成本、产品价格等因素来考虑。

单元三 厂商的长期生产函数及应用

知识目标
1. 认知理解等产量曲线与等成本线;
2. 认知资源的边际替代率;
3. 认知理解生产要素的最优搭配。

能力目标
通过本节的学习,你应该能够:
1. 对等产量曲线、等成本线有正确的认知;
2. 正确计算资源的边际替代率;
3. 应用长期生产函数对厂商的生产均衡或资源要素的最优搭配进行计算。

引导启示

经济学家厉以宁曾以"木桶理论"来阐述经济学问题。这一理论认为木桶的盛水量取决于最短板的长度,这在非均衡经济学里叫做"短边决定原则"。它告诉我们,"木桶"想多盛水的方法有两种:第一种是生产要素替代,锯长补短;第二种是拆桶重装,进行资产重组。事实上,一个人乃至一个集体所取得的成绩或成就,也常常取决于其"短边"。

曾经有一段时间,新华社连续播发了长篇报道,介绍天津构建和谐社会的经验。报道说,自20世纪90年代以来,天津经济连续十多年保持了均衡、持续、快速增长。"不求短时期的热闹与及时提升,弥补可能影响经济社会整体发展水平的"短板",保证城市和谐前进,是天津的能量以令人惊奇的方式释放的核心因素。"这里涉及了一个"木桶理论":一只水桶能容纳多少水,取决于最短的那块木板,要想得到最大容量,得到满桶的水,就必须把所有木板的长度都提升到最长的那块木板一样。

社会好比一只木桶,要达到和谐稳定,必须把"短板"及时提升,弥补起来。和谐社会这只"木桶",是由"民主法治、公平正义、诚信友爱、充满活力、安定有序、人与自然和谐相处"等"木板"组合而成的,每块"木板"都有它的对立物,如不诚不信,混乱无序,缺章少法等。抓紧解决对立物之间的矛盾,即各种社会矛盾的过程,就是构建和谐社会的过程。"短板"的及时提升与弥补,对于构建和谐社会至关重要,这也正是新华社记者所说的"天津的能量以令人惊奇的方式释放的核心因素",是天津的经验之所在。

相关知识

在生产理论中,通常以两种可变要素的生产函数来考察厂商的长期生产。假定生产者使用劳动和资本两种可变要素生产一种产品,则两种可变生产要素的长期生产函数可写为:

$$Q = f(L,K) \tag{4.10}$$

一、等产量曲线

等产量曲线是在技术水平不变的条件下生产同一产量的两种生产要素投入量的各种不同组合的轨迹。生产理论中的等产量曲线与前面已经学习过的效用论中的无差异曲线很相似。若以 Q 表示既定的产量水平,则与等产量曲线相对应的生产函数为:$Q=f(L,K)$。

假如,现在用资本与劳动两种生产要素,它们有如下的四种组合方式,这四种组合方式都可以达到相同的产量(如表4-2所示)。根据表4-2数据可作等产量图(如图4-2所示)。

表4-2 资本和劳动的等产量组合表

组合方式	资本(K)	劳动(L)
A	6	1
B	3	2
C	2	3
d	1	6

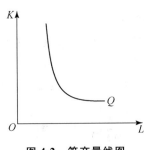

图4-2 等产量线图

在图4-2中,横轴 OL 代表劳动量,纵轴 OK 代表资本量,Q 为等产量线,即线上任何一点所表示的资本与劳动不同数量的组合,都能生产出相等的产量。等产量线与无差异曲线相似,所不同的是,它所代表的是产量,而不是效用。

等产量线不仅在曲线形状上与无差异曲线相似,而且两者还具有相似的特征,如图4-3所示。

第一,等产量线是一条向右下方倾斜的线,其斜率为负。这表明,在生产者的资源与生产要素价格既定的条件下,为了达到相同的产量,在增加一种生产要素时,就必须减少另一

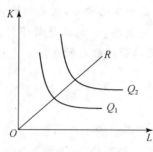

图 4-3 等产量线图

种生产要素。

第二,在同一条平面图上可以有无数条等产量线,同一条等产量线代表同样的产量,不同的等产量线代表不同的产量,离原点越高的等产量线所代表的产量越高,反之则越低。

第三,在同一平面图上,任意两条等产量线不能相交。这是因为,每一条等产量线代表着某一种产量水平,两条不同的等产量线就代表了不同的产量水平,若他们相交,则意味着在交点上两条等产量线代表了相同的产量水平,这与第二个特征相矛盾。

第四,等产量线是一条凸向原点的线。这是由边际技术替代率递减所决定的。

注意:由等产量曲线图的坐标原点引出的射线与等产量曲线的区别在于:由等产量曲线图的坐标原点引出的射线代表两种可变生产要素投入量的比例固定不变情况下的所有组合方式,射线的斜率等于固定不变的两要素投入量的比例。这种射线表示要素投入量的不变比例的组合和可变的产量之间的关系。等产量曲线表示要素投入量的可变比例的组合和不变的产量之间的关系。

二、生产要素的边际替代率

(一)生产要素边际替代率的概念

生产要素的边际替代率又叫边际技术替代率,是指在维持产量水平不变的条件下,增加一单位的某种要素投入量时所减少的另一种要素的投入量。

以 RTS 代表边际技术替代率,ΔK、ΔL 各为资本投入的变化量和劳动投入的变化量,则劳动对资本的边际技术替代率为:

$$RTS_{LK} = -\frac{\Delta K}{\Delta L} \tag{4.11}$$

在通常情况下,由于劳动和资本的变化量成反方向变动,为使边际技术替代率是正值,以便于比较,在公式中加了一个负号。

当 $\Delta L \to 0$ 时,则有:

$$RTS_{LK} = \lim_{\Delta L \to 0} -\frac{\Delta K}{\Delta L} = -\frac{dK}{dL} \tag{4.12}$$

说明等产量曲线上任一点的边际技术替代率等于等产量曲线在该点的斜率的绝对值。

边际技术替代率还可以表示为两要素的边际产量之比,即:

$$RTS_{LK} = -\frac{dK}{dL} = \frac{MP_L}{MP_K} \tag{4.13}$$

(二)边际技术替代率递减规律

边际技术替代率递减规律是指在维持产量不变的前提下,当一种生产要素的投入量不断增加时,每一单位的这种生产要素所能替代的另一种生产要素的数量是递减的。

边际技术替代率递减的原因解释为:以劳动对资本的替代为例,随着劳动对资本的不断替代,劳动的边际产量逐渐下降,而资本的边际产量逐渐上升。作为逐渐下降的劳动的边际产量与逐渐上升的资本的边际产量之比的边际技术替代率是递减的。

边际技术替代率递减规律决定了等产量曲线一般是凸向原点的。但是,等产量曲线也存在着如下特殊情况。

1. 完全替代

完全替代指两种生产要素之间完全可以替代,边际技术替代率不变。等产量曲线为一条直线,如图4-4所示。

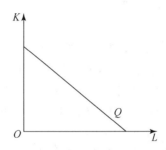

图 4-4 两种完全替代生产要素等产量线图

例如:乐器的制造,可以完全由机器制作,也可以由技艺高超的工匠借助少量的工具完成。

2. 完全不能替代

完全不能替代指两种生产要素之间的比例是固定的,不存在替代关系,即固定投入比例生产函数。等产量曲线为一条直角型的折线,如图4-5所示。

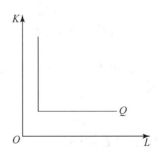

图 4-5 两种完全不能替代生产要素等产量线图

例如:用风镐对人行道进行翻建,一个工人用一台风镐,一台风镐也只能由一人操作。多人、一台风镐或一人、多台风镐都不能增加产量。

三、等成本线

生产理论中的等成本线与效用论中的预算线十分相似。等成本线是指在生产者的成本和生产要素价格既定的情况下,生产者所能购买到的两种生产要素数量的最大组合的轨迹。假定 C 表示既定成本,w 和 r 分别为已知的劳动的价格(工资率)和资本的价格(利息率),则成本方程为:

$$C = wL + rK \tag{4.14}$$

或

$$K = -\frac{w}{r}L + \frac{C}{r} \tag{4.15}$$

根据以上式子可以得到等成本线,如图 4-6 所示。图中横轴上的截距表示既定的全部成本都购买劳动时的数量,纵轴上的截距表示既定的全部成本都购买资本时的数量,连接这两点的线段就是等成本线。

等成本线表明了厂商进行生产的限制条件,即它所购买的生产要素所花费的成本支出,既不能大于也不能小于厂商所拥有的货币成本。如果大于货币成本,生产就是不现实的,如果小于货币成本,就无法实现产量最大化。在图 4-6 中,等成本线以内区域的任一点,表示既定的全部成本都用来购买该点的劳动和资本的组合以后还有剩余。等成本线以外的区域中的任何一点,表示既定的全部成本都用来购买该点的劳动和资本的组合是不够的。唯有等成本线上的任何一点,才表示用既定的全部成本能刚好购买到的劳动和资本的组合。

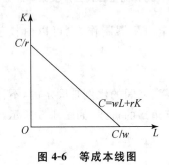

图 4-6 等成本线图

成本与生产要素价格的变动,都会使等成本线发生变动。等成本线的变动与预算线的变动相类似。

四、生产要素的最优搭配(生产者均衡)

生产者均衡是研究生产者如何选择最优的生产要素组合,从而实现既定成本条件下的最大产量,或者实现既定产量条件下的最小成本。

(一)既定成本条件下的产量最大化

假定企业用两种可变生产要素劳动和资本生产一种产品,劳动和资本的价格 w 和 r 已知。如果企业要以既定的成本获得最大的产量,那么,它应该如何选择最优的劳动投入量和资本投入量的组合呢?

把厂商的等产量线和相应的等成本线画在同一个平面坐标系中,就可以确定厂商在既定成本下实现最大产量的最优要素组合点,即生产的均衡点。

在图4-7中,有一条等成本线AB和三条等产量曲线Q_1、Q_2和Q_3。唯一的等成本线AB与与其中一条等产量曲线Q_2相切于E点,该点即生产的均衡点。它表示:在既定成本条件下,厂商应该按照E点的生产要素组合进行生产,即劳动投入量和资本投入量分别为OL_1和OK_1,这样,厂商就会获得最大的产量。

为什么E点是生产要素最优投入组合点呢?这就需要分析代表既定成本的唯一的等成本线AB与三条等产量线Q_1、Q_2和Q_3之间的关系。先看等产量线Q_3,等产量线Q_3代表的产量虽然高于等产量线Q_2,但唯一的等成本线AB与等产量线Q_3既无交点又无切点。这表明等产量线Q_3所代表的产量是企业在既定成本条件下无法实现的产量,因为厂商利用既定成本只能够买到位于等成本线AB上或等成本线AB以内区域的要素组合。再看等产量线Q_1,等产量线Q_1虽然与唯一的等成本线AB相交于R、S两点,但等产量线Q_1代表的产量是比较低的。因为,此时厂商在不增加成本的情况下,只需由R出发向右或由S点出发向左沿着既定的等成本线AB改变要素组合,就可以增加产量。所以,只有唯一的等成本线AB和等产量曲线Q_2的切点E,才是实现既定成本条件下的最大产量的要素组合。任何更高的产量,如Q_3,在既定成本条件下都是无法实现的。任何更低的产量,如Q_1,在既定成本条件下都是低效率的。

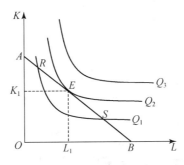

图4-7 既定成本条件下产量最大的要素组合

更进一步具体地分析等成本线AB和等产量线Q_1的两个交点R、S。如果厂商开始在R点进行生产。由图4-7可见,等产量线的斜率的绝对值大于等成本线的斜率的绝对值。我们知道等产量曲线上某一点的斜率的绝对值等于该点上的两要素的边际技术替代率,等成本线的斜率的绝对值等于两要素的价格之比。所以,在R点,两要素的边际技术替代率大于两要素的价格之比,即有$RTS_{LK}>w/r$。譬如说,在R点,$RTS_{LK}=-dK/dL=4/1>1/1=w/r$。这时,由不等式右边可知,在生产要素市场上,厂商在不改变成本总支出的情况下,减少1单位的资本购买就可以增加1单位的劳动购买,而由不等式左边可知,在生产过程中,厂商在减少1单位的资本投入量时,只需增加0.25单位的劳动投入量,就可以维持原有的产量水平。结果,厂商在生产中多得到0.75单位的劳动投入量而使总产量增加。所以,只要有$RTS_{LK}>w/r$,厂商会在不改变成本总支出的情况下,不断地用劳动去替代资本,表现在图4-7中就是沿着等成本线AB由R点不断向E点靠近。

如果厂商开始在S点进行生产。由图4-7可见,等产量线的斜率的绝对值小于等成本线的斜率的绝对值。它表示在S点,两要素的边际技术替代率小于两要素的价格之比,即有$RTS_{LK}<w/r$。譬如说,在S点,$RTS_{LK}=-dK/dL=4/1<1/1=w/r$。与上面$R$点做法相

反,厂商在不改变成本总支出的情况下,以少购买1单位的劳动去多购买1单位的资本,而在生产过程中,厂商在减少1单位的劳动投入量时,只需增加0.25单位的资本投入量,就可以维持原有的产量水平。结果,厂商在生产中多得到0.75单位的资本投入量而使总产量增加。所以,只要有$RTS_{LK}<w/r$,厂商会在不改变成本总支出的情况下,不断地用资本去替代劳动,表现在图4-7中就是沿着等成本线AB由S点不断向E点靠近。

均衡条件是代表既定成本的等成本线与它可能达到的最高等产量曲线相切,在切点有:

$$RTS_{LK} = \frac{w}{r} \tag{4.16}$$

由 $RTS_{LK} = \frac{MP_L}{MP_K}$,可得 $\frac{MP_L}{w} = \frac{MP_K}{r}$ (4.17)

表示厂商应该通过对两要素投入量的不断调整,使得花费在两要素上的最后一单位的货币成本所带来的边际产量相等,从而实现既定成本条件下的最大产量。

(二) 既定产量条件下的成本最小化

如同生产者在既定成本下会力求实现最大的产量,生产者在既定产量条件下也会力求实现最小的成本。这可以用图4-8来说明

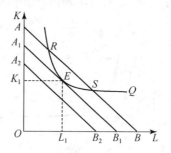

图4-8 既定产量条件下成本最小的要素组合

图4-8中有一条等产量曲线Q和三条等成本线AB、A_1B_1和A_2B_2。唯一的等产量曲线Q代表既定的产量。三条等成本线具有相同的斜率(即表示两要素的价格是既定的),但代表三个不同的成本量,其中等成本线AB代表的成本大于等成本线A_1B_1,等成本线A_1B_1代表的成本大于等成本线A_2B_2。唯一的等产量曲线Q与其中一条等成本线A_1B_1相切于E点,该点即为生产的均衡点。它表示:在既定产量条件下,厂商应该按照E点的生产要素组合进行生产,即劳动投入量和资本投入量分别为OL_1和OK_1,才能实现最小的成本。

那么,为何E点的生产要素组合是最优的资源投入组合呢?这是因为,等成本线A_2B_2虽然代表的成本较低,但它与既定的等产量线Q既无交点又无切点,它无法实现所要求的产量水平即等产量线Q所代表的产量水平。而等成本线AB虽与既定的等产量线Q相交于R、S两点,但它代表的成本又高于A_1B_1所代表的成本,所以,只有沿着等产量线Q由R点或者由S点向E点的移动,便可获得相同的产量水平但却能使成本水平下降。故此,只有在切点E处,才是既能保持既定产量水平又能使资源组合的成本达到最小的最优要素组合。

为了进一步分析等成本线AB和等产量线Q的两个交点R、S。我们假定厂商开始在R点进行生产。由图4-8可见,等产量线的斜率的绝对值大于等成本线的斜率的绝对值。它表示在R点,两要素的边际技术替代率大于两要素的价格之比,即有$RTS_{LK}>w/r$。譬如说,$RTS_{LK}=-dK/dL=3/1>2/1=w/r$。这时,在维持产量不变的前提下,厂商可以用1单

位的劳动去替代 3 单位的资本。而在生产要素市场上,3 单位资本的购买成本却可以购买到 1.5 单位的劳动。所以,只要有 $RTS_{LK}>w/r$,厂商会在维持产量不变的前提下,不断地用劳动去替代资本,表现在图 4-8 中就是沿着等成本线 AB 由 R 点不断向 E 点靠近。如果厂商开始在 S 点进行生产。由图 4-8 可见,等产量线的斜率的绝对值小于等成本线的斜率的绝对值。它表示在 S 点,两要素的边际技术替代率小于两要素的价格之比,即有 $RTS_{LK}<w/r$。譬如说,在 S 点,$RTS_{LK}=-\mathrm{d}K/\mathrm{d}L=2/4<2/1=w/r$。这样厂商可以在生产过程中用 2 单位的资本去替代 4 单位的劳动,并保持相同的产量水平。而在生产要素市场上 4 单位劳动的购买成本可以买到 8 单位的资本。所以,只要有 $RTS_{LK}<w/r$,厂商自会在保持相同的产量水平下,不断地用资本去替代劳动,表现在图 4-8 中就是沿着等成本线 AB 由 S 点不断向 E 点靠近。

均衡条件是代表既定产量的等产量曲线与它可能达到的最低等成本线相切,在切点有:

$$RTS_{LK}=\frac{w}{r} \tag{4.18}$$

由 $RTS_{LK}=\dfrac{MP_L}{MP_K}$,可得 $\dfrac{MP_L}{w}=\dfrac{MP_K}{r}$ (4.19)

厂商在既定产量条件下实现最小成本与在既定成本条件下实现最大产量的两要素的最优组合原则是相同的。

(三) 扩展线

在其他条件不变时,当生产的产量或成本发生变化时,厂商会重新选择最优的生产要素组合,在变化了的产量条件下实现最小成本,或在变化了的成本条件下实现最大产量。

扩展线是在生产要素的价格、生产函数和其他条件不变时,当生产成本或产量发生变化,形成的生产均衡点的轨迹。由于在扩展线上的所有的生产均衡点上边际技术替代率都相等,扩展线一定是一条等斜线。厂商必然会沿着扩展线来选择最优的生产要素组合,从而实现生产的均衡。如图 4-9 中的曲线 ON 是一条扩展线。

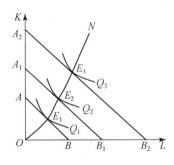

图 4-9 扩展线

案例 1:边际报酬递减规律在经济学中意义重大。以农业为例,三季稻不如两季稻。1958 年"大跃进"是一个不讲理性的年代,时髦的口号是"人有多大胆,地有多高产"。于是一些地方把传统的两季稻改为三季稻,结果总产量反而减少了。从经济学的角度看,这是因

为违背了一个最基本的经济规律:边际收益递减规律。①

两季稻是农民长期生产经验的总结,它行之有效,说明在传统农业技术下,固定生产要素已经得到了充分利用。改为三季稻之后,土地过度利用引起肥力下降,设备、肥料、水利资源等由两次使用改为三次使用,每次使用的数量不足。这样,三季稻的总产量就低于两季稻了。群众总结的经验是"三三见九,不如二五一十"。边际收益递减规律,是我们研究一种生产要素合理投入的出发点。

案例2:前些年我国邮政业实行信件分拣自动化,引进自动分拣机代替工人分拣信件。从经济学的角度看,这是一件好事还是坏事呢?②

假设邮局作为一个企业引入自动分拣机的目的是实现利润最大化,自动分拣机的使用能否达到这一目的,涉及到两个重要概念:技术效率和经济效率。

技术效率是指投入和产出的物质技术关系,当投入既定时产出最大,或者产出既定时投入最小时就实现了技术效率。经济效率是指成本和收益之间的相互关系,当成本既定时收益最大,或者收益既定时成本最小时就实现了经济效率。

企业利润最大化,既要实现技术效率,又要实现经济效率。没有技术效率,就谈不上经济效率。但只有技术效率而没有经济效率,也谈不上利润最大化。因为经济效率涉及到投入和产出的价格。假设某邮局引进一台自动分拣机,只需一人管理,每日可处理10万封信件。如果用人工分拣,则处理10万封信件需要50个工人。对邮局来说,这两种情况都实现了技术效率。但是否实现了经济效率还要考虑价格。处理10万封信,无论用什么方法,收益是相同的,但成本不同。假设一台分拣机为400万元,使用寿命10年,每年折旧为40万元。假定贷款利率为10%,每年利息为40万元。再假设分拣机年维修费、用电、人工费为5万元。这样,使用分拣机的成本为85万元,假设每个工人每年工资为1.4万元,50个工人共70万元,其他支出为5万元,这样,使用人工分拣成本为75万元。显然,使用分拣机实现了技术效率,但没有实现经济效率,而使用人工分拣既实现了技术效率,又实现了经济效率。

这个例子告诉我们,如果两种生产方法都能达到同样的技术效率,那么,使用哪种方法实现经济效率则取决于生产要素的价格。在发达国家,资本设备便宜而劳动工资高,使用资本密集型生产方法是合适的。但在发展中国家,资本设备贵而劳动工资低,如果使用机器和人工能达到同样的产品和劳务质量,还是使用劳动密集型生产方法更为合适。因此,发展中国家不能盲目引进最先进的技术,而应该选择最适合自己国情的技术。盲目追求机械化、自动化,并不一定能带来更好的结果。

总结与回顾

生产函数表示在一定时期内,在技术水平不变的情况下,生产中所使用的各种生产要素的数量与所能生产的最大产量之间的关系。

劳动的总产量TP_L指与一定的可变要素劳动的投入量相对应的最大产量。劳动的平

---

① 改编自梁小民《微观经济学纵横谈》,三联书店,2000年。
② 改编自梁小民《微观经济学纵横谈》,三联书店,2000年。

均产量 AP_L 指总产量与所使用的可变要素劳动的投入量之比。劳动的边际产量 MP_L 指增加一单位可变要素劳动的投入量所增加的产量。

边际收益递减规律的基本内容是在技术水平不变的情况下,当把一种可变的生产要素投入到一种或几种不变的生产要素中时,最初这种生产要素的增加会使产量增加,但当它的增加超过一定限度时,增加的产量将要递减,最终还会使产量绝对减少。

等产量曲线是在技术水平不变的条件下生产同一产量的两种生产要素投入量的各种不同组合的轨迹。

生产要素的边际替代率又叫边际技术替代率,是指在维持产量水平不变的条件下,增加一单位的某种要素投入量时所减少的另一种要素的投入量。

等成本线是指在生产者的成本和生产要素价格既定的情况下,生产者所能购买到的两种生产要素数量的最大组合的轨迹。

生产者均衡是研究生产者如何选择最优的生产要素组合,从而实现既定成本条件下的最大产量,或者实现既定产量条件下的最小成本。

思考与练习

1. 基本概念

生产函数　总产量　平均产量　边际产量　边际收益递减规律　等产量曲线　边际技术替代率　等成本线　生产者均衡

2. 什么是生产要素与生产函数?
3. 什么是边际收益递减规律?边际收益递减规律是否是适用于一切情况的普遍规律?
4. 总产量、平均产量和边际产量之间的关系有何特点?
5. 什么是等产量线?它有什么特征?
6. 用图形说明生产要素的最适组合。

模块五　厂商的成本理论及其应用

生产理论主要从实物形态的角度分析了生产要素的投入与产出之间的函数关系，但是，在市场经济条件下，企业或厂商追求的经营目标是利润的最大化，而利润等于总收益与总成本的差额，所以，还有必要从成本方面来考察厂商的收益与利润最大化的原则，进而利用成本理论来指导厂商依据成本与收益的关系来合理确定自己的产量，以实现利润最大化的目标。

单元一 厂商的成本及种类

知识目标

1. 认知理解厂商的成本及其构成;
2. 认知厂商的成本与产量的关系。

能力目标

通过本节的学习,你应该能够:

1. 对厂商的成本及其构成有正确的认知;
2. 对会计成本与机会成本、显性成本与隐性成本、固定成本与可变成本、个体成本与社会成本有正确的认知;
3. 根据成本与产量的关系预测既定生产规模水平上的成本总额。

引导启示

一位经济学教授给学生出了一道题:"有个商人要运一批白衬衫到非洲去卖。请核算一下这笔买卖的成本。"学生们议论纷纷,有的说要计算生产成本,有的说要计算关税,有的说要计算运费……等大家安静下来时,教授一正神色,问道:"你们见过没有见过曼德拉穿白衬衫?"学生们面面相觑,教授说:"你们想一想,在非洲那样紫外线照射很强的地方,谁敢穿白衬衫?穿上白衬衫,皮肤很容易被灼伤。"所以,无知才是最大的成本!确实,研究表明,深色服装防紫外线效果更好。如果谁到非洲去卖白衬衣,他很可能会血本无归。所以,在生产经营活动中,无知必然付出巨大的成本。

那么,究竟什么是成本?厂商如何进行成本控制?如何根据成本与产量的关系来预测既定生产规模水平上的成本总额?这一单元我们就与大家一起来进行学习讨论。

相关知识

一、成本的概念

(一) 成本

成本也称生产费用,是指厂商在生产过程中使用的各种生产要素的费用支出,即投入的各种生产要素的数量与其价格乘积的总和。若用 C 代表成本,P 代表生产要素的价格,X 代表生产要素的数量,则成本可以表示为:

$$C = P_1X_1 + P_2X_2 + \cdots + P_nX_n \tag{5.1}$$

(二) 成本函数

厂商要进行生产,必然要购买生产要素。很显然,厂商生产的产品数量越多,用于购买生产要素的费用就越高,成本也就越大。这种反映产品数量和相应成本之间相互依存关系的函数称为成本函数。也就是说,成本函数是表示成本与产量关系的函数,用数学式表示为:

$$C = F(Q) \tag{5.2}$$

式中,C 为成本;Q 为产量。

与生产函数划分为短期生产函数和长期生产函数相对应,成本函数也分为短期成本函数和长期成本函数。

二、成本的种类

不同的学科,从不同的角度,根据不同的标准,将成本划分为不同的种类,从而使成本具有不同的含义。经济学中经常用到的成本有以下几种。

(一) 会计成本与机会成本

企业的会计成本是指企业在生产经营过程中发生的并反映在会计账簿上的各项费用支出。例如支付给工人的工资、购买原材料的费用支出、计提的固定资产折旧费、银行的贷款利息以及其他各种制造、非制造费用等。

机会成本则是指厂商将一定资源用于生产某种商品时,所放弃的使用同量同种资源在其他生产用途上所能得到的最高收入。由于资源的稀缺性,厂商将某种资源用于生产某种商品,取得了一定的收益,那它必然要损失把这种资源用于生产其他商品所带来的收益,也就是为得到某种好处而必须失去的其他好处,就叫机会成本。

例如:某厂商有一台数控加工设备,如果用来生产加工 A 产品,每年可获得 8000 元的收入;用来生产加工 B 产品,每年可获得 10000 元的收入;用来生产加工 C 产品,每年可获得 12000 元的收入;那么当这台数控加工设备用来生产加工 A 产品时,每年的机会成本就是 12000 元,若用来生产加工 B 产品,每年的机会成本也是 12000 元,若用来生产加工 C 产品,每年的机会成本就是 10000 元。

由此可见,机会成本可以比较准确地反映出稀缺的经济资源用于某种经济活动的代价,从而迫使厂商在进行生产经营决策时，务必权衡各种决策方案的"得"与"失"，从而合理地分配使用稀缺资源，以获得尽可能高的经济收益。

（二）显性成本与隐性成本

显性成本是指厂商记在会计账目上作为成本项目计入账目的各种费用支出，即看得见的实际支出。显性成本包括厂商向供给其生产资料和劳务的供应方支付的现金量，如支付给供应商的原料、燃料、半成品、动力等费用支出和员工的工资薪酬等。

隐性成本是指厂商使用自己的资源投入到生产中，应该支付但并没用实际支付，从而没有在会计报表中反映出来的费用。例如，一个厂商用自家的房子作为厂房进行生产，自己从事管理工作。如果他把房子租给别人，就可获得房租；如果他给别人工作，便可获得工资，但该厂商并没有给自己支付房租和工资，这些费用就没有在账面上反映出来，从而形成了隐性成本。

（三）固定成本和可变成本

固定成本是指在一定时期和一定产量范围内，不受产品产量变动的影响而保持固定不变的成本，如管理人员工资、土地和房屋租金、财产保险费等。

可变成本是指在一定时期和一定产量范围内，随着产品产量的变动而发生改变的成本，包括直接材料、直接人工费、产品包装费、运输费等。

（四）个体成本与社会成本

个体成本，也叫私人成本，是指某厂商在生产经营活动中为了使用各种生产要素所支付的货币总额。个体成本中既包括显性成本，也包括隐性成本。

社会成本是从全社会的角度来考虑成本，它不仅包括厂商在生产经营过程中所必须投入的成本，还应考虑整个社会为此付出的代价，这种代价被称为外在成本。个体成本与外在成本的总和就构成了社会成本。例如，某造纸厂，在生产经营过程中，排放了大量的污水，污染了周围居民的水源，造成居民疾病增加，社会必须为此支付一定的费用来治理这些污染，以维护广大群众的健康，这就是外在成本。

有些生产经营过程，也可能给社会带来某些利益。养蜂人养蜂采蜜，除养蜂人本人得益外，由于蜜蜂采蜜，帮助了花粉的传授，使得植物从中得益，这就是社会的外在利益。

（五）短期成本和长期成本

所谓短期和长期，通常是按厂商能否全部调整其生产要素的投入量为标准。经济学上所说的短期是指厂商不能根据它所要达到的产量来调整其全部生产要素的时期。长期是指厂商能够根据所要达到的产量来调整其全部生产要素的时期。短期成本是与短期生产相对应的成本。与短期成本相对应的是短期生产函数。在短期内，至少存在着一种生产要素是不可以调整的，因此短期内存在着固定成本和可变成本之分。

长期成本是与长期生产相对应的成本。从长期来看，厂商为了适应市场需求变化和生产技术发展的要求，总是要不断调整生产要素的投入量。因此，厂商支付在生产要素上的所有费用支出都是可变成本。长期成本无固定成本和可变成本之分。

单元二 短期成本函数及其应用

知识目标
1. 认知理解厂商的短期成本；
2. 认知短期总成本、短期平均成本、短期边际成本及其相互关系。

能力目标
通过本节的学习，你应该能够：
1. 对厂商的短期总成本、短期平均成本、短期边际成本有正确的认知；
2. 学会绘制短期总成本曲线、固定成本曲线和可变成本曲线；
3. 学会根据厂商的实际成本资料计算绘制短期平均成本曲线、短期边际成本曲线，并对它们之间的关系及其变化规律有正确的认知。

引导启示

在现实中，我们经常会看到一些保龄球场门庭冷落，但仍然在营业。这时打保龄球的价格非常低，甚至低于成本。那么，这些亏损的保龄球场为什么还要营业呢？要解释这一现象，我们可用企业的短期成本理论。

在短期中，保龄球场的经营成本包括固定成本与可变成本。保龄球场的场地租金、设备折旧、管理人员的工资支出是短期中无法改变的固定投入。固定成本已经支出无法收回，经济学上称为沉没成本。保龄球场营业所支出的其他费用，如电费、服务人员的工资费等则是可变成本。如果不营业，这种成本就不存在，营业量增加，这种成本相应增加。由于固定成本已经支出，无法收回，所以，保龄球场在决定短期是否营业时，考虑的主要是可变成本。假设每场保龄球的平均成本为20元，其中固定成本为15元，可变成本为5元。当每场保龄球的价格为20元以上时，收益大于平均成本，坚持营业当然有利可图。当价格为20元时，收益等于成本，这时称为收支相抵点，保龄球场仍然可以营业。而当价格低于20元时，收益低于成本。乍一看，保龄球场经营亏损，应该立即停止营业。但当我们知道短期中的成本有不可收回的固定成本和可收回的可变成本时，决策是否继续营业就不同了。

假设现在每场保龄球的价格为 10 元,是否应该继续营业呢?如果可变成本为 5 元,每场 10 元的价格,在弥补了 5 元的可变成本后,仍可剩余 5 元,这 5 元就可用于弥补部分固定成本。固定成本 15 元是无论经营与否都要支出的,能弥补 5 元,当然比一点也弥补不了要好。因此,这时保龄球场仍然要继续营业。因为这时企业考虑的不是利润的最大化,而是损失的最小化——即能弥补多少固定成本算多少。而当价格下降到与可变成本相等的 5 元时,保龄球场经营与不经营都是一样的。经营正好弥补可变成本,不经营这笔可变成本就不用支出。因此,价格等于平均可变成本时称为停止营业点,意思是在这一点上,经营与不经营都一样。在这一点之上,只要价格高于平均可变成本就要经营,但在这一点之下,价格低于平均可变成本,无论如何都不能再经营。

我们看到,门庭冷落的保龄球场之所以仍在坚持营业,说明价格是高于其平均可变成本的。有许多行业是固定成本高而可变成本低的,如旅游、饭店、游乐场所等。在现实中这些行业的价格可以降到很低。但这种低价格实际上仍高于其平均可变成本,经营仍然要比不经营有利,因为经营至少可以补偿回来一部分固定成本,使亏损降到最小。这也就是保龄球场不停止营业的真正原因。

相关知识

一、短期总成本、总固定成本、总可变成本

短期总成本(STC)是指短期内厂商为生产某一特定产量的产品所花费的成本总额。短期总成本又分为总固定成本与总可变成本。

总固定成本(TFC)是指短期内厂商为生产一定数量的产品必须支付的不能调整的生产要素的费用支出。一般包括厂房、机器设备的折旧费、地租、利息及管理费等,它一般不随产量的变化而变化。

总可变成本(TVC)是指短期内厂商为生产一定数量的产品所支付的可以调整的生产要素的费用支出。一般包括工人工资、原料费、燃料费和运输费等,它随着产量的变化而变化。

短期总成本等于总可变成本与总固定成本之和。即:

$$STC = TVC + TFC \qquad (5.3)$$

总固定成本是不随产量变动的常数,用常数 b 表示,总可变成本是产量的函数,用 $F(Q)$ 来表示,则短期成本函数可表示为:

$$STC = F(Q) + b \qquad (5.4)$$

二、短期平均成本与短期边际成本

(一) 短期平均成本

短期平均成本(SAC)是指厂商在短期内平均每生产一单位产品所需要花费的成本。即:

$$SAC = \frac{STC}{Q} \qquad (5.5)$$

短期平均成本又分为平均固定成本和平均可变成本。

平均固定成本（AFC）是指厂商在短期内平均每生产一单位产品所分摊的固定成本，即：

$$AFC = \frac{TFC}{Q} \tag{5.6}$$

平均可变成本（AVC）是指厂商在短期内平均每生产一单位产品所分摊的可变成本，即：

$$AVC = \frac{TVC}{Q} \tag{5.7}$$

平均固定成本（AFC）和平均可变成本（AVC）之和即为平均成本（单位产品成本），即：

$$SAC = \frac{STC}{Q} = \frac{TFC + TVC}{Q} = AFC + AVC \tag{5.8}$$

（二）短期边际成本

短期边际成本（SMC）是指短期内厂商每增加一单位产品所引起的总成本的增量。即：

$$SMC = \frac{\Delta STC}{\Delta Q} \tag{5.9}$$

式中：ΔQ 代表增加的产量，ΔSTC 代表增加的总成本。

其微分形式为：

$$SMC = \frac{dSTC}{dQ} \tag{5.10}$$

三、短期成本曲线及其变动规律

为了分析短期各类成本与产量之间的关系，以及短期各类成本之间的内在关系，可用表5-1和根据该表绘出的各种成本曲线来说明。

表5-1　某厂商的短期成本表　　　　　　　　　单位：元

产量Q(1)	固定成本TFC(2)	可变成本TVC(3)	总成本STC(4)=(2)+(3)	边际成本SMC(5)	平均固定成本AFC(6)=(2)÷(1)	平均可变成本AVC(7)=(3)÷(1)	平均成本SAC(8)=(6)+(7)
0	120	0	120	—	—	0	—
1	120	34	154	34	120	34	154
2	120	63	183	29	60	31.5	91.5
3	120	90	210	27	40	30	70
4	120	116	236	26	30	29	59
5	120	145	265	29	24	29	53
6	120	180	300	35	20	30	50
7	120	230	350	50	17.14	32.86	50
8	120	304	424	74	15	30	53

（一）短期总成本曲线、固定成本曲线、可变成本曲线及其变动规律

根据表5-1，可绘出短期总成本曲线、固定成本曲线和可变成本曲线，如图5-1所示。

在图5-1中，横轴OQ代表产量，纵轴OC代表成本，STC为短期总成本曲线，TFC为总固定成本曲线，TVC为总可变成本曲线。短期总成本曲线由总固定成本曲线和总可变成本曲线相加而成。

短期总成本曲线的变化规律是：当产量为零时，总可变成本为零，短期总成本等于总固

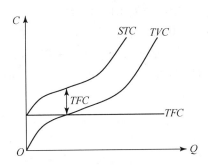

图 5-1 短期总成本、总可变成本、总固定成本

定成本,表现为在纵轴上的截距 TFC。当产量发生变动时,总成本随产量的变动而增加。在一定的产量范围内先以递减的速度增加,超过一定产量之后,以递增的速度增加,表现为一条由固定成本曲线端点向右上方延伸的曲线。总固定成本是一个常数,不随产量的变动而变动,故总固定成本(TFC)是一条水平线。总可变成本随产量的变化而变化。当产量为零时,总可变成本为零。即当 $Q=0$ 时,$TVC=0$。当产量增加时,总可变成本的变化规律与短期总成本相同。在图 5-1 中,总可变成本曲线是一条从原点出发,与短期总成本曲线平行的曲线。

（二）短期平均成本、短期边际成本、短期平均固定成本、平均可变成本曲线变动规律

根据表 5-1 中的产量和短期平均成本、短期边际成本以及短期平均可变成本、短期平均固定成本的数据,可以绘出短期平均成本曲线、短期边际成本曲线、短期平均可变成本曲线和短期平均固定成本曲线(如图 5-2 所示)。

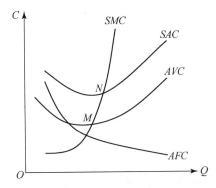

图 5-2 短期平均成本曲线、短期平均固定成本曲线、
短期平均可变成本曲线、短期边际成本曲线

在图 5-2 中,AVC 为短期平均可变成本曲线,SMC 为短期边际成本曲线,SAC 为短期平均成本曲线,AFC 为短期平均固定成本曲线。OQ 表示产量,OC 表示成本。短期平均成本曲线、短期边际成本曲线、短期平均可变成本曲线都呈 U 字形,表明这三种成本起初随着产量的增加而逐渐减少,当它们各自减少到一定限度后,由于边际收益递减规律的作用,又随着产量的增加而逐渐上升。

短期平均成本曲线与短期平均可变成本曲线之间的垂直距离是平均固定成本。它的变化规律是随着产量的增加而不断减少的。

短期边际成本曲线与短期平均可变成本曲线、短期平均成本曲线相交,一定分别交于平均可变成本的最低点 M 和短期平均成本的最低点 N。即:在曲线 M 点,$SMC=AVC$;在曲线 N 点,$SMC=SAC$。在相交之前,平均可变成本和短期平均成本一直在逐渐减少,短期边际成本小于平均可变成本和短期平均成本;在相交之后,平均可变成本与短期平均成本一直在逐渐增加,短期边际成本大于平均可变成本和短期平均成本。

短期边际成本曲线与平均可变成本曲线相交的 M 点,是厂商的停止营业点,在这一点以下,收益不足以补偿平均可变成本。短期边际成本曲线与短期平均成本曲线相交的 N 点,是厂商的收支平衡点,在这一点上,厂商的收益与短期平均成本相等。

单元三 长期成本函数及其应用

> **知识目标**
> 1. 认知理解厂商的长期成本；
> 2. 认知长期总成本、长期平均成本、长期边际成本及其相互关系。
>
> **能力目标**
> 通过本节的学习，你应该能够：
> 1. 对厂商的长期总成本、长期平均成本、长期边际成本有正确的认知；
> 2. 对厂商的规模经济有正确的认知；
> 3. 学会绘制厂商的长期总成本曲线、长期平均成本曲线和长期边际成本曲线，并对它们之间的关系及其变化规律有正确的认知。

引导启示

对于许多企业来说，总成本分为固定和可变成本取决于时间框架。例如，考虑一个全机车公司，比如福特汽车公司，在只有几个月的时期内，福特公司不能调整它汽车工厂的数量与规模。它可以生产额外一辆汽车的唯一方法是：在已有的工厂中多雇佣工人。因此，这些工厂的成本在短期中是固定成本。与此相比，在几年的时期中，福特公司可以扩大其工厂规模，建立新工厂和关闭旧工厂。因此，其工厂的成本在长期中都是可变成本。

由于许多成本在短期中是固定的，但在长期中是可变的，所以，企业的长期成本曲线不同于其短期成本曲线。长期平均总成本曲线是比短期平均总成本曲线要平坦得多的 U 型曲线。此外，所有短期成本曲线是在长期成本曲线以上。这些特点的产生，是因为企业在长期中有更大的灵活性。实际上，在长期中，企业可以选择它想用的那一条短期成本曲线。但在短期中，它不得不用它过去选择的任何一条短期曲线。

当福特公司想把每天的产量从 1000 辆汽车增加到 1200 辆时，在短期中除了在现有的中等规模工厂中多雇工人之外别无选择。由于边际产量递减，每辆汽车的平均总成本从 1 万美元增加到 1.2 万美元。但是，在长期中，福特公司可以扩大工厂和车间的规模，而平均总成本仍保持在1万美元的水平上。

对一个企业来说,进入长期要多长时间呢?回答取决于企业。对一个大型制造企业,例如,汽车公司,这可能需要一年或更长。与此相比,一个人经营的柠檬水店可以在一小时甚至更短的时间内去买一个水罐。

相关知识

一、长期总成本

长期总成本(LTC)是指厂商在长期中生产一定量的产品所需要的成本总和。长期总成本随产量的变动而变动。没有产量也就没有总成本。随着产量的增加,总成本增加。在开始生产时要投入大量生产要素,而产量太低时,这些生产要素无法得到充分利用,此时成本增加的比率大于产量增加的比率。当产量增加到一定程度后,生产要素开始得到充分利用,这时成本增加的比率小于产量增加的比率,这也是规模经济效益。最后,由于规模收益递减,成本的增加比率又大于产量的增加比率。长期总成本的变动规律可用图5-3来说明。

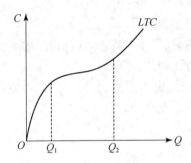

图 5-3 长期总成本曲线的变化

在图5-3中,LTC为长期总成本曲线。该曲线从原点出发,向右上方倾斜,表示长期总成本随产量的增加而增加。产量在 $O \sim Q_1$ 之间时,长期总成本曲线比较陡峭,说明成本的增加比率大于产量的增加比率;产量在 $Q_1 \sim Q_2$ 之间时,长期总成本曲线比较平坦,说明成本的增加比率小于产量的增加比率;产量在 Q_2 之后,长期总成本曲线比较陡峭,说明成本的增加比率又大于产量的增加比率。

二、规模经济与长期平均成本

(一)规模经济

规模经济是指由于厂商生产规模的扩大而导致长期平均成本下降的情况。产生规模经济的主要原因是:厂商可以实行专业化分工,提高工人的技术水平,从而提高了工人的平均生产效率;可以使用更为先进的机器设备,并充分发挥其作用;可以聘请高级技术专家,开拓并保持产品领先地位,增强竞争能力;可以提高管理效率,节约管理费用;可以对副产品综合利用和经营,降低产品成本;可以增强垄断能力,使其在生产要素市场上购买生产要素和在产品市场上出售产品处于有利地位等,从而获得规模上的好处。

但生产规模也不是越大越好。当生产规模扩大到一定程度以后,由于规模过大而引起的长期平均成本上升的现象称为规模不经济。规模不经济的主要原因是规模过大后管理层次过多,不易协调,缺乏灵活性,难以管理,引起效率下降;对生产要素的需求过大,而引起要素价格上升;产品过多,造成产品销售费用增加、成本上升等。

(二)长期平均成本

长期平均成本(LAC)是指厂商在长期中平均每生产一单位产品的成本。

1. 长期平均成本曲线的构成

在长期中厂商可以根据短期平均成本来调整长期平均成本。因此,我们可以从短期平均成本曲线来推导出长期成本曲线。可用图 5-4 来说明。

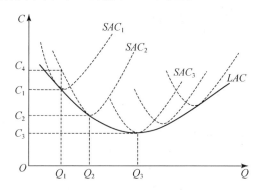

图 5-4 长期平均成本曲线与短期平均成本曲线

假定某生产者在短期内有三种不同的生产规模可供选择。这三种规模的短期平均成本曲线是图 5-4 中的 SAC_1、SAC_2、SAC_3。

生产者要根据产量的大小来决定生产规模,其目标是使平均成本达到最低。在产量为 Q_1 时,将选择 SAC_1 这一规模,因为这时平均成本 OC_1 是最低的,如果选择 SAC_2 这一规模,则平均成本为 OC_4,OC_4 大于 OC_1。以此类推,当产量为 Q_2 时,则要选用 SAC_2 这一规模,这时平均成本 OC_2 最低;当产量为 Q_3 时,则要选用 SAC_3 这一规模,这时平均成本 OC_3 最低,等等。

在长期中,生产者要根据它所要达到的产量来调整生产规模,以使平均成本达到最低。如果每个短期中平均成本都达到了最低,那么,长期中平均成本也就达到了最低。因此,长期平均成本曲线是无数条短期平均成本曲线的包络线。如图 5-4 中的 LAC 所示。在这条包络线上,在连续变化的每一个产量水平,LAC 曲线表示厂商在长期内在每一个产量水平上,通过选择最优生产规模所实现的最小的平均成本。

长期平均成本曲线把各条短期平均成本曲线包在其中,因此,长期平均成本曲线又称包络曲线。在长期中,生产者按这条曲线作为生产计划,确定生产规模,因此,这条长期平均成本曲线又称为计划曲线。

2. 长期平均成本曲线的特征

从图 5-4 中可以看出,长期平均成本曲线 LAC 也是一条先下降而后上升的"U"形曲线。这就说明,长期平均成本曲线变动的规律也是随产量的增加先减少而后增加。这也是由于随着产量的增加,规模收益递增,平均成本减少;以后,随着产量的增加,出现规模收益递减,平均成本增加。

但长期平均成本曲线与短期平均成本曲线也有区别,就是长期平均成本曲线无论是下降时还是上升时都比较平坦,这说明在长期中平均成本无论是减少还是增加,其变动较慢。

三、长期边际成本

长期边际成本(LMC)是指厂商在长期中增加一单位产品所增加的成本。长期边际成本也是随着产量的增加先减少而后增加的,因此,长期边际成本曲线也是一条先下降而后上升的"U"形曲线,但它也要比短期边际成本曲线平坦。

长期边际成本与长期平均成本的关系和短期边际成本与短期平均成本的关系一样,即在长期平均成本下降时,长期边际成本小于长期平均成本,在长期平均成本上升时,长期边际成本大于长期平均成本,在长期平均成本的最低点,长期边际成本等于长期平均成本。这一点可用图 5-5 来说明。

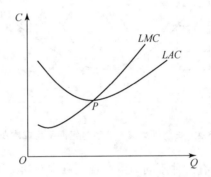

图 5-5　长期边际成本与长期平均成本曲线

在图 5-5 中,LMC 为长期边际成本曲线,与长期平均成本曲线 LAC 相交于 LAC 的最低点 P,相交之前,LAC 在 LMC 之上,说明长期边际成本小于长期平均成本,在相交之后,LAC 在 LMC 之下,说明长期边际成本大于长期平均成本。

单元四 厂商利润最大化的决策原理及其应用

知识目标
1. 认知理解厂商的收益及收益曲线;
2. 认知厂商收益、成本与利润的关系。

能力目标
1. 学会绘制厂商的收益曲线;
2. 对厂商利润最大化的决策原理 $MR=MC$ 有正确的认知,并能根据 $MR=MC$ 确定厂商的最佳生产规模。

引导启示

节假日期间,许多大型商场都要延长营业时间。那么,为什么这些商场平时不延长营业时间呢?利润最大化的边际收益均等原理可帮助我们解释这一现象。

从理论上说延长时间一小时,就要支付一小时所耗费的成本,这种成本即包括直接的物耗,如水、电等,也包括由于延时而需要的售货员的加班费,这种增加的成本就是我们这里所说的边际成本。假如延长一小时增加的成本是 1 万元(注意这里讲的成本是西方的成本概念,包括成本和正常利润),那么,在延时的一小时里他们由于卖出商品而增加的收益大于 1 万元,作为一个精明的企业家他还应该再将营业时间在此基础上再延长,因为这时他还没有把该赚的钱都赚到手。相反,如果他在延长一小时里增加的成本是 1 万,增加的收益则不足 1 万,他在不考虑其他因素的情况下,就应该取消延时的决定,因为他延长一小时的成本大于收益。节假日期间,人们有更多的时间去旅游购物,使商场的收益增加,而平时,紧张的工作加繁忙的家务,人们没有更多时间和精力去购物,就是延时营业也不会有更多的人光顾,增加的销售额不足以抵偿延时所增加的成本。这样就能解释在节假日期间许多商场会延长营业时间,而在平时却不延长营业时间的原因。

事实上,无论是边际收益大于边际成本,还是边际收益小于边际成本,厂商都要进行营业时间的调整,说明在这两种情况下,厂商都没有实现利润的最大化。只有在边际收益等于边际成本时,厂商才不调整营业时间,这表明厂商已把该赚的利润都赚到了,即实现了利润的最大化,此时的营业时间就是最佳的营业时间。

相关知识

厂商进行生产的目的就是利润。因此,厂商将把产量确定在能使利润最大的数量上,现在的问题是厂商如何决定这个产量呢?我们知道厂商利润是收益与成本的差额。所以,我们先从厂商的收益出发进行分析。

一、厂商的收益及收益曲线

(一)收益

收益是指厂商出售产品所得到的全部收入,即销售商品的价格与销售量的乘积。收益中即包括了成本,也包括了利润。收益可分为总收益(TR)、平均收益(AR)和边际收益(MR)。

总收益(TR)是指厂商出售一定数量的产品所得到的全部收入。如果用 P 表示产品的价格,Q 表示产品的数量,则有:

$$TR = P \cdot Q \qquad (5.11)$$

平均收益(AR)是指厂商平均出售一单位产品所得到的收入。

$$AR = \frac{TR}{Q} \qquad (5.12)$$

边际收益(MR)是指厂商每增加一单位产品的销售所引起的总收入的增加。

$$MR = \frac{\Delta TR}{\Delta Q} \qquad (5.13)$$

微分形式为:

$$MR = \frac{\mathrm{d}TR}{\mathrm{d}Q} \qquad (5.14)$$

(二)收益曲线

根据定义,收益是产量与价格的乘积。如果价格一定,那么收益就是产量的货币表现。所以,在不考虑价格对收益的影响时,总收益、平均收益、边际收益的曲线形状,与在厂商的生产函数中讲的总产量、平均产量、边际产量的曲线形状是相同的。在价格变化时,收益曲线随价格的变化而改变。

在价格不变的条件下,单位产品的价格与平均收益、边际收益是相等的。在平面坐标上,表现为价格曲线、边际收益曲线、平均收益曲线重叠,且与横轴平行(如图 5-6 所示)。

在价格变化的条件下,我们分两种情况讨论收益曲线。

(1)当需求函数为线性时,总收益曲线为一条抛物线。

总收益曲线随销售量的增加先增加,达到一个最高点后又开始递减。AR 曲线和 MR 曲线是一条向右下方倾斜的直

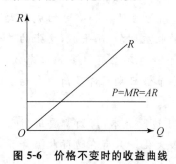

图 5-6 价格不变时的收益曲线

线。MR 在 AR 曲线的下方（如图 5-7 所示）。

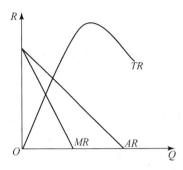

图 5-7　线性需求下的收益曲线

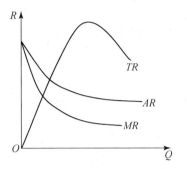

图 5-8　非线性需求下的收益曲线

（2）当需求函数为非线性时，TR 曲线、AR 曲线、MR 曲线的形状如图 5-8 所示。

由于价格和需求量呈反方向变化，即需求曲线向右下方倾斜，所以 AR 曲线和 MR 曲线也是向右下方倾斜的。又由于 MR 不断递减，因而总收益曲线为一条抛物线。

二、利润最大化的决策原理及其应用

从长期来看，厂商进行生产的最终目的就是要实现利润的最大化。利润等于总收益减去总成本。若设利润为 π，则：

$$\pi = TR - TC \tag{5.15}$$

对利润函数 π＝TR－TC 求微分可得：

$$\frac{\mathrm{d}\pi}{\mathrm{d}Q} = \frac{\mathrm{d}(TR)}{\mathrm{d}Q} - \frac{\mathrm{d}(TC)}{\mathrm{d}Q} \tag{5.16}$$

即 $M_\pi = MR - MC$。要使利润最大，必须使 $M_\pi = 0$，即：$MR - MC = 0$，移项后得：

$$MR = MC \tag{5.17}$$

这就是利润最大化的必要条件。那么，为什么在 MR＝MC 时，就能实现最大化利润呢？这是因为如果 MR＞MC 时，表明厂商每多生产一单位产品所增加的收益大于所增加的成本，继续增加生产就能使总利润增加，所以，此时的利润尚未达到最大化，厂商还有获取利润的空间。如果 MR＜MC，表明厂商每多生产一单位产品所新增加的收益小于其新增加的成本。这对该厂商来讲这种生产行为是不经济的，甚至会造成亏损，自然就谈不上利润最大化了，所以厂商理性的选择是减少产量。因此，无论是 MR＞MC 还是 MR＜MC，厂商都没有实现利润最大化，只有在 MR＝MC 时，厂商就不用再调整产量，表明厂商已经把该赚的利润都赚到了，即实现了利润的最大化。

厂商对利润的追求受到市场各方面条件的影响和限制，不可能达到无限大。这样，利润最大化的决策原理就是边际收益等于边际成本，即 MR＝MC，厂商只有根据这一原理来确定自己的产量才是最经济、最理性的。现实中，厂商也都是按照这一原理进行生产决策的。

2002年,美心公司与大多数高速发展的企业一样,开始面临增长瓶颈。掌门人夏明宪毅然采取以利润换市场的策略,大幅降低产品价格。然而,降价不久,风险不期而至,原材料钢材的价格突然飙升。继续低价销售,卖得越多,亏得越多;涨价销售,信誉扫地,再难立足。面对两难抉择,降低成本,尤其是原材料的采购成本就成了美心生死攸关的"救命稻草"!夏明宪向采购部下达指令:从现在开始的三年内,企业的综合采购成本,必须以每年平均10%的速度递减。这让美心公司采购部的员工们有点傻眼,甚至不服气:此前美心公司的"开架式采购招投标制度"属国内首创,既有效降低成本,又杜绝暗箱操作,中央电视台都为此做过专题报道。而且此举已经为美心节约了15%的采购成本,还有什么魔法能够让青蛙变得更苗条?在夏明宪的带动下,美心员工开始走出去,从习惯坐办公室到习惯上路,超越经验桎梏,于不知不觉中形成了一整套降低成本的管理模式。

(1) 联合采购,分别加工。针对中小供应商,美心将这些配套企业联合起来,统一由其出面采购原材料。由于采购规模的扩大,综合成本减少了20%!配套企业从美心领回原材料进行加工,生产出来的半成品直接提供给美心,然后凭验收单到美心的财务部领取加工费。同时随着原材料成本的降低,配套企业也更具竞争力,规模扩大,价格更低,形成良性循环。

(2) 原料供应,战略伙伴。针对上游的特大供应商即国内外大型钢铁企业,美心的做法是收缩采购线,率先成为其中一两家钢厂的大客户乃至于战略合作伙伴。而钢厂面向战略合作伙伴的价格比普通经销商低5%~8%,比市场零售价低15%。于是仅2002年的一次采购,美心就比同行节约成本近1000万元。

(3) 新品配套,合作共赢。对于新配套品种的生产,由于配套企业需要增加大量投资,导致新配套产品与其他配套产品相比,价格大幅增加。美心就以品牌、设备、技术、管理等软硬件向生产方入股,形成合作;合作条件为,美心公司自己使用的产品,价格只能略高于生产成本的。这样一来,合作方在新品的生产上减少了投入,降低了风险;同时,美心也降低了配套产品的采购成本,增加了收入。于是各方受益,皆大欢喜。

(4) 循环取货,优化物流。解决了原材料和配套产品的采购问题,美心还与配套企业携手合作,从物流方面进行优化。由于不同配套企业的送货缺乏统一的标准化的管理,在信息交流、运输安全等方面,都会带来各种各样的问题,必须花费双方很多的时间和人力资源成本。美心明白,配套企业物流成本的提高,将直接转嫁到配套产品的价格上。于是美心就聘请一家第三方物流供应商,由他们来设计配送路线,然后到不同的配套企业取货,再直接送到美心的生产车间。这样一来,不仅节约了配套企业的运送成本,提高了物流效率,更重要的是,把这些配套产品直接拉到生产车间,库存的降低,省去了大量的库存资金占用。

美心通过与原材料供应商及配套企业的携手合作,使原材料厂商拥有了稳定的大客户,配套企业降低了生产风险,而自身则在大大降低成本的同时,扩大了产销量,形成了各方皆大欢喜的共赢局面。2002年,美心公司的产销量同比翻了一番,美心的综合采购成本下降了17%,比同行业的平均水平低23%!美心公司成为唯一在原材料价格暴涨时期维持低价政策的企业,企业形象如日中天,渠道建设终于根深叶茂。

试用你所学的微观经济学的成本理论分析说明美心公司是如何在原材料价格暴涨时期来降低其生产运营成本的。

成本是指厂商在生产过程中为使用的各种生产要素的支出。成本函数是反映产品数量和相应的成本之间的函数关系。成本函数分为短期成本函数和长期成本函数。

短期总成本曲线的变化规律是:当产量为零时,短期总成本等于总固定成本。当产量发生变动时,总成本随产量的变动而增加。在一定的产量范围内先以递减的速度增加,超过一定产量之后,以递增的速度增加,表现为一条由固定成本曲线端点向右上方延伸的曲线。

总固定成本,不随产量的变动而变动,是一个常数,总固定成本曲线是一条水平线。

长期总成本是指厂商在长期中生产一定量产品所需要的成本总和。规模经济是指厂商由于生产规模的扩大而导致长期平均成本下降的情况。收益是指厂商出售产品所得到的全部收入。利润是指厂商所得到的总收益与其产生的总成本之间的差额。

利润最大化的决策原则是边际收益等于边际成本,即 $MR=MC$。

1. 基本概念

机会成本　隐性成本　边际成本　社会成本　短期总成本　长期总成本　规模经济

2. 厂商利润最大化的决策原则是什么?

3. 短期平均成本、短期边际成本与短期平均可变成本之间的关系是什么?

4. 完成下列某厂商的短期成本表(单位:美元)

Q	FC	VC	STC	SMC	AFC	AVC	SAC
1	50	50					
2						39	
3				20			
4						28	
5							36
6				20			
7		175					
8							31.8
9			292				

5. 某厂生产某种产品的总费用为 $C_{(Q)}=8Q+200$(单位:元),总收益 $R_{(Q)}=20Q-0.01Q^2$(单位:元)。试求:

(1) 获取最大利润时的产量及最大利润。

(2) 获最大利润时的价格。

6. 某厂商每月生产某产品 x 吨,总成本函数为:$C_{(x)}=\frac{1}{4}X^2+8X+4900$(元)试求:

(1) 产量为多少时,平均成本最低?

(2) 最低平均成本是多少?

7. 某厂商生产的某种产品的总成本函数为 $C=3+Q$,总收入函数为 $R=10Q-\frac{3}{2}Q^2$,其中 Q 为产量。

(1) 试问产量为多少时,利润最大?

(2) 从利润最大时的产量又生产了 2 台,问利润有何变化?

模块六 厂商的均衡理论及其应用

现实中,几乎所有厂商的经营原则都是追逐最大化的利润,他们都想从消费者那里赚更多的钱。然而,厂商能否赚到钱,消费者能得到多少实惠,却不单纯地由厂商自己的动机和行动决定。经济学认为最终结果如何还取决于市场的结构特征,或者简单地说,取决于厂商所处的市场环境。因此,这一模块我们就结合实际来分析市场的结构特征、不同市场中厂商的经营行为,以及市场结构和厂商行为共同决定的厂商的盈利情况、生产要素的利用程度和消费者在这样的市场结构中能得到多少福利或绩效。

单元一　市场结构类型

知识目标
1. 认知市场结构及其类型；
2. 认知完全竞争市场、完全垄断市场、垄断竞争市场与寡头市场的特点。

能力目标
通过本节的学习，你应该能够：
1. 掌握划分市场的标准；
2. 对完全竞争市场、完全垄断市场、垄断竞争市场与寡头市场有正确的认知。

引导启示

世界各国在移动通信产业发展之初采用的都是独家垄断的市场结构。对独家垄断经营的电信企业，虽然各国都对价格等方面实行了管制，在很大程度上避免了由垄断价格导致的静态效率损失。但由于独家垄断经营缺乏竞争压力，企业缺乏降低成本、提高效率的动力，因而运行效率和服务水平都较低，成本居高不下，缺乏创新，产品（服务）品种单调，由此产生了动态效率损失。从20世纪80年代开始，各国纷纷放松电信市场准入管制，在电信业中引入竞争，使得电信业从独家垄断阶段逐步发展到寡头垄断阶段。

在中国，2004年中国移动集团公司的市场份额为66%，中国联合通信公司的市场份额为34%。目前移动通信在中国市场是独领风骚，在用户市场份额、业务收入和利润完成量等方面都有很明显的体现。在这种情况下，即使引入新的竞争者，短期内也难与之抗衡。因此，迫切需要监管部门加大监管力度，对主导运营商实行新的不对称管制，使各家运营商的市场份额能维持在有利于公平竞争的合理范围之内，以促进电信行业良性运营、健康发展。

从根本上说，市场结构是反映市场竞争和垄断关系的概念，一个产业的市场结构问题，其实质就是该产业的竞争（或者说是垄断）程度问题。决定市场结构的主要因素有市场集中程度、产品差别化程度和进入壁垒等。这一单元我们就与大家一起来学习认知现实中的市场结构类型。

相关知识

市场结构是指市场上企业数目的多少,反映竞争程度不同的市场动态。作为商品生产者与供给者的厂商,在选择生产规模、价格水平与营销战略时,除了考虑技术条件和相应的成本条件之外,还必须客观分析市场竞争状态。因为在不同的市场结构中,厂商之间的竞争具有不同的特性,同样的竞争手段在不同市场结构中也会产生不同的反应,获得不同的效果。

一、划分市场结构的标准

(一)市场上交易者的数量

某种商品买者和卖者数量的多少与市场竞争程度的高低有很大关系。参与者越多,竞争程度就越高,否则竞争程度就可能较低。这是因为参与者很多的市场,每个参与者的交易量只占市场交易量的很小份额或比重几乎可以忽略,对市场价格缺乏控制能力。因此,竞争能力就比较小,厂商之间的竞争就相对比较激烈。

(二)产品差异程度

产品差异是同一种产品在质量、品牌、款式和包装等方面的差别。产品差别可引起垄断,产品差别越大,垄断程度越高。产品差异可以分为物质差异、售后服务差异和形象差异。产品之间的差异越小,相互之间替代品越多,竞争程度就越强。对于替代性较强的无差异的产品,每个市场参与者不可能或无法凭借自己的产品控制市场价格。

(三)进退市场的壁垒

市场壁垒构成了进入行业的限制。这种限制有自然原因和立法原因两类。自然原因指资源控制与规模经济。资源控制是指某个企业控制了某个行业的关键资源,其他企业得不到这种资源,又没有适当的替代品,就无法进入该行业。规模经济是指市场上的某大型企业产量大且平均成本很低,这就构成了对新进企业的障碍。如果新进企业在平均成本上达不到较低水平就没有在价格上的竞争力,因此很难立足于市场。而立法原因则是法律对进入某些行业者的限制。这种立法限制主要采取三种形式:一是特许经营;二是许可证制度;三是专利权。

(四)市场信息的通畅程度

在信息时代,信息是企业经营的生命。市场参与者对供求关系、产品质量、价格变动、销售方法、广告效果等经济与技术的过去、现在和未来的信息资料越了解,市场竞争程度就高。市场信息流通渠道越通畅,企业参与市场竞争的能力就越强。否则市场竞争程度就低。

二、市场结构类型

根据市场结构划分的标准,将市场划分为完全竞争市场、完全垄断市场、垄断竞争市场和寡头垄断市场。这四个类型的市场和相应厂商的区分及其特点如表 6-1 所示。

表 6-1　市场和厂商类型的划分与特征

市场和厂商的类型	厂商数目	产品差别程度	对价格控制的程度	进出一个行业的难易程度	接近哪种市场情况
完全竞争	很多	完全无差别	没有控制	很容易	一些农产品
垄断竞争	较多	有差别	有些控制	比较容易	香烟、糖果
寡头垄断	几个	有差别或无差别	有控制	比较困难	钢铁、汽车
完全垄断	一个	唯一产品，没有替代产品	有很强的控制力	很困难，几乎不可能	公用事业，如水、电

（一）完全竞争市场

完全竞争又称为纯粹竞争。完全竞争市场是指竞争充分而不受任何阻碍和干扰的一种市场结构。完全竞争市场必须具备以下条件。

(1) 市场上有大量的卖者和买者。作为众多参与市场经济活动的个别厂商或个别消费者，单个的销售量和购买量都只占很小的市场份额，其供应能力或购买能力对整个市场来说是微不足道的。这样，无论卖方还是买方都无法左右市场价格，他们只是价格接受者。

(2) 产品具有同质性。这里的产品同质不仅指商品之间的质量和性能等无差别，还包括在销售条件和装潢等方面是相同的。因为产品同质，对消费者来说购买谁生产的产品并不重要，他们也不偏爱某一厂商的产品，也不会为得到某一厂商的产品而支付更高的价格。同样对于厂商来说，也没有任何一家拥有较大的市场竞争优势。

(3) 厂商可以无成本地进入或退出一个行业，即所有的资源都可以在各行业之间自由流动。劳动可以随时从一个岗位转换到另一个岗位，或从一个地区转移到另一个地区；资本可以自由地进入或撤出某一行业。资源的自由流动使得厂商总是能够及时地转向获利的行业，及时退出亏损的行业。这样，效率较高的企业可以吸引大量的投入，缺乏效率的企业会被市场淘汰。资源的流动是促使市场实现均衡的重要条件。

(4) 经济主体具有完全信息。市场中的每一个卖者和买者都掌握与自己决策、与市场交易相关的全部信息。这一条件保证了消费者不可能以较高的价格购买产品，生产者也不可能以高于现行价格的价格卖出产品。每一个经济行为主体都可以根据所掌握的完全信息，确定自己最优的购买量和最优的生产量，从而获得最大的效用和效益。

显然，理论分析上所假设的完全竞争市场的条件是非常严格的，在现实的经济中没有一个市场真正具有以上四个条件。通常只是将某些农产品市场看做是比较接近完全竞争市场的类型。但是完全竞争市场作为一个理想的经济模型，有助于我们了解经济活动和资源配置的一些基本原理，解释或预测现实经济中厂商和消费者的行为。

（二）完全垄断市场

完全垄断又称独占、卖方垄断或纯粹垄断。与完全竞争市场结构相反，完全垄断市场结构是指一家厂商控制了某种产品全部供给的市场结构。它具有以下特征：

(1) 厂商数目唯一。完全垄断市场上垄断企业排斥其他竞争对手，独自控制了一个行业的供给。由于整个行业仅存在唯一的供给者，企业也就是行业。

(2) 完全垄断企业是市场价格的制定者。由于垄断企业控制了整个行业的供给，也就控制了整个行业的价格，成为价格的制定者。完全垄断企业可以有两种经营决策：以较高价格出售较少产品，或以较低价格出售较多产品。

(3)完全垄断企业的产品不存在任何相近的替代品,完全垄断企业就成为市场上唯一的供给者。因此,消费者只要有这方面的需求,就只能购买该厂商的产品而别无其他选择。

(4)其他任何厂商进入该行业都极为困难或者根本不可能,要素资源难以流动。完全垄断市场上存在进入障碍,其他厂商难以参与该产品的生产和市场供应。

完全垄断市场和完全竞争市场一样,都只是一种理论假定,是对实际中某些产品的一种抽象,现实中绝大多数产品都具有不同程度的替代性。

导致垄断的原因一般有以下几个方面。

第一,对资源的独家控制。一家厂商控制了生产某种产品所必需的资源,那么它往往就成为该产品市场的垄断者。最典型的例子是二战之前的美国制铝公司,该公司从19世纪末到20世纪30年代一直控制着全美铝矾土矿的开采,从而成为美国制铝行业的垄断者。南非的"德比尔"公司拥有并控制了地球上钻石矿的五分之四,成为世界钻石市场上的垄断者。

第二,规模经济的要求形成自然垄断。如果某种商品的生产具有十分明显的规模经济性,需要大量固定资产投资,规模报酬递增阶段要持续到一个很高的产量水平。那么由一个大厂商供给全部市场需求的平均成本最低,两个或两个以上的厂商供给该产品就难以获得利润。在这种情况下,该厂商就形成了自然垄断。许多公用行业,如电力供应、煤气供应和地铁等是典型的自然垄断行业。

第三,拥有专利权。专利权是政府和法律允许的一种垄断形式。专利权是为促进发明创造,发展新产品和新技术,而以法律的形式赋予发明人的一种权利。专利权禁止其他人生产某种产品或使用某项技术,除非得到发明人的许可。例如,美国微软公司为研制"视窗2000"电脑操作系统软件耗时4年,投入了10亿多美元的费用。一旦新产品发明出来,仿制的成本要低得多,如果没有专利制度,就不会有人愿意投资研发新产品,但专利带来的垄断地位是暂时的,因为专利有法律时效,在我国,专利有效期为15年,美国是17年。

第四,政府特许权。政府通过颁发执照的方式限制进入某一行业的投资者,使其成为某种产品的唯一供给者。如铁路运输部门、邮电部门等。执照特权使某行业内现有厂商免受竞争,从而具有垄断的特点。作为政府给予企业特许权的前提是这些厂商一般要受到政府对其产量、定价等方面的管理与控制。

(三)垄断竞争市场

垄断竞争是一种介于完全竞争和完全垄断之间的市场结构形式。在这种市场中,既存在着激烈的竞争,又具有垄断的因素,其特征如下。

(1)市场中存在着较多数目的厂商,彼此之间存在着较为激烈的竞争。他们都可以对市场施加有限的影响,是市场价格的影响者。同时,每个厂商都认为自己的决策对其他厂商影响不大,不易被人觉察,竞争对手不会因此作出反应或采取相应行动。因而,每个厂商都预期其行为不会受到对手的制裁或报复,也就是说,厂商都自以为可以彼此独立行动,互不依存。

(2)厂商所生产的产品是有差别的,或称"异质产品"。产品差别是指同一产品在价格、外观、性能、质量、构造、颜色、包装、形象、品牌、服务和商标广告等方面的差别,以及消费者想象为基础的虚幻的差别。由于存在着这些差别,使得产品成了带有自身特点的"唯一"产品了。一般来讲,产品差别越大,生产该产品的厂商垄断程度越高。但是,产品差别是同一类产品差别,各种有差别的产品之间又存在替代性,所以又存在着竞争。产品替代越容易,厂商的竞争程度就越高。所以说,垄断市场上的厂商既是垄断者,又是竞争者。

(3) 资源流动性较强,厂商进入或退出该行业都比较容易。一般来讲,垄断竞争厂商的规模不是太大,资本投入不是很多,进入或退出某一行业比较容易。

现实经济生活中,许多产品都是有差别的,因此,垄断竞争是一种普遍现象。一般认为,轻工业、零售业中普遍存在垄断竞争现象。

(四) 寡头垄断市场

寡头垄断又称寡头或寡占,是指在市场上只有少数几家厂商控制了某种产品的绝大部分供给,垄断了这种产品的市场。在该市场上,几家厂商的产量在该行业的总产量中各占较大份额。从而每家厂商对整个行业价格和产量的决定都有举足轻重的影响。这几家厂商之间相互依存,关系密切。每个厂商进行决策时,都要考虑到其他厂商的反应,首先推测竞争对手的产量,然后根据利润最大化原则确定自己的生产规模。

寡头垄断市场是介于垄断竞争与完全垄断之间的一种比较现实的混合型市场,它与垄断竞争市场有所不同,垄断竞争市场侧重竞争,而寡头垄断市场侧重垄断;与完全垄断市场相比,寡头垄断市场并非由一个而是由为数不多的大厂商控制整个产业。其特征如下。

1. 厂商数目很少

寡头垄断市场上的厂商只有少数几家,每个厂商在市场上都具有举足轻重的地位。

2. 各寡头间相互依存

各寡头进行决策之前,必须把竞争者的反应考虑在内,因此,他们之间存在着相互制约,相互依存的密切关系。寡头间的这种相互依存性,使得在寡头垄断市场上很难确定均衡价格和均衡产量,因为各个寡头在作出产量和价格决策时,都要考虑到竞争对手的反应和对策,但竞争对手的反应和对策是难以捉摸的。因此价格和产量一旦确定之后,就有其相对稳定性,主要为避免在竞争中两败俱伤。寡头间的相互依存也容易使他们形成勾结,协调彼此行动。

3. 产品同质或异质

纯粹寡头生产的产品性质一致,没有产品差别,彼此依存程度很高;差别寡头生产的产品性质一致,但存在差别,彼此依存程度较低。

(1) 纯粹寡头。纯粹寡头是指产品同质,没有差别的寡头垄断。各寡头之间彼此关系密切,相互依存程度很高,例如,钢铁、炼铝、水泥等产业。

(2) 差别寡头。差别寡头是指生产的产品性质相同,但有差别的寡头垄断。例如,汽车、香烟等产业,这些行业中产品用途类似,但它们在规格型号、质量外观、售后服务等方面各有自己的特色,彼此有差别。

4. 进出市场不易

寡头垄断市场在钢铁、汽车等行业中普遍存在,也正是由于规模经济的作用,这些行业都要使用先进的大型设备,要有精细的分工,这样在开始投资时所需资金巨大,只有在产量达到一定规模后平均成本才会下降,生产才有利,才会获得较好的经济效益。正因为该行业中每个厂商的产量都很大,所以这几家厂商的产量就可以满足市场的需求,其他厂商不仅在规模上难以与原有厂商匹敌,而且在技术、资金、原料、专利等方面也无法平等地与原有企业相竞争,再加上原有厂商相互依存,使得厂商不仅难以进入,也难以退出。

单元二　完全竞争市场的厂商均衡

知识目标
1. 认知理解完全竞争市场条件下厂商的曲求曲线和收益曲线；
2. 认知理解完全竞争厂商的短期均衡与长期均衡。

能力目标
通过本节的学习，你应该能够：
1. 对完全竞争厂商获得超额利润、正常利润以及有亏损但仍可继续生产的短期均衡条件有正确的认知；
2. 对完全竞争厂商的长期均衡条件有正确的认知；
3. 利用完全竞争厂商的短期均衡条件与长期均衡条件确定利润最大化的生产规模。

引导启示

20世纪80年代，一些城市为了保证居民的菜篮子供应，由政府出资举办了大型养鸡场，但成功者甚少，许多养鸡场最后以破产告终。这其中的原因是多方面的，重要的一点则在于鸡蛋市场是一个完全竞争的市场。因为鸡蛋市场上有许多买者和卖者，其中任何一个生产者，即使是大型养鸡场，在市场的总供给量中所占的比例都是微不足道的，难以通过改变产量来影响价格，只能接受市场决定的销售价格。再者，鸡蛋市场没有任何进入限制，谁想进入都可以，而且投资很小。鸡蛋是无差别产品，生产者无法以产品的差异化来建立自己的垄断地位。所以，鸡蛋市场是典型的完全竞争市场。

在这个市场上，短期中鸡蛋生产者可能有超额利润（如发生了鸡瘟，鸡蛋供小于求，价格高），也可能有亏损（如生产者太多，鸡蛋供大于求，价格低）。但在长期中一定是价格等于平均成本，生产者的经济利润为零。生产者所赚的是由机会成本带来的会计利润，如生产者不向自己支付工资等。由于在长期均衡时鸡蛋的价格等于平均成本，而这个平均成本又是整个社会的行业平均成本，如果某个生产者采用了养鸡新技术，其平均成本低于整个行业的平均成本,他就可以获得利润。生产者为了获得这种利润,都会努力采用新技术,并降低其饲养成本。当所有生产者都这样做时,整个行业的平均成本也就下降了,价格也随之下降。这正是完全竞争市场上竞争的残酷性。如果那个生产者的平均成本高于整个行业的平均成本,那他就无法在这个行业中生存下去,只好退出或者破产。

政府建立的大型养鸡场在这种完全竞争的市场上并没有什么优势,它的规模不足以大到控制整个鸡蛋市场,产品也没什么特色。它要以平等的身份与那些分散的养鸡专业户或把养鸡作为副业的农民竞争。但这种大型养鸡场的饲养成本一般都要大于行业的平均成本,因为这些养鸡场固定成本远远高于农民。它们建有大鸡舍,采用机械化养殖方式,而且有相当一批管理人员,工作人员也是有固定薪酬的工人。这些成本的增加远远大于机械化养鸡所带来的好处,因为农民养鸡几乎没什么固定成本,也不向自己支付工资,差别仅仅是种鸡支出和饲料支出。当鸡蛋行业的主力是农民时,行业的平均成本也是由他们决定的。政府办大型养鸡场的成本高于农民养鸡的差别,也就是高于行业的平均成本,当价格等于行业平均成本时,就必然低于大型养鸡场的平均成本。这些大型养鸡场在与农民的竞争中并无什么优势,其破产就是必然的。再者,大型养鸡场由政府出资办,自然是国有企业,它也同样有产权不明晰、缺乏激励机制、效率低的共性。在一些垄断性行业,也许国有企业可以靠垄断优势存活下来,但在完全竞争的行业就不行了。从这个意义上说,政府出资办大型养鸡场是出力不讨好,动机也许不错,但结果都不好。其实这些完全竞争的行业,应该让市场去调节,让农民自己去办,政府不要与民争利,情况也许要好得多。

相关知识

一、需求曲线和收益曲线

(一)需求曲线

在任何一个商品市场中,市场需求是针对市场上所有厂商组成的行业而言的,消费者对整个行业商品的需求成为行业的需求,相应的需求曲线称为行业需求曲线,也就是市场的需求曲线。它一般是一条向右下方倾斜的曲线。如图6-1(a)中的 D 曲线就是一条完全竞争市场的需求曲线。

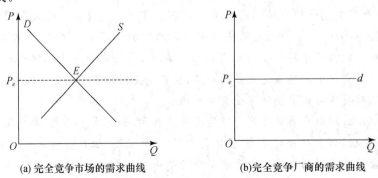

(a)完全竞争市场的需求曲线　　(b)完全竞争厂商的需求曲线

图6-1　完全竞争市场和完全竞争厂商的需求曲线

消费者对行业中的单个厂商所生产的商品的需求量,称为厂商的需求量,相应的需求曲线称为厂商的需求曲线。在完全竞争条件下,厂商所面临的需求曲线是一条由既定的市场均衡价格出发的水平线。如图 6-1(b)中的 d 曲线就是一条完全竞争厂商的需求曲线,是一条与横轴平行的水平线。

在完全竞争市场上,单个厂商是市场价格的接受者,而不是价格的制定者。假设某厂商把价格定得略高于市场价格,由于产品具有同质性,且消费者具有完备信息并可以自由流动,那么将没有人会购买该厂商的产品。如果厂商的价格等于市场价格,则由于厂商数目众多,一个厂商的供应是无足轻重的,无论厂商供应多少,价格都维持不变,或者说在既定的市场价格下,厂商可能销售完任何数量的商品。厂商会不会把价格降到市场价格以下呢?降价原本是为了刺激需求,既然每个厂商在市场价格下可以供应任意数量,那又何必降价呢?因此,在完全竞争市场上,厂商既不能提高价格,又不愿降低价格,只能是市场价格的接受者。

图 6-1(b)中的厂商的需求曲线 d 是相对于图 6-1(a)中的市场需求曲线和市场供给曲线共同作用所决定的均衡价格 P_e 而言的。如果市场的供给曲线或需求曲线的位置发生移动,就会形成新的市场均衡价格,相应地,在图 6-1(b)中便会形成另一条从新的均衡价格出发的水平状的厂商的需求曲线。

(二) 收益曲线

厂商收益就是厂商的销售收入。厂商的收益可以分为总收益、平均收益和边际收益。

总收益(TR)是指厂商按一定价格出售一定量的产品时所获得的全部收入,即价格与销售量的乘积,以 P 表示商品的市场价格,以 Q 表示销售量,则有:

$$TR = P \times Q \tag{6.1}$$

在完全竞争市场上,单个厂商无法通过改变销售量来影响市场价格,相反厂商每销售一单位的商品都接受相同的价格。这样随着厂商销售量的增加,它的总收益是不断增加的。由于商品的单位价格是固定不变的,所以总收益曲线是一条从原点出发的斜率不变的直线。

平均收益(AR)是指厂商出售一定数量的商品,每单位商品所得到的收入,也是平均每单位商品的卖价。它等于总收益与销售量之比。由于完全竞争市场厂商只能按既定价格出售,因此平均收益也等于商品的单位价格。即:

$$AR = TR/Q = (P \times Q)/Q = P \tag{6.2}$$

边际收益(MR)是指厂商每增加一单位产品销售所获得的收入的增量。商品价格为既定时,边际收益就是每单位商品的卖价。即:

$$MR = \Delta TR/\Delta Q = (P \times \Delta Q)/\Delta Q = P \tag{6.3}$$

可见,在完全竞争市场上,厂商的平均收益与边际收益相等,且都等于均衡价格,即:

$$AR = MR = P \tag{6.4}$$

这样就可绘出完全竞争厂商的收益曲线,如图 6-2 所示。

在图 6-2 中,横轴表示厂商的销售量或所面临的需求量,纵轴表示商品的价格。图中的收益曲线具有如下特征:完全竞争厂商的平均收益 AR 曲线、边际收益 MR 曲线与需求曲线 d 是重合的,是从既定价格出发的平行于横轴的一条水平线。同时也由于每一销售量上的边际收益值是相应的总收益曲线的斜率,且边际收益是不变的,等于既定的市场价格,所以,决定了总收益(TR)曲线是一条斜率不变的直线。

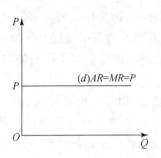 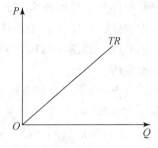

图 6-2　完全竞争厂商平均收益与边际收益曲线

二、完全竞争厂商的短期均衡

首先要明确经济学中长期与短期的含义。短期是指厂商在这一期限内并不能根据市场需求情况来调整全部生产要素,长期是指厂商可以调整全部生产要素。均衡是指实现利润最大化目标前提下的最优产量点的决定。当厂商的生产水平保持相对稳定或不变,既不扩大也不缩小时,厂商达到并处于均衡状态。

在短期里,不仅产品的市场价格是既定的,而且生产中不变生产要素的投入量也是无法改变的,或者说厂商只能通过变动可变要素的投入量来调整产量,从而通过对产量的调整来实现 $MR=MC$ 的利润最大化均衡条件。在完全竞争市场中,市场供给和需求相互作用形成的产品价格,可能高于、等于、低于厂商的平均成本,因此在短期内,厂商出售产品就有可能处于盈利(获得经济利润)、盈亏平衡(获得正常利润)或亏损等不同状态。

(一) 获得超额利润时的短期均衡

价格或平均收益(AR)大于平均总成本(SAC),即 $P=AR>SAC$,厂商处于盈利状态(如图 6-3 所示)。

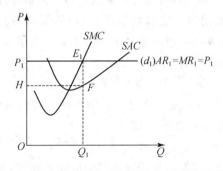

图 6-3　完全竞争市场的短期均衡(获超额利润)

在图 6-3 中,当市场价格达到 P_1 时,厂商面临的需求曲线为 d_1,为获得最大利润,厂商根据 $MR=SMC$ 的利润最大化原则,把产量确定在 Q_1 上,SMC 曲线与 MR_1 曲线的交点 E_1 即为厂商的短期均衡点。这时平均收益为 OP_1,平均总成本为 OH,单位产品获得的利润为 HP_1,总收益为 $OQ_1 \times OP_1$,总成本为 $OQ_1 \times OH$,利润总量为 $OQ_1 \times HP_1$,如图中矩形 HP_1E_1F 的面积。

(二)获得正常利润时的短期均衡

价格或平均收益等于平均成本,即 $P=AR=SAC$,厂商的经济利润恰好为零,处于盈亏平衡状态(如图 6-4 所示)。

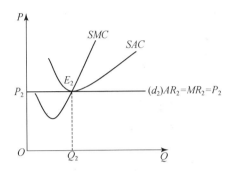

图 6-4 完全竞争市场的短期均衡(获正常利润)

在图 6-4 中,当市场价格为 P_2 时,厂商面临的需求曲线为 d_2,这条需求曲线恰好切于短期平均成本曲线 SAC 的最低点,同时短期边际成本 SMC 曲线也通过此点,SMC 曲线与 MR_2 曲线的交点 E_2 就是均衡点,相应的均衡产量确定在 Q_2。在产量 Q_2 上,平均收益等于平均成本,总收益也等于总成本,如图中矩形 $OP_2E_2Q_2$ 的面积,此时厂商的经济利润为零,但实现了全部的正常利润。由于在该点上,厂商既无经济利润,又无亏损,所以也把 SMC 与 SAC 的交点称为"盈亏平衡点"或"收支相抵点"。

(三)有亏损,但仍可生产的短期均衡

价格或平均收益小于平均成本,但仍大于平均可变成本(AVC),即 $AVC<AR=P<SAC$,厂商亏损。但只要存在沉没成本,厂商还应继续生产(如图 6-5 所示)。

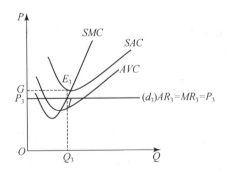

图 6-5 完全竞争厂商的短期均衡(有亏损,但仍可生产)

在图 6-5 中,当市场价格为 P_3 时,厂商的平均成本已经高于产品的市场价格,出现了亏损。为使亏损达到最小,产量由 SMC 曲线和 MR_3 曲线的相交的均衡点 E_3 决定。在均衡产量 Q_3 上,平均收益为 OP_3,平均成本为 OG,总成本与总收益的差额构成厂商的总亏损量,如图中矩形 P_3GE_3I 的面积。不过平均可变成本小于平均收益。厂商在这种情况下,应立即停止生产,还是应继续进行生产取决于是否存在沉没成本。沉没成本是指一旦停止生产,已投入的不能再收回的成本。这里我们假定厂商的某些不变成本或许全部不变成本是沉没成本,则当价格或平均收益介于平均成本和平均可变成本之间时,虽然出现亏损,厂商仍会继续生产。因为此时厂商获得的全部收益不仅能够弥补全部的可变成本,还能够收回一部分

固定成本。

(四) 停止营业点

价格或平均收益等于平均可变成本,即 $P=AR=AVC$,厂商处于亏损状态,且处于生产与停产的临界点(如图 6-6 所示)。

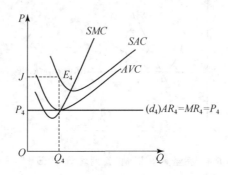

图 6-6 完全竞争厂商的短期均衡(停止营业点)

在图 6-6 中,当市场价格为 P_4 时,厂商面临的需求曲线为 d_4,此线恰好相切于平均可变成本 AVC 曲线的最低点,SMC 曲线也交于该点。根据 $MR=MC$ 的利润最大化原则,E_4 就是厂商短期均衡点,决定的均衡产量为 Q_4。在 Q_4 产量上,平均收益小于平均成本,必然是亏损的。同时平均收益仅等于平均可变成本,这意味着厂商进行生产所获得的收益只能弥补可变成本,而不能收回任何的不变成本,生产与不生产对厂商来说,结果是一样的。所以,E_4 点是厂商生产与不生产的临界点,也称为"停业营业点"或"关闭点"。

价格或平均收益小于平均可变成本,即 $AR<AVC$,厂商处于亏损状态,且停止生产。因为当价格进一步下降时,意味着厂商若继续生产,所获得的收益连可变成本都收不回来,更谈不上收回固定成本了,所以厂商必须立即停止生产。

通过以上分析,就可得出在完全竞争市场上厂商短期均衡的条件是:

$$MR = MC, AR \geqslant AVC \tag{6.5}$$

三、完全竞争厂商的长期均衡

完全竞争厂商的长期均衡与短期均衡不同。在长期里,完全竞争厂商的所有要素都是可变的。厂商通过对全部生产要素的调整,来谋求最大利润。完全竞争厂商在长期中对生产要素的调整表现为两个方面:一是厂商自身对最优生产规模的调整;二是厂商进入或退出一个行业的调整。各个厂商的这种决策会影响整个行业的供给,从而影响市场价格(如图 6-7 所示)。

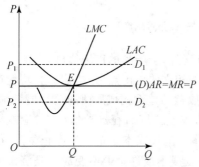

图 6-7 完全竞争市场的长期均衡

厂商利润最大化的原则是 $MR=MC$,当市场价格为 P 时,产量为 Q,这时厂商的 $AR=LAC$,即 $TR=TC$,正好可以获得正常利润,即收支相抵。当整个行业供给小于需求时,价格水平升高,各企业会扩大生产,其他企业也会涌入该行业,从而整个行业供给增加,价格水平下降,个别厂商的需求曲线 D_1 向下移动。当整个行业供给大于需求时,由于价格水平低,会引起各企业减少生产,有些企业会退出该行业,从而整个行业供给减少,价格水平上升,个别厂商的需求曲线 D_2 向上移动。调整的结果使需求曲线最终移动到 D,价格水平会达到使各个行业既无超额利润又无亏损状态。这时,整个行业的供求平衡,各个企业的产量也不再调整,于是就实现了长期均衡。因此完全竞争厂商的长期均衡条件是:

$$MR = AR = LMC = LAC = SMC = SAC = P \tag{6.6}$$

四、经济学家对完全竞争市场的评价

通过前面的分析可以看出,在完全竞争市场条件下,价格可以充分发挥其"看不见的手"的作用,调节整个经济运行。具体来讲,在以下方面是有优势的:首先,完全竞争将导致厂商平均成本最低,在长期内,$MR=MC=AC$,这说明生产成本是最低的平均成本,资源得到了最有效的利用;其次,平均成本最低决定了产品的价格也是最低的,这对消费者是有利的;再次,通过完全竞争和资源自由流动,使供求相等,资源得到了最优配置;最后,可以节省广告支出,在完全竞争市场上,同类的产品是同质无差别的,消费者购买商品无偏好,因此任何厂商都可以按市场价格卖出他愿意出售的任何数量的商品。

但是,完全竞争市场也有弊端:首先,各厂商的平均成本最低并不一定就是最低的社会成本,社会成本是否最低还与政治、经济等制度因素有关;其次,如果现实中产品无差别,那么消费者的多种需求将难以得到满足;再次,完全竞争市场上各厂商的规模都很小,难以进行对社会进步具有重大意义的科学技术的研究;最后,在现实中完全竞争市场是极为罕见的,况且,竞争发展到一定程度也必然出现垄断。

单元三 完全垄断市场的厂商均衡

知识目标
1. 认知理解完全垄断市场上厂商的曲求曲线和收益曲线；
2. 认知理解垄断厂商获得超额利润和正常利润时的短期均衡；
3. 认知理解垄断厂商亏损时的短期均衡；
4. 认知理解垄断厂商的长期均衡。

能力目标
通过本节的学习,你应该能够：
1. 对垄断厂商的短期均衡条件和长期均衡条件有正确的认知；
2. 对垄断厂商在追求利润最大化动机下的价格歧视行为有理性的认知；
3. 对大多数市场经济国家对垄断行业进行管制的目的有正确的认知。

引导启示

近20年的中国季节性大迁徙"春运",已成为中国特色。"春运"市场提供了世界上罕见的爆发性最大的商机。2001年"春运",自1月9日开始至2月17日结束,共40天时间,全国运送旅客约16.6亿人次,比2000年增长2.7%。据国家有关部门的数字统计分析,在16.6亿人次中,公路将承担14.9亿人次的运力,铁路春运1.34亿人次,用这两种交通工具者占有中国春运预计总数的90%以上。这是中国改革开放20年来最高峰值的一次"春运"。据广东省及"珠江三角洲"的资料显示：仅春运40天时间,竟能够创造一些客运"专业户"本年度至少50%以上的营业总额；而70%以上的参加者,在这40天的工作中所创造的价值可抵本年度价值的120%以上,甚至可以在未来这一年内什么都不用做也能够正常维持。这一切很大程度要归功于涨价。

铁道部春运办有关人士解释,涨价是为了"削峰平谷",以达到"均衡运输"的目的,但就以关键的广州铁路为例,2006年1月16日涨价后的事实证明：广东铁路客运高峰更为尖锐,超过历史最高峰,"均衡运输"就当然成了画饼充饥；对于中国大多数老百姓而言,出门坐火车是首选的交通工具,无论火车票涨不涨价,该回家的还得回家,涨价根本无法削峰平谷,只能是让铁路部门狠狠赚一笔。据北京一家报纸报道,节前15天,北京西站和北京东站客票收入增长了50%,收入近3亿。春节给了铁路部门一个极为厚重的大礼包。有舆论指责,这是"垄断行业大发横财"。不过,中国老百姓这次不买账了。河北律师乔占祥首先就铁路调价方案向铁道部提出行政复议,这无疑是破天荒的。2006年2月12日,中国消费者协会也致函铁道部,要求就涨价问题给个说法。当然,现在还不能过于乐观,但相比以往习惯于沉默的中国老百姓,今天终于有了维权的意识,"铁老大"再要唯我独尊,恐怕不那么容易了。

相关知识

一、需求曲线和收益曲线

(一)需求曲线

完全垄断是指只有一家企业控制整个市场的供给,一个企业就是一个市场、一个行业。因此,垄断市场的行业均衡与单个厂商的均衡相同。垄断厂商所面临的需求曲线就是整个市场的需求曲线,这是垄断厂商的重要特征。完全垄断厂商是价格的制定者,可以通过减少销售量来提高市场价格,在其产量水平较高时,市场价格也随之下降。这一点与完全竞争市场上厂商是价格的接受者不同。因此,垄断厂商的需求曲线向右下方倾斜,斜率为负,销售量与价格成反比例关系(如图6-8所示)。

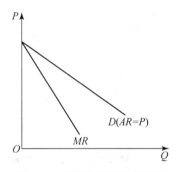

图6-8 垄断厂商的需求曲线

知道了完全垄断厂商的需求曲线,就可以分析垄断厂商的收益曲线。

(二)收益曲线

垄断厂商商品的价格是产量的函数,即:

$$P = P(Q) \tag{6.7}$$

$$TR = P \times Q = P(Q) \times Q \tag{6.8}$$

$$AR = \frac{TR}{Q} = \frac{P(Q) \times Q}{Q} = P(Q) \tag{6.9}$$

所以,平均收益曲线与厂商的需求曲线重合,如图6-8所示。这说明在完全垄断市场上,价格等于平均收益。应该注意的是,在各种类型的市场上,平均收益与价格都是相等的,因为每一单位产品的售价就是其平均收益。只有在完全竞争市场上,个别厂商的价格、平均收益、边际收益才相等,因为只有这种情况,个别厂商增加销售量才不影响价格。

在完全垄断市场上,市场价格会随着厂商产量的增加而下降,边际收益是递减的。我们知道,边际收益是指销售每一单位产品所获得的平均收入,当平均收益随着销售量的增加而下降时,边际收益下降的比平均收益下降得更快,否则,每增加一单位销售量就不会使平均收益下降。因此,边际收益曲线不会像完全竞争市场上那样与需求曲线(即平均收益曲线)重合,而是一条向右下方倾斜的曲线,而且位置比平均收益曲线要低,如图6-8所示。

二、完全垄断市场的短期均衡

垄断厂商可以通过调整产量和价格来实现利润最大化。与完全竞争市场类似,垄断厂商利润最大化时的产量也是由需求状况和成本状况共同决定的。其利润最大化的条件为$MR=MC$,这即是垄断厂商短期均衡的条件。在短期里,垄断厂商由于各种原因,如既定规模成本过高,或面对的市场需求较小等,可能导致短期里出现盈利、平衡或亏损三种不同情况,即就是说垄断厂商不一定总是能获得垄断利润。所以,垄断厂商的短期均衡有以下三种情况。

(一)获得超额利润时的短期均衡

垄断厂商获得超额利润时的短期均衡。可用边际收益—边际成本分析方法进行分析(如图6-9所示)。

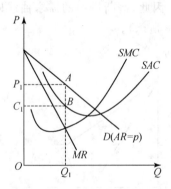

图6-9 垄断厂商的短期均衡(获得超额利润时)

从图6-9可以看出,垄断厂商按照$MR=MC$的原则确定的产量水平为Q_1,与Q_1产量水平对应的价格可由需求曲线得到即为P_1,对应的成本由SAC曲线得到即为C_1,显然$P_1>C_1$,厂商存在超额利润,超额利润为矩形P_1C_1BA的面积。由于在Q_1的产量水平上,$MR=MC$,所以Q_1为垄断厂商获得最大利润时的均衡产量。

(二)获得正常利润时的短期均衡

在短期内,当垄断厂商只获得正常利润时,其经济利润为零。此时垄断厂商按照$MR=MC$的原则确定的产量水平为Q_2,这一产量水平与需求曲线的交点正好是SAC曲线与需求曲线D的切点,因此在这一产量水平上P_2与C_2相等,即平均收益等于平均成本,因而垄断厂商的总收益等于总成本,即$TR=TC$(如图6-10所示)。

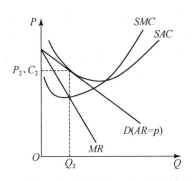

图 6-10 垄断厂商的短期均衡(获得正常利润时)

(三)完全垄断厂商亏损时的短期均衡

完全垄断厂商虽然可以通过控制产量和价格获得利润,但并不意味着总能获得利润,在现实生产中,垄断厂商也有可能会发生亏损。这种情况可能是由于既定生产规模的生产成本过高,也可能是由于它所生产提供的产品或服务的市场需求过小。垄断厂商亏损时的短期均衡如图 6-11 所示。

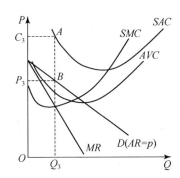

图 6-11 垄断厂商的短期均衡(有亏损)

在图 6-11 中,垄断厂商按照 $MR=MC$ 的原则确定的产量水平为 Q_3,从需求曲线得到与这一产量水平相对应的价格为 P_3,从 SAC 曲线上得到的相应成本为 C_3。从图中可看出 $P_3<C_3$,即平均收益小于平均成本,厂商蒙受损失,但这时的损失额是最小的,等于矩形 P_3C_3AB 的面积。但此时 $P_3>AVC$,因此完全垄断厂商可继续生产,其获得的总收益在补偿了全部可变成本后,还可最大限度地补偿一部分固定成本。但如果 $P_3<AVC$,厂商将会停止生产。

从以上三种情况可以看出,完全垄断厂商短期均衡的条件是:
$$M = SMC; AR \geqslant AVC \tag{6.10}$$
在短期均衡点上,完全垄断厂商可能获得最大利润,也可能是形成最小亏损。

三、垄断厂商的长期均衡

由于垄断行业只有一家厂商经营该产业的全部产品,所以,即使垄断者存在超额利润(经济利润),在长期也不可能像完全竞争行业那样通过厂商间的竞争消除超额利润。因此,垄断者的长期均衡是指垄断者在长期内通过自己进行的调整而达到的利润最大化的均衡。垄断厂商在长期内对于生产的调整结果主要有：短期内是亏损的，长期内也不能扭亏，于是退出该产品的生产；短期内是亏损的，长期内通过对于最优生产规模的选择，扭亏为盈；短期内是盈利的，长期内通过对于最优生产规模的选择，使小盈转为大盈。

完全垄断条件下，长期中不会有新的厂商进入该市场，所以不存在厂商数量的调整。垄断厂商可以通过生产规模的调整来实现长期利润的最大化。如果垄断厂商短期内获得利润，长期内只要需求状况不发生变化，厂商仍然可以获得利润。

由于垄断厂商短期有三种状态。因此，厂商的调整过程分别从这三种状态开始，其调整过程非常类似，下面以第一种情况为例分析垄断厂商长期均衡的形成过程，如图 6-12 所示。

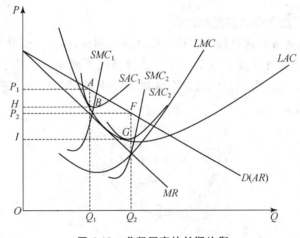

图 6-12 垄断厂商的长期均衡

假定垄断厂商目前的生产规模为 SAC_1 和 SMC_1 表示的生产规模，在 $SMC_1=MR$ 所确定的产量水平 Q_1 上，垄断厂商实现了短期的利润最大化。其利润为矩形 HP_1AB 所表示的面积。

但是从长期看，这并不是最优的生产规模。由于长期中其他厂商不能进入，垄断厂商可以通过规模调整来实现更大的利润。垄断厂商将会把产量调整到 $MR=LMC=SMC_2$ 所确定的产量水平上，即 Q_2 所代表的产量水平。此时对应的生产规模为 SAC_2 和 SMC_2 所表示的生产规模。对应的总利润为矩形 IP_2FG 所表示的面积，此时的总利润大于短期内所获得的总利润。

从以上分析可知，完全垄断厂商的长期均衡条件是：

$$MR = LMC = SMC \tag{6.11}$$

四、价格歧视

由于垄断这一得天独厚的条件，厂商会在追求利润最大化的动机之下做出一些违规之举。例如，进行价格歧视。价格歧视是指同一厂商在同一时间对同一种产品向不同购买者索取两种或两种以上的价格，或是对销售给不同购买者的同一种产品在成本不同时索取相同的价格。垄断厂商实行价格歧视必须具备以下条件。

(1) 不同市场之间可以有效地分离。否则消费者将在价格低的市场购买商品，或者把低价购进的商品在价格更高的市场上重新出售，从而使价格歧视难以维持。

(2) 被分隔开的多个市场上需求弹性不同。只有在这种情况下，垄断者根据不同的需求弹性对同一商品索取不同的价格，才能获得多于索取相同价格时的利润，否则最佳策略便是对同一商品收取相同的价格。

一般来说，价格歧视分为三类：即一级价格歧视、二级价格歧视和三级价格歧视。

一级价格歧视，又称完全价格歧视，是指厂商根据消费者愿意为每单位商品付出的最高价格而为每单位产品制定不同的销售价格。从消费者的行为理论可知，需求曲线反映了消费者对每一单位商品愿意并且能够支付的最高价格。如果厂商已知消费者的需求曲线，即已知消费者对每一单位商品愿意并且能够支付的最高价格，厂商就可以按此价格逐个制定垄断商品的价格。完全价格歧视就是每一单位商品就有不同的价格。例如，律师对每个委托人收取不同的费用就是这种情况。实际上是将消费者剩余榨光，转化为垄断的超额利润。

二级价格歧视是指垄断厂商根据不同的购买量确定不同的价格。日常生活中，二级价格歧视比较普遍，如电力公司实行的分段定价等。一般情况是购买数量越多，所制定的价格越低。在这种情况下，垄断厂商可以把部分消费者剩余转变为超额利润。

三级价格歧视是指垄断厂商对同一种产品在不同的市场上（或对不同的消费者群体）收取不同的价格。实际中的例子很多，如同一种产品，国内市场和国际市场价格不一样，国内市场上不同区域、不同城市所定的价格不一样等。

五、经济学家对完全垄断市场的评价

与完全竞争市场相比，完全垄断市场的平均成本和价格都高，但产量较低。在完全竞争的市场条件下，厂商是在最低平均成本的情况下保持生产均衡的，因而生产资源能够得到最优配置。但在完全垄断的市场条件下，生产是在生产成本高于最低平均成本处保持均衡的，所以，资源并没有得到最优配置，致使资源利用的经济效率低于完全竞争市场。

在完全竞争条件下的长期均衡，价格（即平均收益）与边际成本、平均成本相等，这时平均成本最低，也就是价格最低，这样，消费者就有可能从价格上获得最大的满足。但在完全垄断条件下的长期均衡，垄断厂商可以控制价格，使价格高于最低的平均成本，不利于消费者的满足，从而损害消费者福利。

但是，还有一些经济学家认为，对完全垄断市场也要作具体分析。首先，某些投资大、周期长、利润低，又与人民生活密切相关的公用事业实行政府完全垄断，并不以追求垄断利润为目的，会增进社会利益，当然，也难免会由于官僚主义而引起效率低下。其次，在完全垄断市场上，垄断厂商由于能获得垄断利润，它们大多有能力设有专门的研究机构、研究人员和研究经费，从而更有能力促进技术进步。最后，垄断厂商的投资着眼于长期，价格不轻易变动，这能够减轻或延缓经济波动，在一定程度上对经济具有稳定作用。

由于垄断会导致效率低下、腐败与不公平。于是，大多数市场经济的国家都对垄断进行管制。例如让产品价格降至平均成本，厂商的经济利润为零，政府给予一定的资助；或实行双重价格法，即对高收入者制定高价，对低收入者制定低价；以及控制资本回报率等。

单元四 垄断竞争市场的厂商均衡

知识目标
1. 认知理解垄断竞争市场上厂商的曲求曲线和收益曲线；
2. 认知理解垄断竞争厂商的短期均衡与长期均衡。

能力目标
通过本节的学习,你应该能够：
1. 正确鉴别分析现实中的垄断竞争市场；
2. 对垄断竞争厂商的短期均衡条件和长期均衡条件有正确的认知；
3. 对垄断竞争厂商追求利润最大化的两种竞争手段有正确的认知。

引导启示

据相关人士称,中国的通讯市场已进入三国争霸的时代,中国移动拿下中国铁通,中国联通两网分拆,CDMA 以 1100 亿卖给中国电信,GSM 网络则与网通合并,而拿到 C 网的中国电信还吃掉了中国卫通的电信业务。在国务院常务会议上,温家宝总理基本上已经明确地告诉大家：3 张 3G 牌照已经"花各有主"——中国移动将拿下拥有自主知识产权的 TD-SCDMA 牌照,中国联通将得到 WCDMA 牌照,而 CDMA2000 将归属中国电信,至此,全业务、全方位渗透、三强争霸的竞争战打响了,而"天翼"的闪亮登场无疑宣告着战斗已经正式开始。

就中移动、中联通竞争搏杀的情况来看,在移动通讯领域,中国移动占有高达 77% 的市场份额和约 90% 的高端客户群体。相反,中国联通却被中国移动打得边缘化？主要原因还是中国联通自己的战略失误和经营无能。其次是以广东移动为核心的中国移动依靠业务创新和服务创新塑造了一个新国企。

早在中国联通成为第二家移动运营商之初,它面临着底子薄,传呼业务迅速萎缩衰竭等诸多不利因素,但在 GSM(130)业务上也曾创下不俗成绩,放号量一度占新增移动用户的 30% 以上。然而,中国联通却错误地展开了另一种移动制式——CDMA(133)的投资和运营,形成一家移动运营商同时经营两张移动网的局面。该局面被人形象地称之为"双手互搏"。与老顽童周博通的"双手互搏"不同的是,它最终导致中国联通的内部资源消耗和市场营销策略的尴尬。最终两张网都难以做大,没有一张能与中国移动形成有效的竞争。而中国移动却在接受了麦肯锡对 CDMA 定位于高端客户的"战略咨询方案"之后,开始了疯狂地放号和对中低端客户的通吃。因为中国移动相信:定位于高端客户的愚蠢策略将导致 CDMA 网难以实现规模化经营。而一个网络的价值与其规模的平方成正比。上不了客户规模的 CDMA 网将在系列配套中陷入困境,这种困境包括网络覆盖的不足、手机的更新换代速度偏慢和总体服务质量偏低的窘况。这种状况将最终导致 CDMA 无法真正有效地吸引高端客户,致使中国联通陷入了进退两难的境地。

相关知识

在现实社会中,符合完全竞争或完全垄断条件的市场是极为罕见的,现实中的市场则主要是介于完全竞争和垄断之间的市场结构,我们称之为垄断竞争市场和寡头垄断市场。下面我们先介绍垄断竞争市场结构条件下厂商的均衡。

一、需求曲线和收益曲线

(一)需求曲线

垄断竞争厂商的需求曲线,不像完全竞争厂商那样是一条具有完全弹性的水平线,也不像完全垄断厂商的需求曲线斜率那样大。这是因为,垄断竞争市场上,厂商生产的产品既有差别又存在相互替代性。产品差别越大,需求曲线的斜率越大,越接近完全垄断市场的需求曲线;产品差别越小,需求曲线的斜率越小,越接近完全竞争市场的需求曲线。因此,在垄断竞争市场条件下,厂商的需求曲线(即平均收益曲线)也是一条向右下方倾斜的曲线(如图 6-13 所示)。

(二)收益曲线

由于厂商的平均收益 AR 总是等于该销售量时的价格 P,因此平均收益曲线就是厂商的需求曲线。需求曲线向右下方倾斜,则平均收益曲线也是向右下方倾斜的,且两线重合。平均收益递减,则边际收益也必定是递减的,且小于平均收益。所以与垄断厂商相类似,垄断竞争厂商的边际收益(MR)曲线是位于平均收益(AR)曲线之下的(如图 6-14 所示)。

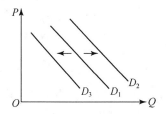

图 6-13 垄断竞争厂商的需求曲线

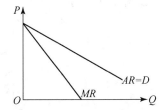

图 6-14 垄断竞争厂商的平均收益、边际收益曲线

二、垄断竞争厂商的短期均衡

垄断竞争厂商在短期内会通过它的产量和价格来实现它的利润最大化目标。

在短期中每一个垄断竞争的企业都是一个垄断者。它以自己的产品差别在一部分消费者中形成垄断地位。而且,短期中其他企业生产不出与之竞争的有差别的产品。这样垄断竞争企业就可以像一个垄断者那样行事,高价少销、低价多销或歧视定价,以获得最大化的利润。

在短期内,垄断竞争厂商仍然依据 $MR=MC$ 的原则决定产量和价格。如果需求曲线位于平均成本之上,则生产者可以获得超额利润,即 $CGFP_1$ 的面积(如图 6-15 所示)。

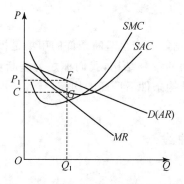

图 6-15 垄断竞争市场的短期均衡

当然,和垄断厂商、完全竞争厂商一样,垄断竞争厂商也可能获得经济利润,也可能经济利润为零,甚至是亏损。这主要取决于厂商所面临的需求曲线与其平均成本曲线的位置。因此,在短期中垄断竞争厂商均衡的条件与垄断市场一样。即为:

$$MR = MC \tag{6.12}$$

三、垄断竞争厂商的长期均衡

在长期中,垄断竞争市场上也存在着激烈的竞争。各个企业可以仿制别人有特色的产品,也可以创造自己更有特色的产品,可以通过广告来增加消费者的需求,形成自己产品的垄断地位(如图 6-16 所示)。

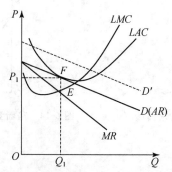

图 6-16 垄断竞争厂商的长期均衡

从图 6-16 可以看出,虚线 D' 是一家企业在不考虑其他企业价格变动时的需求曲线。在长期中,由于各企业竞争激烈,这家企业由于产品价格下降,需求曲线向下移动到 D,与 LAC 曲线相切于 F 点。这时,企业仍然依据 $MR=MC$ 的原则来决定其产量和价格。因此,长期边际成本曲线 LMC 与边际收益曲线 MR 的交点 E 决定了的产量为 Q_1。由 Q_1 点作一条垂线,即产量为 Q_1 的供给曲线。这条供给曲线与需求曲线 D 相交与 F 点,决定了价格水平为 P_1。这时,总收益与总成本相等,为 $0Q_1FP_1$,实现了长期均衡。在实现长期均衡时,边际收益等于边际成本,平均收益等于平均成本,垄断竞争厂商也只能获得正常利润。所以,在垄断竞争市场上,厂商长期均衡的条件仍然是:

$$MR = MC, AR = AC \tag{6.13}$$

四、经济学家对垄断竞争市场的评价

虽然垄断竞争市场和完全竞争市场条件下都可以获得正常利润,但垄断竞争市场的长期均衡,成本消耗较多,生产也未达到最佳产量水平,存在资源浪费,而消费者购买商品又要付出较高的代价,这表明垄断竞争不如完全竞争。

但垄断竞争市场也有它的优势:通过创新生产出有差别的产品,可以使垄断竞争厂商短期内获得垄断地位和超额利润,从而激励厂商努力进行创新。而长期中的竞争又使创新的动力持久不衰。完全竞争市场中的产品同质,消费者没有选择的余地,这对他们的福利是一种损失,尽管消费者在垄断市场上购买商品所付出的价格高于完全竞争市场,但消费者可以得到有差别的产品,从而满足不同的需求。

此外,一些经济学家认为,垄断竞争市场比较切合现实市场状况,并且从总体来看是利大于弊的。垄断竞争市场是一种普遍存在的市场结构。

五、非价格竞争

厂商之间的竞争一般采取两种手段,一是价格竞争,二是非价格竞争。价格竞争是厂商通过压低价格争夺市场。非价格竞争是厂商通过提高产品质量,改进产品性能,改变产品设计、包装、装潢,改善信贷条件,训练推销人员和健全销售网点或者通过大量的广告推销产品。通过非价格手段进行竞争,也会引起对方的反应,但这种反应比起价格竞争引起的反应要慢得多。这是因为非价格因素的变化,一般不易被对方所发觉,即使对方发觉之后,到有所反应也要一个过程(如设计新产品、训练推销人员需要时间)。用非价格因素进行竞争,一方面对方反应较慢,另一方面其效果又比较长久。非价格竞争的效果集中到一点就是改善消费者对本企业产品的看法,使本企业的产品在消费者头脑中与别的企业的产品区别开来。显然,一旦企业在竞争中取得了这种效果,对方要把顾客重新夺回去是不很容易的,因为这需要把顾客对产品的看法重新扭转过来。

单元五　寡头垄断市场的厂商均衡

知识目标
1. 认知理解寡头垄断市场的特点；
2. 认知理解寡头垄断市场上产量与价格的决定。

能力目标
通过本节的学习，你应该能够：
1. 正确鉴别分析现实中的寡头垄断市场；
2. 对寡头垄断厂商追逐利润最大化的行为做正确的评价；
3. 对寡头垄断市场上厂商的均衡有正确的认知。

引导启示

　　寡头垄断是指一种商品的生产和销售由少数几家大厂商所控制的市场结构。在寡头垄断条件下，少数几家大厂商供给整个行业的绝大部分产品，其中每一个大厂商在整个市场上都占有相当大的市场份额，足以影响该产品市场供求关系和价格。在现实生活中，寡头垄断常见于重工业部门，如汽车、钢铁、造船、石油化工、有色冶金、飞机制造、航空运输等行业。

　　中石油、中石化与中海油就是中国政府控股的国有特大型企业，他们在国内的原油与成品油市场上几乎拥有全部的市场份额，他们的行为也直接影响国内的原油与成品油价格，在共同控制下又有相对的独立性，从厂商只有三家以及在产品价格的相互协调方面，加之进出原油与成品油行业的不容易，在一段时期内价格的相对稳定，在原油与成品油市场上类似于寡头垄断结构。仅从厂商追求利润最大化的情况来讲，三家石油巨头瓜分了原油与成品油市场的绝大部分市场份额，他们的行为相互牵制，不会轻易单独在价格上采取行动，一般会保持产品相对较高的价格而保证能够获取巨额利润。但这种行政主导下的寡头垄断，如果除去了国家能源的战略考虑，单从经济的角度来看，国内原油与成品油的市场价格并未真正反映能源市场的供求关系，而且靠国家垄断的力量跻身于世界500强，事实上也不能真正说明企业的竞争力有多么大，反而更加凸现出资源配置上的扭曲。

相关知识

寡头垄断市场的情况非常复杂,要想建立一个理想的规模是不可能的。这是因为寡头垄断市场上寡头厂商的数目、种类、竞争策略等诸多不确定性因素,都会影响到寡头垄断厂商需求曲线的具体形状,而且厂商行为变化多端,因此,寡头垄断厂商的均衡产量和价格,没有一个确定的解。在西方经济学中,目前还没有找到一个寡头市场模型,可以对寡头市场的价格和产量的决定做出一般的理论总结。

一、寡头垄断市场上厂商的均衡

(一)寡头垄断市场上产量的决定

在寡头垄断市场上,寡头厂商产量的决定有两种可能:一种是存在相互之间的勾结,另一种是不存在勾结。在各寡头相互勾结时,产量由各寡头之间协商确定。而协商确定的结果对谁有利,则取决于各寡头势力的大小。这种勾结产生的协商可能是对产量的限制,也可能不对具体产量作出限制,而是规定各寡头的市场范围,即对消费市场进行瓜分。这种相互之间的勾结往往是暂时的,当各寡头之间不存在勾结时,彼此互为竞争对手,各寡头是根据其他寡头的产量决策来调整自己的产量,以达到利润最大化的目的。这种产量决策首先要考虑竞争对手的反应和对策,这就使厂商的决策存在困难,很难从寡头垄断理论分析中作出一个确定的解释。为了推测其他寡头的产量和价格,就要根据假设。经济学家曾作出许多不同的假设,建立了很多寡头模型来分析产量问题,并得出了不同的答案。例如古诺模型、斯坦克贝模型、张伯伦模型等,这里主要介绍古诺模型及其产量和价格的决定。

1. 古诺模型及其假设条件

古诺模型(Cournot Model)是早期的寡头模型。它是由法国经济学家古诺(Augustin Cournot)1838年提出的。古诺模型通常被作为寡头理论分析的出发点。古诺模型是一个只有两个寡头厂商的简单模型,因而又被称为"双头模型"。它的假设条件是:

(1)一个产业只有两个寡头厂商,每个寡头厂商生产和销售相同的产品,他们的生产成本为零,并追求利润最大化;

(2)两个寡头同时做出产量决策,即寡头间进行的是产量竞争而非价格竞争,产品的价格依赖于二者所生产的产品总量;

(3)它们共同面临的市场需求曲线是线性的,两个厂商都准确地了解市场的需求曲线;

(4)两个厂商都是在已知对方产量的前提下,各自确定能够给自己带来最大利润的产量,即每一个厂商都是消极地以自己的产量去适应对方已确定的产量;

(5)双方无勾结行为;

(6)假定边际成本是常数。

2. 古诺模型的产量和价格的决定

依据以上基本假设条件,古诺模型产量和价格的决定可用图6-17来说明。

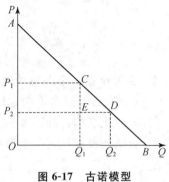

图 6-17 古诺模型

从图 6-17 可以看出，D 曲线为两个厂商共同面临的线性的市场需求曲线。由于生产成本为零，故图中无成本曲线。开始时假定 A 厂商是唯一的生产者，A 厂商首先进入市场，为使利润最大，它的最优产量为市场总容量的 $1/2$，因为该矩形面积即厂商利润量是直角三角形中面积最大的内接矩形。之后，B 厂商又进入市场，B 在已知 A 的产量之后决定根据剩余市场容量决定的最优产量是全部市场容量的 $1/4$。之后，当 A 知道 B 留给它的市场容量为 $3/4$ 时，为了利润最大化，A 将产量调整至总市场容量的 $3/8$。如此等等，经过一系列的产量调整后，A 的产量逐渐减少，B 的产量逐渐增加。最终，当 A 和 B 的产量分别达到市场总容量的 $1/3$ 时，市场处于均衡。

（二）寡头垄断市场上价格的决定

在寡头垄断市场上，如果一个寡头企图通过降价来争取顾客，就会很容易引起竞争对手采取更大幅度降价的报复，反而使自己丧失顾客。如果该寡头继续降价，必定会使各寡头陷入价格大战中，造成两败俱伤。因此，他们会放弃竞争，采取勾结或默契，以达到满意结果。

1. 卡特尔

卡特尔是生产者通过明确协议的形式所组成的共同确定产品价格与产量，以获得超额利润的一种合作团体，这属于公开勾结的情况。它往往是一种国际性组织，如石油输出国组织。由于卡特尔有组织、有计划地瓜分市场，就可以实现像一个完全垄断厂商那样行事。有些国家制定了反托拉斯法，目的在于禁止或限制垄断。但寡头厂商可以采取在鸡尾酒会等非正式场合上达成口头协议，形成一种非正式的君子协定。在现实经济中，当情况发生变化时，卡特尔各成员就会要求订立更有利于自己的协定，原来的协定被打破，造成卡特尔解体。

2. 价格领袖制

价格领袖制又称价格领先制，即由某一行业中最大的或最有影响的一个寡头厂商率先制定价格，其他寡头厂商追随其后制定各自的价格，如果产品是无差别的，各寡头的价格变动幅度可能相同，也可能有差别。其他寡头跟随定价的原因在于，若不跟随定价，就会冒失去顾客或引起价格战争的风险，而且其他寡头的地位和势力使其预测能力也较弱，若跟随定价能获得合理的利润，则可以避免独自定价的风险。根据具体情况，可以分为以下几种价格领袖。

（1）支配型价格领袖制。率先确定价格的寡头是本行业中生产规模和市场占有份额最大的,地位最稳固,具有绝对支配力量的寡头,因此对价格的决定起着举足轻重的作用。又由于反垄断法的制约,作为价格领袖的寡头不能凭借自己的优势消灭所有的其他寡头,它可以根据利润最大化原则确定产品的市场价格,其他规模较小的寡头再根据这一价格确定自己的产品价格及产量。

(2) 效率型价格领袖制。率先确定价格的寡头是本行业中成本最低,从而效率最优的寡头。作为价格领袖的寡头可以在保证自己仍然有超额利润的情况下,把产品的市场价格降至其他寡头的平均成本之下,使他们出现亏损,从而迫使其他寡头退出该行业。但这样,作为价格领袖就成了完全垄断厂商,违反了反垄断法,因而,它会确定一个不低于其他寡头平均成本的市场价格,使其他寡头仍然有利可图,继续留在该行业中。

3. 成本加成法

成本加成法是各寡头以同样方法估算的平均成本的基础上加一个固定百分率的利润。平均成本可以根据长期成本变动情况而定,所加的百分率则要参照全行业的利润率情况确定。这种定价方法比较简单,可以使各寡头制定出相同或相似的价格,虽然不一定能使各个寡头都能得到最大利润,但可以避免各寡头之间的价格竞争,使价格相对稳定,从而避免在竞相降价中各寡头遭受损失。从长期看,这种定价方法能接近于现实最大利润,因而寡头厂商也乐于采用这种方法。

二、经济学家对寡头垄断市场的评价

首先,寡头垄断市场是由少数厂商供应整个市场的全部需求量,厂商的生产规模一般较大,这样不仅可以充分利用投资较大但可变成本较低的先进技术,还有能力利用和发展现有生产要素的潜力,为社会提供较为高级却丰富的产品,可以实现规模经济,取得规模经济效益。其次,由于市场上的寡头厂商生产规模较大,她们有足够的资金和技术力量从事技术改造和产品更新,同时出于提高生产率,在竞争中取胜的目的,从而使他们成为提高社会生产力的主力军,有利于促进科技进步。再次,市场上的寡头之间具有相互依存性,并且都具有较大的生产规模,他们就可以采用多方结合的方法,在企业投入方面,减小诸如投入品的价格、质量等的不确定性,防止供应的波动,从而有利于正常生产;在企业产出方面,加强销售管理,减少诸如产品价格,消费者对产出的反应等方面的影响,从而有利于正常经营,有较强的抵御风险的能力。最后,生产规模较大的寡头厂商生产过程较为复杂,大多具备先进的管理技术和经验,有条件也有能力使用有专门管理技术的人才和运用计算机等设备行进信息化管理,寡头厂商的先进管理技术和成果,意味着企业内部生产和外部经营都建立在科学管理的基础之上。

当然,寡头垄断市场也有缺陷,寡头之间的相互依存性,使得它们往往以勾结或默契的形式抬高价格,从而获利,而消费者因为不能得到本可以得到的较低价格而蒙受损失。同时,寡头垄断市场上具有相对稳定性的价格容易起到一种保护落后的作用,使成本较高的厂商在行业内长期生存。

研讨案例

案例1：1991年12月4日是一个值得注意的日子,世界著名的泛美国际航空公司寿终正寝。这家公司自1927年投入飞行以来,数十年中一直保持国际航空巨子的骄人业绩。有人甚至认为,泛美公司的白底蓝字徽记(PAN·AM)可能是世界上最广为人知的企业标识。但是对于了解的人来说,这个巨人的死亡算不上什么令人吃惊的新闻。1980年至1991年,除一年外,泛美公司年年亏损,总额接近20亿美元之巨。1991年1月,该公司正式宣布破产。细心的读者一定应该注意到,这个日子同关闭之日相距将近一年。试运用所学经济学原理来分析:究竟是什么力量支持垂死的巨人多活了一年时间?而且,就在1980年出现首次亏损之后,为什么不马上停止这家公司的业务?又是什么因素使得这家公司得以连续亏损经营长达12年之久?

案例2：微观经济学在20世纪80年代取得的一项重要进展就是"进退无障碍"理论的兴起。据该理论倡导者的定义,企业能够自由进入,又能无代价地退出的市场称为进退无代价市场。进退无障碍市场的特点是可以"打了就跑"。只要存在一点可赚钱经济利润的机会,就不会被潜在的进入者放过,因为其他企业可以随时进入,而一旦价格发生不利变化,又可以毫无损失地退出。问题:

(1) 假定该市场是进退无障碍的,它是否可以提供大于零的经济利润?

(2) 从长期看,该行业中的企业是否能在最低成本水平上进行生产?

总结与回顾

本章分别研究了完全竞争、完全垄断、垄断竞争、寡头垄断四种基本市场类型及其产量和价格的决定。完全竞争和完全垄断是两个极端,垄断竞争和寡头垄断是介于竞争和垄断之间的状态,是竞争和垄断不同程度的结合,又称不完全竞争。完全竞争市场是一种竞争不受任何阻碍和干扰的市场结构,长期竞争的结果是经济利润为零。厂商面临的价格曲线和需求曲线、平均收益曲线及边际收益曲线四线重合,并与横轴平行,厂商的短期均衡条件是 $MR=MC$,长期均衡条件是 $MR=AR=LMC=LAC$。完全垄断市场是指整个市场只有一家厂商的市场结构,在长期可以凭借垄断地位而获得经济利润,垄断企业可以运用单一定价和歧视定价实现经济利润最大化。厂商的需求曲线与平均收益曲线重合,是一条向右下方倾斜的直线,而边际收益曲线不再与它们重合,而在平均收益曲线的下面,也是向右下方倾斜的。完全垄断市场的短期均衡条件是 $MR=MC$,长期均衡条件是 $MR=LMC=SMC$。垄断竞争市场是指许多厂商生产和销售有差别的同类产品,市场上既有竞争又有垄断的市场结构。垄断竞争企业实现经济利润的方法是不断创造产品差别。垄断竞争市场厂商短期均衡条件是 $MR=MC$,长期均衡条件是 $MR=LMC$ 和 $AR=LAC$。寡头垄断市场是指少数几家厂商控制整个市场的生产和销售的市场结构。由于几家寡头之间的相互依赖，无论是价格还是产量，寡头们都可以采取勾结和不勾结的方式决定。

思考与练习

1. 基本概念

市场结构　完全竞争　垄断竞争　完全垄断　寡头垄断　超额利润　价格歧视

2. 按竞争态势区分，市场的结构类型有哪几种？

3. 简述完全竞争市场、完全垄断市场、寡头垄断市场、垄断竞争市场的特征。

4. 完全竞争市场上厂商短期均衡和长期均衡的条件是什么？

5. 完全垄断形成的原因是什么？政府为何反对厂商垄断？

6. 钻石行业是垄断市场，在实行单一定价时，是应该高价还是低价？为什么？能否采用歧视定价？为什么？

7. 每辆汽车的平均成本是8万元，汽车行业的平均利润率为8%，如果根据成本加成法定价，每辆汽车的价格为多少？如果平均成本降低为每辆5元，其价格为多少？

8. 一个属于完全竞争的行业，其需求曲线方程为 $Q=1000-20P$ 表示，一个代表性企业的平均成本 $AC=300/Q+Q/3$。试求：

(1) 平均成本最低的产出量 Q 和此时的最低平均成本应是多少？

(2) 假设此时市场处于均衡状态，求出均衡价格和均衡数量以及代表性企业的利润。

(3) 确定长期经济利润为零的均衡点，并求出有多少企业在这个行业。

模块七　生产要素价格决定理论及其应用

西方微观经济学基本是由价格理论和分配理论组成的。前面各模块所介绍的都是价格理论的基本内容，本模块我们就来介绍分配理论，也就是生产要素的价格决定理论。该理论的中心是解决为谁生产的问题，即生产出来的产品和收入怎样在社会各阶级、各成员之间进行分配。由于现实中各生产要素在生产过程中都做出了相应的贡献，因此，各生产要素的所有者就要求按照各要素的实际贡献来参与社会产品和收入的分配。分配问题实际上就成了要素价格的决定问题，分配理论也就成了均衡价格理论在分配问题上的具体运用理论。

单元一 生产要素的供给、需求及配置的均衡

知识目标
1. 认知理解生产要素供给与需求的特点;
2. 认知理解生产要素的配置均衡。

能力目标
通过本节的学习,你应该能够:
1. 对现实中的生产要素及其价格有正确的认知;
2. 对生产要素的供给、需求及配置均衡有正确的认知。

引导启示

美国经济学家丹尼尔·哈莫米斯与杰文·比德尔在1994年第4期《美国经济评论》上发表了一份调查报告。根据这份调查报告,漂亮的人的收入比长相一般的人高5%左右,长相一般的人又比丑陋一点的人收入高5%~10%左右。为什么漂亮的人收入会高呢? 经济学家认为,人的收入差别取决于人的个体差异,即能力、勤奋程度和机遇的不同。漂亮程度正是这种差别的具体表现。

个人能力包括先天的禀赋和后天培养的能力,长相与人在体育、文艺、科学方面的天才一样是一种先天的禀赋。漂亮属于天生能力的一个方面,它可以使漂亮的人从事其他人难以从事的职业(如当演员或模特)。漂亮的人少,供给有限,自然市场价格就高,收入也就高。漂亮不仅仅是指脸蛋和身材,还包括一个人的气质。在调查中,漂亮由调查者打分,实际是包括外形与内在气质的一种综合。这种气质是人内在修养与文化的表现。因此,在漂亮程度上得分高的人实际往往是文化高、受教育水平高的人。两个长相接近的人,也会由于受教育不同表现出不同的漂亮程度。所以,漂亮是反映人受教育水平的标志之一,而受教育是个人能力的来源,受教育多,文化高,收入水平高自然就是正常的。

漂亮也可以反映人的勤奋和努力程度。一个工作勤奋,勇于上进的人,自然会打扮得体,举止文雅,有一种朝气。这些都会提高一个人的漂亮得分,漂亮在某种程度上反映了人

的勤奋，与收入相关也就没什么奇怪的了。

最后，漂亮的人机遇更多。有些工作，只有漂亮的人才能从事，漂亮往往是许多高收入工作的条件之一。就是在所有的人都能从事的工作中，漂亮的人也更有利。漂亮的人从事推销更易于被客户接受，当老师会更受到学生热爱，当医生会使病人觉得可亲。所以，在劳动力市场上，漂亮的人机遇更多，雇主总爱优先雇用那些相对漂亮的人。有些人把漂亮的人机遇更多，更易于被雇佣称为一种歧视，这也不无道理。但请问，世界上有哪一条法律能禁止这种歧视？事实上，这是一种无法消除的社会习俗，漂亮的人收入高于一般人，这是一种普遍的社会现象。两个各方面条件差不多的人，由于漂亮程度不同而得到的收入不同。这种由漂亮引起的收入差别，即漂亮的人比长相一般的人多得到的收入称为"漂亮贴水"。

收入分配不平等是合理的，这有利于社会进步。但这种不平等应该有一定限度，如果收入分配差距过大，甚至出现贫富两极分化，既有损于社会公正的目的，又会成为社会动乱的隐患。因此，各国政府都在一定程度上采用个人所得税等收入再分配政策来纠正收入分配中较为严重的不平等问题。当然，这种不平等不完全是由人的漂亮造成的。

相关知识

一、生产要素及其收入分配

生产要素是指厂商为从事产品生产和提供劳务而投入的各种经济资源，通常也被称为生产资源。分配是指生产要素的提供者按生产要素的市场价格得到收入的过程及各种收入在总收入中所占份额的确定过程。生产要素市场的需求、供给与收入分配之间存在密切关系。

早在19世纪初，法国经济学家萨伊就提出了著名的"三要素说"和"三位一体公式"。即将生产要素可划分为三类：劳动、土地和资本。这三类生产要素的价格被分别称为工资、地租和利息。以后英国经济学家马歇尔又在此基础上进行了发挥和推进，首次将企业家组织管理生产的能力与劳动、土地、资本并列为四大生产要素，提出了"四要素说"和"四位一体公式"：劳动－工资、土地－地租、资本－利息、组织（企业家才能）－利润。

劳动是指劳动力所提供的服务，一般分为脑力劳动与体力劳动。劳动力是劳动者的能力，由劳动者提供。资本是指厂商在生产中使用的资金。它采取了两种形式：无形的人力资本与有形的物质资本。前者指体现在劳动者身上的身体、文化、技术形态，后者指厂房、设备、原料等资本品。在这里我们指的是后一种物质资本。土地是指厂商在生产中所使用的各种自然资源，是在自然界中所存在的，如土地、水、自然状态的矿藏、森林等。"组织"是指企业家对企业的经营和管理活动，包括对生产经营目标的选择以及生产和经营过程中对各种其他要素（土地、资本、劳动力、技术等）的组织、协调与配置，即企业家才能。经济学家特别强调企业家才能，认为是企业家把劳动、土地、资本组织起来，使其相互作用，相互配合，才能高效率地生产出各种经济物品，同时向人们提供各种劳务。

"四位一体公式"概括了经济学分配理论的中心，即在生产中，工人提供劳动获得了工资；资本家提供资本，获得了利息；土地所有者提供土地，获得了地租；企业家提供企业家才能,获得了利润。

二、生产要素的需求与供给

(一) 生产要素的需求

在商品与劳务市场上,需求来自个人或家庭,而在生产要素市场上,需求来自厂商。

1. 生产要素需求的特点

(1) 生产要素的需求是一种派生需求。一般来说,消费者在产品市场上购买产品是为了直接从消费中得到满足,即所谓的"直接需求",而厂商购买生产要素则不是为了从中得到直接的满足,而是希望通过生产要素的再使用,生产出能够在市场上出售的产品,并获得利润。因此,厂商对生产要素的需求是由产品市场上消费者对产品的需求派生出来的。因此,厂商对要素的需求被认为是"间接需求",通常也称为"派生需求"或"引致需求"。例如,皮鞋公司购买皮革用来制作皮鞋,是要满足消费者对皮鞋的需求,在这里,皮鞋公司对皮革的需求是由产品市场上消费者对皮鞋的需求派生出来的。同样,皮鞋公司为生产皮鞋而投入的其他要素(包括劳动、机器、厂房、土地等)也都是由于消费者对皮鞋的需求派生出来的。

(2) 生产要素的需求是一种联合的需求或相互依存的需求。生产要素不能单独发生作用,任何生产行为所需要的都不是一种生产要素,而是多种生产要素。例如,只有机器,没有皮革等原材料以及劳动力就无法生产出皮鞋,只有多种生产要素的共同组合才能生产出人们所需要的经济物品。所以,厂商对生产要素的需求是一种联合需求。如果只增加一种生产要素而不增加另一种,就会出现边际收益递减现象。而且,在一定范围内,各种生产要素也可以互相替代。在一定的技术范围内,生产某种产品可以使用劳动要素多一些而资本要素少一些的方式进行,也可以使用资本要素多一些而劳动要素少一些的形式,具体采取何种组合方式,则主要取决于几种生产要素搭配成本的高低。这说明由于生产要素联合需求的特点,使得厂商必须权衡使用哪种要素组合才能获得较高的利润。

2. 影响生产要素需求的因素

(1) 市场对产品的需求以及产品的价格。一般而言,市场对某种产品的需求越大,该产品的价格越高,则生产这种产品所用的各种生产要素的需求也就越大;反之,就越小。

(2) 生产技术状况。生产技术水平决定了对某种生产要素需求的大小。如果技术是资本密集型的,则对资本的需求大;如果技术是劳动密集型的,则对劳动的需求大。

(3) 生产要素的价格。各种生产要素之间有一定的替代性,厂商一般用低价格的生产要素替代高价格的生产要素,所以生产要素本身的价格以及其他相关要素的价格对生产要素的需求有重要的影响。

3. 生产要素的需求曲线

对生产要素的需求主要取决于该要素的边际生产力。边际生产力是指在其他条件不变的情况下,厂商每增加一个单位生产要素的投入所带来的生产力。生产要素的边际生产力有两种表达方式:一种是实物形式,另一种是价值形式。

生产要素边际生产力的实物形态称为边际物质产品(MPP),意指在生产技术及其他生产要素投入数量不变的前提下,追加最后一单位生产要素时总产量的改变量。显然,MPP就是前面生产理论中讨论过的边际产量。生产要素边际生产力的价值形态被称为边际产品价值(VMP)，意指追加最后一单位生产要素时增加的边际物质产品的销售额。换言之，边际产品价值是以货币单位表示的边际物质产品。如果用 P 代表某种产品的价格，则边际产品的价值可用数学表达式 $VMP = P \cdot MPP$ 来表示。

需要注意的是，在不同市场结构条件下，等量 MPP 不一定会带来等量的 VMP。这是因为，如果产品市场属于完全竞争状态，对个别厂商而言，不论产出量如何变动，产品价格 P 始终是一个常数；而在其他市场条件下，受垄断因素的影响，价格将随销售量的增加而下降，不再是一个固定量。于是，价格与边际物质产品的乘积随价格变动而变动。

另外我们也需要注意边际产品价值和在前面已经学习过的边际产量、边际收益的区别。边际产量反映生产要素投入与产出之间的实物关系，即反映增加单位要素投入，会增加多少产品。边际收益反映销售量和收益之间的关系，即反映增加销售单位产品所增加的总收益。而边际产品价值是反映总收益增量与生产要素投入增量之间关系的，即反映单位生产要素投入增量所引起总收益增量的变化。

由于边际收益递减规律的存在，在其他条件不变的情况下，生产要素的边际生产力是递减的，因此，生产要素的边际产品价值曲线是一条向右下方倾斜的曲线，这条曲线也就是生产要素的需求曲线(如图 7-1 所示)。

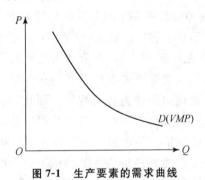

图 7-1　生产要素的需求曲线

在图 7-1 中，横轴 OQ 表示生产要素需求量，纵轴 OP 表示生产要素价格，VMP 曲线是生产要素的边际产品价值曲线，也是生产要素的需求曲线。

(二) 生产要素的供给

就生产要素的供给来看，它不是来自厂商，而是来自个人或家庭。个人或家庭在消费理论中是需求一方，而在生产要素价格理论中是生产要素的所有者，也就是生产要素的供给者。即个人或家庭拥有并向厂商提供各种生产要素。

生产要素的供给，是指在不同的报酬下，生产要素市场上所提供的要素数量。生产要素的供给价格是生产要素所有者对提供一定数量生产要素所愿意接受的最低价格。一般来说，如果某种生产要素的价格提高，这种生产要素的供给就会增多；如果某种生产要素的价格降低，这种生产要素的供给就会减少，其供给数量与价格成同方向变化。所以，生产要素的供给曲线表现为一条向右上方倾斜的曲线(如图 7-2 所示)。

在图 7-2 中，横轴 OQ 表示生产要素供给量，纵轴 OP 表示生产要素价格，S 表示生产要素的市场供给曲线。

以上关于生产要素供给曲线的分析是针对一般要素的市场供给曲线而言的。现实生活中由于各种生产要素来源和自然属性不同，其供给特点也各不相同，所以生产要素的供给曲

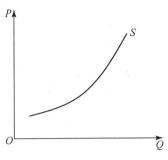

图 7-2　生产要素的供给曲线

线有不同的表现形式。可以将其分为三类：第一类是自然资源，其市场价格高低只与需求大小有关，和供给相对无关。比如像土地这类生产要素。所以这类生产要素的供给曲线与横轴垂直。第二类是资本品，它是利用其他生产资源生产出来的，和其他产品一样。某一行业的产品可能是另一行业的生产要素，比如汽车轴承，是轴承厂的产品，但它是制造汽车的部件，所以对汽车生产厂家来说汽车轴承是一种生产要素。这种要素的供给与其他产品一样，供给量与其价格之间成同方向变动，供给曲线向右上方倾斜。第三类是劳动，这类生产要素的供给有其特殊性，供给曲线向后弯曲。在工资理论中我们会进行详细的分析。

三、生产要素配置的均衡

与产品的价格是由产品的供给和需求共同决定一样，生产要素的价格也是由生产要素的需求和供给共同决定的。根据以上对生产要素的供求分析，一般而言，生产要素的需求曲线向右下方倾斜，供给曲线向右上方倾斜，这样，便可用图 7-3 来说明生产要素配置的均衡。

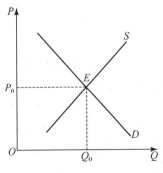

图 7-3　生产要素的均衡

在图 7-3 中，生产要素的供给曲线与需求曲线相交于 E 点，相对应的均衡价格为 P_0，均衡数量为 Q_0。这与产品价格和数量的决定完全一样。

以上是关于生产要素均衡的一般分析。但实际上，不同的生产要素有不同的需求与供给特征，而且像产品市场一样，要素市场也有不同的市场结构，因此其需求曲线和供给曲线就会有多种表现，各要素价格的决定亦有不同。

单元二　工资理论及其应用

> **知识目标**
> 1. 认知理解劳动的供给、需求及工资变动的收入效应与替代效应;
> 2. 认知理解不同市场环境条件下,劳动工资水平的决定。
>
> **能力目标**
> 通过本节的学习,你应该能够:
> 1. 对劳动的供给与需求曲线有正确的认知;
> 2. 从现实的角度对不同市场环境下劳动的价格即工资水平的决定做正确分析。

引导启示

若劳动力市场上有 A、B 两类工人各 100 人,A 类工人素质高,所要求的工资为每月 2000 元;B 类工人素质低,所要求的工资为每月 1500 元。如果某种工作 A、B 两类工人都可以担任,那么,企业在雇佣工人时,当然先雇佣 B 类工人。但在 B 类工人不够时,也不得不雇佣 A 类工人。假设某企业需要工人 200 人,他就必须雇佣 A、B 两类工人。在这种情况下,企业必须按 A 类工人的要求支付每月 2000 元的工资。这样,B 类工人所得到的收入就超过了他们的要求。B 类工人所得到的高于 1500 元的 500 元收入就是经济租。其他生产要素所有者也可以得到这种经济租。

由此可见,经济地租属于长期分析,而准地租属于短期分析。经济地租是对某些特定生产要素来说的,而经济利润是对整个厂商来说的。厂商存在经济利润,并不意味着其要素也存在经济地租。一种要素在短期中存在准地租,也不意味着长期中存在经济利润。

相关知识

一、劳动的供给与需求

工资是劳动力所提供劳务的报酬,也就是劳动这种生产要素的价格,工资水平是由劳动的需求和供给两种因素共同决定的。根据划分角度的不同,工资可分为不同的种类:根据计算方式不同,可分为计时工资和计件工资。前者是按劳动时间计算的,后者是按劳动成果计算的;根据支付手段不同,可分为货币工资和实物工资。前者是以货币形式支付的,后者是以实物形式支付的;根据购买力的不同,可分为名义工资和实际工资。前者是按货币单位衡量的,后者是按货币的实际购买力衡量的。

(一)劳动的需求

厂商对劳动的需求取决于多种因素,例如,市场对产品的需求、劳动的价格等,但其中起决定作用的是劳动的边际生产力。随着劳动这一生产要素的雇佣量的增加,劳动的边际生产力递减,因此,劳动的需求曲线是一条向右下方倾斜的曲线,表明劳动的需求量与工资呈反方向变动,如图7-4所示。

在图7-4中,横轴OL表示劳动的需求量,纵轴OW表示工资水平,D为劳动的需求曲线。

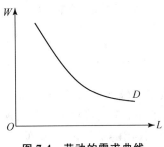

图7-4　劳动的需求曲线

(二)劳动的供给

劳动的供给不同于其他生产要素的供给,具有自身特殊的规律。劳动的供给不仅取决于劳动的价格——工资,而且也取决于既定的时间资源的分配,或闲暇时间的多少,所以研究劳动供给要从劳动者对既定时间资源的分配开始。

每一天可供个人支配的时间是一个固定的量,即24小时,但任何人都不可能把全部时间提供给劳动市场,总需要花费一定的时间去休息、娱乐和做家务等。经济学中,通常将这种用于非劳动的时间称为闲暇。劳动和闲暇都能给人们带来效用,因为提供劳动获得工资报酬,以此购买商品和劳务,便能够满足需要,给劳动者带来一定效用,而休息、学习、娱乐、家庭活动等,也能够满足劳动者的享受需要。所以,就实质而言,人们并不是在闲暇和劳动二者之间进行选择,而是在闲暇和劳动收入之间进行选择。劳动者能把多少时间用于闲暇,主要考虑的是闲暇的机会成本——小时工资率。小时工资率是劳动者享受闲暇的代价,它代表享受1小时闲暇必须牺牲1小时工资所能买到的商品和劳务的数量。所以劳动供给要受两个因素的影响：一是工资率,劳动供给和工资率成同方向变化,即工资率越高,劳动供给越多;反之,工资率越低,劳动供给越少;二是闲暇,劳动供给和闲暇的效用成反方向变化,即闲暇效用越大,则劳动供给越少;反之,闲暇效用越小,劳动供给越多。

如果只考虑工资率对劳动供给的影响,则劳动供给曲线应该是一条向右上方倾斜的曲线,但考虑到劳动供给曲线同时受闲暇的影响,随着闲暇效用的增加,劳动供给要减少。所以劳动的供给曲线具有一个鲜明的特点,即它具有一段"向后弯曲"的部分。当工资水平较低时,随着工资的增加,劳动者为较高的工资吸引将减少闲暇,增加劳动的供给量,在这个阶段,劳动的供给曲线向右上方倾斜;但是,工资上涨对劳动供给的吸引力是有限的,当工资增加到一定程度后,如果再继续增加,劳动供给不但不会增加,反而会减少,供给曲线会向左上方弯曲。因此,劳动的供给曲线被称为"向后弯曲的供给曲线"(如图 7-5 所示)。

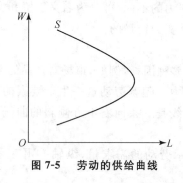

图 7-5 劳动的供给曲线

在图 7-5 中,横轴 OL 表示劳动的供给量,纵轴 OW 表示工资水平,S 为劳动供给曲线。

二、工资变动的收入效应和替代效应

从图 7-5 中可以看出当工资水平较低时,劳动供给随工资的提高而增加;但当工资达到某个较高水平时,劳动供给反而随着工资提高而减少。之所以这样,是因为劳动供给不仅是工资率的函数,而且同时也是闲暇效用的函数,这样就使得工资率提高对劳动供给产生两种效应:替代效应和收入效应。

替代效应是指工资率越高,劳动者单位时间所获得的收入也多,对牺牲闲暇的补偿越大,劳动者越愿意增加劳动供给以替代闲暇。换言之,工资率提高,意味着相对于个人可能购买到的其他商品和劳务来说,闲暇变得昂贵了,即闲暇的代价或机会成本增大,所以,劳动者愿意增加劳动,减少闲暇时间。而收入效应则是指随着工资率的提高,劳动者的经济实力得以增强,包括闲暇在内的正常需要相应增加。工资率越高,劳动者感到即使减少工作时数也能够维持较高的生活水平,同时对闲暇的需要也更迫切,于是,人们为换取更多的闲暇享受,宁愿减少劳动与收入。

替代效应与收入效应是两种相反的力量,劳动供给曲线的形状就是这两种力量相互作用的结果。一般规律是,当工资水平较低时,替代效应大于收入效应,劳动供给量随劳动价格的提高而增加,劳动供给曲线上各点切线的斜率为正,向右上方倾斜;当工资达到某个较高水平时,收入效应大于替代效应,劳动供给量随劳动价格的提高而减,劳动供给曲线上各点切线的斜率为负,向左上方弯曲。

三、劳动价格工资的决定

同一般商品的价格决定一样,在不同的市场环境下,工资水平的决定也有不同的情况。

(一) 完全竞争市场上工资的决定

这里所说的完全竞争是指在劳动市场上的完全竞争状况,无论是劳动力的买方或卖方都不存在对劳动的垄断。在这种情况下,工资完全是由劳动的供求关系决定的。

劳动的需求与供给共同决定了完全竞争市场上的工资水平(如图7-6所示)。

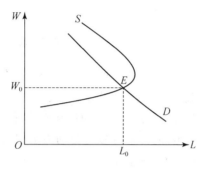

图 7-6 工资的决定

在图 7-6 中,纵横两轴分别代表工资水平和劳动数量。劳动需求曲线 D 向右下方倾斜,劳动供给曲线 S 开始向右上方倾斜,而达到一定点后,转而向左上方弯曲。需求曲线 D 和供给曲线 S 相交于 E 点,决定了劳动的均衡数量为 L_0,劳动的均衡价格为 W_0。

根据供求定理,在劳动供给不变的条件下,通过增加对劳动的需求,不但可以使工资增加,而且还可以增加就业。在劳动需求不变的条件下,通过减少劳动的供给同样也可以使工资增加,但这种情况会使就业减少。

(二) 不完全竞争市场上工资的决定

现实中的劳动市场是一种不完全竞争的市场。不完全竞争是指劳动市场上存在着不同程度的垄断。它包括三种情况:第一种情况是厂商对劳动购买的垄断,劳动的购买者是"独家买主"的厂商,劳动的供应者则是众多的相互竞争的劳动者;第二种情况是劳动者对劳动的垄断,即劳动者组成工会,垄断了劳动的供给;第三种情况是"双边垄断",即卖方与买方都有一定的垄断,主要是工会通过集体谈判与买方垄断者"独家买主"协定工资和其他雇佣条件。在现代市场经济中,劳动市场上的双边垄断现象是大量存在的,主要表现就是工会的存在和雇主之间的勾结。在不完全竞争的市场上,工资可能高于或低于劳动的边际生产力。当存在着工会对劳动供给的垄断时,工资可能会高于劳动的边际生产力;当存在着厂商对劳动需求的垄断时,工资可能会低于劳动的边际生产力。

下面我们先分析劳动市场上卖方垄断(工会存在)条件下工资的决定。在卖方垄断条件下,作为劳动者组织的工会,其目标主要在于维持较高的工资水平,采取的措施通常有增加对劳动的需求、减少对劳动的供给和迫使政府颁布最低工资法等。

1. 增加对劳动的需求

在劳动供给不变的条件下,通过增加对劳动需求的方法来提高工资,不但会使工资增加,而且可以增加就业。这种方法对工资与就业的影响可用图7-7来说明。

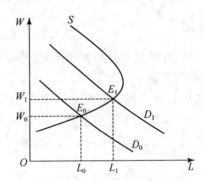

图 7-7 需求增加引起的工资变动

在图 7-7 中,劳动需求曲线从 D_0 右移增加到 D_1,工资水平和劳动数量分别从 W_0、L_0 上升到 W_1、L_1,说明工资水平提高了,就业水平也提高了。

工会增加厂商对劳动需求的方法主要是增加市场对产品的需求,因为劳动需求是由产品需求派生而来的,产品需求的增加,必然导致对劳动需求的增加。增加产品需求的基本措施有增加出口、限制进口,实行保护贸易政策等。

2. 减少劳动的供给

在劳动需求不变的条件下,通过减少劳动供给同样也可以提高工资,但会使就业减少,这种方法对工资与就业的影响可以用图7-8来说明。

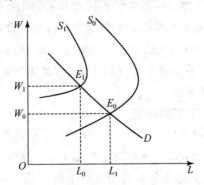

图 7-8 供给减少引起的工资变动

在图 7-8 中,劳动供给曲线从 S_0 左移减少到 S_1,工资水平从 W_0 上升到 W_1,劳动数量从 L_0 减少到 L_1,说明工资水平提高了,就业水平下降了。

工会减少劳动供给的方法主要有:限制非工会会员受雇,迫使政府通过强制退休、禁止使用童工、限制移民、减少工作时间的法律等。

3. 迫使政府颁布最低工资法

工会迫使政府用法律形式规定最低工资标准,即颁布最低工资法,可以通过政府的干预,在劳动的供给大于需求时,仍可使工资维持在一定水平上。这种方法对工资与就业的影响可以用图7-9来说明。

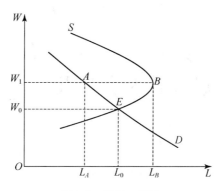

图 7-9 最低工资法

在图 7-9 中,劳动供给曲线 S 与需求曲线 D 相交于 E,决定了工资水平为 W_0,就业水平为 L_0。最低工资法规定最低工资水平为 W_1。这样能使工资维持在较高水平,但劳动的供给量 L_B 大于需求量 L_A,有可能出现失业。最低工资也可以说是政府对劳动这种生产要素实行的一种支持价格。

以上阐述了工会对工资决定的影响。应当说明的是,工会对工资决定的影响是要受到一定的限制的。从劳动的需求来看,这种限制因素主要有产品的需求弹性,劳动报酬在总成本中所占的比例、劳动的可替代性等;从劳动的供给来看,限制因素主要有工会所控制的工人的多少、工人流动性的大小及工会基金的多少等。工会为提高工资进行的斗争能否取得成功在很大程度上还要取决于整个经济形势的好坏,劳资双方的力量对比,政府干预的程度与倾向性等。所以,尽管劳动市场上的垄断因素对工资的决定有相当大的影响,但从长期来看,还是劳动的供求状况在起决定性作用,劳动的供求是决定工资水平的关键因素。

单元三　利息理论及其应用

> **知识目标**
> 1. 认知理解资本及资本市场；
> 2. 认知理解资本的供给、需求及利息与资本供求之间的关系。
>
> **能力目标**
> 通过本节的学习，你应该能够：
> 1. 对资本的供给与需求曲线有正确的认知；
> 2. 从现实的角度对资本的价格利息率的决定做正确的分析。

引导启示

　　高房价已成为当今社会的一大突出问题，为遏制房价的过快上涨，2010年4月14日，国务院总理温家宝主持召开国务院常务会议，研究部署遏制部分城市房价上涨过快的四项政策措施。其中最为严厉的"狠招"，莫过于提出对贷款购买第二套住房的家庭，贷款首付款不得低于50%，贷款利率不得低于基准利率的1.1倍。对购买首套住房且套型建筑面积在90平方米以上的家庭，贷款首付款比例也不得低于30%。

　　事实上，在新政颁布之前，大行就已取消了7折的利率优惠，首套首付几乎都要求在3成以上，其他股份制银行也相继调高了个贷的优惠门槛。某大行的个贷部负责人表示，此次新政最为"凶猛"的调整实际上是对二套房基准利率的抬高："相对首套房政策而言，银行原来的二套房贷款政策差别较大，如中行对首套贷款已结清的二套房客户，利率仍可打8.5折，但对未结清首套贷款且二套房面积又在144平方米以上的客户，则要求利率上浮10%；建行则规定，已结清客户首付4成，利率则打8折，结清首付5成，利率则打7.5折，未结清的，首付4成利率打8.5折，3套以上首付4成则执行基准利率。但新政颁布后，现在都要执行基准利率的1.1倍。"大家可以计算一下，如果以一位客户贷款100万元，以等额本息方式分20年期还清，利率八五折每月还款额为6627.21元，而如果执行基准利率的1.1倍，每月还款额则达7473.4元，每个月还贷足足相差了800多元。

新政的实施对购房人的心态产生了很大影响,特别是对购二套房客户的影响较大。有一位房屋研究专家把购房人的需求分为刚性需求购房,恐慌性心理购房,投机性购房及投资性购房。新政的颁布实施,对后三种人的购房行为将产生巨大影响,因为贷款成本会抬高很多。

相关知识

一、资本的供给与需求

利息是资本这种生产要素的价格,是资本所有者的收入,或者说是提供资本这一生产要素的报酬。所谓资本就是资本品,即机器、设备、厂房以及原料等。利息的多少取决于利息率的高低。利息率是指利息在某一单位时间内(通常指一年)在货币资本中所占的比率。例如,货币资本为1000元,利息为一年100元,则利息率为10%,或年息为10%,这10%的利息就是1000元货币资本在一年内提供生产性服务的报酬,即这一定量货币资本的价格。西方经济学家认为,资本之所以能够带来利息,可以用迂回生产理论来解释。迂回生产也叫间接生产,是指先生产生产资料,然后再用这些生产资料去生产消费品。迂回生产提高了生产效率,并且迂回生产的过程越长,生产效率越高。资本使迂回生产成为可能,从而提高了生产效率。这种因资本而提高的生产效率就是资本的净生产力。资本具有净生产力是资本能够带来利息的根源。现代生产的特点就在于迂回生产。

在资本市场上,利息取决于利息率,而利率的高低又主要取决于对资本的需求与供给。资本的需求主要是企业投资的需求,因此,可以用投资来代表资本的需求。资本的供给主要是储蓄,因此,可以用储蓄来代表资本的供给。这样就可用投资与储蓄来说明利息率的决定。

(一) 资本的需求

资本市场上,对资本的需求来自厂商,即投资需求。厂商之所以要借入资本进行投资,是因为资本的使用可以提高生产效率,即在于资本具有净生产力。假定技术和经济中非资本资源的数量固定不变,那么在边际生产力递减规律的作用下,厂商投资的边际收益会随投资的增加而递减,由此我们可以得到一条向右下方倾斜的投资边际收益曲线,这条曲线实际上就是厂商的投资需求曲线。所以,资本的需求是一条向右下方倾斜的曲线,它表示在利润率既定时,利率与投资成反方向变动(如图7-10所示)。

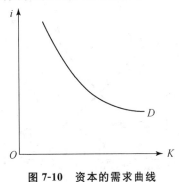

图 7-10 资本的需求曲线

在图 7-10 中,横轴 OK 表示资本的需求量,纵轴 Oi 表示利率水平,D 为资本需求曲线。

(二) 资本的供给

资本的供给,就是资本的所有者在各个不同的利率水平上愿意而且能够提供资本的数量。它依存于人们的收入用于个人消费以后的余额,即储蓄。人们的收入可用于现期消费,并可立即获得效用,也可以用于储蓄,等待未来消费,把效用推迟到未来。借贷资本的供给成本是人们对现期消费的减少或等待,利息就是对这种减少或等待的报酬。因此,现期消费的代价就是对利息的减少,未来消费的代价是对现期效用的减少。西方经济学家认为,人们有一种时间偏好,即在未来消费和现期消费中,人们一般要偏好于现期消费。就是说,现在多增加一单位消费所带来的边际效用,要大于将来多增加一单位消费所带来的边际效用。人们之所以愿意牺牲现期消费,原因在于可以换取更多的未来消费。也就是说,要想使人们牺牲现期消费就必须给予更多的未来消费,现期消费和未来消费的差额是对人们牺牲现期的消费等待未来消费的报酬,这一报酬就是利息。一般说来,利息率越高,现期消费的代价越大,资本所有者越愿意把更多的收入用于未来消费,从而资本积累和资本供给量增加。所以,从长期分析看,资本供给会随储蓄的增加而增加,储蓄增加的根源在于人们减少部分现期消费,以等待未来消费。对这种减少或等待所给予的补偿(报酬)就是利息,它是影响资本供给成本及资本供给量的重要因素。因为资本的供给与利息率成同方向变动,所以资本的供给曲线必然是一条随着利息率上升而向右上方倾斜的曲线(如图 7-11 所示)。

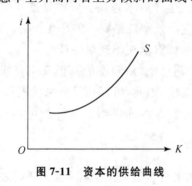

图 7-11 资本的供给曲线

在图 7-11 中,横轴 OK 表示资本的供给量,纵轴 Oi 表示利率水平,S 为资本供给曲线。

二、资本价格利息率的决定

利息率是由资本的需求与供给共同决定的(如图 7-12 所示)。

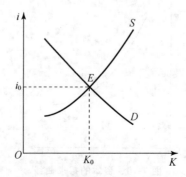

图 7-12 资本市场的利率决定

在图 7-12 中，横轴 OK 表示资本的供给量，纵轴 Oi 表示利率水平，D 为资本的需求曲线，S 为资本的供给曲线，这两条曲线相交于 E 点，决定了利息率水平为 i_0，资本量为 K_0，它表示当利率水平为 i_0 时，投资者对资本的需求量恰好等于储蓄者愿意提供的资本量 K_0。

以上所分析的利息率，是指没有风险的、由资本的需求和供给决定的利息率，这种利息率被称为"纯粹利息率"。然而在现实生活中，实际利息率的决定除了要考虑资本的供求关系外，还要考虑风险程度、期限长短等各种因素，因此，实际利息率一般要高于纯粹利息率。尽管实际利息率与纯粹利息率之间会因情况不同而各有差异，但实际利息率总是以纯粹利息率为出发点，并随纯粹利息率的变动而变动的。

单元四 地租理论及其应用

> **知识目标**
> 1. 认知理解土地及土地市场;
> 2. 认知理解土地的供给、需求及地租与土地供求之间的关系。
>
> **能力目标**
> 通过本节的学习,你应该能够:
> 1. 对土地的供给与需求曲线有正确的认知;
> 2. 从现实的角度对土地的价格地租的决定做正确的分析。

引导启示

日本是主要发达资本主义国家中人口密度最高的国家,而且人口分布极不均衡。在日本的国土总面积中,森林面积约占国土总面积的69%,比加拿大的44%、美国的31%、法国的26%要大得多,但除去森林、原野、水面、河谷等,可居住的土地面积却很小。按1980年可居住的土地面积算,人口密度是21450人/平方公里。其中,东京都5386人/平方公里,大皈府4546人/平方公里,而北海道仅为71人/平方公里。但日本经济的迅速崛起却要求大幅增加城市用地,特别是在1955—1973年的日本经济高速发展时期,在第三次科技革命的推动下,民间设备投资异常旺盛。不仅传统工业要迅速扩大再生产,而且大量新兴工业的发展,也需要占用大量土地。加上城市化进程的加快和人口的急剧增加,又需要大量住宅用地、商业用地、金融用地和道路用地。所有这一切,都要求在短时期内要增加城市用地。但在日本的土地资源条件下,要使大量山地、林地转作城市建设用地是非常困难的。由此,造成日本地价特别是大都市的地价迅速上涨。根据日本不动产研究所的调查,1976年,日本住宅地的价格为35000日元/每平方公尺左右,大大高于德国、美国和英国的地价水平。

另外,在日本,不同地区的地价水平也相差很大。据日本不动产研究所的调查显示,以1936年的地价为基数,1980年,日本市街地价约上涨9000多倍,而普通农田价格则约上涨1900倍,两类地价的极差十分明显。同时,在日本城市中,作为日本政治、经济、文化科学中心的三大都市：东京圈、大阪圈和名古屋圈的土地面积，只占全国土地面积的10%，但却集中了45%的全国人口、55%的工业生产、70%的商品批发额和72%的大学生。这些地区的经济发展快，就业增加多，收入也相对较高。因此，在1955—1975年间，全国其他地区的人口不断流入这三大都市圈，圈里的建设用地需求激增，而农地、林地可用作城市用地的极为有限，因而地价很高。相反，由于北海道地区人口稀少，经济发展缓慢，地价也相对较低。

相关知识

一、土地的供给与需求

地租是土地这种生产要素的价格，是土地所有者提供土地使用权的报酬。我们这里所说的土地泛指在生产过程中所使用的自然资源，其特点被描述为"原始的和不可毁灭的"。说它是原始的，因为它不能被生产出来；说它是不可毁灭的，因为它在数量上不会减少。土地数量既不能增加也不能减少，因而是固定不变的。或者也可以说，土地的"自然供给"是固定不变的。

地租的产生首先在于土地本身具有生产力，也就是说地租是利用"土壤的原始的不可摧毁的力量"的报酬。其次，土地作为一种自然资源并非人类劳动的产物，也不能通过人类劳动增加其供应量，它具有数量有限、位置不变以及不能再生的特点。这些特点与资本和劳动不同，因此，地租大小的决定具有与劳动的工资和资本的利息不完全相同的特点。

土地的价格即地租由土地的供求关系所决定。从土地的需求方面看，土地的需求取决于土地的边际生产力，因为土地的边际生产力是递减的，所以土地的需求曲线是一条向右下方倾斜的曲线。从土地的供给方面看，由于大自然赋予人类的土地总量是固定不变的，所以土地的供给量无论在短期还是长期，总是完全无弹性的，这样，土地的供给曲线就是一条与横轴垂直的直线。

二、土地价格地租的决定

地租是由土地的需求与供给共同决定的（如图7-13所示）。

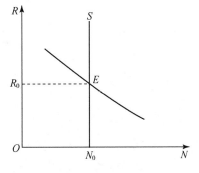

图7-13 地租的决定

在图 7-13 中，横轴 ON 代表土地量，纵轴 OR 代表地租，垂线 S 为土地的供给曲线，表示土地的供给量固定为 N_0，D 为土地的需求曲线，D 与 S 相交于 E，决定了地租为 R_0。

随着经济的不断发展，人口的日益增加，对土地的需求也不断增加，而土地的供给不能增加，这样，地租就有不断上升的趋势（如图 7-14 所示）。

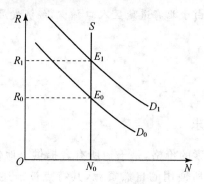

图 7-14　地租的变动

在图 7-14 中，土地的需求曲线由 D_0 向右方移动到 D_1，表明土地的需求增加了，但土地的供给仍然为 S，均衡点由 E_0 移动到 E_1，相应地，地租由 R_0 上升到 R_1。说明由于土地的需求增加，地租上升了。

单元五 利润理论

> **知识目标**
> 1. 认知理解经济学中的正常利润与超额利润；
> 2. 认知理解垄断的超额利润、创新的超额利润及风险的超额利润。
>
> **能力目标**
> 通过本节的学习，你应该能够：
> 1. 对企业家才能的价格正常利润有正确的认知；
> 2. 从现实的角度对正常利润与超额利润（经济利润）的关系做正确的分析。

引导启示

"超额利润"，在经济学上指的是超过正常利润的那部分利润。那么，现实中，什么样的企业会获得超额利润？或者说在什么情况下才会获得超额利润？一般情况下，我们首先想到技术创新，科技是第一生产力，拥有独特的技术自然可以比别人赚钱多。有一段时间，台湾著名手机厂商联发科受到普遍关注，山寨模式获得空前成功。2007年营收增长了57%。联发科依靠技术创新取得空前成功，在别人不敢投入的方向获得成功。APPLE、联发科、微软、Intel等投入大批研发经费，也获得高额收润。特别是APPLE的IPOD、iphone，由于设计新颖，符合潮流，获得了意想不到的成功。美国麻省理工学院的梭罗（Lester Thurow）教授曾经指出，在经济全球化的潮流中，只有两种赚钱的方法。第一种是赶快到低工资的开发中国家投资生产以降低成本；第二种则是发展知识创意经济，生产别人无法生产的商品，以提高商品的附加价值。科技是生产力的支柱，通过专利或保密方式使企业获得超额收益。科技创新提供新产品、降低成本、提高质量，提高国家竞争力。世界各国都在科研上投入大量精力，以保持技术领先。美国、日本、德国等发达国家，科研投入普遍很高。

除了技术，还有垄断、政策和稀有资源等因素。事实上，只要看一看全国各地收入高、活得滋润的企业，就能总结出超额利润的要素。20世纪90年代，我国大批国有企业的职工下岗，看一看，哪些国企的职工没下岗？当然是铁路、银行、邮电、电力以及国家重点支持的企业,他们没有下岗人员。这些企业要么处于垄断地位,要么享受国家特殊政策优惠,比如军工、航空等。垄断和钻政策空子成为许多企业获取高额利润的法宝。在我国,比较好的企业还有大型煤矿、石油企业等。随着经济发展,他们把地下的矿产变成钱,装进了自己的口袋。

在政府支持下,我们有许多垄断央企,例如中航油、中国电信、国家电网等。在2004年,陈久霖领导的中航油在新加坡炒期货巨亏5.5亿美元,然而黑洞1年填平。近几年来,我国的航空公司所使用的航油一直比国外航空公司贵大约10%左右。比如,2001年、2002年,国产航油的出厂价平均每吨高于国外800元之多。2004年,平均每吨航油的采购差价高出国外205元。面对高额的航油成本压力,国内各大航空公司不得不提高燃油附加费的征收水平。中航油之所以能够实现巨额利润,原因在于其在国内航油市场上的垄断地位。据了解,目前国内90%的航油供应都掌握在中航油手中,"中航油依靠这种采购差价赚取利润,想不盈利都难,"国外同行曾这样评价中航油。垄断制造了国内高昂的电话收费、电费、油费等。

相关知识

在工业化大生产以前,企业的出资者与经营者一般为同一个人,资本的利息和经营的利润一般是不易区分的。到了20世纪初期,随着大规模生产的出现,专门从事企业生产经营管理的职业经理人应运而生,企业的所有权和经营权逐渐分离,这样,利息和利润也就自然分开,利息成为资本家的收入,利润则成为企业家的收入。在经济学上,一般把利润分为正常利润和超额利润。这两种利润的性质与来源都不相同。

一、正常利润

正常利润是企业家才能的价格,也是企业家才能这种生产要素的收入或报酬。它同其他生产要素的报酬一样,构成厂商的成本。之所以叫正常利润,是因为它是企业家刚好愿意从事企业经营所得到的报酬。实际利润高出正常利润就会有更多的企业进入该行业,如果低于正常利润,就会有企业退出该行业。由于企业家才能被认为是一种技术,拥有这种技术的人,同其他生产要素一样,在市场上也会被竞相雇佣,所以其价格的决定与工资的决定相类似,取决于企业家才能的需求与供给。可以说正常利润是一种特殊的工资,其特殊性就在于其数额远远高于一般劳动者所得到的工资,原因是:从需求方面看,由于企业家才能对企业经营活动的功效具有至关重要的作用,社会对企业家才能的需求是很大的。从供给方面看,由于企业家才能是经过特殊培养所造就的,所耗费的成本较大,所以企业家才能的供给量是有限的,也就是说具有使企业获得盈利能力的人才是相当稀缺的。企业家才能供给与需求的特点,决定了企业家才能的报酬即正常利润必然是很高的,远远超过一般劳动所得到的报酬。

因为正常利润包括在经济学分析的成本之中,所以收支相抵就是获得了正常利润。在完全竞争中,利润最大化就是获得正常利润。超过正常利润以后的超额利润在完全竞争之下并不能长期存在。

二、超额利润

超额利润是指超过正常利润的那部分利润,又称为纯粹利润或经济利润,在数值上等于总收益与总成本的差额。总成本由显性成本和隐性成本构成,显性成本是指生产经营者记入会计账簿的工资、地租、利息及其他投入要素的成本费用,隐性成本则是企业自己所拥有的并用于自身生产的各种资源的机会成本。超额利润可以为正值、零或负值,为正值称为取得了盈利,为零称为盈亏平衡,为负值便意味着亏损。超额利润具有不同的来源,从而也就决定了它具有不同的性质。

(一) 垄断的超额利润

由垄断而产生的超额利润称为垄断利润。垄断可以分为卖方垄断和买方垄断。

卖方垄断又称专卖,是指对某种产品出售权的垄断。在这种情况下,卖方可以规定价格,而买方则成为价格的接受者,因此,卖方就可以抬高商品卖价,以损害消费者的利益而获得超额利润。例如,一家厂商享有某种产品的专利权,或者控制了某个行业的关键性生产资源要素,厂商就可以凭借其垄断地位提高产品售价,赚取超过正常利润的垄断利润。在厂商理论中分析的垄断竞争的短期均衡、完全垄断的短期与长期均衡,以及寡头垄断下的超额利润,就是这种情况。买方垄断又称专买,是指对某种产品或生产要素购买权的垄断。在这种情况下,垄断者可以压低收购价格,以损害生产者或生产要素供应者的利益而获得超额利润。

垄断所引起的超额利润是不合理的,是市场竞争不完全的结果。

(二) 创新的超额利润

创新是指企业家对生产要素实行新的组合。美国经济学家熊彼特认为,创新主要涉及五个方面:第一,引进一种新产品;第二,引进一种新技术;第三,开辟一个新市场;第四,获得一种原材料的新的来源;第五,采用一种新的企业组织形式。

这五种形式的创新都可以产生超额利润。例如,引进一种新产品,可以使销售量提高或者价格提高,从而产生超额利润。采用一种新的技术和新的企业组织形式,都可以降低成本,提高生产效率,获得一种原材料的新的来源也可以降低成本。这样,产品在按市场价格出售时,由于成本低于同类产品的成本,就获得了超额利润。开辟一个新市场同样也可以通过提高价格或增加销售量而获得超额利润。

现实中,由创新产生的超额利润是不会长期存在的,一旦其他厂商模仿,超额利润就会逐渐降低,当大多数厂商都模仿后,超额利润便消失了。但是,由于超额利润的诱惑,创新是不会停止的,旧的创新被模仿,新的创新又会出现,从而又会带来新的超额利润。

创新是社会进步的动力,能够提高生产效率,促进经济增长。因此,由创新所获得的超额利润是合理的,是社会进步必须付出的代价,也是对创新者给予的鼓励和补偿。

(三) 风险的超额利润

风险是指从事某些事业时遇到的各种不确定性。任何决策总是面向未来的,而未来是不确定的,人们对未来的预测有可能发生错误,因此风险的存在就是普遍的。在一个动态经济中,企业家经常要从事具有风险的经济活动,这些风险活动一旦失败,企业家必然遭受很大的经济损失。如果对于这种可能遭受的经济损失没有补偿,就没有人肯承担风险去从事这种活动。所以,承担风险必须要有相应的报酬,这个报酬就是超额利润。

在现实生活中,从事有风险的经济活动往往也是必要的,因此,由承担风险而产生的超额利润也是合理的,从事具有风险的生产就应该以超额利润的形式得到补偿。

总之,利润是经济社会进步的动力。正常利润作为企业家才能的报酬,能够鼓励企业家更好地管理企业,提高效益。由创新而产生的超额利润鼓励企业家大胆创新,这种创新有利于社会的进步。由风险而产生的超额利润鼓励企业家勇于承担风险,从事有利于社会经济发展的风险事业。追求利润的目的使企业按社会需要进行生产,降低成本,配置和利用资源。

单元六　洛伦茨曲线与基尼系数

知识目标
1. 认知理解经济学中的洛伦茨曲线；
2. 理解并熟练掌握基尼系数的计算方法。

能力目标
通过本节的学习，你应该能够：
1. 学会应用洛伦茨曲线来衡量不同国家或地区社会收入分配的平等程度；
2. 正确计算基尼系数，并能根据基尼系数衡量不同国家或地区的贫富差距。

引导启示

《人民日报》2003年11月4日报道：拉美经济危机警示：忽视基尼系数导致社会失衡。最近一个时期，有关拉美一些国家发生社会动乱的新闻不绝于耳。人们不免感到困惑：绝大多数拉美国家的人均收入已达3000美元以上，个别国家甚至超过5000美元。这些总体收入水平高于东南亚的拉美国家，为什么还会持续不断地发生社会动乱呢？

世界银行近日公布的一份关于拉美贫富差距的研究报告也许可以帮助我们找到答案。该报告认为，拉丁美洲是全球贫富差距最严重的地区，而且这种现象仍在继续扩大。目前拉美平均基尼系数已达0.522，远高出经济发展水平与其相近的东欧和东南亚国家，这就意味着该地区的不少国家已经相当接近甚至超过0.6的危险状态。

据世界银行的报告，阿根廷和委内瑞拉在20世纪初发生了严重的经济衰退，两国的贫困人口迅速增加，相当一部分中产阶级家庭沦落到贫困阶层。两国的基尼系数与10年前相比有明显的上升，其中阿根廷的基尼系数从0.43上升到0.55。基尼系数的微小变化在现实生活中却能强烈地感受到。最明显的一点就是阿根廷近年来绑架和抢劫案大量增加。阿根廷是世界上最有竞争力的农业国之一，其人文发展水平一度接近发达国家。委内瑞拉也是世界上最重要的产油国之一。这两个国家在发展中的挫折值得我们深思。

相关知识

一、洛伦兹曲线及其应用

生产要素价格决定理论是分配理论的重要部分,但不是分配理论的全部内容。分配理论还包括收入分配平等问题的研究。为此,还需要研究洛伦兹曲线和基尼系数。

洛伦兹曲线是用来衡量社会收入分配(或财产分配)平均程度的曲线。它由美国经济学家洛伦兹提出。洛伦兹把社会全体居民依其收入占全社会收入的比率分成若干个等级;再分别在横坐标和纵坐标上标明每个等级的人口占总人口的百分比,每个等级人口的收入占社会总收入的百分比,连接各等级的这两个百分比率的坐标点所形成的曲线,就叫洛伦兹曲线。

例如:如果把全社会人口分为五个等级,各等级人口各占总人口的20%,各等级人口的收入占社会总收入的比例各不相同,也就是存在着收入上的差别。为了详细说明这个问题,我们把某地区各等级的人口比例和收入比例用表 7-1 中的资料加以表示,说明利用洛伦兹曲线进行社会收入分配平等程度分析的基本原理和方法。

表 7-1 人口与收入分布表

级别	人口		收入	
	占人口百分比(%)	合计(%)	占收入百分比(%)	合计(%)
1	20	20	10	10
2	20	40	12	22
3	20	60	18	40
4	20	80	20	60
5	20	100	40	100

根据表 7-1 中人口与收入百分比的合计,画出洛伦兹曲线图(如图 7-15 所示)。

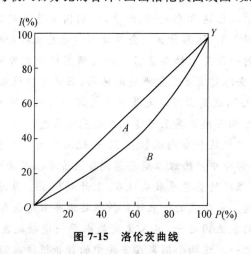

图 7-15 洛伦兹曲线

在图 7-15 中,横轴 OP 代表人口百分比,纵轴 OI 代表收入百分比。OY 线为45度角的直线,在这条线上各等级人口得到的收入完全相等,即该直线上的任何一点都表示各等级人口占总人口的百分比与各等级收入占总收入的百分比相等,也就是每20%的人口都能得到20%的收入。表明收入分配绝对平均,称为绝对平均线。折线 OPY 表明收入分配绝对不平均,称为绝对不平均线。这条线表示全社会成员中,除了由一个人占有全部社会收入外,其余人的收入都为零。而实际的洛伦茨曲线应该介于这两条线之间,在这条线上,除了起点与终点以外,线上任何一点到两坐标轴的距离都是不相等的。利用洛伦茨曲线可以表明收入与财产分配的不平等程度。洛伦茨曲线离绝对平均线越近,表明收入或财产分配越平等;洛伦茨曲线离绝对不平均线越近,表明收入或财产分配越不平等。

运用洛伦茨曲线可以比较同一个国家不同时期或同一时期不同国家收入分配的平均状况与变化状况(如图7-16所示)。

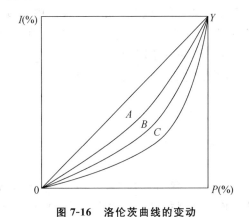

图 7-16 洛伦茨曲线的变动

在图 7-16 中,我们如果用 A、B、C 这三条洛伦茨曲线分别表示甲、乙、丙三个国家的实际洛伦茨曲线,自然可以清楚地看出,甲国收入分配最平等,乙国收入分配平等程度次之,丙国收入分配最不平等。如果把 A、B 这两条洛伦茨曲线作为实施一项政策前后的洛伦茨曲线,那就可以看出,在实施该项政策后,收入分配更不平等了。

洛伦茨曲线是国际上用来测量收入分配差距的重要方法,具有形象、直观、生动的优点,但它不能用一个确切的数值来表示收入差距的总体水平。

二、基尼系数及其应用

基尼系数是意大利统计学家基尼根据洛伦茨曲线提出的一个衡量分配平等程度的指标。在图 7-16 中,我们把人口和收入按 100% 的数值形成一个封闭区间,如果实际收入线与绝对平均线之间的面积用 A 来表示,实际收入线与绝对不平均线之间的面积用 B 来表示,则计算基尼系数的公式为:

$$基尼系数 = \frac{A}{A+B}$$

当 $A=0$,即实际收入分配线与绝对平均线重合时,基尼系数等于0,表明社会收入分配绝对平均;当 $B=0$,即实际收入分配线和绝对不平均线重合时,基尼系数等于1,表明社会收入分配绝对不平均。而实际经济生活中,基尼系数总是在 0~1 之间。基尼系数越小,越接近于0,表明社会收入分配越平均;基尼系数越大,越接近于1,表明社会收入分配越不平均。

基尼系数是国际通用的衡量贫富差距的最可行的方法。联合国有关组织规定:一个社会的基尼系数,若低于0.2表示收入高度平均;0.2~0.3表示比较平均;0.3~0.4表示相对合理;0.4~0.5表示收入差距较大;0.6以上表示收入差距悬殊。国际上一般以0.4为警戒线,一旦基尼系数超过0.6,表明该国社会处于可能发生动乱的"危险"状态。

基尼系数的显著优点是:可以用一个数值来反映居民收入分配的总体公平程度,便于了解、掌握和比较。人们可以对一个国家不同时期的基尼系数进行比较,也可以对不同国家的基尼系数进行比较。

基尼系数的缺点是:(1)它不能说明不平等的全部情况。仅从基尼系数本身看不出个别阶层的收入变动情况,基尼系数对低收入阶层的收入比重变化反应不敏感。(2)不同国家可能采用不同的统计口径和资料,可比性差。在实际运用中的具体统计方法多种多样,而不同方法所要求的数据又不同,因而出现不同的计算结果,给收入分配公平程度的判断带来困难。各个国家的经济制度和经济条件不同,其收入分配受多种因素的影响,而且相同的基尼系数所反映的分配平均程度也不能一概而论,必须进行综合分析。

研讨案例

案例1:14世纪的欧洲,鼠疫的流行在短短几年内夺去了大约三分之一人口的生命。这个被称为黑死病的事件为检验刚刚提出的要素市场理论提供了一个可怕的自然试验。首先,黑死病使人口锐减,从而劳动力的数量大规模减少,劳动力的供给十分紧张。在黑死病发生以前,大约每公顷土地平均由2个人耕种,但黑死病发生以后,平均1公顷土地还不足1个人。同时,以前土地供应紧张,要不断地开垦新的土地,但是在黑死病发生以后,不仅不再需要开垦新的土地,相反,已经开垦的土地,有很多质量较差的又重新被废弃,即使是那些好地也缺少人耕种,土地的租金大幅度下滑。据统计资料表明,在这一时期,劳动者的工资将近翻了一番,而土地租金减少了50%,甚至更多,黑死病给农民阶级带来了经济繁荣,而减少了有土地阶级的收入。由于农民收入的上升,逐渐又产生了一种现象,越来越多的人倾向于减少劳动时间,耕种更少的土地,这使得劳动的供给量进一步减少了。

请用本章所学的工资理论解释"黑死病的灾难带来的富裕"。(资料来源:摘自曼昆著《经济学原理》)

案例2:根据世界银行公布的数据显示,中国居民收入的基尼系数已由改革开放前的0.16上升到目前的0.47,超过了国际上0.40的警戒线。由于部分群体隐性福利的存在,有专家认为中国实际收入差距还要更高。《瞭望》周刊载文指出,2006年,城镇居民中20%最高收入组(25410.8元)是20%最低收入组(4567.1元)的5.6倍;农村居民中20%最高收入组(8474.8元)是20%最低收入组(1182.5元)的7.2倍。

试运用本章所学的洛伦茨曲线和基尼系数理论对我国目前不同社会群体的收入差距给予评述,并提出消除收入差距的对策措施。

总结与回顾

分配理论涉及劳动、资本、土地和企业家才能这四种基本生产要素,对应着工资、利息、地租和利润。对生产要素的需求取决于该要素的边际生产力,而生产要素的供给是指在不同的报酬下,生产要素市场上所提供的要素数量。完全竞争市场上工资的决定是由劳动的供求关系决定的,不完全竞争市场上工资的决定存在着不同程度的垄断。利率取决于对资本的需求与供给。土地具有数量有限、位置不变以及不能再生产的特点,随着经济的发展,地租有不断上升的趋势。在经济学上,一般把利润分为正常利润和超额利润。创新与风险取得的超额利润是合理的,而垄断取得的超额利润是不合理的。衡量社会收入分配平均程度的指标主要有洛伦茨曲线和基尼系数。洛伦茨曲线越弯曲,说明收入分配越不平等。基尼系数介于 0 和 1 之间。基尼系数越小,收入分配越平等;基尼系数越大,收入分配越不平等。

1. 基本概念

   边际生产力　向后弯曲的劳动供给曲线　工资　利息　正常利润　超额利润　洛伦茨曲线　基尼系数

2. 简述生产要素需求的性质。
3. 劳动的供给有什么特殊性?为什么?
4. 在工会存在的条件下,劳动市场上的工资是如何决定的?
5. 地租是如何决定的?它的发展趋势是什么?
6. 什么是超额利润?它包括哪些种类?
7. 洛伦茨曲线和基尼系数是如何体现收入分配平等程度的?

模块八　市场失灵与微观经济政策

前面讲到了经济系统中两类组织单位——家庭和厂商在经济中的行为及它们行为的目的。经济生活中，除了家庭和厂商两类组织单位外，还有一个非常重要的组织单位，这就是政府。在经济中，政府的行为会对家庭和厂商的行为产生重要影响，这大多是政府有意干预经济的结果。本模块我们所要解决的问题是为什么政府要干预经济？他又如何干预经济？

单元一 市场与政府

> **知识目标**
> 1. 认知理解垄断和信息不对称所引起的市场失灵;
> 2. 认知理解社会资源配置的帕累托最优;
> 3. 理解政府干预经济的理由及方式。
>
> **能力目标**
> 通过本节的学习,你应该能够:
> 1. 了解掌握应对市场失灵的微观经济政策;
> 2. 从现实的角度对政府干预经济的理由有正确的认知;
> 3. 对政府干预经济不当,未能有效克服市场失灵的原因与表现做正确的分析。

引导启示

20世纪初的一天,列车在绿草如茵的英格兰大地上飞驰。车上坐着英国的著名经济学家庇古(A·C·Pigou)。他边欣赏风光,边对同伴说:列车在田间经过,机车喷出的火花(当时是蒸汽机)飞到麦穗上,给农民造成了损失,但铁路公司并不用向农民赔偿。这正是市场经济的无能为力之处,称为"市场失灵"。

将近70年后,1971年,美国经济学家乔治·斯蒂格勒(G·J·Stigler)和阿尔钦(A·A·Alchian)同游日本。他们在高速列车(这时已是电气机车)上见到窗外的禾田,想起了庇古当年的感慨,就问列车员,铁路附近的农田是否受到列车的损害而减产。列车员说,恰恰相反,飞速驰过的列车把吃稻谷的飞鸟吓走了,农民反而受益。当然铁路公司也不能向农民收"赶鸟费"。这同样是市场经济无能为力的,也称为"市场失灵"。

为什么同样一件事情在不同的时代与地点结果不同。两代经济学家的感慨也不同。但从经济学的角度看,火车通过农田,无论结果如何,其实说明了同一件事:即市场经济的外部性与市场失灵的关系。

相关知识

一、自由与干预

在政府与市场的关系问题上,一直都是争论的焦点,在西方经济学发展的历史上可以说是学派林立,众说纷纭。到目前为止,主要经历了经济自由主义、国家干预主义和新经济自由主义三个阶段。

(一)经济自由主义

经济自由主义反对任何限制经济自由的理论和政策。经济自由主义主张限制政府在经济事务中的操控,让市场机制发挥调节资源的作用。经济自由主义包括斯密的经济自由主义和新自由主义。亚当·斯密在《国富论》一书中提出,在商品经济中,每个人都以追求自己的利益为目的,在一只"看不见的手"的指导下,即通过市场机制自发作用的调节,各人为追求自己利益所做的选择,自然而然地会使社会资源获得最优配置。

从亚当·斯密到凯恩斯之前,西方经济学经历了古典和新古典两个时期,在长达近两百年的历史里,经济自由主义占据压倒优势,成为占统治地位的经济思想。古典学派和新古典学派的经济学家们都基本上承袭了古典自由主义的传统,认为要实现经济的增长,必须实行自由放任的经济制度,让市场机制自发作用以实现资源的有效配置。

(二)国家干预主义

19世纪末20世纪初,垄断资本和国家政权的结合使自由资本主义进入国家垄断资本主义。罗斯福"新政"是美国以行政力量对经济进行全面干预的一种国家垄断资本主义实验性措施,成为西方经济思潮从自由放任论向政府干预论转变的一个重要里程碑。在罗斯福"新政"的背景下,经济学家凯恩斯在1936年发表了《就业利息和货币通论》一书,批判传统理论,系统地提出了国家干预经济的理论和政策,并立即在西方世界产生巨大影响,被称之为"凯恩斯革命"。凯恩斯理论的"革命性"主要表现两个方面。一是在理论方面,凯恩斯否定了传统理论所奉行的萨伊定律:"供给自行创造需求",认为在自由放任条件下有效需求通常都是不足的,所以市场不能自动实现充分就业的均衡。他认为,在现代资本主义条件下,市场机制已不可能充分发挥自动调节的作用,它既不可能使生产资源达到充分利用,也不可能使劳动力实现充分就业,所以应放弃市场经济的自动调节理论。二是在政策方面,凯恩斯主张国家对经济实行全面平衡和调节,要求摒弃传统的收支平衡的财政政策,实行扩张性财政、金融政策,以增加投资,刺激消费,扩大有效需求。二战后直至20世纪70年代初,以凯恩斯理论为基础的国家干预理论有了很大的发展,形成了西方宏观经济学的主要思想。这就是与经济自由主义相对应的国家干预主义,又称凯恩斯主义。

(三)新经济自由主义

20世纪30年代凯恩斯国家干预主义取代了经济自由主义而占据统治地位,西方各国经济迅速增长,且未再出现过严重的经济危机,国家干预主义盛极一时,但经济自由主义依然存在。到了70年代,在凯恩斯主义面对"滞涨"局面而束手无策的形势下,资本主义世界又纷纷兴起了新的经济自由主义思潮,新自由主义是在经济自由主义的基础上发展而来的。

它认为：生产资料私有制是一切经济活动的前提，特别是市场经济中一切活动的前提；交换和市场的自发运行有充分的效率；自由贸易是最好的外贸政策。新自由主义是坚决反对政府的过多干预。新自由主义与亚当·斯密的经济自由主义的不同在于，亚当·斯密的经济自由主义主张实行完全自由放任，新经济自由主义则都主张在国家干预下强调经济自由。

因此，作为西方经济理论代表的经济自由主义、国家干预主义两大理论几乎贯穿于资本主义发展的整个过程，并且总是随着经济现实的变化而此消彼长。两者既相互对立，又相互影响，并在一定程度上互相吸收和融合。

二、市场失灵

(一) 资源配置的帕累托最优状态

在市场机制的作用下，如果居民和厂商作为市场主体分别实现了效用最大化和利润最大化，并且在此基础上，产品市场和生产要素市场既不存在过剩，也不存在短缺，即整个经济的价格体系恰好使所有的商品供求都相等时，经济就处于一般均衡状态或瓦尔拉斯均衡状态。当经济处于一般均衡状态时，资源便实现了最优配置。资源实现最优配置的标准是，当一种资源的任何重新分配，已经不可能使任何一个人的处境变好，也不可能使一个人的处境变坏，换言之，社会已经达到这样一种状态，即任何资源的重新配置都不可能使任何人的福利有所增加，也不可能使任何人的福利有所减少，社会即实现了资源的最优配置。这一资源最优配置的标准或资源最优配置的状态被称为帕累托标准或帕累托最优状态。帕累托最优状态又被称为经济效率。满足帕累托最优状态就是最有经济效率的；反之，不满足帕累托最优状态就一定是缺乏经济效率的。

在一个经济社会中，整个经济实现一般均衡，并且资源配置达到帕累托最优状态，是有条件的。从理论上说，只有在完全竞争的条件下，一般均衡和帕累托最优状态才可能实现。

(二) 市场失灵的含义

西方经济学认为，在完全竞争条件下，市场经济能够在自发运行的过程中，仅仅依靠自身力量的调节，使社会上现有的各种资源得到充分、合理的利用，达到社会资源的有效配置状态。但是，市场经济并不是万能的。自由放任基础之上的市场竞争机制，并非在任何领域、任何状态下都能够充分展开；而在另外一些领域或场合，市场机制即使能够充分发挥，也无法达到符合整个社会要求的资源配置的帕累托最优状态。这些问题就是市场经济自身所无法克服的固有的缺陷或不足，西方经济理论将其称为"市场失灵"(Market Failure)。

(三) 市场失灵的原因

无论是在市场经济发达国家，还是在市场经济不发达国家，完全依靠市场机制的自发调节作用都不可能实现一般均衡和帕累托最优状态。导致市场失灵的原因通常有以下几种。

1. 外部性或外部影响的存在

所谓外部性或外部影响是指某个人或某个企业的经济活动对其他人或其他企业造成了影响，但却没有为此付出代价或得到收益。外部性可以分为外部经济和外部不经济两种。所谓外部经济就是某个人或某个企业的经济活动会给社会上其他成员带来好处，但该人或该企业却不能由此得到补偿。例如，中国支付巨额费用对大学生进行了高等教育，大学生却出国留学并定居海外而又不付给中国任何费用或只付给较低的费用,这时,中国所获得的私人收益就会小于中国以外的社会收益,而由中国承担的私人成本则会高于社会成本,此即为正外部性或外部经济。所谓外部不经济就是某人或某企业的经济活动给社会上其他人带来损害,但该人或企业却不必为这种损害进行补偿。例如,某人驾驶一辆货车运输货物,由于汽车排放了废气,从而造成了环境污染而又不为此付出任何代价或只付出很小的代价,这时,此人所获得的私人收益就会高于社会收益,而私人成本则会低于社会成本,这时就会产生负外部性或外部不经济。

正外部性或外部经济的存在,通常会使市场主体的活动水平低于社会所需要的最优水平;而负外部性或外部不经济的存在,则会使市场主体的活动水平高于社会所需要的水平,并给其他经济主体乃至整个社会带来巨大损失。无论是外部经济还是外部不经济的存在,都表明资源没有实现最优配置,帕累托标准未能实现。外部性的存在,在很大程度上与产权不清晰有关,而对产权的明确界定,市场机制通常是无能为力的。显然,市场机制在外部性面前失去了或部分失去了自己的作用。

2. 公共产品的生产

所谓公共产品是满足社会公共需要的物品。公共产品是和私人物品相对应的。私人物品具有两个明显的特征:竞争性和排他性。所谓竞争性是指在其他情况不变的情况下,对于既定的可供消费的产品而言,增加一个人的消费必然减少另一个人的消费。所谓排他性是指私人物品在财产所有权上的独占性。某人合法地占有了某种商品,别人就不能同时占有它。私人物品可明确产权上的归属,而产权必然具有排他性。因此,可以说具有竞争性和排他性的商品就叫私人物品。而公共产品的特点就是非竞争性和非排他性。

市场对于具有竞争性和排他性的私人物品方面起完全的调节作用。而对于公共产品来说,由于它失去了竞争性和排他性,在既定的产量水平上,增加消费并不会导致成本的增加,享用者对其支付的价格往往是不完全的,甚至根本无需付费,就能"搭便车";市场机制对公共产品的调节作用是有限的,甚至是无效的。

由于市场机制对公共产品生产的调节作用具有局限性,因此,如果单纯依靠市场机制来调节该类产品的生产,其产出可能为零。至少,市场所提供的公共产品将无法满足社会的需求,即市场机制分配给公共产品生产的资源将是不足的,资源因此而不能得到有效配置,帕累托最优状态也就无法实现。

3. 垄断的存在

从一般意义上讲,垄断是指一个或少数厂商对某种产品的生产或销售实行完全的或某种程度的控制。垄断一旦形成,市场的竞争性就会减弱,从而使市场机制配置资源的有效性受到一定限制。这主要表现在:第一,垄断厂商可以在一定程度上控制产量和价格,使市场机制作用的发挥受到一定限制;第二,垄断厂商为获得最大利润,其产品的价格会高于竞争条件下的价格,产品的产量也会低于竞争条件下的产量,这意味着生产不足和资源配置的低效率;第三,垄断利润的存在往往以消费者收益的相对减少为代价,这自会导致分配不公;第四,在垄断的条件下,由于垄断厂商缺乏竞争的外部压力,其经济效率必然低于竞争条件下的经济效率。因此,垄断的产生,会在一定程度上限制市场机制的作用,使资源无法实现最优配置。

4. 信息的不对称性和不完全性

信息不对称是指市场上买卖双方掌握的信息量不一样。有时卖者掌握的信息更多,如二手汽车市场卖者对自己的汽车状况更加了解。有时买者信息更多,如医疗保险的购买者更了解自己的身体状况。由于信息不对称的存在,就会产生逆向选择和道德风险等问题。逆向选择是买卖双方在不对称信息的情况下出现质量差的商品往往将质量好的商品驱逐出市场的现象。道德风险也称为"败德行为",是指交易双方协议达成后,协议的一方利用信息的不对称,通过改变自己的行为,来损害对方的利益。如:交完财产险后不注意防盗,保险公司无法观察到投保人的行为,不能了解真正的原因,结果保险公司付出了更多的保费。由于信息不对称性的存在,市场机制就不能很好地发挥作用,生产者或消费者都会出现一些盲目的行为,有的市场不能得到正常的发展,无法对资源进行最优配置。

(四) 市场功能缺陷

市场对资源的配置不仅存在着失灵的可能,而且还存在着某些功能上的缺陷。市场功能缺陷的首要表现是收入分配不公。在市场经济条件下,由于市场机制的自发作用,收入无论是按劳动贡献分配,还是按生产要素分配,都有可能导致人们收入上的巨大差别,并可能引起两极分化,影响社会的稳定。从某种意义上说,市场经济就是依靠这种收入上的差别产生激励和竞争,实现其经济效率的。因此,在资源采取市场配置的情况下,分配不公是难免的。

其次,由于市场调节的机理是通过市场信号的变动影响经济主体自身的经济利益,从而促使其做出调整的,这意味着市场机制对社会生产的调节常常带有自发性和滞后性的特点。市场机制作用的这个特点,不但会造成经济运行中有可能出现常规的景气被动,而且有可能产生大起大落的强周期波动的现象。

最后,在市场供求和价格只是代表短期信号的条件下,企业根据市场信号和自身的利益从事经济活动,就难免有经济行为短期化的特点。这意味着微观经济主体对于那些投资规模巨大,投资周期长,风险高和预期利润不确定的项目不会有很大兴趣和投资意愿,他们的行为目标与社会经济发展的长期目标经常是不一致的,这就有可能导致宏观经济的不平衡。

市场的功能缺陷和市场失灵一样,都是一种客观存在。这种客观存在靠市场自身是无法解决的,客观上需要发挥政府的作用。对于市场失灵,通常需要政府制定微观经济政策加以克服,而对于市场功能缺陷,则需要政府对经济运行进行宏观调控来加以解决。

(五) 克服市场失灵的微观经济政策

1. 消除外部性的微观经济政策

消除外部性的传统方法包括使用税收和补贴手段以及将相关企业合并从而使外部性内部化的手段。首先,政府可以使用税收和补贴的手段对那些输出负外部性的企业例如污染严重的企业征收适度的赋税,其数额应等于治理污染的费用。这样就会使企业的私人成本等于社会成本,企业的生产成本和产品的价格也会相应提高,这不仅会使市场对企业产出的有效需求得到抑制,而且也会使企业的生产收缩,从而引导资源转移到其他用途上或效率高的企业中去,使资源得到更为合理的利用。而对于那些具有正外部性的企业政府应给予财政补贴,使其私人收益等于社会收益,以鼓励企业增加产出,实现资源的优化配置。其次,政府也可以通过合并相关企业的方法使外部性得以"内部化"。例如,A 企业是输出负外部性的企业,而 B 企业则是其受害者,或者 A 企业是输出正外部性的企业,而 B 企业是免费受益者,在上述两种情况下,如果把 A、B 两个企业合并,负外部性或正外部性都会因此而消失。

消除外部性的最重要的现代方法是明晰产权。在多数情况下,外部性之所以存在并导致资源配置失当,都是由于产权界定不清晰。如果没有明确界定化工厂是否有权污染附近的河流从而对附近农民的生产造成伤害,以及没有明确界定附近的农民是否有权不受化工厂的侵害,外部性就会发生。相反,如果产权即受益权或受损权以及一方给予另一方的补偿权是明晰的,外部性就可能不会发生。因此,明晰产权应是消除外部性的最重要的方法。

2. 公共产品供给的微观经济政策

解决公共产品的生产不足是一个较为复杂的问题,由于公共产品的消费存在免费搭便车的问题,并且每个理性的消费者都会利用这一点,在不支付费用的情况下就可以享受公共产品的效用,因此,由政府来生产公共产品应是一种较好的选择。但是政府应提供多少公共产品才能较好地满足社会需要,使资源得到有效利用,经济学家们建议采用非市场化的决策方式,例如公民投票。当然,这涉及公共选择的问题。

3. 对垄断进行公共管制的微观经济政策

由于垄断会导致资源配置缺乏效率,因此也就产生了对垄断进行公共管制的必要性。对垄断进行公共管制的方式是多种多样的。首先,有效地控制市场结构,避免垄断的市场结构产生,是一种重要的管制措施。例如,当某种产品市场形成了垄断或已经具有垄断的趋势时,对垄断企业进行分拆就是一种很好的选择。其次,对垄断企业的产品价格和产量进行管制,也可以提高资源的配置效率。最后,在市场经济条件下,制定反垄断法或反托拉斯法,就可以对垄断的市场结构和厂商的垄断行为进行法律约束,从而更好地规范市场秩序和市场环境,进而提高资源的配置效率。

4. 信息调控的微观经济政策

信息的不对称性和信息的不完全性会给经济运行带来很多问题,而市场机制又很难有效地解决这些问题,在此情况下,就需要政府在市场信息方面进行调控。政府对市场信息的调控方式是多种多样的,规范和经常检查企业发布的广告信息和上市公司发布的财务信息,对生产假冒伪劣产品的企业依法进行严厉的打击,采用各种方式增加市场的透明度,等等。政府对市场信息进行调控也是为了提高资源的配置效率。政府通过制定正确的微观经济政策在很大程度上能够消除市场失灵的对经济运行的影响,从而提高资源的配置效率。但是,如果政府不能有效地承担或有效地履行这一责任,那么在存在市场失灵的同时,还会出现"政府失灵",当然,这会导致更大的资源浪费。

三、政府的局限性

(一) 政府失灵的含义

市场失灵为政府干预提供了可能,但是,政府干预也非万能,同样存在着"政府失灵"(Government Failure)的可能性。所谓"政府失灵"是指政府干预经济不当,未能有效克服市场失灵,却阻碍和限制了市场功能的正常发挥,从而导致经济关系扭曲,市场缺陷和混乱加重,以致社会资源最优配置难以实现。

(二) 政府失灵的表现形式

政府失灵一方面表现为政府的无效干预,即政府宏观调控的范围和力度不足或方式选择失当，不能够弥补"市场失灵"维持市场机制正常运行的合理需要。比如对生态环境的保护不力。缺乏保护公平竞争的法律法规和措施，对基础设施、公共产品投资不足，政策工具选择上失当，不能正确运用行政指令性手段等，结果也就不能弥补和纠正市场失灵；另一方面，则表现为政府的过度干预，即政府干预的范围和力度超过了弥补"市场失灵"和维持市场机制正常运行的合理需要，或干预的方向不对路，形式选择失当，比如不合理的限制性规章制度过多过细，公共产品生产的比重过大，公共设施超前过度；对各种政策工具选择及搭配不适当，过多地运用行政指令性手段干预市场内部运行秩序，结果非但不能纠正市场失灵，反而抑制了市场机制的正常运作。

(三) 政府失灵的原因

1. 腐败问题的存在

政府干预的一个前提条件是它应该作为社会公共利益的化身，对市场运行进行公正无私的调控，公共选择学派把政府官员视作亚当·斯密所说的"经济人"，但是在现实中，在政府机构谋求内部私利而非公共利益的人员还是会存在的，少数政府官员的腐败行为更是时有发生。政府部门这种追求私利的行为必然极大地影响政府干预下的资源配置的优化。

2. 干预行为的效率较低

与市场机制不同，政府干预首先具有不以直接盈利为目的的公共性。政府为弥补市场失灵而直接干预的领域往往是那些投资大、收益慢且少的公共产品，其供给一般是以非价格为特征的，即政府不能通过明确价格的交换从需求对象那里直接收取费用，而主要是依靠财政支出维持其生产和经营，很难计算其成本，因此缺乏降低成本提高效益的直接利益驱动。

3. 政府决策的失误

政府对社会经济活动的干预，实际上是一个涉及面很广、错综复杂的决策过程。正确的决策必须以充分可靠的信息为依据。但由于这种信息是在无数分散的个体行为者之间发生和传递，政府很难完全占有，加之现代社会化市场经济活动的复杂性和多变性，增加了政府对信息的全面掌握和分析处理的难度。此种情况很容易导致政府决策的失误，并必然对市场经济的运作产生难以挽回的负面影响。正确的决策还需要决策者具备很高的素质。政府进行宏观调控，必须基于对市场运行状况的准确判断，制定调控政策，采取必要手段，这在实践中是有相当难度的。即使判断准确，政策工具选择和搭配适当，干预力度也很难确定。而干预不足与干预过度，均会造成"政府失灵"。而现实中的政府官员很多并不具备上述决策素质和能力，这必然影响政府干预的效率和效果。

当政府的干预存在着上述缺陷，却让政府干预成为替代市场的主导力量时，其结果只能导致"政府失灵"，用"失灵的政府"去干预"失灵的市场"必然是双重失灵，使失灵的市场进一步失灵。但客观存在的市场失灵又需要政府的积极干预，因此，政府不干预或干预乏力与政府干预过度均在摒弃之列。现实而合理的政府与市场间的关系应是在保证市场对资源配置起基础性作用的前提下，以政府的干预之长弥补市场调节之短，同时又以市场调节之长来克服政府干预之短，从而实现市场调节和政府干预的最优组合。为此，就需要政府从最大限度地消除导致政府失灵的根源入手，针对政府失灵的两个方面，采取切实措施，在克服和矫正市场失灵的同时，更要防止和纠补政府失灵。

单元二　公共产品与社会成本

> **知识目标**
> 1. 认知理解公共产品的特征与经济生活中的搭便车现象；
> 2. 认知理解城市交通拥挤的外部影响、社会成本与政府行为。
>
> **能力目标**
> 通过本节的学习,你应该能够:
> 1. 从现实的角度对经济生活中的搭便车现象做正确的分析;
> 2. 对解决外部性问题的庇古理论与科斯定理有正确的认知;
> 3. 对减少外部性影响的政府政策措施有深刻理解。

引导启示

　　如果一个数学家证明了一个新定理,该定理成为人类知识宝库的一部分,任何人都可以免费使用。由于知识是公共物品,以赢利为目的的企业就可以免费使用别人创造的知识,结果用于知识创造的资源就越来越少。

　　在评价有关知识创造的适当政策时,重要的是要区分一般性知识与特殊的技术知识。特殊的技术知识,例如一种高效电池的发明,可以申请专利。因此,发明者得到了他的好处。与此相比,数学家不能为定理申请专利,每个人都可以免费得到这种一般性知识。换句话说,专利制度使特殊的技术知识具有排他性,而一般性知识就没有排他性。以美国为例,政府努力以各种方式提供一般性知识这种公共物品。例如,国家保健研究所和国家自然科学基金补贴医学、数学、物理学、化学等基础研究。一些人根据空间计划增加了社会知识宝库来证明政府为空间计划提供资金的正确性。的确,许多私人物品,包括防弹衣和快餐汤,都使用了最初由科学家和工程师在登月研究中开发出来的材料。当然,决定政府支持这些努力的合适水平是困难的,因为收益很难准确地去衡量。

一、政府与城市交通

城市交通是一种在政府主导和指导下可由多元主体参与提供的拥挤性公共产品。随着经济的发展,人们在出行时可以采用城市公共交通和私家车等方式。其中城市公共交通是与人民群众生产生活息息相关的重要基础设施,是普通百姓的主要出行工具。城市交通属于社会公共事业,它是在财政拨款和优惠政策支持下,政府向广大市民提供的廉价、优质、便捷的公共服务。通过提升交通服务的质量来吸引更多的乘客,从而减少私家车的出行,最终缓解日益严重的城市交通病症——交通拥堵、空气污染等。另外,在能源供应日益紧张、燃油价格居高不下的今天,优先发展城市公共交通、提高公交出行率,对于减少燃油消耗、保障国家能源安全和经济安全也具有非常重要的作用。当然,要优先发展城市公共交通,需要政府投入巨额资金,因为公共交通本身就是一项在政府财政保障下所有人都可以享受到的公共服务,其应该具备明确的社会公益性定位。因而,优先发展城市公共交通是政府的一种责任,政府应该合理调配资金投入,以最大限度吸引客流,提高城市公共交通工具的利用效率,并建立不同公共交通方式之间合理的比价关系,以提高整个城市公共交通系统的运行效率。

(一) 城市交通经济分析

从性质来看,城市交通是准公共产品,因为城市交通的容量是有限的,它的非竞争性在出现拥挤现象时就会消失,每增加一个道路使用者就会给其他使用者带来负效应,在出现拥挤之后,其边际成本不为零。城市交通的排他性并非不可能的,通过付费的方式可以实现。

从外部效应来看,城市交通拥挤具有外部不经济现象,即在道路出现拥挤的情况下,个体对道路的消费行为会对其他使用者产生不利影响,如加剧拥挤、增加噪音和污染,增加其他个体时间成本。城市交通可以分为高峰时间和非高峰时间。高峰时间交通量大,车辆不能按正常速度行驶,出现堵车现象,单位时间成本随交通量的增加而增加。非高峰时间交通量小,道路畅通,车辆按正常速度行驶,单位时间成本不变。高峰时间和非高峰时间最优交通量相差很大。非高峰时间道路闲置,造成资源浪费;高峰时间道路又过分拥挤。如何实现城市交通资源的优化配置,从而达到最大的经济效益是我们解决交通问题所要达到的目标。

(二) 政府的对策分析

城市交通拥挤主要是由供求矛盾造成的。因此解决这一问题可以通过增加供给和控制需求两个方面来实现。

1. 增加城市道路供给

增加城市道路供给是通过合理的城市规划,新建、改建、扩建城市道路,满足日益增长的城市交通需求,以达到缓解和消除交通拥挤的目的。增加道路供给能增加交通容量,从而减少交通拥挤。

由于道路的使用是免费的,道路供给的增加会刺激对道路的需求。这种需求是无限的,而道路的供给不可能是无限的,因此道路的供给增加不能满足对道路需求的增加。实际中,由于道路拥挤,所以扩建道路以增加供应,可是却造成私家车的增加。私家车的增加导致对公交使用的下降。公交的供给减少,更促使私家车的增加。道路再次出现拥挤。因此,增加道路供给只能暂时地和在一定程度上解决道路拥挤的问题。如果单纯依靠增加道路供给解决交通拥挤问题,从长期看,还会加重交通拥挤。以泰国曼谷为例:曼谷的交通问题比较严重,近几年来,曼谷修建了几十公里的高架道路,目的是缓解交通拥挤,结果却引发了更为严重的汽车交通拥挤。

2. 控制道路需求

控制道路需求是通过交通政策的引导,改变人们的交通需求选择,从时间和空间上分散对交通的需求,以减轻或消除交通拥挤。主要措施有:

(1) 收取道路使用费。道路的免费使用会导致汽车的增多、道路需求的增加。汽车和道路的平衡被打破,拥挤现象就出现了。因此,通过收费的办法,能够使人们减少对汽车和道路的需求。

(2) 发展公共交通。通常私人汽车的时空占有率是公共汽车的7倍左右。汽车的过量增加必然导致公路的拥挤。公共交通与私人汽车相比具有容量大、环保等优点。而私家车则更舒适、方便,而且还是身份和财富的象征。从缓解交通拥挤的角度来看,发展公共交通是解决之道。因此政府可以通过一些政策,引导人们的出行方式,由低容量的私家车向高容量的公共交通转移。一方面通过抑制私家车的方式,如进入市区限制;另一方面要促进公共交通的发展,如对公共交通进行补贴,使其维持低票价,引导人们选择公共交通。还要改善公共交通的质量,提高其效率和舒适程度。

(3) 错开上下班时间。交通可以划分为高峰时间和非高峰时间。通常交通的高峰时间集中在上下班时间。所以错开上下班时间能够在时间上分散交通需求,缓解交通压力。通常的做法是学生早上8点上课,政府工作人员8点半、企业9点上班。学生下午4点放学,政府5点半、企业6点下班。错开上下班的时间能在一定程度上缓解交通压力。对某些时间限制不强的工作还可以实行弹性工作制和家庭工作制,能够减少高峰时间道路的人流量。

(4) 对拥挤路段进行控制。商业中心往往是交通拥挤的地区,对这些地区的车辆的行车线路和停车需求进行控制,限制进出这些地区的车辆的出行量,从而确保道路畅通,减少交通堵塞。具体的措施如实行车辆的单向行驶。日本20世纪60年代开始实行单向通行规则后,单向通行比双向通行的能力提高30%。

随着我国经济的迅速发展,城市规模的扩大,人们对汽车需求的增加,我们将面临更严峻的交通问题。在我们今后的工作中,除了综合运用以上分析的各种方案外,原则上应重点提高交通的管理水平,提供迅捷、高效的服务和科学的规划,促进交通技术的发展。策略上可以采取收取道路使用费的方式,减少和分散对道路的需求,从而缓解交通压力,解决交通拥挤的问题。总之,交通拥挤问题是一个涉及各方面利益、与人们生活息息相关的社会问题,应从多角度考虑,有效地解决。

二、公共产品的供给

所谓公共产品是满足社会公共需要的物品。公共产品是和私人物品相对应的。私人物品具有两个明显的特称:竞争性和排他性。所谓竞争性是指在其他情况不变的情况下,对于既定的可供消费的产品而言,增加一个人的消费必然减少另一个人的消费。所谓排他性是指私人物品在财产所有权上的独占性。某人合法地占有了某种商品,别人就不能同时占有它。私人物品可明确产权上的归属,而产权必然具有排他性。因此,可以说具有竞争性和排他性的商品就叫私人物品。

(一) 公共产品的特征

公共产品是与私人物品相对应的一个概念,消费具有非竞争性和非排他性特征,一般不能或不能有效地通过市场机制由企业和个人来提供,主要由政府来提供。

1. 消费的非竞争性

消费的非竞争性则是指消费过程中的这样一种性质,一些人对某一产品的消费不会影响另一些人对这一产品的消费,一些人从这一产品中的受益不会影响另一些人从这一产品中的受益,受益对象之间不存在利益冲突。换言之,增加消费者的边际成本为零。这里的边际成本没有增加可以从两方面理解:一是生产方面,指根本不需要追加资源的投入;二是消费方面,指根本不会减少其他人的满足程度,或者说根本不会带来"拥挤成本"。这种情形下,想要排除那些能从消费中获得正效用的人是无效率的。

2. 消费的非排他性

消费的非排他性,是指一旦某项特定的物品被提供出来,便不太可能排除任何人对它的消费。严格地说,这包含三层含义:(1) 任何人都不可能不让别人消费它,即使有些人有独占消费的想法,但在操作中或者技术方面不可行,或者虽然技术上可行,但成本却过高,因而是不值得的;(2) 任何人即使不情愿,也无法拒绝对该物品的消费;(3) 任何人都可以在相同数量上,或在相同程度上消费该物品。

(二) 公共产品的分类

公共产品和私人物品的区别可以用是否具备排他性和竞争性来确定。如果某种物品同时具有消费的非竞争性和非排他性,这种物品无疑就是纯公共产品,很容易与私用物品区别开来。如果某种物品只存在一个特征,就为准公共产品或准私人物品,即混合品。因此,整个社会的物品可以划分为三大类:即纯私用物品,纯公共产品和混合品。

(三) 搭便车问题

由于公共产品具有非排他性,因而难免会产生搭便车问题。所谓搭便车,就是指某些个人虽然参与了公共产品的消费,但却不愿意支付公共产品的生产成本,完全依赖于他人对公共产品生产成本的支付。因此,公共产品的存在给市场机制带来了严重问题:即使某种公共产品带给人们的利益要大于生产的成本,私人市场也不会提供这种产品。

搭便车行为是市场失灵的一种具体表现。他的存在总体上说来有两方面的原因。一是自然原因,即公共产品自己本身存在消费的非排他性。也就是说,消费者如果需要消费公共产品不需要支付任何的费用,这决定了消费者在这种情况下不会支付无谓的价格。二是主观原因,即人的一种道德行为,是人自身的利己性的表现。大卫·休谟(David Hume)早在1740年提出过所谓的"公共的悲剧"(Public Tragedy)。"公共的悲剧"是指在一个社会中,如果有公共产品或劳务的存在,免费搭车者的出现就是不可避免的,而如果社会所有的成员都成为免费搭车者的话,结果最终是任何人无法享受到公共产品的好处。

由于搭便车问题的存在,使市场对公共产品的配置无法达到最优化,换句话说市场无能力使之达到帕累托最优。我们知道,帕累托最优是判断资源配置是否有效的依据,它是指经济不可能通过改变资源配置,在其他人的效用至少不下降的情况下,使任何别人(至少是一人)的效用水平有所提高。我们以小区雇佣保安为例。社区为了保障生活安全,他们决定雇佣保安,这时的保安就可以算作公共产品。如果小区的居住人数只有三人,那么其中任何一个人要想成为免费搭车者都是非常困难的,这是因为在人数较少的群体中(比如 3 人),只要有一个成员不作出捐献,他人就会强烈地感受到公共产品或服务的减少,这就会逼迫他们加强合作。而在人口众多的群体中,某一成员或几个成员的免费搭车,对公共产品或服务的可供给量的影响不是那么明显。所以,一个社会的成员越多,人们免费搭车的欲望就越强烈,从而因免费搭车者问题而导致公共产品或服务供给量下降的可能性就越大。

三、外部影响与社会成本

(一)外部性

外部性是指某些经济活动所产生的成本或收益对交易双方之外的第三者所产生的影响。外部性按照其影响效果的不同可分为正外部性和负外部性。

负外部性也称为外部不经济,它是指生产或消费在给自身带来成本的同时,给交易双方之外的第三者增加额外成本的现象。例如,把污水排放到河流中的造纸厂;向天空排放有毒气体的冶炼厂或化工厂;在公共场所随意抽烟的烟民;随意扔弃塑料袋或其他垃圾的人;在人行道乱停车或在生活小区和校园里随意按汽车喇叭的司机;在游轮上向长江倾倒垃圾等等。他们的行为在给自己带来某种利益或满足(包括便利)时,都对他人或社会的利益带来负面影响,但却不必承担这种负面影响的成本。

正外部性也称为外部经济,指某项生产或消费除了给自身带来收益外,同时给交易双方之外的第三者带来额外收益的现象。例如,一个药品或其他能提高生产力的发明,虽然发明者能通过价格收费,但他却只能得到这项发明全部利益的一个部分。环境保护人员或机构保护珍稀动物的努力和投资,能给社会带来到巨大利益,但当事人本人通常难以得到充分补偿。养蜂人在生产蜂蜜过程中帮助果树传授花粉,而果园主在生产水果时为蜜蜂提供了产出蜂蜜的原料,这些经济活动通常没有通过市场的方式得到补偿,因而具有正外部性。

(二)外部性与社会成本

外部性可能导致市场配置资源缺乏效率,增加社会成本。以排放污水工厂为例,它生产纸张的私人成本包括材料、运输、资本、劳动、管理等费用,但是对于整个社会来说,纸张生产成本除了这些私人成本以外,还包括生产过程产生的污水、废气等对社会环境造成的危害和损失。市场经济条件下,经济活动的决策是基于私人成本和私人利益的比较。当私人成本与社会成本不相一致,或私人利益与社会利益不相一致时,企业或个人的最优决策不一定是社会的最优决策。因而,存在外部性效应时,完全竞争不能达到有效率的资源配置。从造纸厂例子来看,由于它不考虑环境污染成本,因而私人成本低于社会成本,因而基于私人成本决定生产的数量会高于从社会成本评价角度确定的最优产量。由此我们可以看出,之所以称其为外部性,是因为它产生于决策范围之外及它的影响独立于市场机制之外。这是外部性最重要的两个特征。外部性的影响不是通过市场机制发挥作用,它不属于买者与卖者的买卖范畴。厂商与消费者在作决策时所考虑的首先是在私人利益与成本基础上如何实现利润最大化或效用最大化,而很少考虑自身的活动会给他人及社会造成什么影响,带来怎样的成本。

(三) 解决外部性的理论分析

1. 庇古理论

外部性的存在导致市场资源配置缺乏效率,这使政府干预经济成为可能。针对外部性对市场资源配置效率的影响,庇古提出了一个法则:如果要使社会福利达到最大化,必须使得任何经济活动的社会边际收益与社会边际成本相等。庇古提出的这种社会福利评判标准后人称之为庇古法则。因此他建议以政府实物补贴的形式促使私人成本与社会成本相一致,私人收益与社会收益相一致。例如,对外部不经济的产生者征收相当于外部不经济价值的消费税,这相当于增加了其成本,他的私人成本就会与社会成本相等。利润最大化原则就会迫使生产者将其产出水平限制在价格等于边际社会成本处,从而正好符合资源有效配置的条件。相反,对外部经济的生产者(消费者),政府若给予相当于外部性价值的补贴,使得其边际私人收益与边际社会收益相等。在利润最大化(效用最大化)原则的驱使下,该生产者(消费者)就会把他的产量(消费量)扩大到社会最有效率的水平。

庇古提出的用于消除外部性的经济措施,后人称之为"庇古税"。庇古税的基本原则与现行有关国际组织、国家政府及大多数经济学家所认同的并倡导的"污染者付费原则"是相一致的。因此,政府采取适当的行动可以使市场参与者在作出决策时,考虑到外部成本与外部收益,从而解决了外部性问题,克服了市场失灵。

2. 科斯定理

经济学家根据英国经济学家科斯在他的两篇论文《企业的性质》、《社会成本问题》及相关的一些表述,认为科斯定理是由相互联系的三个定理组成的。

第一定理:假设交易费用为零,不管最初权利是怎么分配的,当事人之间的协商、谈判都会导致使财富最大化的制度安排,也就是市场机制会自动使资源配置达到最优。

第二定理:在交易费用大于零的社会里,不同的权利界定,会带来不同效率的资源配置。也就是说,交易是有成本的,不同的产权制度下,交易的成本不同,从而对资源配置的效率有不同的影响,所以为了优化资源配置,产权制度的选择是必要的。在第二定理中的交易成本是指在不同的产权制度下的交易活动的成本。

第三定理:由于制度本身的设计、制定、实施与改革等也是有成本的,所以,对不同的制度,一种制度的不同设计,要不要建立相应的制度,要不要变革以及如何变革制度,同样存在着选择的必要,选择的标准就是制度成本最低化。

科斯定理说明:外部性问题从根本上讲是因为产权界定不够明确或界定不恰当而造成的。在交易成本为零的条件下,只要产权明晰化,私有制的市场机制就能消除社会成本与私人成本及社会收益与私人收益相背离的影响,达到帕累托最优,而并非一定要政府干预。科斯定理的实质即是证明市场机制可以矫正因外部性造成的市场失灵。

四、政府的政策

如何减少外部性的影响,政府主要有以下几个方面的措施。

1. 税收和补贴

前面分析指出,存在外部性时私人边际成本与社会边际成本、私人边际收益和社会边际收益存在差异,运用税收和补贴的方法矫正外部性,以使私人成本和社会成本、私人收益和社会收益趋于一致,从而使产量达到帕累托最优水平。对于产生正外部性的经济活动,政府可以通过补贴的办法使这种活动增加,从而趋近于公共福利最大化的水平。例如,教育就是一种会产生正外部性的经济活动。教育会使个人累积人力资本,提高其技能水平,获得较高的报酬,对个人而言价值很高,但教育还会产生正的外部性,增加教育会使整个社会的风气趋好、人与人易于合作、间接提高劳动生产率、减少犯罪等。因此,教育的私人收益小于社会收益,这种活动趋向于过少,那么政府可以通过补贴的办法鼓励这种活动。

2. 管制和惩罚性标准

对于负外部性矫正的另一种方法就是进行管制,设定一定的惩罚性标准,规定生产者或消费者产生负外部性的数量,当实际产生的数量超过规定标准时,对生产者或消费者征收相应的罚款,以此来抑制负的外部性。例如,政府可以规定企业生产中的污染标准,超过者要支付巨额的罚款。又如,规定消费者生活垃圾要分类,未按规定分类者处以一定的罚款等。这种方法的缺陷在于信息成本和监督成本很高,政府需要了解企业实际的生产情况,同时需要测算企业造成的污染程度,还要监督生产者和消费者,以便及时发现违反规定的事实,有时可能会因为这类成本太高而无法运用这种方法。

3. 许可证市场

税收、补贴、管制及惩罚性标准等方法的主要缺陷在于政府与相关生产者和消费者间信息是不对称的,政府要控制外部性会产生极大的交易和监督成本,不少经济学家提议采取市场机制的办法来矫正外部性,主要是通过创造相关的市场,由生产者和消费者的个人分散决策来确定"最优的外部性水平"。其中最为典型的是排污许可证市场,即通过市场交易方式进行排污许可证的自由买卖,从而实现生产者的"对号入座",自发决策以减少污染。

4. 合并所有权

合并所有权以把外部性内部化也是矫正外部性的一种方法。在存在外部性的情况下,市场机制难以将所有外部性纳入到经济主体的决策之中,其主要原因就在于市场经济中各个主体分散决策,各自考虑自身的利益最大化,分立的所有权使得每个人决策时都不会考虑对其他人的外溢影响。存在负外部性情形下,生产者没有将对社会造成的成本纳入到目标函数之中,这种行为趋向于过多;而存在正外部性情形下,经济主体的私人收益小于社会收益,没有考虑到这种行为还会对其他人产生有益的影响,这种行为又会趋向于过少。因此,如果采取某种机制将无关的第三方纳入到产生外部性的经济主体决策之中,外部性就会被内部化。具体而言,外部性内部化就是通过将分散化决策集中起来,合并产生外部性的分立所有权。

单元三　政府对产业的管制

知识目标
1. 认知理解竞争、垄断与公共福利的关系；
2. 认知理解政府产业结构政策的内容与方式。

能力目标
通过本节的学习，你应该能够：
1. 对公共福利与经济福利的区别有正确的认知；
2. 对消除"垄断福利"的治本之策是破除行政垄断格局有深刻的理解；
3. 从现实的角度对政府的产业结构政策做正确的分析。

引导启示

举世皆知，蒙娜丽莎的清丽无人能及，世界各地专程前来巴黎瞻仰她容貌的人们甚至踏坏罗浮宫的门槛，但是，蒙娜丽莎的美，只能在距离油画两三米外才能显现，如果贴近来看，唯余一堆皱巴巴，杂乱不堪的油彩。雄居五岳之首的泰山，那磅礴的气势也要从山外来看，真进了山中，那石、那树，和别的山川没什么根本的不同；艾菲尔铁塔，从远处看蔚为壮观，气势磅礴，可走近了看，不过也是一堆锈迹斑斑的钢条加铆钉。为什么？距离产生美。

政府与市场，同样需要距离。正如麦迪逊所言："如果人都是天使，就不需要任何政府了。如果是天使统治人，当然也就不需要对政府有任何外来的或内在的控制了。"完成治理的基本功，做到对市场的不妨害，是一个政府管理经济事务的最低纲领（对一些政府来说，或许是最高目标）；这也是市场对政府核心的、正当的、理性的要求。尤其是在权力自上授予，对上负责的情况下，过于热心的参与往往是执政目标的暧昧所致。当地方政府在新的政治格局中获得了更大的权力时，这种区域竞赛就有进一步蔓延升温的迹象。当市场上的竞赛主体只是一些集合的、模糊的身影时，竞赛的魅力就已经失去了。

当前土地市场秩序混乱，在某种程度上是因为政府离市场太近。本轮圈地运动，一些地方政府部门具有不可推卸的责任。一位参加五部委土地联合督察组的官员说，这次检查发现，经营性土地"招拍挂"出让还没有做到全覆盖，某省份至今仍有一半的市、县未建立"招拍挂"制度,违法审批、越权审批土地的行为仍未得到根本遏制。如个别地方基层政府违反规划,随意将大量农用地转为建设用地,违规扩大土地作为基础设施投资的综合补偿范围,违规低价出让土地,擅自批准减免地价和土地有偿使用费;一些市、县在招商引资中竞相压低地价,恶性竞争吸引投资者;个别地区经营性用地招标拍卖挂牌不甚规范,仍以协议方式出让土地等。市场经济客观上要求政府必须将职能定位于制定土地市场规则、维护市场秩序、营造良好的土地市场环境上,通过法律手段、经济手段来调控市场,减少对市场的直接干预,以保护土地市场稳定、公平、安全运行。因此,要想从根本上解决土地市场混乱、圈地运动难以遏制的问题,必须首先规范政府行为,而不是反过来在现在的市场机制下再去强化政府各部门对市场经济活动的直接干预。

当然,距离也不能变得太遥远,否则,美丽也就看不见了。中国政治经济体制改革的实践证明,当政府与市场保持适当距离的时候,经济、社会的运行效率是最高的。政府与市场的距离渐行渐远,弊端就开始显露。始于20世纪80年代末至90年代初的那一轮圈地运动,某种程度上是因为政策法规不够完善,政府宏观调控不够所致。1989年3月,全国人大修改了宪法,补充了"土地使用权可以依法转让"这一句,但却没有出台相应的配套措施,没有对土地市场交易出台规范措施,也没有建立相应的宏观调控机制。游戏规则存在诸多漏洞,又缺乏覆盖到位的宏观调控,使一些炒家看到了发财的机会,只要通过关系获得土地,一转手就可以获取数倍乃至数十倍的暴利。于是,寻租现象蜂拥,"圈地运动"盛行。在那一轮"圈地运动"中,在一些地区,手握实权的人和房地产商串谋,以极其低廉的价格大面积圈占土地,然后再转手谋取暴利。游戏规则不完善带来的教训值得我们铭记。

不过,即使我们的政府部门已经懂得了尊重市场,但如果不知道政府的边界在何处,仍有破坏市场规则的可能。这就需要我们破除那些似是而非的论点,并将政府的边界写入约束政府行为的神圣法律。今天,在我国许多美似花园的城市中,人们已经养成了不践踏草丛绿地的习惯,希望我们的政府行政管理部门也能在市场的边界上驻足止步,并能学会利用市场化的资源配置手段来管理社会经济活动,以求最大限度地增进公民的社会福利。

相关知识

一、竞争、垄断与公共福利

(一) 公共福利的定义

从广义上讲,公共福利是指社会福利;从狭义上讲,公共福利是指国家和社会为满足全体社会成员的物质及精神生活基本需要而兴办的公益性设施和提供的相关服务。公共福利涉及人们生活的各个方面,主要包括住房、教育、卫生和文体等方面。

(二) 公共福利与经济福利的区别

西方国家政府实施的许多公共福利计划,其中"公共福利"的概念与福利经济学中的"福利"概念并不完全相同。福利经济学研究的"福利"是"经济福利",而政府的公共福利常常指由政府提供免费的或低价的公共品或半公共品,如属于公共福利计划的教育、医疗卫生和养老保险等。这些计划是否能真正提高长期的福利水平,目前在西方经济学中存在争议。某些公共福利计划并不是出于经济福利的考虑。如近年的美国,政府在补助医疗服务方面的作用日益增强。这是因为,在美国人们认为健康是人的基本权力,它不能由于拥有金钱的多寡而有所不同。任何人,不论其收入多少,都应该接受充分的医疗保健,政府必须为人们提供医疗补助。这里,显然没有经济福利的意义,而人们的价值观念起着作用。

(三)竞争、垄断与公共福利

自由竞争是市场经济的灵魂。在完全竞争的条件下,各经济主体面临着优胜劣汰的强大压力,不得不千方百计提高自己的效率,而消费者则拥有了更多的选择机会。因此,竞争能使社会福利最大化,并使消费者权益得到最大限度的保障,进而推动经济和社会的进步。

而垄断也会产生福利,垄断福利有两类,一是指电力、石油、银行、电信等垄断企业的员工除了得到高于社会平均水平的工资外,还可享受到住房、旅游、医疗等方面的福利,因而使其总收入远高于一般行业。另一类福利则是垄断企业以免费或极低的价格,向其员工甚至家属提供本企业生产的产品或服务。这类福利多集中于公用事业领域,比如公交系统职工免费乘车,铁路职工坐火车免票,电力系统职工享受免费"福利电"等。垄断福利说到底,是少数既得利益者占有的"福利"。一些垄断性行业利用自己的垄断地位和优势,以福利的名义将掌握的行业资源无偿或者廉价地向本行业的职工和家属提供,大搞"垄断福利"的做法,实际上就是对公众福利的赤裸裸的掠夺。只要垄断行业继续利用"垄断"这块利益,无偿地任意使用公共资源,就不可能为公众提供更合理、更优质的产品和服务。

要根除"垄断福利",根本在于破除行政垄断格局。政府首先应取消市场禁入政策,开放市场,以各种形式扩大市场准入。其次应彻底改革传统体制,对行政性垄断产业部门进行重组。根据不同产业的特性吸引非国有经济成分进入,形成竞争性的市场过程,从而对原有垄断企业的成本核算形成市场内生的限制。

二、政府的产业结构政策

(一)产业结构政策的含义

所谓产业结构政策,是指政府制定的通过影响与推动产业结构的调整和优化来促进经济增长的产业政策。

(二)产业结构政策的基本内容

产业结构政策的宗旨是以技术进步来不断促进产业结构的优化。尽管产业结构政策的形式多种多样,但大致可以归纳为产业调整政策和产业援助政策两种基本类型。前者的目标是产业结构合理化,后者的目标是产业结构高度化。从具体内容看,产业结构政策通常包括:幼小产业保护政策、主导产业选择政策、支柱产业政策和衰退产业援助政策。

(三)政府制定产业结构政策的方式

政府制定产业结构政策的方式通常可以分为直接干预、间接诱导和法律规制三大类型。

1. 直接干预

直接干预包括政府以配额制、许可证制、审批制、政府直接投资经营等方式,直接干预某产业的资源分配与运行态势,及时纠正产业活动中与产业结构政策相抵触的各种违规行为,以保证预定产业结构政策目标的实现。

2. 间接诱导

间接诱导主要指通过提供行政指导、信息服务、税收减免、融资支持、财政补贴、关税保护、出口退税等方式,诱导企业在有利可图的情况下自主决定服从政府的产业结构政策目标。

3. 法律规制

通常适用于比较成熟和比较稳定的产业结构政策,是以立法方式来严格规范企业行为、政策执行机构的工作程序、政策目标与措施等,以保障预定产业结构政策目标的实现。欧美各国大都采取法律规制的手段,来实现反垄断和不正当竞争等产业组织政策的目标。在实践中法律规制也可能充当直接干预和间接诱导的共同依据。例如,日本的绝大多数产业政策都是以法律规制的形式出台的。随着法制原则的普及,越来越多的产业政策将以法律规制作为实现目标的主要手段。

三、自由与管制

(一)政府管制

管制就是政府通过政策措施或其他行为直接干预市场或间接影响企业和消费者的供需决策进而对市场进行制约。管制一般分为经济性管制和社会性管制。

在传统的经济学模型里,市场都是由两类经济单位即消费者和生产者,在多种价格下进行的商品交换来定义的。随着经济学研究的逐步深入,人们发现由于自然垄断、外部性和信息不对称以及公共产品的存在,市场在调节消费者和生产者行为方面有时也无能为力,即存在着市场失灵。因此市场需要一种外部力量来纠正市场的无能,这也是管制的由来。自1930年大萧条以来,尤其是第二次世界大战以后,为了克服市场失灵所带来的社会和经济弊端,西方市场经济国家政府越来越多地采用了法制、行政规章等多种手段对市场微观经济行为进行制约和干预,并且于20世纪70年代开始逐渐发展起来一门专门的政府管制经济学。可以说,政府管制已成为现代市场经济的内在要求,是市场经济国家政府不可缺少的经济职能。

(二)放松管制

放松管制意味着放松或取消一些管制条款,例如把有关企业进入、定价和投资等方面的管制从许可制改为申报制,或者在某些行业取消大部分的经济性管制规章,但保留社会性管制规章。大致而言,放松管制主要是经济性管制,而为确保国民健康、安全和保护环境为目的的社会性管制的放开与否则要慎重考虑。

放松经济性管制的主要特点就是向受管制行业引入竞争机制。通过引入竞争机制,达到提供高质量的服务,降低消费水平,使费率结构更加合理,以及促进技术创新等,其主要标准是:第一,削减产业进入壁垒,使支配性厂商的市场份额下降到 50% 以下,并使该产业中至少存在 $4\sim 5$ 个竞争者,而且其他厂商的进入也比较容易,从而形成可竞争性的市场结构;第二,不能造成供应瓶颈,即不能造成由于某种关键性产品的供应瓶颈而使其他厂商难以进入的局面;第三,如果不能实行有效竞争,则不宜过早放松管制;第四,放松管制以后,必须加强反垄断措施,因为放松管制的结果往往会出现垄断现象,只有采取有效的反垄断措施,才能使得放松管制后形成有效竞争的市场结构。从多国放松管制的经历可以看到,放松管制往往使原来的垄断厂商更能够凭借其原有的地位和市场势力,巩固和扩大其市场支配地位,获取垄断利益,所以,在放松管制之前,就应该设计好新的制度和竞争规则,使得放松管制后能够实现有效竞争。

 **研讨案例**

1984年1月,美国政府决定放开电话市场,公众的普遍反应是并不乐意甚至抱怨不断,指责政府非要将国民生活中少得可怜的几种有用之物(这次轮到电话)搞垮而后快。在分割改革之后,AT&T(美国电报电话公司)垄断着美国的电话通讯服务,为所有人提供长短途电话服务,现在则改由一家地方电话公司(有时被称为"婴儿贝尔"的那家公司)承办本地电话,而长途电话市场则出现包括AT&T、MCI、Sprint在内多家公司竞争的局面。从公众的反应来看,多数人悲观地认为现代通讯业就此结束了。人们打电话也变得不方便,他们投诉说必须要先拨一个长途代号,然后再拨要的电话号码,并且要收到两份话费单:一份是短途的,还有一份是长途的。

然而,现实证明电话市场的分割与竞争正在逐步开始起作用,而且相当积极。是对政府的反垄断政策给予公正评价的时候了。在这一政策实施五年后,租用电话的费用下降了50%,许多增设的电话服务种类,如拨号等待、电话信箱、自动重拨、话语转达等都已经广为人知,为人们带来了极大的便利。电话卡同信用卡一样广泛进入日常生活,传真设备也成为办公室必备之一。固然,即使没有这一项政策,随着时间的推移,技术进步也会将传真机这样的新设备普及到公众的生活中,但这一政策带来的竞争压力毕竟极大地推动了这一进程。

试用你所学的微观经济政策理论评述电话市场的垄断和竞争,哪个对公众更有利?电话市场的分割给企业带来了哪些启示?

 总结与回顾

新古典微观经济学假定市场是完全竞争的,因而,市场均衡的结果就是帕累托最优状态,这意味着政府不必对经济活动进行任何的干预。然而,现实中的市场常常存在市场失灵,垄断、外部性、公共产品、不完全信息是市场失灵的四种基本形式。在"市场失灵"条件下,政府的微观经济政策就有了理论依据。总之,通过对"市场失灵"情形的分析,能够对市场经济的弱点和政府的职责有明确的认识,从而使我们能够规避市场的弱点,更好地发挥优势。

 思考与练习

1. 基本概念

外部经济　外部不经济　科斯定理　公共产品　公共福利　市场失灵

2. 什么叫市场失灵?哪些情况会导致市场失灵?
3. 垄断为什么不能实现资源配置的帕累托最优?
4. 外部性如何干扰市场对资源的配置?
5. 简述一些西方经济学家为何认为规定产权办法可解决外部影响问题?
6. 如何理解生产或消费在存在外部性的情况下,经济就不能达到帕累托最优?

模块九　国民收入的核算与决定理论

　　一个经济社会是由许多部门构成的，它们之间存在着非常密切的关系，构成了一个有机的统一整体。要想了解国民收入是如何统计计算的，必须先了解整个社会经济活动的运行过程。微观经济学考察循环流程的构成要素是如何组织起来被用于生产的，何种产品被生产出来，收入是如何被加以分配的以及支出是如何配置的；而宏观经济学则考察经济总量，因而它关注于循环流程总的规模以及变动的原因。由于国民收入是宏观经济学最重要的总量指标，它反映了一国的生产、流通、分配和消费的综合性成果，所以，宏观经济学一般是从国民收入的决定与变动入手来分析问题的。

单元一 国民收入及其核算

> **知识目标**
> 1. 认知理解国民收入的内涵及其经济总量指标;
> 2. 理解掌握国内生产总值GDP的核算方法;
> 3. 认知理解名义GDP与实际GDP的经济内涵。
>
> **能力目标**
> 通过本节的学习,你应该能够:
> 1. 正确计算国民收入的有关经济总量指标;
> 2. 利用支出法和收入法对一个国家或地区的国内生产总值进行正确核算;
> 3. 从现实的角度深刻理解名义GDP与实际GDP的区别。

引导启示

美国著名经济学家保罗·萨缪尔森曾经说过:"GDP是20世纪最伟大的发现之一"。没有GDP这个发明,我们就无法进行国与国之间经济实力的比较以及贫穷与富裕的比较,我们就无法知道我国的GDP总量排在全世界的第六位,低于美国的9倍,日本的5倍;没有GDP我们也就无法知道我国的人均GDP在2003年就已超过1000美元,低于美国和日本的40多倍。没有GDP这个总量指标我们也就无法了解我国的经济增长速度是快还是慢,是需要刺激还是需要抑制。因此,GDP就像一把尺子、一面镜子,是衡量一国经济发展和生活富裕程度的重要指标。GDP既然如此重要,在这一单元,我们就必须首先搞清楚究竟什么是GDP,GDP到底该怎样计算。现在我们就同大家一起来学习讨论GDP及其核算方法。

相关知识

一、国民收入的概念与国民收入的经济总量指标

宏观经济学的研究对象是国民经济中的总量经济关系。所谓总量经济关系是指国民经济各个总量决定的那些宏观经济运行关系。在国民经济的许多总量中,国民收入是最具有代表性的经济总量。因此,研究国民收入的决定因素及其决定过程,研究影响其增长、波动的因素及其作用机制等,就构成了宏观经济理论的基本内容。就像均衡价格的决定是微观经济学的核心一样,均衡国民收入的决定是宏观经济学的核心。要研究宏观经济运行关系,首先要详细了解国民收入的概念,以及其他几个重要的宏观经济变量。

所谓国民收入是用于衡量一个国家在一定时期内投入的生产要素生产出的各种产品和劳务的价值或者由此形成的收入的数量指标。由于采用的资料来源不同以及内容上的差别,因此在国民收入核算体系中具有不同的国民收入衡量指标。这些指标主要包括国内生产总值(GDP)、国内生产净值(NDP)、国民收入(NI)、个人收入(PI)、个人可支配收入(DPI),其中最核心的概念是国内生产总值。鉴于当前世界各国主要采用 GDP 进行宏观经济分析和比较,下面将主要介绍 GDP 的定义和核算方法,再介绍其他指标的定义以及与 GDP 的关系。

(一)国内生产总值

国内生产总值(GDP)是指一个国家领土内在某一时期(一般为一年)内运用生产要素所生产的全部最终产品(物品和劳务)的市场价值。理解这一定义,要注意以下几点。

(1) GDP 测度的是最终产品的价值,中间产品价值不计入 GDP,否则会造成重复计算。所谓中间产品,是指用于再出售以供生产别种产品的仍处于生产过程中的产品。如原材料、燃料等。所谓最终产品,是指已经退出生产过程,并由最后使用者购买的产品和劳务。如消费品、资本品、出口品等。很多产品既可用作中间产品,又可用作最终产品。如:煤炭用于发电,属于中间产品;用于家庭做饭,则为最终产品。为避免重复,GDP 必须按当期最终产品计算。为解决这一问题,经济学家采用增值法来进行计算,即在国内生产总值中只统计各生产阶段上所增加的价值,而不是把产品在各个生产阶段中的售价加总在一起。例如表9-1。

表 9-1 服装生产过程的总产值与增加值

生产者	产品	总产值	增加值
棉 农	籽 棉	1000	1000
轧棉厂	棉 花	1400	400
纺纱厂	棉 纱	2000	600
织布厂	棉 布	2800	800
印染厂	花 布	3800	1000
服装厂	服 装	5000	1200
总 计		16000	5000

由此可见,整个生产过程各环节增加值的总和等于最终产品服装的总产值。

(2) GDP是一个市场价值概念。各种最终产品的价值都统一用货币加以衡量,以这些产品的单位售价乘以产量获得。GDP一般仅指市场活动导致的价值。家务劳动、自给自足生产等不计入GDP中。

(3) GDP是一定时期所生产而不是所售卖掉的最终产品价值。若某企业年生产100万美元产品,只卖掉80万美元,所剩20万美元产品则看做是企业自己买下来的存货投资,也计入GDP。若某企业年生产100万美元产品,却卖掉了120万美元产品,则计入GDP的仍是100万美元,只是库存减少了20万美元而已。

(4) GDP是流量而不是存量。所谓流量,是指按一定时期测算的变量;而存量则是在一定的时点上测算的变量。一般说来,存量和流量是成对出现的。存量在两个特定时点之间的任何变化,取决于与存量相对应的流量在这一时期内的大小。显然,GDP是一个流量概念,因为它是按照一定时期来测算的。通常这个时期是一年或一个季度或者一个月。

(5) GDP衡量的生产价值是在一个国家的地理范围之内,在这个范围内的所有经济主体(包括外国的企业和外国人)生产的产品和劳务的价值都在核算范围内,这就是所谓的"属地法"。

GDP指标也有一定的局限性,主要表现在不能衡量全部经济活动的成果(如家务劳动);不能反映人们闲暇时间的增加或减少;不能反映地下经济;它能表明社会的产品和劳务的价值总量,但不能说明它具体包含什么商品;无法反映经济活动对环境的破坏等。

(二)国民收入的其他指标及其核算

国民收入核算的总量指标包括五项:国内生产总值、国内生产净值、国民收入、个人收入、个人可支配收入。前面已经介绍了国内生产总值,下面介绍其他四项指标。

(1) 国内生产净值(NDP)。国内生产净值是在一个国家或地区的领土上,在一定时期(通常为一年)内所生产的最终产品和劳务按市场价格计算的净值,即新增加的产值。它等于国内生产总值扣除当年消耗的资本(折旧)后的产值余额。它表示社会经济活动中能够用于消费和净投资的价值总额,同国内生产总值的区别在于总投资之差:国内生产总值包括折旧,国内生产净值不包括折旧。其关系式可表示为:NDP=GDP-折旧

(2) 国民收入(NI)。国民收入是一国在一定时期内用于生产的各种生产要素得到的全部收入总和,即工资、利息、租金、利润的总和。应该注意的是,间接税虽构成产品价格,但不成为要素收入;相反,政府给企业的津贴虽不列入产品价格,但成为要素收入。其与NDP的关系用公式表示:NI=NDP-企业间接税+政府津贴=工资+利息+租金+利润

(3) 个人收入(PI)。个人收入是指一个国家的个人在一定时期(通常为一年)内,从各种来源所得到的收入总和,包括劳动收入、企业主收入、租金收入、利息和股息收入、政府转移支付和企业转移支付。

在现实生活中,人们经常提到的个人收入指的是某人或某家庭在某个时期(通常为一年)所获得的总的款项和现金,这种意义上的个人收入包括劳动报酬、财产收入以及政府转移支付。在经济学中,个人收入的构成可用公式表示:

PI= NI-(公司未分配利润+公司利润税+公司和个人缴纳的社会保险费)+(政府对个人支付的利息+政府对个人的转移支付+企业对个人的转移支付) 或

PI =工资和薪金+企业主收入+个人租金收入+个人利息收入+政府和企业对个人

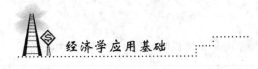

的转移支付—公司和个人缴纳的社会保险费

(4) 个人可支配收入(DPI)。个人可支配收入是一个国家一年内个人可以支配的全部收入。从个人收入中减去个人所得税,就成为个人可以自由支配的收入,即人们可用来消费或储蓄的收入。用公式表示:DPI= PI—个人所得税=消费+储蓄

二、国内生产总值的核算方法

根据国内生产总值定义进行的 GDP 的核算方法,称为生产法。GDP 还表示总支出和总收入。总支出指用于购买一国之内所有新生产的各种产品和劳务的支出总和。总收入是各种生产要素所有者和政府从一国之内所有新生产的产品和劳务中获得各种收入的总和。比如有 1 元钱产品或劳务的价值实现,就必然有 1 元钱的支出。因此,总支出必然等于GDP。同时,买方的支出必然成为卖方的收入,因此总收入等于总支出。根据国民收入恒等式,可以得到两种 GDP 核算方法,即支出法和收入法。常用的也是这两种方法,下面分别予以说明。

(一) 支出法

支出法是从支出的角度出发,将一定时期内按市场价格计算的对最终产品和服务的支出数额加总,计算出 GDP。在一国国民经济实际运行中,社会经济对最终产品和服务的支出分为四大部分,即消费、投资、政府购买和净出口。

(1) 消费支出(C)。消费是指家庭对最终产品和服务的购买。家庭消费支出可进一步划分为三部分,即耐用品(如彩电、空调、冰箱、汽车等)支出、非耐用品(如食品、服装、电力、报刊等)支出和服务(如理发、医疗、教育等)支出。

(2) 投资支出(I)。投资支出是指企业购买资本品的支出。在实际核算中,投资支出包括固定资产投资和企业存货两部分。固定资产投资包括商业固定资产投资和住宅投资。企业存货是指企业存货的增加量。将这部分价值量按习惯也计入 GDP,可以保证按支出法核算 GDP 与按生产法核算 GDP 协调一致。

(3) 政府购买支出(G)。政府购买指政府购买国内外最终产品和服务。政府购买既包括政府在国防以及基础设施(如道路、桥梁等)方面的支出,也包括向政府公务员支付薪金。但是并不是说政府支出的全部都是政府购买支出,政府支出中的转移支出不体现为对产品和劳务的购买,而是支付给企业或者家庭,并成为他们支出的一部分。

(4) 净出口(X−M)。净出口是指出口额(X)与进口额(M)的差额。出口是一个国家的商品和服务输出到国外,并由国外的消费者、生产者和政府进行购买。进口是本国居民、厂商和政府对外国产出的商品和服务进行购买。当一国贸易出现顺差时(X>M),净出口为正值;出现贸易逆差时(X<M),净出口为负值。出口额反映了外国购买者对本国当期产出的产品及服务的购买,是本国 GDP 的组成部分。进口额反映了本国购买者对外国商品和服务的购买,因为在计算消费支出和投资支出时已经将该项支出计算在内,用支出法测算 GDP 时就应将这部分流向国外的支出予以剔除。

用支出法核算 GDP 的公式是:

$$GDP = C+I+G+(X-M) \tag{9.1}$$

式 9.1 中:C 表示消费支出;I 表示投资支出;G 表示政府购买支出;X−M 表示净出口。

(二) 收入法

收入法是从收入的角度出发,将一定时期内所有参与生产过程的生产要素所有者的收入数额加总,再加上企业间接税及折旧,便形成 GDP。参与社会生产过程的生产要素所有者的收入包括工资、利息、利润、租金。在生产过程中,相应会发生一些收入转移,主要是企业税收支出及政府对企业的补贴。同时,企业生产中发生的资本耗费(折旧)也要予以补偿。

用收入法核算 GDP 的公式是:

$$\text{GDP} = 工资 + 利息 + 租金 + 利润 + 间接税和企业转移支付 + 折旧 \tag{9.2}$$

间接税是指对商品征税以后又被从要素报酬中转移出去的那部分税收,通俗地说,即是指可以被生产者转嫁出去的由消费者承担的那部分税收,也属于企业的生产成本。

按以上不同方法计算所得出的结果,从理论上说应该是一致的,因为它们从不同的角度来计算同一国内生产总值。但实际上,所得出的结果往往不一致。国民经济核算体系以支出法为基本方法,即以支出法所计算出的国内生产总值为标准。如果按其他方法计算出的结果与此不一致,就要通过误差调整项来进行调整,使之达到一致。

三、名义 GDP 和实际 GDP

影响 GDP 变动的因素主要有两方面:其一是所生产的物品或劳务的数量变动;其二是物品和劳务的市场价格变动。名义 GDP 是用当年物品和劳务生产数量与当年价格计算的全部最终产品的市场价值。实际 GDP 是用当年物品和劳务生产数量与从前某一年作为基期的价格计算出来的全部最终产品的市场价值。

例如:一个国家在 1980 年生产汽车 1 万辆,发电 2 亿千瓦/时,假设该国汽车价格为 1 万美元,电价为每千瓦/时 0.1 美元,则(就这两项而论)该国在 1980 年的国内生产总值为:GDP=10000×0.0001+0.1×2=1.2 亿美元。假定 1995 年该国生产汽车 2 万辆,发电 3 亿千瓦/时,而汽车价格是 15000 美元,电价为 0.2 美元,则该国在 1995 年的国内生产总值为:GDP=15000×0.0002+0.2×3=3.6 亿美元。与 1980 年相比,1995 年的国内生产总值增加 2.4 亿美元,增长了两倍。但从产品数量来看,该国的汽车和发电量均没有增长两倍,因为在产品增加的同时,产品的价格也在提高。因此,在这种情况下利用当年价格测算的名义 GDP 可能会高估或者低估实际的生产量。

为了消除价格对 GDP 的影响,通常用一个不变的价格计算最终产品的价值,即计算实际 GDP。在上面的例子中,以 1980 年为基年,按这一年的价格计算 1995 年该国的 GDP。于是,1995 年实际 GDP=10000×0.0002+0.1×3=2.3 亿美元。这说明,与 1980 年相比,1995 年实际国内生产总值只增加了 1.1 亿美元而不是 2.4 亿美元。可见,实际 GDP 才真正反映一个国家最终商品和劳务的增加与否。

一般来说,如果一个国家在某一时期(比如 t 期)所生产的最终产品数量分别为 Q_1、Q_2…Q_n,而当期的价格分别为 P_{t1}、P_{t2}…P_{tn},则 t 期名义国内生产总值就是:

$$\text{名义 GDP} = P_{t1}Q_1 + P_{t2}Q_2 + \cdots + P_{tn}Q_n = \sum_{i=1}^{n} P_{ti}Q_i \tag{9.3}$$

如果这些最终产品在基期的价格为 P_{01}、P_{02}…P_{0n},则按基期衡量的该国在第 t 期的实际国内生产总值为:

$$\text{实际 GDP} = P_{01}Q_1 + P_{02}Q_2 + \cdots + P_{0n}Q_n = \sum_{i=1}^{n} P_{0i}Q_i \tag{9.4}$$

从以上分析可以知道,名义 GDP 既反映了实际产量的变动,又反映了价格的变动,而实际 GDP 只反映产量的变动。只有根据实际 GDP,才能准确地反映国民经济的实际增长情况。

因此,经济学家一般以实际 GDP 作为宏观经济学的基本核算指标。本章以后的内容中,如不作特殊说明,在提到国内生产总值时,也都是指实际 GDP。

单元二　国民收入循环流程

> **知识目标**
> 1. 认知理解国民收入的循环流程；
> 2. 认知理解国民收入循环中的注入与漏出。
>
> **能力目标**
> 通过本节的学习，你应该能够：
> 1. 对国民收入的内部环流有正确的认知；
> 2. 从支出的角度正确计算一定时期内一个国家或地区的国民收入。

引导启示

用支出法计算国内生产总值，就是将一定时期内一国境内所有经济单位用于最终产品和劳务的支出加总起来。在四部门经济中，支出主要有四种：家庭消费支出、企业投资支出、政府购买支出和净出口。

家庭消费支出包括家庭购买产品和劳务的支出以及其他消费支出，其中包括：购买耐用消费品的支出，例如汽车、洗衣机、电视机等；购买非耐用消费品的支出，例如食品、衣服等；还有服务支出，例如理发、医疗和教育等。这里以 C 表示消费支出。

企业投资支出是指企业用于机器设备、厂房和存货方面的支出。这里以 I 表示投资支出。

政府购买支出则是指各级政府购买产品和劳务的总和。如修建道路桥梁、添置军事装备和支付警察的工资等都是政府的购买支出。这里以 G 表示政府的购买支出。

净出口定义为出口额减去进口额，这里以 (X−M) 表示。

根据支出法，在拥有四部门的国民收入环流中，国民收入就等于消费、投资、政府购买支出和净出口的总和。用公式表示即为：

国内生产总值＝消费支出＋投资支出＋政府购买＋净出口；即：$GDP = C + I + G + (X - M)$

相关知识

从宏观角度看,市场可分为三大类:最终产品市场、生产要素市场和金融市场。其中,企业、家庭和政府是经济活动的参与者。经济活动又有国内经济活动和对外经济活动之分。在西方经济学中,通常都是把企业、家庭、政府和对外经济作为四个部门来分析其活动。宏观经济学就是在三大市场和四大部门组成的宏观经济结构中,研究各经济总量的决定机制及其相互影响。在各经济总量中,最重要的是国民收入,它作为国民经济的基本流量,把三大市场和四大部门紧密地结合在一起。

一、国民经济的内部环流

(一) 两部门的收入循环模型

企业和家庭是宏观经济活动的主体,所以先从这两个部门的经济活动及其相互关系来研究。企业是指所有生产最终产品和劳务的企业总和。家庭是指生产要素占有者的总和,也是所有消费者的总和。两大部门之间的基本关系如图 9-1 所示。家庭向企业提供土地、劳动和资本等生产要素,企业向生产要素的所有者支付使用生产要素的报酬,即租金、工资和利润等。这种交易形成了生产要素市场。图 9-1 的下部分说明企业生产出产品销售给消费者,家庭要用出售生产要素所得的收入购买最终产品和劳务。这种交易形成了最终产品市场。

消费者不会将其全部收入都用于消费,而会将其收入中的一部分用于储蓄。这部分资金将成为货币市场(或金融市场)中借贷资金的来源。在两部门的模型中引入了第三个市场,即货币市场(或金融市场),如图 9-2 所示。

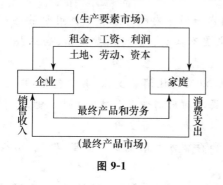

图 9-1

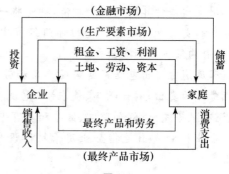

图 9-2

(二) 三部门的收入循环模型

三部门经济是指家庭、企业和政府共同起重要作用的经济。政府的经济活动表现在:一方面有政府收入,主要是税收;另一方面有政府支出,主要包括政府购买和政府的转移支付。把政府的经济活动考虑进来,收入循环模型如图 9-3 所示。

(三) 四部门的收入循环模型

四部门经济又称开放经济,指家庭、企业、政府和国外部门共同起作用的经济。国外部门起的主要作用是：本国向国外提供产品和劳务，即出口；外国向本国提供产品和劳务，即进口。把国外部门的经济活动考虑进来，收入循环模型如图9-4所示。

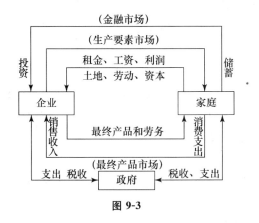

图 9-3

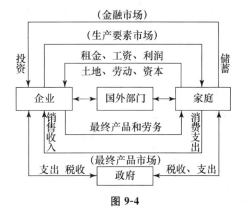

图 9-4

二、国民收入环流的均衡

（一）两部门经济

在两部门宏观经济均衡时，从支出角度看，国民收入等于实现的消费支出加投资支出，即：国民收入＝消费＋投资。如果以 Y 代表国民收入，C 代表消费，I 代表投资，则等式为：

$$Y = C + I \tag{9.5}$$

从收入角度看，国民收入等于总收入，总收入的一部分用于消费，余下部分转为储蓄，即：国民收入＝消费＋储蓄。如果以 S 代表储蓄，则等式为：

$$Y = C + S \tag{9.6}$$

根据总支出等于总收入，则有：

$$C + I = C + S \tag{9.7}$$

于是有：

$$I = S \tag{9.8}$$

$I = S$ 就是储蓄－投资的恒等式。储蓄－投资恒等式是基于国民收入核算的角度，反映经济活动事后的储蓄与投资恒等关系。这种恒等关系不是针对某一个人、厂商或部门而言的，而是指整个两部门经济存在着储蓄－投资的恒等关系。

（二）三部门经济

在三部门宏观经济均衡时，从支出角度看，国民收入等于消费、投资以及政府购买（G）的总和，即：

$$Y = C + I + G \tag{9.9}$$

按理说，政府给居民的转移支付同样要形成对产品的需求，从而应列入公式。但可以把这一需求看做已包括在消费和投资中，因为居民得到转移支付收入，无非是仍用于消费和投资（主要是消费，因为转移支付是政府给居民的救济性收入及津贴）。

从收入角度看，在三部门经济实际运行中，居民的收入除了用于消费、储蓄之外，有一部分作为税收上缴政府。因此，三部门的国民收入从总收入的角度看由用于消费的收入、用于储蓄的收入和政府获得的净收入（T）组成，政府获得的净收入是政府全部税金收入减去政

府转移支付。从收入方面看,国民收入的构成将是:

$$Y = C + S + T \tag{9.10}$$

在三部门经济中,总收入等于总支出,即:

$$C + I + G = C + S + T \tag{9.11}$$

等式两边消去 C,就有:

$$I + G = S + T \text{ 或 } I = S + (T - G) \tag{9.12}$$

这里的 $(T-G)$ 代表了政府储蓄。因为 T 是政府净收入,G 是政府购买支出,二者差额即为政府储蓄,政府储蓄既可为正,也可为负。于是等式 $I = S + (T-G)$ 体现了三部门经济中储蓄(私人储蓄与政府储蓄的总和)与投资之间的恒等关系。

(三) 四部门经济

在四部门宏观经济均衡时,从支出角度看,国民收入等于消费、投资、政府购买支出和净出口 $(X-M)$ 的总和,用公式表示为:

$$Y = C + I + G + (X - M) \tag{9.13}$$

从收入角度看,国民收入可表示为 $Y = C + S + T$。这里 $C + S + T$ 的含义与上述三部门经济相同。

在四部门经济中,总收入等于总支出,即:

$$C + I + G + (X - M) = C + S + T \tag{9.14}$$

等式两边消去 C,就有:

$$I + G + (X - M) = S + T \text{ 或 } I = S + (T - G) + (M - X) \tag{9.15}$$

这里,S 代表私人储蓄,$(T-G)$ 代表政府储蓄,而 $(M-X)$ 则代表外国对本国的储蓄。因为站在本国的立场上,进口 (M) 代表其他国家出口商品并获得的收入,出口 (X) 代表其他国家从本国购买商品和劳务并向本国支出的收入,$(M-X)$ 表示本国流向国外的收入和外国流向本国收入的差额,就是国外对本国的储蓄。当 M 大于 X 时,本国的收入流出大于流入,形成外国的储蓄;反之,则形成外国的负储蓄。等式 $I = S + (T-G) + (M-X)$ 现了四部门经济中的总储蓄(私人、政府和国外)与投资之间的恒等关系。

三、注入和漏出

注入量与漏出量是指国民收入循环中的增加量和流出量。前者对国民收入具有扩张性力量,后者对国民收入具有收缩性力量。从总需求方面看,它是由消费、投资、政府支出和出口所构成,它们对于国民收入都具有扩张性力量,因而均属于注入;供给方面的储蓄、税收和进口等,对国内总需求是减少,因而对于国民收入都具有收缩性力量,故属于漏出。显然,无论注入与漏出中的哪一项发生变动,均会引起国民收入的变动。如图9-5和图9-6所示。

图9-5中,横轴和纵轴分别代表国民收入和注入,45度线表示注入等于漏出,J_1、J_2、J_3 表示三条从低到高的不同水平的注入线,它们分别同45度线相交于 E_1、E_2、E_3,并分别决定国民收入为 Y_1、Y_2、Y_3。该图说明了随着注入量由 J_2 增至 J_3,国民收入相应由 Y_2 扩张到 Y_3;如果注入量由 J_2 减少至 J_1,则国民收入相应由 Y_2 收缩到 Y_1。

图9-6中,横轴代表国民收入,纵轴代表注入与漏出,W_1、W_2、W_3 表示由多到少的三条不同水平的漏出线。假定注入量不变,故图中 J 是一条同 OY 水平的水平线。W_1、W_2、W_3

分别同 J 线相交于 E_1、E_2、E_3,它们分别决定国民收入为 Y_1、Y_2、Y_3。说明随着漏出量的增加,国民收入收缩了。

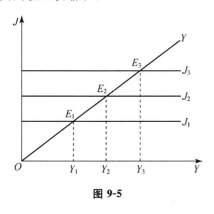

图 9-5

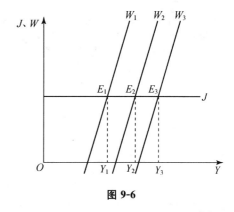

图 9-6

在整个社会中,对总需求究竟是采取扩张还是收缩或是保持平稳,西方经济学家认为,在这里起着至关重要作用的是确定好注入量与漏出量这两方面的决策。就注入量方面来说,首先是投资的确定,其次是政府支出以多少为宜,再次是出口额的确定;就漏出量方面来说,首先是政府征收税额的确定,其次是储蓄额应确定在什么水平,再次是进口额的确定。如果注入大于漏出,总需求会增大,国民收入则会扩张;如果漏出大于注入,总需求会减少,国民收入则会收缩。因此,在西方宏观经济学看来,政府的经济政策如果采取鼓励漏出量并抑制注入量,则会抑制总需求的增长,这叫宏观紧缩政策;如果采取鼓励注入量并抑制漏出量,则会刺激总需求的增长,这叫宏观扩张政策。

综上所述,可得出被称为国民收入变动的四个基本命题:第一,投资、政府支出和出口增加或其中之一增加,或联合增加,都表明注入量增加,总需求增加,从而导致国民收入扩张或增长;第二,投资、政府支出和出口减少或其中之一减少,或联合减少,都表明注入量减少,总需求减少,从而导致国民收入收缩或减少,社会经济发展水平下降或受到抑制;第三,储蓄减少、税率下降和进口减少或其中之一减少,或联合减少,说明漏出量减少,都会使国民收入扩张或增长;第四,储蓄增加、税率提高和进口增加或其中之一增加,或联合增加,说明漏出量增加,都会使国民收入收缩或减少,从而导致社会经济发展水平下降或受到抑制。

为进一步说明注入量与漏出量的变动对国民收入的影响,宏观经济学运用乘数这一分析工具进行分析。将在本章第五单元做进一步说明。

单元三　消费、储蓄与投资

> **知识目标**
> 1. 认知理解消费与消费函数；
> 2. 认知理解储蓄与储蓄函数；
> 3. 认知理解投资与投资函数。
>
> **能力目标**
> 通过本节的学习，你应该能够：
> 1. 对收入、消费、储蓄与投资有正确的认知；
> 2. 从现实的角度利用消费函数、储蓄函数与投资函数对人们的消费倾向、储蓄与投资行为做正确的分析。

引导启示

　　消费是为了满足日常生活所需,来购买、使用商品或接受服务的行为,如家庭用于食物、衣着、汽车、医药和住房等物品和劳务上的开支。而如果是为了营业或牟利等动机而购买的商品或服务,就不属于消费服务的范围。投资则是指经济主体以获得未来货币增殖或收益为目的,预先垫付一定量的货币与实物来经营某项事业的经济行为,简单地说,投资就是指为了获得可能的不确定的未来值而做出的确定的现值的牺牲。投资的决定性因素是：收益、成本和预期。

　　从消费和投资的概念,我们可以很清楚地知道,在房地产市场中,区分消费者和投资者,并不在于他是购房还是租房,而是要看他购房、租房是出于何种目的。如果购房、租房自住毫无疑问是消费行为。而一旦购房转卖、出租或将租房转租,以图牟利时,购房、租房就转化成投资行为了。

　　在房地产市场中,投资需求属于中间需求,它又形成新的生产能力,形成新的供给。如果仅仅只是投资需求的增加,产品并不真正进入最终消费,那么,这种投资需求,我们可将其称为"虚拟的需求"。而真正居住的消费需求,才是住房真实消费的最终需求。

根据经济学均衡价格理论，房价是房屋的供应和需求平衡的结果。由于在房屋的需求里，有一块是"虚拟的需求"，有一块是"真实消费"的最终需求，所以这"均衡价格"，其实也可以相应地分解成两块："虚拟价格"和"真实价格"。均衡价格＝虚拟价格＋真实价格，或变形为：虚拟价格＝均衡价格－真实价格。

这"虚拟价格"，其实就是人们通常所说的"房地产泡沫"。而这"真实价格"，其实就是人们通常所说的房地产价值，也即房租的影子价格，或叫未来使用年期房租的贴现。这也就是国际上为什么经常使用"房价房租比"来衡量房地产市场是否存在泡沫的根本原因。我们之所以对房屋买卖市场和房屋租赁市场的划分抱有浓厚的兴趣，从经济学的角度讲，主要是可以从房屋买卖市场和房屋租赁市场中，看出房屋价格与房屋价值（即房租影子价格）的背离程度，从而知道房地产市场的泡沫化程度究竟有多大。

相关知识

一、消费及消费函数

在前面的学习中，可以发现在计算国民收入时最主要的部分就是消费和投资。我们首先分析消费是如何决定的，以及消费的变化规律。

消费是总需求中最为主要的部分，在现实的经济生活中，决定人们消费行为的因素很多，比如收入水平、收入分配状况、商品价格水平、相关商品价格、利率水平、信贷市场状况、家庭财产状况、消费者的心理因素、消费者的年龄、风俗习惯等都会影响人们的消费行为。根据凯恩斯的理论，在所有影响消费行为的因素中，收入水平是决定性因素。因此，可以将收入水平从诸多的影响因素中抽出来进行单独分析。

凯恩斯认为，随着人们收入的增加，消费也在增加，但在增加的收入中人们用于消费的比例越来越小，而用于储蓄的比例却越来越大。这是因为，人们天性就有爱好储蓄的心理倾向。所以，当收入增加时，人们就倾向于把更多的钱储蓄起来，从而使得在整个收入中用于消费的份额呈递减趋势。这就是边际消费倾向递减的心理规律。为了说明消费与收入之间这种相互变动规律，凯恩斯引进了消费函数和消费倾向的概念。消费函数表示在其他因素不变的条件下，消费支出和收入之间关系的函数。用公式表示为：

$$C = C(Y) \tag{9.16}$$

它又有平均消费倾向（APC）和边际消费倾向（MPC）之分，平均消费倾向是任一收入水平上的消费支出与收入之比。即就是：

$$APC = \frac{C}{Y} \tag{9.17}$$

边际消费倾向则是指增加一单位的收入，将有多大比例用于消费。用公式表示为：

$$MPC = \frac{\Delta C}{\Delta Y} \tag{9.18}$$

现假定某国居民的消费与收入之间存在表 9-2 所示的数量关系。

表 9-2　某国居民收入消费变化关系

收入 Y/元	消费 C/元	边际消费倾向（MPC）	平均消费倾向（APC）
5000	5100	0.90	1.02
6000	6000	0.85	1.00
7000	6850	0.75	0.98
8000	7600	0.69	0.95
9000	8290	0.54	0.92
10000	8830		0.88

表 9-2 中的第一行表示，为了维持基本生活，居民需要消费一些生活必需品，比如粮食、衣物等。在刚性消费作用下，尽管家庭的收入只有 5000 元，但还是要消费 5100 元，导致该家庭处于入不敷出的情况。第二行表示，当收入为 6000 元时，消费也是 6000 元，收支达到了平衡。第三行表示随着收入的增长，该家庭开始有了储蓄的意愿，将 150 元进行了储蓄，只消费了 6850 元。接下来的几行表明随着收入的增加，家庭的消费开始不断增加，但是消费的增加不及收入增加的多。

在短期内，当 APC 等于 1 时，表示全部收入用于消费，储蓄为零；当 APC 大于 1 时，表示消费大于收入，出现负储蓄；当 APC 小于 1 时，表示消费小于收入，剩余收入为储蓄。但从长期来看，没有收入就不会有消费。通常长期消费倾向是一个常数，边际消费倾向接近于平均消费倾向。

全部消费实际上可分为两部分：自生消费和引致消费。自生消费是由人的基本需求决定的最必要的消费，如维持生存的衣食住行等方面的消费。无论收入多少，这部分消费都是不可缺少的。引致消费指由于收入增加引起的消费，这部分的大小取决于收入和边际消费倾向。全部消费实际是自生消费和引致消费之和。如果消费和收入之间存在线性关系，如图 9-7 所示，消费函数可表示为：

$$C = a + MPC \cdot Y \tag{9.19}$$

其中：a 为自生消费，$MPC \cdot Y$ 为引致消费，MPC 为边际消费倾向。

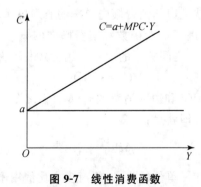

图 9-7　线性消费函数

值得注意的是，宏观经济学的研究对象是整个社会经济。社会消费函数是家庭消费函数的总和。但并非家庭消费函数的简单加总，还要考虑一系列的其他限制条件。

（1）国民收入的分配。根据边际消费倾向递减规律，收入越高的人的边际消费倾向就越低，所以国民收入的分配越不平等，社会的消费曲线就越是向下移动。

（2）政府的税收政策。如果政府征收所得税时采取累进税制,那么就会将高收入者可能用于储蓄的收入变成政府收入,然后以政府转移支付等方式形成公众的收入,最终用于消费。尤其是当高收入者的同量收入转移给低收入者时,由于二者的边际消费倾向的差异,导致社会中的消费数量增加,社会消费曲线向上移动。

（3）公司未分配利润在利润中所占的比例。分配给股东的利润中的一部分必被用于消费,因此,公司未分配利润占总利润的比例越大,消费就会减少,消费曲线会向下移动。

以上讨论的消费函数是假定消费是人们收入水平的函数。这是消费函数的最简单形式,经济学家称之为凯恩斯绝对收入消费理论。在经济学的不断发展中,其他的经济学家对其进行了修改和补充,提出了其他理论。如杜森贝利的相对收入假说,弗里德曼的永久收入假说和莫迪利安尼的生命周期假说等。

二、储蓄及储蓄函数

储蓄是收入中没有被消费的部分,储蓄函数是与消费函数密切相关的。既然存在边际消费倾向递减规律,与其相对应也就存在边际储蓄倾向递增规律,表示随着收入的增加,储蓄在不断增加,且增加的幅度越来越大。

储蓄与收入之间的关系就是储蓄函数,用公式表示为：

$$S = S(Y) \tag{9.20}$$

它又有平均储蓄倾向（APS）和边际储蓄倾向（MPS）之分。平均储蓄倾向是指储蓄占收入的比重。边际储蓄倾向是指增加一单位收入所引起的储蓄的增加量。用公式表示分别为：

$$APS = \frac{S}{Y} \tag{9.21}$$

$$MPS = \frac{\Delta S}{\Delta Y} \tag{9.22}$$

利用表 9-2 的数据可以得出表 9-3。

表 9-3　某国居民收入储蓄变化关系

收入 Y/元	储蓄 S/元	边际储蓄倾向（MPS）	平均储蓄倾向（APS）
5000	−100	0.10	−0.02
6000	0	0.15	0
7000	150	0.25	0.02
8000	400	0.31	0.05
9000	710	0.46	0.08
10000	1170		0.12

根据表 9-3,可以画出储蓄曲线,如图 9-8 所示。

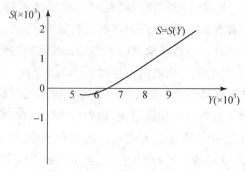

图 9-8 储蓄曲线

同消费函数一样,如果储蓄和收入呈线性关系,由于 $S=Y-C,C=a+MPC\cdot Y$,因此储蓄函数可表示为:

$$S = Y - C = Y - (a + MPC \cdot Y) = -a + (1 - MPC)Y \tag{9.23}$$

由于储蓄被定义为收入和消费之差,所以消费函数和储蓄函数之间存在密切的联系。

第一,消费函数和储蓄函数之和等于收入,即:

$$C + S = Y \tag{9.24}$$

第二,平均消费倾向与平均储蓄倾向之和等于1,即:

$$APC + APS = 1 \tag{9.25}$$

第三,边际消费倾向与边际储蓄倾向之和等于1,即:

$$MPC + MPS = 1 \tag{9.26}$$

三、投资及投资函数

投资活动是人类为了满足未来需求而从事的一种经济行为。影响投资的因素很多,例如国民收入水平、预期收益率、利率、国家政策、税收、技术进步等。其中国民收入水平、预期收益率和利率是影响投资的重要因素。如果仅考虑这三个因素的话,投资函数可表示为:

$$I = I(Y, r, i) \tag{9.27}$$

式中:I 表示投资,Y 为国民收入,r 为资本的预期收益率,i 为利息率。

在现代经济生活中,由于资本高速流动,相当比例的投资是依靠借贷支付的。当投资人进行借贷时,必须向债权人支付利息。利息可以看做是投资的成本。因此,利率越高,投资的成本就会增加,投资的数量就会随之减少;利率越低,投资成本降低,投资数量就会随之增加。可见投资和利率之间存在反比关系。而投资需求与资本的预期收益率呈正比,即投资的预期收益率越高,投资数量就越大;反之,则越低。

国民收入与投资之间存在着互为前提、互为因果的关系。因为国民收入既是以往投资活动所形成的生产能力的成果,是投资的产出物,又是新的投资得以进行的社会物质财富基础,投资是国民收入的转化形式。

具体来说,一方面国民收入对投资产生推动作用。一国的国民收入通常分为两个部分,即消费和储蓄。储蓄是投资的来源。在储蓄倾向不变的条件下,国民收入水平越高,国民收入中用于储蓄的数额就越大,进而形成投资的资金数额就越大,推动了投资的增加。同时,如前所述,随着人们收入的增加,边际消费倾向递减,即边际储蓄倾向递增。这意味着储蓄的增长速度要快于国民收入的增长速度,国民收入增长对投资产生强有力的推动作用。另一方面,国民收入对投资产生拉动作用。伴随一国国民收入的增加,消费总水平也必然相应提高,社会需求的提高对投资无论在规模上还是在水平上(要求更多地采用新技术)都提出了新的需求,刺激投资的预期收益率上升。从而对投资产生巨大的拉动作用。简单的投资函数则可表示为:

$$I = I_0 + MPI \cdot Y \qquad (9.28)$$

其中:I_0 为自发投资,它与国民收入无关,仅仅是由于经济活动的其他因素影响所致;$MPI \cdot Y$ 为引致投资,代表了与国民收入水平正相关的那一部分投资;MPI 为边际投资倾向,是指增加单位收入时所引起的投资增量。即:

$$MPI = \frac{\Delta I}{\Delta Y} \qquad (9.29)$$

投资函数可用图 9-9 表示。在图 9-9(a)中,曲线与纵轴的截距为自发投资 I_0,曲线的斜率为边际投资倾向 MPI;在图 9-9(b)中的投资曲线,反映的是利率 i 与投资反向的变动关系。此时的投资函数为 $I = I(i)$。

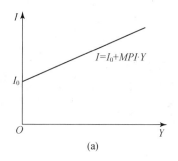
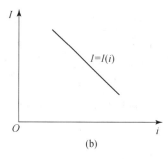

图 9-9　投资函数

单元四 国民收入的决定理论及其应用

> **知识目标**
> 1. 认知理解总需求与总供给；
> 2. 认知理解总需求与总供给的变化对国民收入及其价格水平的影响。
>
> **能力目标**
> 通过本节的学习，你应该能够：
> 1. 对总需求与总供给决定均衡国民收入及其价格水平的理论有正确的认知；
> 2. 学会应用总需求—总供给模型（AD-AS 模型）对造成"滞胀"与通货膨胀的原因做正确的分析，并能提出治理通胀的对策措施。

引导启示

18 世纪初，一个名叫孟迪维尔的英国医生写了一首题为《蜜蜂的寓言》的讽喻诗。这首诗叙述了一个蜂群的兴衰史。最初，蜜蜂们追求奢侈的生活，大肆挥霍浪费，整个蜂群兴旺发达。后来它们改变了原有的习惯，崇尚节俭，结果蜂群凋散，终于被敌手打败而逃散。这首诗所宣扬的"浪费有功"在当时受到指责。英国中塞克斯郡大陪审团委员们就曾宣判它为"有碍公众视听的败类作品"。但在 200 多年之后，这部当时声名狼藉的作品却启发凯恩斯发动了一场经济学上的"凯恩斯革命"，建立了现代宏观经济学和总需求决定理论。

在 20 世纪 30 年代之前，经济学家信奉的是萨伊定理。萨伊是 18 世纪法国经济学家，他提出供给决定需求，有供给就必然创造出需求，所以，不会存在生产过剩性经济危机。这种观点被称为萨伊定理。但 20 世纪 20 年代英国经济停滞和 30 年代世界性的生产过剩的经济危机和严重的社会失业打破了萨伊定理的神话。凯恩斯在批判萨伊定理中建立了以总需求分析为中心的宏观经济学。凯恩斯认为，在短期中决定经济状况的是总需求而不是总供给。这就是说，由劳动、资本和技术所决定的总供给，在短期中是既定的，这样，决定经济的就是总需求。总需求决定了短期中国民收入的水平。总需求增加，国民收入增加；总需求减少，国民收入减少。引起 30 年代经济大危机的正是总需求不足，或者用凯恩斯的话来说是有效需求不足。凯恩斯把有效需求不足归咎于边际消费倾向下降引起的消费需求不足和资本边际效率（预期利润率）下降与利率下降有限引起的投资需求不足。解决的方法则是政府用经济政策刺激总需求，包括增加政府支出的财政政策和降低利率的货币政策。

在凯恩斯主义经济学中，总需求分析是中心。总需求包括消费、投资、政府购买和净出口（出口减进口）。短期中，国民收入水平由总需求决定。通货膨胀、失业、经济周期都是由总需求的变动所引起的。当总需求不足时就出现失业与衰退。当总需求过大时就出现通货膨胀与扩张。从这种理论中得出的政策主张称为需求管理，其政策工具是财政政策与货币政策。当总需求不足时，采用扩张性财政政策（增加政府各种支出和减税）与货币政策（增加货币供给量降低利率）来刺激总需求。当总需求过大时，采用紧缩性财政政策（减少政府各种支出和增税）与货币政策（减少货币量提高利率）来抑制总需求。这样就可以实现既无通货膨胀又无失业的经济稳定。

总需求理论的提出在经济学中被称为一场"革命"（凯恩斯革命）。它改变了人们的传统观念。例如，如何看待节俭。在传统观念中，节俭是一种美德。但根据总需求理论，节俭就是减少消费。消费是总需求的一个重要组成部分，消费减少就是总需求减少。总需求减少则使国民收入减少，经济衰退。由此看来，对个人是美德的节俭，对社会却是恶行。这就是经济学家经常说的"节约的悖论"。"蜜蜂的寓言"所讲的正是这个道理。

相关知识

一、简单的国民收入决定模型

（一）基本假设

有效需求决定国民收入水平是凯恩斯宏观经济理论的基本命题。凯恩斯从最简单的情况开始分析，假设如下。

（1）总供给不变。假定各种资源没有得到充分利用，总供给曲线处于水平区域，总需求的增加可以引起均衡国民收入上升，总供给可以适应总需求的增加而增加，即不考虑总供给对国民收入决定的影响。

（2）充分就业的国民收入水平是不变的。

（3）价格水平既定。

在此基础上分析总需求变动对国民收入的影响，在这里，先暂不考虑投资和利率的变化。

（二）总需求与均衡国民收入的决定

总需求（AD）表示在一定的收入水平、价格水平等条件下，消费者、企业、政府和外国想要购买的本国生产的最终产品和劳务的总和。所以，它由消费、投资、政府支出和净出口四部分组成。前面已经假设不考虑总供给对国民收入的影响，所以均衡国民收入水平就由总需求来决定（如图9-10所示）。

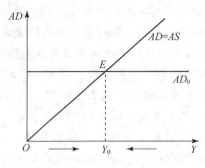

图 9-10 简单国民收入决定

图 9-10 中横轴表示国民收入(Y),纵轴表示总需求量 AD,45 度线表示总需求等于总供给。由于短期内总需求相对稳定,可以认为是不变的,所以总需求曲线与横轴平行,它与 45 度线相交与 E,决定此时的均衡国民收入水平为 Y_0。在 Y_0 的左边,总需求大于总供给,总供给增加,国民收入将向 Y_0 移动;在 Y_0 的右边,总需求小于总供给,总供给应减少,国民收入也将向 Y_0 移动;只有在 Y_0 处,总需求等于总供给,国民收入处于均衡状态。

(三) 总需求与国民收入的变动

由于总需求的水平决定了均衡国民收入的水平,所以总需求变动,必然引起均衡国民收入水平的变动。如图 9-11 所示。

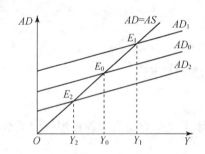

图 9-11 总需求变动对均衡国民收入的影响

总需求 AD_0 与 45 度线相交与 E_0,决定的均衡国民收入水平为 Y_0。总需求增加,需求曲线向上方移动到 AD_1,它与 45 度线相交与 E_1,决定的均衡国民收入水平为 Y_1,Y_1 大于 Y_0,说明总需求增加,均衡国民收入增加;总需求减少,需求曲线向下方移动到 AD_2,它与 45 度线相交与 E_2,决定的均衡国民收入水平为 Y_2,Y_2 小于 Y_0,说明总需求减少,均衡国民收入减少。由此,可以得出总需求的变动会引起均衡国民收入同方向的变动。

根据总需求与国民收入变动的关系,可以得出储蓄与国民收入的关系。在既定的收入中,消费与储蓄呈反方向变动。消费是总需求的重要组成部分,储蓄增加使消费减少,总需求减少,从而国民收入减少;反之国民收入增加。因此,储蓄变动会引起国民收入反方向的变动。

众所周知,节俭是一种美德。从理论上讲,节俭是个人积累财富最常用的方式。从微观上分析,某个家庭勤俭持家,减少浪费,增加储蓄,往往可以致富。然而,熟悉西方经济学的人们都知道,根据凯恩斯的总需求决定国民收入的理论,节俭对于经济增长并没有什么好处。实际上,这里蕴涵着一个矛盾:公众越节俭,降低消费,增加储蓄,往往会导致社会收入的减少。因为在既定的收入中,消费与储蓄呈反方向变动,即消费增加储蓄就减少,消费减少储蓄就增加。所以,储蓄与国民收入呈反方向变动。根据这种看法,增加消费减少储蓄会通过增加总需求而使国民收入增加,进而促进经济繁荣;反之,就会导致经济萧条。由此可以得出一个蕴涵逻辑矛盾的推论:节制消费增加储蓄会增加个人财富,对个人是件好事,但由于会减少国民收入、引起萧条,对国民经济却是件坏事。这就是常说的"节俭悖论"。

按照凯恩斯的观点,在资源没有得到充分运用、经济没有达到潜在产出的情况下,只有每个人都尽可能多地消费,整个经济才能走出低谷,迈向充分就业、经济繁荣的阶段。因此,凯恩斯的理论后来被一些人解释为需求决定论。当各种资源得到了充分利用,需要考虑总供给的限制时,这一结论就不适用了。

二、总需求—总供给模型

以上对总需求分析,是假设总供给可以适应总需求的增加而增加,以及价格水平不变的情况。但在现实中,总供给总是有限的,价格水平也是变动的。总需求—总供给模型,就是要把总需求分析与总供给分析结合起来,说明总需求与总供给是如何决定国民收入与价格水平的。

(一) 总供给曲线

所谓总供给(AS),是指一国国民经济的总生产能力及其所提供的商品和劳务,由一个国家的生产要素状况和技术水平决定。用横轴表示国民收入水平(Y),用纵轴表示物价总水平,总供给曲线如图 9-12 所示。

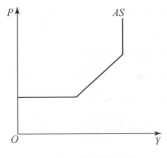

图 9-12 总供给曲线

从图 9-12 可以看出,总供给曲线分为三段。

(1) 水平段。称为凯恩斯区间,表示在价格不变时,总供给可以无限增加。因为这时资源未得到充分利用,即使物价水平不变,总产量也会扩大。其出现的背景是,20 世纪 30 年代,世界经济处于大萧条中,工厂开工不足,大量设备闲置和工人失业,总供给存在无限增加潜力。这种情况是凯恩斯所描述的,所以称此段为凯恩斯区间。

(2) 垂直段。称为古典区间,表示无论物价如何变动,产量也无法再扩大。因为这时资源已经得到了充分利用,实现了充分就业,从而总供给无法再增加。古典经济学家认为,充分就业总是存在的,所以称此段为古典区间。

(3) 向右上方倾斜段。称为中间区间,表明总供给和物价水平呈同方向变动。以后在运用总供给曲线分析经济现象时,通常使用总供给曲线的倾斜段。

(二)总需求曲线

总需求(AD),是指一国经济中对产品与劳务的需求总量,包括消费需求(C)、投资需求(I)、政府需求(G)与国外需求(用净出口表示$X-M$)。可以把总需求表示为:

$$AD = C + I + G + (X - M) \tag{9.30}$$

在微观经济学部分学过,需求是与价格相联系的一个变量,它与价格呈反方向变动的关系。总需求曲线表示物价水平与总需求量之间的关系,总需求曲线向右下方倾斜,即物价水平与总需求量之间是反方向变动的关系。用横轴表示国民收入水平(Y),用纵轴表示物价总水平,总需求曲线如图 9-13 所示。

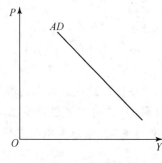

图 9-13　总需求曲线

从形状上看,总需求曲线与微观经济分析中的需求曲线形状相似,实际上两者内涵不同。需求曲线表示特定商品的需求量与其价格的关系,总需求曲线则表示全社会总需求量与总物价水平的关系。同时,需求曲线简单反映需求规律,总需求曲线则反映"物价水平上升→实际货币供应量减少→利率水平上升→投资水平下降→国民收入水平减少"这样一个复杂而迂回的传导机制。

(三)总需求—总供给模型(AD-AS 模型)

把总需求曲线和总供给曲线放在同一坐标中,就可以得到总需求—总供给模型。如图 9-14 所示:总需求曲线和总供给曲线的交点 E 决定的国民收入水平 Y_0 和价格水平 P_0,就是均衡的国民收入和价格水平。无论总需求曲线移动还是总供给曲线移动都会改变均衡点,因而会改变实际国民收入水平和价格水平。

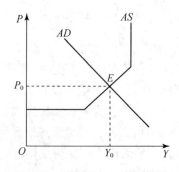

图 9-14　总需求—总供给模型

1. 总需求变动对国民收入与价格水平的影响

下面分别分析三种不同的总供给曲线。

第一,在凯恩斯总供给曲线上(如图 9-15 所示),总需求增加,总需求曲线从 AD_0 向右上方移到 AD_1,国民收入从 Y_0 增加到 Y_1,而价格水平不变,仍为 P_0;总需求减少,总需求曲线从 AD_0 向左下方移到 AD_2,国民收入从 Y_0 减少到 Y_2,价格水平仍不变,为 P_0;也就是总需求的变动不会引起价格水平的变动,只会引起国民收入水平的同方向变动。

第二,在中间区间总供给曲线上(如图 9-16 所示),总需求增加,总需求曲线从 AD_0 向右上方移到 AD_1,国民收入从 Y_0 增加到 Y_1,价格水平从 P_0 上升到 P_1;总需求减少,总需求曲线从 AD_0 向左下方移到 AD_2,国民收入从 Y_0 减少到 Y_2,价格水平从 P_0 下降到 P_2;也就是总需求的变动引起国民收入水平与价格水平的同方向变动。

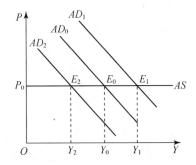
图 9-15 总需求曲线变动与凯恩斯总供给曲线

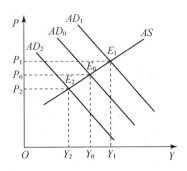
图 9-16 总需求曲线变动与倾斜总供给曲线

第三,在古典区间总供给曲线上(如图 9-17 所示),由于资源已经被充分利用,所以,总需求增加,总需求曲线从 AD_0 向右上方移到 AD_1,国民收入不变,为 Y_f(表示充分就业的国民收入水平);价格水平从 P_0 上升到 P_1;总需求减少,总需求曲线从 AD_0 向左下方移到 AD_2,国民收入仍不变,价格水平从 P_0 下降到 P_2;也就是总需求的变动只会引起价格水平同方向的变动,而不会引起国民收入的变动。

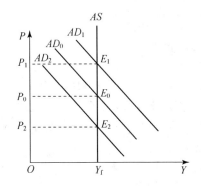
图 9-17 总需求曲线变动与垂直总供给曲线

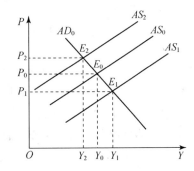
图 9-18 总供给的变动对国民收入与价格水平的影响

2. 总供给变动对国民收入与价格水平的影响

总供给的变动,同样会影响国民收入和价格水平。在此只研究总供给曲线向右上方倾斜区间。如图 9-18 所示,在总需求不变时,总供给增加,总供给曲线从 AS_0 向右下方移至 AS_1,国民收入从 Y_0 增加至 Y_1,价格水平从 P_0 下降到 P_1;总供给减少,总供给曲线从 AD_0 向左上方移至 AS_2,国民收入从 Y_0 减少至 Y_2,价格水平从 P_0 上升到 P_2;也就是总供给的变动会引起国民收入同方向的变动,引起价格水平反方向变动。

三、总需求—总供给模型的应用

总需求—总供给模型是分析宏观经济问题的工具,可以利用这一模型来分析一些经济现象和经济问题。

(一)分析"滞胀"的原因

所谓"滞胀"是指国民收入下降(生产停滞)和物价上涨(通货膨胀)两种病症同时并发。总供给曲线向左上方移动是西方国家经济发生"滞胀"的重要原因。20世纪70年代中期,美国经济第一次"滞胀",主要就是遭到强烈的供给冲击。当时谷物严重歉收,加之对前苏联出口大量小麦,使粮食供给不足,粮价猛升。与此同时,石油输出国组织大幅度提高石油价格,使能源和石油制品价格上升,从而使许多产品成本增加。因此,总供给曲线向左上方移动,从而造成严重"滞胀"局面。如图9-18所描述。

(二)分析治理通货膨胀与通货紧缩

当出现通货膨胀时,采取抑制总需求(投资需求和消费需求)的方法可以治理通货膨胀。如图9-19所示:总需求减少,从AD_0向左下方移至AD_1,价格水平由P_0降至P_1。但是,采用这一方法,虽然使物价水平下降了,但是国民收入也从Y_0减少到Y_1,经济走向了衰退。

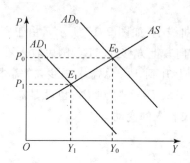

图9-19 抑制总需求对付通货膨胀

如果采取刺激增加总供给的方法效果就不一样。如图9-20所示:刺激总供给,可以使总供给增加,总供给曲线从AS_0向右下方移至AS_1,价格水平从P_0下降至P_1,同时国民收入从Y_0增加至Y_1,促进了经济的繁荣。可见,在资源尚未充分利用的情况下,采用刺激总供给的方法对付通货膨胀比采用抑制总需求的方法更有利。

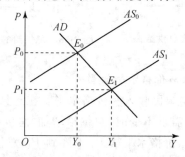

图9-20 刺激总供给对付通货膨胀

当出现通货紧缩时,物价水平普遍下跌,引起纸币升值。通货紧缩产生的原因是复杂的,它往往与政府紧缩银根,消费者和生产者对未来经济预期不乐观,宁愿保有货币而减少购买、减少投资相联系。通货紧缩有时是减少通货膨胀的。在另外的情形下,通货紧缩会带来经济增长的缓慢,甚至导致萧条。在这种时期政府应积极运用扩张性的财政政策和货币政策刺激总需求。如图 9-21 所示:总需求增加,从 AD_0 向右上方移至 AD_1,价格水平由 P_0 升至 P_1,同时使国民收入从 Y_0 增加到 Y_1,使经济走向繁荣。

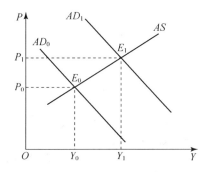

图 9-21　刺激总需求对付通货紧缩

单元五 乘数理论及其应用

> **知识目标**
> 1. 认知理解经济学中的乘数原理;
> 2. 认知理解投资乘数、预算乘数及其对国民收入的影响。
>
> **能力目标**
> 通过本节的学习,你应该能够:
> 1. 对乘数原理有正确的认知;
> 2. 从现实的角度应用投资乘数与预算乘数对国民收入产生的影响做正确的分析。

引导启示

犯罪学家凯琳曾注意到一个问题:在她上班的路旁,有一座非常漂亮的大楼,有一天,她注意到楼上有一窗子的玻璃被打破了,那扇破窗与整座大楼的整洁美丽极不调谐,显得格外的刺眼。又过了一段时间,她惊奇地发现:那扇破窗不但没得到及时的维修,反而又增加了几个带烂玻璃的窗子……。这一发现使她的心中忽有所悟:如果有人打坏了一个建筑物的窗户玻璃,而这扇窗户又得不到及时维修的话,别人就可能受到某些暗示性的纵容去打烂更多的玻璃。久而久之,这些破窗户就给人造成一种无序的感觉。其结果是:在这种麻木不仁的氛围中,犯罪就会滋生。这就是凯琳著名的"破窗理论"。后来凯琳的"破窗理论"竟成了经济学家们阐述乘数理论的最好案例。

经济学家说,你看,玻璃被打坏了,房主需要买玻璃,于是卖玻璃的商家的收入就增加,他们就可以增加投资,于是制造玻璃的收入增加,他们就可以购买黄沙,卖黄沙的工人的收入增加,他们就可以购买鸡蛋,卖鸡蛋的收入增加,他们就可以购买服装……。于是乎在平静的水面投下一颗小石子,荡起一轮一轮的涟漪。那么,会不会形成海啸呢?幸好经济学家说不会,因为每一轮的消费增加都比上一轮增加的幅度小!为什么呢?因为凯恩斯说我们的消费虽然取决于我们的收入,但是我们消费的增加总不如收入增加的快。也就是说卖玻璃厂商收入增加一百块钱,他会消费八十,储蓄二十,这个储蓄就是"漏出";制造玻璃的收入增加八十,他将消费六十四元左右;于是卖黄沙的工人收入将增加六十四,他们又将增加消费……。最终的结果就是经济从小孩打碎玻璃开始,一轮一轮需求的增加。这一案例的分析便是凯恩斯主义乘数理论的最好诠释。

相关知识

乘数又称作倍数。经济活动中某经济变量的增减,引起其他经济变量发生的连锁反应,成倍地增加或减少,此经济现象称之为乘数原理。乘数原理随其运用范围不同而有不同的乘数。分析经济变量间的相互关系时,常使用投资乘数、预算乘数、就业乘数、对外贸易乘数、货币创造乘数等概念。在这里只介绍投资乘数和预算乘数。

一、投资乘数及其应用

(一) 投资乘数的含义及计算

英国经济学家卡恩于1931年在论证投资净增加量和由此而引起的总就业量之间的关系时,提出了乘数这一概念,几年后凯恩斯在《通论》中利用这个概念提出了"投资乘数论",即用乘数原理来说明投资和由此引起的收入变化之间的关系。投资乘数指收入的变化与带来这种变化的投资支出的变化的比率。如果用 K_I、ΔY 和 ΔI 分别代表投资乘数、收入增加量和投资增加量,则投资乘数可表示为:

$$K_I = \frac{\Delta Y}{\Delta I} \tag{9.31}$$

为什么投资增加时,国民收入会成倍的增加呢?投资乘数产生的主要根源在于社会经济各部门之间的相互关联性。当某一个部门投资增加,不仅会使本部门收入增加,而且会使其他部门发生连锁反应,从而导致这些部门投资与收入也增加,最终使国民收入的增加量是最初自发投资增加量的数倍。同理,当投资减少时,国民收入也成倍减少。

举例说明,某部门增加投资1000万元,则投资品生产部门的收入相应增加1000万元,假定其边际消费倾向(MPC)为80%,那么就有800万元用于消费而购买消费品,这样,这800万元又成为生产这些消费品部门的收入;如果其边际消费倾向(MPC)仍为80%,则这800万元中就会有640万元用于消费而购买其他消费品,这样,这640万元又会成为生产这些物品的部门收入……

这种反馈效应会继续下去。把所有的这些效应相加,国民收入增加量是:

国民收入增加量 $= 1000$ 万 $+ 1000$ 万 $\times 0.80 + 1000$ 万 $\times 0.80^2$ 万 $+ 1000$ 万 $\times 0.80^3 + \cdots$
$= (1 + 0.8 + 0.8^2 + 0.8^3 + \cdots) \times 1000$ 万元
$= 5000$ 万元

投资乘数是:

$$K_I = 1 + MPC + MPC^2 + MPC^3 + \cdots \tag{9.32}$$

根据无限几何序数公式 $1 + c + c^2 + c^3 + \cdots = 1/(1-c)$,在上面的例子中,$c = MPC$,因此,可得到投资乘数公式:

$$K_1 = \frac{1}{1-MPC} \tag{9.33}$$

因为 $MPC+MPS=1$,所以有:

$$K_1 = \frac{1}{1-MPC} = \frac{1}{MPS} \tag{9.34}$$

由此可见,乘数大小和边际消费倾向有关,投资乘数与边际储蓄倾向呈反比,与边际消费倾向呈正比。边际消费倾向越大,或边际储蓄倾向越小,则乘数就越大。

同理,当投资减少 1000 万元时,国民收入减少 5000 万元。这就是乘数的反作用,因此经济学家形象地把乘数称为一把"双刃的剑"。当某一个部门投资增加,不仅会使本部门收入增加,而且会使其他部门发生连锁反应,从而导致这些部门投资与收入也增加,最终使国民收入的增加量是最初自发投资增加量的数倍。同理,当投资减少时,国民收入也成倍减少。一个国家乘数作用越大,经济波动越明显。

(二)投资乘数发生作用的前提条件

值得注意的是,从理论分析得出,投资乘数对国民收入的确具有成倍扩张的作用。但欲使投资在现实经济活动中真正发挥这种成倍扩张的作用,还需要具备一些条件。

(1) 社会存在闲置的生产能力和失业工人。假如某一经济系统中不存在过剩的生产能力,或是投资的增长超出了生产能力的闲置程度,那么,新增加的投资以及由此而引起的新增加的消费,就不会刺激产量和收入的增加,反而引起物价上涨。

(2) 边际消费倾向和边际储蓄倾向保持相对稳定。如前所述,投资乘数扩张程度的大小取决于边际消费倾向和边际储蓄倾向的大小。保持边际消费倾向和边际储蓄倾向稳定是投资乘数正常发挥作用的前提条件。比如,投资增加往往会引起利率的上升,利率上升鼓励储蓄而抑制消费。同时,利率上升意味着投资成本提高。在这种情况下,会一定程度地抵消掉投资增加所能引起的收入的增加,影响了消费的增加,从而妨碍了投资乘数作用的正常发挥。

(3) 货币供应数量。中央银行决定的某一时期的货币供应数量对投资乘数正常发挥作用的影响也很大。比如,在货币供应数量过少时,由于无法适应投资和消费支出的增长,投资和消费的增加就会导致货币需求增加和利率上升。利率提高会鼓励储蓄而抑制投资,进而影响投资乘数作用的充分发挥。

(4) 政府的财政政策。政府的税收和支出政策对投资乘数的作用也有较大的影响。我们上面研究投资乘数时没有考虑政府部门的作用,在三部门经济中,由于加入了政府部门,不仅投资的支出变动会有乘数效应,而且政府购买支出、税收和转移支付的变动,都会引起乘数效应。

二、预算乘数及其应用

(一)政府购买支出乘数

政府购买支出乘数(K_G)用来反映政府购买支出变动与其引起的国民收入变动的倍数的关系。在定量税的条件下,边际消费倾向为 MPC,政府购买支出增加为 ΔG,政府购买支出变动通过乘数作用引起的国民收入变动为:

$$\Delta Y_C = \Delta G + MPC \cdot \Delta G + MPC^2 \cdot \Delta G + MPC^3 \cdot \Delta G + \cdots$$
$$= (1 + MPC + MPC^2 + MPC^3 + \cdots) \times \Delta G$$
$$K_C = \frac{\Delta Y_C}{\Delta G} = (1 + MPC + MPC^2 + MPC^3 + \cdots) = \frac{1}{1 - MPC} \tag{9.35}$$

可见,政府购买支出乘数与投资乘数相等。在比例税率的条件下,政府购买支出乘数为:

$$K_C = \frac{1}{1 - MPC(1-t)} \tag{9.36}$$

式中:t 为比例税率。

(二)政府税收乘数

政府税收乘数(K_T)是用来反映税收变动与其引起的国民收入变动的倍数的关系。政府税收的减少意味着居民个人可支配收入增加,由此而增加的消费是增加的个人可支配收入与边际消费倾向的乘积。政府税收增加量为 ΔT,于是,政府税收变动通过乘数作用引起的国民收入变动为:

$$K_T = \frac{\Delta Y_T}{\Delta T} = \frac{-MPC}{1 - MPC} \tag{9.37}$$

税收乘数是负值,表明收入随税收的增加而减少,随税收减少而增加。税收乘数等于边际消费倾向与边际储蓄倾向之比的负值。

(三)平衡预算乘数

平衡预算乘数(K_B)用来反映政府收支同时等额增减的情况下,政府收支变动对国民收入的综合效应。由政府购买支出乘数和政府税收乘数可知,同时等额变动政府支出与税收所引起的国民收入综合效应为:

$$K_B = K_C + K_T = \frac{1}{1 - MPC} - \frac{-MPC}{1 - MPC} = 1 \tag{9.38}$$

平衡预算乘数主要被用来作为政府制定财政政策时的参考,即如果政府为了扩大国民收入,就需要扩大政府支出和减少税收;如果政府为了抑制通货膨胀,就应减少政府支出和增加税收。在这种情况下,政府支出应增加多少和税收应减少多少,或者政府支出应减少多少和税收应增加多少,均应根据 K_G、K_T、K_B 而定。

研讨案例

案例1: 在过去的25年里,中国创造了GDP年均增长超过8%的世界奇迹,然而有一组数据却不得不让人深思:2003年,我国GDP总值虽不足世界的1/30,但原油消耗却达2.5亿吨,消耗量居世界第二位;煤消耗15.8亿吨,占世界消耗量的1/3;钢材消耗2.7亿吨,占世界消耗量的1/4,比美、日、英、法等国家总和还多;水泥消耗8.4亿吨,占世界消耗量的55%;……产出总量增加的过程,必然是自然资源消耗增加的过程,也是环境污染和生态破坏的过程。而人们从GDP中,只能看出经济产出总量或经济总收入的情况,却看不出这背后的环境污染和生态破坏。面对我国尚未完全摆脱的粗放型增长,过于单纯注重GDP的增长,可能助长为追求高的GDP增长而破坏环境、耗竭使用自然资源的行为。而与此同时,一场推动"绿色 GDP"的行动,也正在国家有关部门的积极倡导下开展。"绿色 GDP"是扣除经济生活中投入的资源和环境成本后得出的国内生产总值。试运用所学经济学原理结合案例内容分析以下问题:

1. 在传统的 GDP 核算体系下,有哪些问题没有考虑到?
2. 我国目前经济增长方式有何特点?最主要的问题是什么?

案例 2:目前来看,我国全社会的边际消费倾向 MPC 较低,仅有 0.5238,因而我国全社会的投资乘数也较低,只有 2.1,表明投资增加 1 元最终引致国民收入增加 2.1 元。据其他学者的研究,我国居民的边际消费倾向 MPC 一度非常高,1952 年—1977 年间,边际消费倾向高达 0.9853;1978 年—1986 年,边际消费倾向降至 0.8319。这说明,随着居民可支配收入的提高,居民收入的增量中,用于消费支出的份额在减少,而用于储蓄的份额在增多,这种变化的趋势非常明显。考虑到自 1992 年我国正式确立建立社会主义市场经济体制的改革目标以来,各项改革措施陆续出台,如教育、医疗、社会保障体制的改革,这些改革在 20 世纪 90 年代后半期又遭遇了经济增长持续下滑、通货紧缩日益严重、新的消费热点不明显等一系列的不利局面,使得居民对于未来的收入和支出存在大量的不确定性预期,出现了以往所没有的"有钱无处花、有钱不敢花、有钱不愿花"的现象,导致居民现期消费更加谨慎,加大了储蓄的比重,最终使全社会投资的乘数效应没有很好地发挥出来。试运用所学经济学原理结合我国实际情况分析以下问题:

1. 什么因素影响一个经济中的消费水平?中国消费需求不足的现实因素有哪些?
2. 讨论收入中储蓄比例显著增加的可能后果。

总结与回顾

就像均衡价格理论是微观经济学的核心一样,国民收入的决定理论是宏观经济学的核心。国民收入决定理论的中心是说明是什么力量决定了国民收入的大小和变动。本章首先介绍了国内生产总值和其他的几个国民收入统计指标的概念,以及它们之间的相互关系。国民经济核算体系是用来提供特定时期内,一国实际经济活动及其成就的系统记录。国民收入核算是宏观经济分析的基础。国内生产总值是衡量经济运行情况的一个重要指标。国内生产总值可以从生产、收入和支出三个角度或者说用三种不同的方法计算。国民收入核算资料具有重要的应用价值,同时,也存在一些缺陷。在两部门、三部门、四部门经济中,存在着储蓄—投资的恒等关系。西方经济学认为,总供给和总需求处于均衡状态时决定了国民收入,如果经济中存在总需求大于或小于总供给时,经济运行就会出现扩张或收缩现象。消费、投资、政府支出以及出口对国民收入来说具有扩张性力量,是注入量;储蓄、税收、进口等会减少国内总需求,具有收缩性力量,是漏出量。当投资、政府支出等经济变量增加或减少时会引起国民收入成倍地增加或减少,这就是乘数作用。而投资乘数、预算乘数等,在一定条件下均会对国民收入的形成和变动产生影响作用。

1. 基本概念

国内生产总值　实际GDP　名义GDP　国内生产净值　国民收入　个人收入　个人可支配收入　边际消费倾向　平均消费倾向　边际储蓄倾向　平均储蓄倾向　乘数原理　投资乘数　税收乘数　平衡预算乘数

2. 国民收入中的基本总量有哪些？这些总量之间的关系如何？

3. 国民收入核算方法有哪些？

4. 试述注入与漏出的变动对国民收入的影响？

5. 假设某经济的消费函数为 $C=100+0.8Y$，投资 $I=50$（单位：10亿美元）。试算：

(1) 均衡国民收入、消费、储蓄各是多少？

(2) 若投资增至100，求收入增加多少？

6. 在不同的总供给曲线下，总需求变动对国民收入和价格水平有什么影响？

7. 社会收入为2000亿元，储蓄为800亿元，当收入增加为3000亿元，储蓄为1200亿元。试计算边际消费倾向、边际储蓄倾向和投资乘数各是多少？

8. 试述投资乘数原理的基本内容？投资乘数在经济中发生作用的前提条件是什么？

模块十　就业理论及其应用

　　能否实现充分就业，既是衡量一个国家经济社会运行状态的重要标志，也是政府宏观调控的主要目标之一。然而，现代社会大量存在的失业现象，已成为告别短缺经济时代之后各国所长期面临的社会难题。正因如此，各国政府想尽一切办法，扩大就业渠道，以使社会成员能够充分就业。本模块从国民收入的均衡原理出发，分别从总供给与总需求两个方面入手来考察社会就业问题。其中，重点是介绍凯恩斯的就业理论与政府扩大就业的政策措施。

单元一　就业与失业

> **知识目标**
> 1. 认知理解经济学中的失业、失业率及失业对经济的影响；
> 2. 了解失业的种类、原因，掌握失业的治理对策。
>
> **能力目标**
> 通过本节的学习，你应该能够：
> 1. 对失业的影响有正确认知；
> 2. 从现实的角度对造成劳动力失业的原因做正确分析，并能提出治理对策。

引导启示

作为目前最有活力的经济体，中国虽然保持了很长时间的经济增长，但自20世纪90年代后期以来，中国仍然出现了严重的失业问题。具体表现为城镇失业率加速攀升、农村富余劳动力转移受挫以及大中专毕业生就业形势严峻等。中国的失业人口主要包括：一是登记的城镇失业人口，即具有非农户口，在劳动年龄内，有劳动能力，有工作意向并在积极寻找，而且在劳动部进行登记了的公开失业者；二是下岗职工中的失业者、所谓下岗职工，是指由于企业的生产和经营状况等原因，已经离开本人的生产和工作岗位，且已不在本单位从事其他工作，但仍与用人单位保留劳动关系的人员；三是农村向城镇流动人口中的失业者；四是大中专毕业生中的失业者，指那些由于工作岗位有限或就业愿望与劳动力市场的需求现实之间存在较大差距，而暂时处于失业状态的青年学生。长期以来，我国城镇登记失业人员呈持续上升态势。1996年，全国登记城镇失业率为3.0%，1997—2000年基本保持在3.1%，2001年上升到3.6%，2002年上升到4.0%，2003年上升到4.3%，2004年以来，政府采取多项措施扩大就业，我国登记的城镇失业率被控制在4.5%以内。如果排除城镇登记失业率对年龄、户口以及不包括下岗职工等方面的限制，我国城镇的实际失业率大约在8.3%~9.4%左右。其次，大量农村富余劳动力的非农化转移严重受挫，约六成左右的农民工很难在城镇和非农产业中找到相对稳定的工作。全国高校毕业生的就业也不尽如人意，目前约有100万高校毕业生处于失业状态。导致中国目前失业问题严重的原因是多方面的。但从现实的角度分析,主要有人口因素、结构性因素、摩擦性因素、季节性因素、工资刚性因素等。因此,治理失业,扩大就业,已成为我国政府当前各项社会经济政策的优先目标。

相关知识

一、充分就业的定义

充分就业是指在现有市场工资水平上,想找工作的人都能找到工作的一种状态,通常隐含着高就业率和低失业率。但充分就业并非人人都有工作,充分就业时仍然有一定的自然失业。这是因为,经济中有些造成失业的原因(如劳动力的流动)是难以克服的,劳动力市场不可能总是十分完善。劳动力是由年龄在16周岁以上的正在工作与不在工作但正在积极寻找工作,或被暂时辞退并等待重返工作岗位的人所组成。就业者是指那些从事有报酬工作的人,包括那些有工作但由于生病、罢工或休假而不在工作岗位的人。另外,没有报酬的家庭成员在家庭企业工作(如有农场工作)也计入就业之中。

自然失业的存在不仅是必然的,而且也是必要的。因为这种失业的存在,能作为劳动后备军随时满足经济对劳动的需求,能作为一种对就业者的"威胁"而促使就业者提高生产效率。此外,各种福利支出(失业补助、贫困补助等)的存在,也使得存在一定水平的失业不会成为影响社会安定的因素,因而是社会可以接受的。

二、失业与失业率

(一) 失业的概念

失业是劳动力供给与劳动力需求在总量或结构上的失衡所形成的,是指具有劳动能力并有就业愿望的劳动者处于没有就业岗位的状态。

失业者是在规定的年龄范围以内,愿意工作并积极寻找工作却没有找到工作的人。各国对工作年龄和失业的范围有不同的规定。属于失业范围的人包括以下几种:

(1) 新加入劳动力队伍第一次寻找工作,或重新加入劳动力队伍正在寻找工作已达4周以上的人;

(2) 被暂时辞退并等待重返工作岗位而连续7天未得到工资的人;

(3) 为了寻找其他工作而离职、在找工作期间作为失业者登记注册的人;

(4) 被企业解雇而无法回到原工作岗位的人,即非自愿离职者。

在规定范围之外,如在校学生、退休人员、丧失劳动能力的成年人都不计入失业者。

我国对失业人员的定义:在法定劳动年龄内,要工作有能力、无业且要求就业而未能就业的人员。其中,虽然从事一定社会劳动,但劳动报酬低于当地城市居民最低社会保障标准的,视同失业。目前,从统计的角度来说,失业者主要是指城镇中就业转失业的人员和新生劳动力中未实现就业的人员。《失业保险条例》中所指的享受失业保险待遇的失业人员只限定为就业转失业并已履行缴费义务的人员。

(二) 失业的衡量

通常失业状况是由政府劳动机构进行抽样调查,经过统计推算得出的,并逐月进行发布。美国劳工统计局关于美国失业率的统计方式是将全国16周岁以上成年总人口划分为三类：就业者、失业者、非劳动力人口。如果一个人不属于失业者和就业者，这个人就是非劳动力人口。非劳动力人口是指由于某些原因而未能加入就业行列的潜在成年劳动者，如操持家务者、在校学习者、老年退休者、病残者等。失业在全体公民之间的分布不均衡，可以按不同种族、性别、年龄区间等不同的劳动力类型来测定失业率。

在美国，黑人的失业率约为白人的两倍，20岁以下的年轻人的失业率为老工人的两倍多，由于世界各国对工作年龄、统计方法、失业范围的规定各不相同，因而各国间的失业率几乎无法直接进行比较。例如，在美国，凡年满16～65岁，愿意工作而没有工作的人，一律算做失业者，统计方法是美国劳工统计局每月定期抽样调查60000个左右家庭获取并提供就业和失业的数据信息，例如失业类型、平均工作周长度、失业的持续时间等，而一些国家则根据失业登记和失业保险金发放情况来统计失业率，所以失业率的计算虽是经过复杂的统计计算出来的，但仍有其局限性。几乎世界各国通常有抽样调查失业率，也有登记失业率，两个失业率指标都有失真之处，但仍在一定程度上反映了失业状况，一般登记失业率几乎都高于抽样调查失业率。

反映失业状况的主要指标就是"失业率"，失业率是表示一国失业严重程度的指标，也是反映宏观经济状况的一个重要指标。就业者和失业者的总和就叫做劳动力。失业者占劳动力的百分比叫做失业率。用公式表示为：

劳动力＝就业者人数＋失业者人数

失业率＝失业者人数/劳动力总数

例：某个国家共有1亿人，16周岁以下儿童2000万人，65周岁以上的老年人1000万人，在校全日制学生1400万人，家庭妇女500万人，残疾人和其他没有劳动能力的人有100万人，失业者500万人，其余为就业者。计算这个经济中的劳动力失业率应是多少？

由于该国的劳动力总数为5000万人(10000－2000－1000－1400－500－100)，所以，该经济中的失业率为：失业率＝失业人口/劳动力人口＝500/5000＝10％。

另外，根据失业率的大小，我们还可以判断一个国家失业的程度如何。

(1) 充分就业：失业率处于2％～4％之间；

(2) 轻度失业：失业率处于5％～9％之间；

(3) 严重失业：失业率大于10％。

(三) 失业的影响

1. 充分就业和潜在GDP

当一国经济的现实失业率等于自然失业率(亦称充分就业时的失业率)时，我们就说这个国家已实现了充分就业。对于自然失业率，经济学家们有着不同的看法。这里我们简单地认为，自然失业率就是当经济只存在摩擦性失业和结构性失业时的失业率，或者说，它是当经济出现充分就业时的失业率。

潜在GDP，又称充分就业时的GDP，是指一国国民经济达到充分就业时与自然失业率相对应的GDP水平。与潜在GDP相对应的概念是现实的GDP。潜在GDP是一国经济应该生产出来的产值，而现实的GDP是一国经济实实在在生产出来的产值，潜在GDP与现实的GDP之差称为GDP缺口。

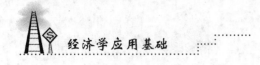

2. 奥肯定律

事实表明,失业通常随经济周期中的产量波动而变化。产量与失业之间的这种明显的同步运动,首先被美国经济学家阿瑟·奥肯以数字关系加以表述,这就是著名的"奥肯定律"。奥肯定律是宏观经济学中最可靠的经验规律之一,即每降低1%的失业率,实际国民生产总值就会提高2.5%。奥肯定律试图说明失业率与实际国民收入增长率之间的关系。

(1) 失业率与实际国民收入增长率成反方向变动关系。

(2) 失业率与实际国民收入增长率之间1∶2.5的关系只是一个平均数,是根据经验统计资料得出来的,在不同的时期有所不同。例如,在20世纪60年代,这一比率是1∶3;在70年代,这一比率是1∶2.5~1∶2.7;在80年代,这一比率是1∶2.5~1∶2.9。

(3) 奥肯定律主要适用于没有实现充分就业的情况。在实现了充分就业的情况下,自然失业率与实际国民收入增长率的相关性就要弱得多,一般估算在1∶0.76左右。

3. 失业对经济的影响

许多国家追求高就业率有两个方面的原因:第一,高就业率意味着高产量和高收入;第二,工作本身就是很有价值的。当出现严重失业的时候,产量损失很大,收入急剧下降,就好像大量的汽车、房屋、衣服及其他商品被简单地扔进大海一样。在高失业期间的损失是现代经济中有文献记载的最大浪费。它们比估计的由垄断造成的微观浪费或由关税和额度所导致的浪费要大许多倍。

4. 失业的社会影响

失业不仅会给社会带来很大的经济损失,而且也会给人们带来极为沉重的心理负担,这种负担是无法用金钱来衡量的。美国公共健康的研究表明,失业会导致身体和心理健康的退化,较多的心脏病、酗酒和自杀。研究这个问题的杰出专家M.唯维·希伦纳博士估计,连续6年的失业的1个百分点的上升会导致3.7万人过早死亡。对许多人来说,非自愿失业会对他们造成非常严重的心灵创伤。

三、失业的种类及原因

失业可以划分为自愿失业和非自愿失业。自愿失业(Voluntary Unemployment)是指劳动者不愿意接受现行货币工资和现行工作条件而导致的失业。这种失业在西方不被看做是真正的失业,因此,并不包括在失业统计资料中。凯恩斯提出与此相对应的失业是非自愿失业,即通常所说的失业,是指具有劳动能力并愿意按现行货币工资率就业,但因有效需求不足而得不到工作造成的失业,因而非自愿性失业是可能被总需求的提高而消除的那种失业。

自愿失业是由于经济中某些不可避免的原因所引起的失业,在任何市场经济中这种失业是不可避免的。现代经济学家按照引起失业的具体原因把自愿失业分为以下四种类型。

1. 摩擦性失业

摩擦性失业是指劳动者在正常流动过程中所产生的失业。由市场制度本身决定,即使在充分就业的情况也会存在,是市场对人力资源进行配置的必不可少的条件和代价。产生摩擦性失业的主要原因有:劳动力市场是不断变动的,信息并不是非常完备的,而且寻找工作的人和拥有工作空位的雇主发现对方都需要一定的时间相互了解。即使劳动力的人数保持不变,在每一个时期有一批新的人员进入劳动力市场寻找工作,同时也有一些正在工作的或失业的人退出市场。一些人为了找到更好的工作而辞去现有的工作。更多的情况是,对企业产品需求的偶然波动会导致一些企业倒闭而引起工人失业,与此同时,又出现一些新的企业从而提供新的就业机会;求职者的情况和工作的性质等信息不能很快地被知晓或评价,使得求职者和潜在的雇主必须花费一定时间才能找到合适的工作和人选。因此,总的来看,即使劳动力需求等于劳动力供给,摩擦性失业仍然存在。

2. 结构性失业

结构性失业是由于经济结构的变动,使劳动力的供求之间在职业、技能、产业、地区分布等方面失衡所引起的失业。当劳动力需求发生了变化,使同一地区对劳动力技能的需求与供给不一致,或引起不同地区间劳动力需求与供给的不平衡时,就出现了结构性失业。与摩擦性失业相比,结构性失业问题要严重得多。因为摩擦性失业的失业者能胜任可能获得的工作,而结构性失业的失业者却不具备这种条件。

3. 季节性失业

季节性失业是由于生产的季节性变换或市场的季节性等原因所引起的失业。一些行业,如旅游业,其生产经营对劳动力的需求随季节的变化而波动;还有一些行业,如服装行业随季节的不同会产生市场购买的变化,从而带动劳动力需求的变化。这些行业生产的季节性是自然条件决定的,很难改变。因此,这种失业也是正常的。

4. 古典失业

古典失业是由于工资刚性所引起的失业。这种失业是古典经济学家提出来的,所以称为古典失业。按照古典经济学家的假设,如果工资具有完全的伸缩性,则通过工资的调节能实现人人都有工作。这就是说,如果劳动的需求小于供给,则工资下降,直到全部工人被雇佣为止,从而不会有失业。但工资具有能升不能降的刚性,这种工资刚性的存在,使部分工人无法受雇,从而形成失业。

(二)非自愿失业

非自愿失业又称需求不足型失业。根据凯恩斯的分析,就业水平取决于国民收入水平,而国民收入又取决于总需求。非自愿失业是由于总需求不足而引起的失业,它一般出现在经济周期的萧条阶段,故也称周期性失业。

凯恩斯用三大心理规律来说明总需求不足的原因。三大心理规律是边际消费倾向递减规律、资本边际效率递减规律和流动偏好规律。边际消费倾向递减规律是指人们的收入越增加,消费支出所占增加收入的比重就越小。由于消费是总需求的一个重要组成部分,边际消费倾向递减会导致总需求不足。资本边际效率递减规律是指资本投入越增加,利润所占资本投入的比重就越小。投资需求是总需求的另外一个组成部分。流动偏好规律是指人们在心理上总喜欢以现金的形式保存自己的一部分收入,这种以货币形式保存收入的心理动机就是流动偏好。流动偏好的动机有三个:交易动机、预防动机、投机动机。

除上述两种主要的失业类型外,还有隐蔽性失业和技术性失业。隐蔽性失业,也叫"潜在性失业"或"在职失业",是指表面上有工作,实际上对生产没有作出贡献的人,即有"职"无"工"的人。当经济单位中减少就业人员而产量仍没有下降时,就存在隐蔽性失业。例如,一个经济单位中有5000万工人,如果减少500万工人而国内生产总值并不减少,这说明该经济中存在着10%的隐蔽性失业。这种失业在发展中国家存在较多,尤其是农业部门中更为严重。而技术性失业则是由于采用新技术后造成的失业。在经济增长过程中,技术进步必

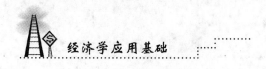

然导致生产中越来越广泛地采用资本密集性技术,越来越先进的设备代替了工人的劳动。

四、失业的治理对策

(一)摩擦性失业的治理对策

产生摩擦性失业的主要原因是:劳动力市场不断变动,信息不很完备。在这两种条件的约束下,劳动力的流动就需要一定时间,因而摩擦性失业就不可避免。根据产生摩擦性失业的情况,可以通过缩短选择工作的时间来减少摩擦性失业。例如,可以通过增设职业介绍所、青年就业服务机构和建立人才库网站等更多的途径传播有关就业的信息等方法达到减少摩擦性失业的目的。

(二)结构性失业的治理对策

经济增长的过程必然伴随着经济结构的变化,而经济结构的变化又会导致结构性失业。所以,我们必须辩证地看待结构性失业的治理。一般来说,可通过两种不同的方法减少结构性失业。一是试图阻止或至少是减缓导致结构性失业的经济结构变化。几个世纪以来,许多国家的政府和工会通过阻止或减缓经济结构变化来减轻失业的威胁,从长远的利益看,这一个举措是得不偿失的。二是接受伴随经济增长的经济结构变化并设计出使劳动力更适应这种变化的政策。结构性失业的主要原因是劳动力不能适应经济结构变化后的工作,故可通过对受结构性失业威胁的人进行教育培训的方法来解决这一问题。另外,可以通过帮助劳动力迁移,使劳动力很容易在不同的工作与地域之间流动,以此来降低结构性失业。应当承认,我国目前面临着巨大的结构性失业的压力。

(三)周期性失业的治理对策

周期性失业是由于"有效需求"不足所引致的。对于这种失业,按照凯恩斯的意见,只要国家积极干预经济,设法刺激"有效需求",并以实现"充分就业"为目的,就能够实现充分就业。他提出的重要措施包括:一是刺激私人投资,为个人消费的扩大创造条件;二是促进国家投资。现在人们一般认为,可以通过扩张性的财政政策或货币政策来刺激总需求,以消除由于总需求不足所造成的周期性失业。

(四)非自愿失业的治理对策

既然刚性是产生非市场出清的重要原因,那么通过降低工资的刚性,使工资可以灵活地调整到市场出清的水平,就可以降低非自愿失业。在财政政策方面,可以降低税收,增加财政支出,对基础性设施进行投资;在货币政策方面,可以扩大货币供给,降低实际利率,刺激投资的增加;在产业政策方面,改造传统产业,培育新兴产业,促进军事工业向民用工业的转化;在外贸政策方面,对出口进行补贴,采取适当的关税保护,以刺激外需的增加,弥补国内有效需求的不足。其他措施包括,发展劳动密集型产业,鼓励民营中小企业发展等。

单元二 就业理论及其应用

> **知识目标**
> 1. 认知理解经济学中的传统就业理论；
> 2. 认知理解凯恩斯的就业理论。
>
> **能力目标**
> 通过本节的学习，你应该能够：
> 1. 对凯恩斯就业理论的实质有正确的认知；
> 2. 从现实的角度对凯恩斯的就业理论做正确的分析。

引导启示

1928—1939年的经济危机中，共有4000多万工人长期失业，社会经济几乎陷于瘫痪状态。恶性经济危机和恶性失业的现实，使得传统经济学"供求自动平衡，自动达到充分就业"的理论成为幻想，现实需要一种新的理论来解释和帮助人们摆脱经济危机。正是在这种背景下，英国经济学家约翰·梅纳德·凯恩斯以古典经济理论叛逆者的姿态，提出了需求不足理论，该理论以主张政府在非常时期干预国家经济，以政府公共投资拉动社会投资、扩大消费需求为突出特征。凯恩斯认为，在完全竞争的条件下，社会的正常情况不是充分就业的国民收入的均衡，而是小于充分就业的国民收入均衡，这样就必然存在失业。不能达到充分就业的原因，在于有效需求的不足，而有效需求的不足，又根源于"心理上的边际消费倾向、心理上的灵活偏好以及心理上对资产未来收益之预期"三个因素。

因此，对于失业问题，凯恩斯从宏观的角度提出了一套以国家干预、扩大需求为主要内容的改革措施。具体包括：政府干预经济、扩大消费需求、扩大投资需求、增加货币发行等。当前，我国存在非常突出的失业问题。借鉴凯恩斯的就业理论，我们可采取以下对策措施来促进就业。一是实行积极的财政政策，通过扩大国民经济总量来拉动就业需求；二是扩大国内消费需求，大力促进生产和就业规模的扩张；三是建立适合我国国情的就业培训制度，以减少目前存在的结构性失业；四是加快完善劳动力市场和就业服务体系，减少摩擦性失业；五是加快社会保障体系建设，为劳动力的合理流动提供制度保障。

相关知识

一、凯恩斯主义前的传统就业理论

在西方经济学界,把亚当·斯密和李嘉图的经济学说称为古典学派,而把马歇尔和庇古的学说称为新古典学派。凯恩斯则把他之前的学说统称为古典学派。传统经济学认为,资本主义制度可以通过市场机制的自动调节解决各种矛盾,因此经济社会中不存在失业,充分就业是一个始终存在的倾向。

传统的就业理论属古典理论,是建立在劳动市场为完全竞争市场的假设基础上的,因此认定社会能够自动达到充分就业水平。在凯恩斯以前的传统经济学家看来,在完全竞争的条件下,如果工资可以随劳动力供求变化而自由涨落,那么通过市场价格机制的自发调节作用,可使一切可供使用的劳动力资源都被用于生产,以实现充分就业。也就是说,只要工人愿意按现行工资率受雇于雇主,都会有工作可做,不会存在"非自愿性"的真正的失业。

英国经济学家庇古认为,如果在完全自由竞争的条件下存在失业的话,那么只会存在所谓的"自愿失业"和"摩擦性失业"。庇古所谓的"自愿失业"是指工人不愿意按受现行的工资率而宁愿不工作;"摩擦性失业"是指因季节性或技术性原因而引起的失业。

传统经济学家的上述理论观点主要渊源于"萨伊定律"。可以说,"萨伊定律"是传统失业理论的基石。"萨伊定律"的基本内涵就是"供给会自己给自己创造需求"。因为货币只是计价的尺度和交换的媒介,在交换中起瞬间作用,最终的交换成果不过是一种货物与另一种货物的交换:买既是卖,卖既是买,买卖是完全统一的。因此,任何生产的增加必定会产生同量的生产和需求。作为生产要素的所有者来说,总希望自己的要素被利用。而企业增加要素生产后又总能卖出去。这样,生产就会一直进行下去,直至达到充分就业为止。根据萨伊定律,传统经济学家还认为不可能发生生产过剩现象。事实上这已经被现实否定。

传统的就业理论还认为储蓄代表货币资本的供给,投资代表对资本的需求,利息率的调节作用使储蓄全部转化为投资,所以储蓄永远等于投资。具体来说,当货币资本的供给(储蓄)大于对货币资本的需求(投资)时,利息率会下降;反之,当货币资本的供给小于对货币资本的需求时,利息率就会上升。利息率的这种自动调节作用最终使储蓄等于投资,从而失业不会发生。

除此之外,传统经济学家认为,与充分就业有关的另一个问题是工资的决定,他们认为工资取决于两个原则。第一,工资等于劳动的边际产量;第二,单位时间工资的边际效用等于闲暇的边际效用。按照前者,工人劳动的边际产量是递减的,因此,随着就业人数的增加,工资减少而利润增加。这样企业家为了获得更多的利润而愿意增雇工人直至充分就业为止。按照后者,当劳动的供给增加从而工资下降,工资的边际效用小于闲暇的边际效用,劳动的供给与需求才达于均衡,因此工资的变动也必然使劳动的供求达到均衡即充分就业。

二、凯恩斯的就业理论及其应用

凯恩斯学派的创始人是英国经济学家凯恩斯。凯恩斯学派的就业理论主要表现为凯恩

斯的失业理论,凯恩斯完全接受了传统经济学关于"摩擦失业"和"自愿失业"的理论,但是他认为除了这种"自愿失业"和"摩擦失业"之外,还存在着大量的"非自愿失业"。凯恩斯认为这种非自愿失业的产生主要是由于社会有效需求不足。凯恩斯失业理论的基础是有效需求原理。凯恩斯所谓的"有效需求"是指商品的总供给价格和总需求价格达到均衡状态的社会总需求。总供给价格是指全体厂商雇佣一定量工人进行生产时所要求得到的产品总量的最低限度卖价。总需求价格是全体厂商雇佣一定量工人进行生产时预期社会对产品愿意支付的总价格。当总需求价格大于总供给价格时,厂商就会扩大生产,增雇工人;相反,当总需求价格小于总供给价格时,厂商就会缩减生产,解雇工人;只有在总需求价格等于总供给价格时,厂商才会既不扩大生产又不缩小生产,既不增雇工人又不解雇工人。这时总需求就是有效需求,它决定了就业工人的人数,即决定了整个社会的总就业量。

在凯恩斯看来,仅靠市场自发的力量,不能达到供给与需求的均衡状态,从而不能形成足以消灭"非自愿失业"和实现充分就业的"有效需求"。凯恩斯认为,"非自愿失业"存在的根本原因在于有效需求不足,而有效需求不足主要与三个基本心理规律有关。

心理上的消费倾向即所谓"边际消费倾向递减规律"。凯恩斯认为,随着收入的增加,消费也增加,但在增加的收入量中,用于消费的部分所占的比例越来越少,结果导致消费需求不足。

心理上对资产未来收益之预期即所谓"资本边际效率递减规律"。资本边际效率是指资本家增加一笔投资时预期的利润率。资本边际效率是由成本(供给价格)和预期收益这两个因素决定的。凯恩斯认为,一方面由于增添的资本设备的成本(供给价格)将随着投资的增加而上升,另一方面,随着投资的增加,资本设备预期的收益将下降,从而随着投资增加,预期利润率下降,对投资的吸引力减少,投资者对未来也将失去信心,这就引起对投资品需求的不足,即投资不足。资本边际效率递减是使投资需求不足的一个重要因素。但投资不仅仅取决于资本边际效率,还取决于利息率。即投资取决于利润率与利息率的差额。如果利润率大于利息率,厂商就越愿意投资,投资就会增加;如果利润率越接近于利息率,厂商不愿意投资,就会形成投资需求不足。因此,尽管资本边际效率是递减的,利润率下降,但只要利息率比利润率下降得更大,则投资仍可增加。但凯恩斯认为,由于人们心理上的灵活偏好,使利息率不能无限地下降,从而导致了投资需求不足。

流动偏好是指人们想以货币形式保持其一部分财富的愿望。人们之所以希望以货币形式经常保持一部分财富在手中,主要是为了应付日常的交易支出,或是为了应付意外突发事件的支出,或是为了抓住有利的投机机会。利息就是人们在某一特定时期内放弃这种流动偏好的报酬。利息率的高低是由货币的供求决定的。货币的供给数量是由中央银行的政策决定的,货币的需求决定于人们的灵活偏好。凯恩斯主义认为,中央银行通过调整货币政策,增加货币的供给量,可以在一定程度上降低利息率。但中央银行通过增加货币数量来降低利息率有一定限度,因为它受到灵活偏好的制约,当利息率降低到较低水平时,人们宁可把货币保存在手中而不愿意储蓄,这时,无论中央银行如何增加货币供给量都不能使利息率再降低。正是由于灵活偏好的作用阻碍了利息率的下降,从而在资本边际效率递减的共同作用下,导致了投资需求的不足。

综上所述,凯恩斯认为,由于资本主义社会所存在的上述三大基本心理规律,导致了投资需求与消费需求的不足,因此,在资本主义社会,有效需求是不足的,失业的存在就是必然的。

既然有效需求不足是失业产生的根源,因此,凯恩斯认为,只要国家积极干预经济,设法刺激"有效需求",就可能消除失业,实现充分就业。他提出的主要措施有:第一,刺激私人投资,为个人消费的扩大创造条件;第二,促进国家投资,主张国家调节利息率和实行"可控制的通货膨胀",以刺激私人投资,增加流通中的货币量以促进生产的扩大和商品供给的增加,还强调扩大军事开支对增加国家投资,减少失业所起的积极作用。

研讨案例

案例1:20世纪60年代末,西方各国出现经济"滞胀"现象。新古典综合派的萨缪尔森、托宾等人面对菲利普斯曲线对通胀和失业间此消彼长交替关系的解释无力,提出了"结构性失业"问题,并提出可通过对劳动力进行再培训,发展职业介绍所,提供劳动市场信息等政策减少结构性失业。我国现阶段工业产业结构的调整和企业的兼并重组,也使一部分工人下岗或失业。

请你应用以上观点解释我国的职工下岗问题可否通过培训、发展职业介绍所,提供劳动市场信息等政策措施来解决?

案例2:小刘是海南大学经管学院2001届毕业生,现供职于华为技术有限公司。该公司是中国电信市场的主要供应商之一,并已成功进入全球电信市场。2002年销售额达220亿人民币,目前员工22000多人,在全世界有30多个分支机构。华为每年都到重点大学招聘,但对地方高校的毕业生很少问津。那么,小刘又是怎样进入这家名企的呢?据了解,小刘来自内地农民家庭,在校成绩中等。毕业时他觉得自己的专业水平一般,也没有什么特长,所学专业毕业生又泛滥成灾,内地和海南的就业机会又少;于是他决定赴深圳寻找机会。他给自己定下一个最低目标:找到落脚点,留在深圳;一个最高目标:待遇比较好,有发展前景。当其他同学在有限的就业机会中等待之际,小刘踏上异地求职之路。第一次到深圳,没有亲戚朋友,全得靠自己努力。小刘先在一家小公司当推销员,薪资微薄,好在公司还提供集体宿舍;毕业后,小刘成为这家小公司的正式员工,慢慢地熟悉业务,熟悉环境,工作之余在英语和计算机方面投入了很多的精力。再后来,又走马灯地换了几家小公司。历经砥砺,小刘的综合素质有了极大的提高。一年后,华为公司公开招聘人才,在大学生如过江之鲫的深圳,应者如云,而小刘却轻松地踏进了华为的大门,而且很快成了这家名企的业务骨干。

请你结合所学的失业、就业理论分析普通大学毕业的小刘为何能成功就业?我国目前一方面大学生就业形势严峻,另一方面企业特别是一些民营企业为何又招不到人才?

总结与回顾

失业是劳动力供给与劳动力需求在总量或结构上的失衡所形成的,是指具有劳动能力并有就业愿望的劳动者处于没有就业岗位的状态。自愿失业是由于经济中某些不可避免的原因所引起的失业,在任何市场经济中这种失业是不可避免的。现代经济学家按照引起失业的具体原因把自愿失业分为摩擦性失业、结构性失业、季节性失业、古典失业四种类型。周期性失业是由于总需求不足而引起的失业,它一般出现在经济周期的萧条阶段。

凯恩斯用三大基本心理规律即所谓的"消费倾向"、"资本边际效率"和"流动偏好"来说明总需求不足的原因。充分就业并非人人都有工作,充分就业时仍然有一定的自然失业。充分就业与自然失业的存在并不矛盾,甚至可以并存。实现了充分就业时的失业率称为自然失业率或充分就业的失业率。奥肯定律是说明失业率与实际国民收入之间关系的经验统计规律。这一规律表明,失业率每增加1%,则实际国民收入减少2.5%;反之,失业率每减少1%,则实际国民收入就增加2.5%。

思考与练习

1. 基本概念

   自愿失业　非自愿失业　摩擦性失业　结构性失业　自然失业率　奥肯定律

2. 失业、就业与不在工作之间的区别是什么?

3. 什么是失业?引起失业的原因是什么?

4. 试述凯恩斯关于周期性失业存在的原因。

模块十一　通货膨胀理论及其应用

所有推行市场经济体制的国家，都有两个问题困扰着政府和经济学家，一个是上一个模块中我们给大家介绍的失业问题，另一个就是通货膨胀问题。有人说它们是两种难以医治的痼疾，也有人说这是政府不得不饮的两杯苦酒。总之，无论是失业还是通货膨胀，都会影响到社会的稳定和经济的正常运行。当通货膨胀发生时，物价持续上涨，纸币贬值，人们所持货币的实际购买力下降，经济社会的不稳定因素增加，政府管理经济的能力受到严重考验。本模块重点介绍通货膨胀的含义、类型，对社会经济的影响，分析通货膨胀产生的原因，并对通货膨胀与失业的关系进行描述。最后，与大家一起探讨政府治理通货膨胀的政策措施。

单元一　通货膨胀及其成本

> **知识目标**
> 1. 认知理解通货膨胀的经济内涵；
> 2. 认知理解通货膨胀的成本及通货膨胀率的计算。
>
> **能力目标**
> 通过本节的学习，你应该能够：
> 1. 从现实的角度对通货膨胀有正确的认知；
> 2. 学会计算通货膨胀率。

引导启示

最近，几乎每天都能听到人们在抱怨，说目前除了工资不涨外，其他东西的价格都在上涨。这一现象，在经济学中被称为通货膨胀。也就是说在一段时间内，商品和服务价格的总水平超过了经济增长，市场价格的总水平上升，每个货币单位所能买到的商品和服务的数量就减少了，这反映了对货币实际购买力的侵蚀。

毋庸置疑，在通胀年代借钱消费是明智之举。因为从银行借来的钱很值钱，偿还的却是贬值的钱，通胀侵蚀了钱的价值。举例来说，当你去银行签下一纸买房合约，银行似乎只能眼睁睁地看着他的购买力被稀释，而你却大获全胜，因为你够精明，懂得以负债来抗衡通胀。这也是银行一直以来所宣传的：用明天的钱圆今天的梦的借贷消费模式。

但是请你别忘了，银行并不是慈善机构，借钱是要偿还利息的，他们以"贷款是最聪明的做法"来引诱借贷消费者陷入债务陷阱。2010年，美国发生的房贷危机，就是最好的实证。当全社会的人都以为进入房市有利可图，有人为了获取房贷甚至不惜一切代价，心甘情愿被银行收取高额利息，因为他们深信投入房市的收益一定会超过银行的贷款利息。然而，当一个资金链断裂之后，银行清算你获得"收益"的时候也就到了；在特定的情况之下（比如你因失业无法偿还欠债了），银行就可以名正言顺地剥夺你的房产，谁叫你借钱不还呢？

因此，面对通胀，老百姓能做的就是要稳住阵脚，保持独立思考的能力，千万别人云亦云。不要贸然参与投机，捂紧自己的钱袋子，相信政府，等待着政府的出手。

相关知识

一、通货膨胀的定义

一提起通货膨胀,人们往往把它与物价上涨联系起来。但是,通货膨胀并不是简单的物价上涨,而是指价格总水平相当程度的普遍而持续上涨的经济现象。宏观经济学称,当一个经济中的大多数商品和劳务的价格连续在一段时间内普遍上涨时,这个经济就经历着通货膨胀。所以,理解这一概念,需要注意:一是如果仅有一种商品的价格上升,就不是通货膨胀,只有大多数商品和劳务的价格上涨,也就是指价格总水平的普遍上涨,才是通货膨胀;二是价格总水平的上涨是普遍的而不是局部的;三是这种普遍的价格上涨是一定时期内的持续而显著的上涨,甚至是带有一定连锁反应的上涨,而非一时的偶然上涨。

二、通货膨胀率与价格指数

描述通货膨胀的主要工具是通货膨胀率,而通货膨胀率又是通过物价指数反映出来的。物价指数是表示若干种商品价格水平的指数,即就是从一个时期到另一个时期价格水平变动的百分率。例如,在某一定特定时期 t 内,商品 Q_1、Q_2、Q_3、$\cdots Q_n$ 的价格分别为 P_{t1}、P_{t2}、P_{t3}、$\cdots P_{tn}$,而在基期,以上商品的价格若分别为 P_{01}、P_{02}、P_{03}、$\cdots P_{0n}$,则相对于基期的价格而言,第 t 期的价格总水平 P_t 定义为:

$$P_t = \frac{P_{t1}Q_1 + P_{t2}Q_2 + P_{t3}Q_3 + \cdots + P_{tn}Q_n}{P_{01}Q_1 + P_{02}Q_2 + P_{03}Q_3 + \cdots + P_{0n}Q_n} \tag{11.1}$$

由于选取的 n 种商品不同,价格指数又区分为消费物价指数、批发物价指数和国内生产总值折算指数。这些指数在衡量价格总水平的同时,也反映了通货膨胀的程度。下面我们就以消费物价指数(CPI)为例来说明通货膨胀率的测算。

消费物价指数告诉人们的是,对普通家庭的支出来说,购买一组具有代表性的商品,在今天买要比在过去某一时刻买要多花费多少。这一指数的基本意思是,人们有选择地选取一组同等质量标准的商品和劳务,然后比较它们按当期价格购买的花费和按基期价格购买的花费,究竟增加了多少。用公式表示就是:

$$\text{CPI} = \frac{\text{一组固定商品按当期价格计算的价值}}{\text{一组固定商品按基期价格计算的价值}} \times 100$$

例如,面包和汽车是测算物价指数时选取的两种商品,如果将 2000 年确定为基期,这一年,面包的价格为 P_{01},汽车的价格为 P_{02},其他商品的价格为 P_{03},现测算第 T 年,比如 2007 年的消费物价指数,假设第 t 年面包的价格为 P_{t1},消费者用于面包的支出在消费总支出中所占的比重为 a,汽车的价格为 P_{t2},消费者用于汽车的支出在消费总支出中所占的比重为 b,其他商品的价格为 P_{t3},消费者用于其他商品的支出在在消费总支出中所占的比重为 C,于是以 2000 年为基期,2007 年的消费物价指数为:

$$\text{CPI}_{2007} = \left(a \times \frac{P_{t1}}{P_{01}} + b \times \frac{P_{t2}}{P_{02}} + C \times \frac{P_{t3}}{P_{03}}\right) \times 100 \tag{11.2}$$

由于通货膨胀率被定义为一般价格总水平在一定时期(通常是一年)内的上涨率。即：

$$\pi_t = \frac{P_t - P_{t-1}}{P_{t-1}} \tag{11.3}$$

因此，求出某年和基年某些消费品的消费价格指数后，便可计算消费品的通货膨胀率。即：某年消费品的通货膨胀率＝(本年 CPI－上年 CPI)÷上年 CPI

例如，以 2000 年为基期(消费价格指数为 100%)，若 2006 年的消费价格指数为 120%，2007 年的消费价格指数为 180%，则 2007 年某些消费品的通货膨胀率为：

$$\pi_{2007} = \frac{180 - 120}{120} = 50\%$$

对于通货膨胀，经济学家从不同的角度进行了分类。按照价格上升的速度，一般分为：温和的通货膨胀，指每年物价上升的幅度在 10% 以内；奔腾的通货膨胀，指每年物价上升的幅度在 10% 以上和 100% 以内；超级通货膨胀，指每年物价上升的幅度在 100% 以上。按照人们的预期程度，通货膨胀又分为未预期到的通货膨胀和预期到的通货膨胀。未预期到的通货膨胀是指物价上涨的幅度超出了人们的预期，或者人们根本就没有想到价格会上涨。预期到的通货膨胀则是指物价的上涨及其幅度在人们的预料之中。预料之中的通货膨胀具有自我维护的特点，人们在储蓄、投资、订立长期经济合同、延期付款和进行期货交易时往往会考虑通货膨胀的因素，以防实际收入和购买力下降导致自己的利益受损。

三、通货膨胀的成本

由于通货膨胀会对经济的正常运行产生巨大影响，因此会造成很大的社会成本。通货膨胀的社会成本主要包括以下几种。

(一) 鞋底成本

高的通货膨胀率会使公众对存款的信心下降，比起储蓄人们更愿意将货币置换成实物商品，比如房产或者黄金，以免货币的实际购买力因通货膨胀而下降。于是，在这种心态下，银行的储蓄存款将会急剧减少，银行为维护自身的利益，就会提高利息率，降低利息税，以此来吸引居民储蓄，这样人们就会在货币贬值、实际购买力下降与利率提升、存款利润增加的比较中频繁地跑银行，跑超市，于是脚上的鞋子很快就磨坏了。这种因通货膨胀所造成的人们不愿意持有货币而带来的"磨破鞋底"的置换成本，人们形象地将其称为"鞋底成本"。

(二) 菜单成本

随着价格的上涨，每个厂商都不得不对商品的价格作出调整，从而频繁打印和进行标签粘贴。由于全社会都受到影响，企业自会频繁地改变报价，尽管是小小的菜单成本，但累计起来却很大。这种由于高通货膨胀率，微观经济资源配置无效率所带来的成本被称为"菜单成本"。这个词源于高通货膨胀率时，餐馆需要经常的印刷新菜单而得名。

(三) 扼制通货膨胀的成本

为了解决通货膨胀问题，政府往往会动用一定的人力、物力和财力资源，这些资源由于不会形成新的生产能力，因而在很大程度上是一种浪费，一种代价，也自然就是通货膨胀引起的一种管理成本。

(四) 个人所得税意外负担成本

这种成本源于国家税法。由于许多税收法则在制定时并没有考虑到通货膨胀的影响。

通货膨胀就会以法律制定者没有想到的方式改变个人所得税的负担。进而给民众个人带来意外的税收负担。举个简单的例子,你在年初购买了一定数量的股票,购入价每股100元,股票一年升值12%,年底你以每股112元的价格将其股票售出,假设当年的通货膨胀率同样为12%,那么这一笔股票投资并没有为你赚到钱,你的实际购买力与年初你购进股票时是相同的。但在这种情况下,税收法则并没有考虑通货膨胀所带来的影响。你依然需要为你每股12元的收益缴纳个人所得税。这样民众个人的投资收益实际上是减少的。

(五)其他成本

除了上述几种显而易见的通货膨胀成本外,通货膨胀还会带来一些很难感觉到的成本,这种未能预见到的通胀成本比任何一种可以预见的通胀成本更加有害:即通货膨胀会造成国际收支状况的恶化;形成对收入和财富的任意再分配;会导致不确定因素的增加,使得投资者不愿再投资,从而导致经济萎缩及增长率的进一步下降等。

单元二 通货膨胀产生的原因及其影响

知识目标

1. 认知理解通货膨胀产生的原因及其对经济的影响；
2. 认知理解需求拉动的通货膨胀与成本推动的通货膨胀的区别。

能力目标

通过本节的学习，你应该能够：

1. 对通货膨胀产生的原因做正确的分析；
2. 从现实的角度对通货膨胀的收入再分配效应、财富再分配效应以及产出效应做正确的分析。

引导启示

2006年6月16日，《世界财经报道》刊出：中国将成为下一轮世界性通货膨胀的发源地。其原因有二：一是中国政府扩大内需的宏观经济政策必将大幅度提升工资水平，这将导致劳动密集型出口商品的价格上涨，例如纺织和制衣行业，工资上涨将提高这类商品的生产成本，从而会引发通货膨胀，因为这类出口商品在中国出口商品总额中所占比重达30%；二是中国兑现入世承诺，将执行更严格的环保标准，这也会促使出口商品生产成本的进一步提高。基于以上两方面的原因，有人预言，中国出口商品生产成本的提高将使美国的通货膨胀率每年上涨0.5个百分点，使全球通货膨胀率每年上涨0.7个百分点。近来的事实也证明了这一预见的正确性，因为绝大多数亚洲国家的出口商品都已经出现了涨价现象。美国劳工部公布的最新统计数据也显示，2006年5月，来自亚洲地区（包括中国在内）和太平洋地区的平均进口商品的价格上涨了0.2%。由此得出结论，中国平均工资水平的上涨和更为严格的环保标准的执行必将引发一场全球性的通货膨胀。

那么，工资、成本、通货膨胀之间究竟是一个什么样的关系？为什么工资、成本的上涨会引发通货膨胀？通货膨胀又是什么？人们为什么要防范通货膨胀呢？这一单元我们就与大家一起来学习讨论通货膨胀的有关理论，通货膨胀对经济运行、人们生活的影响以及通货膨胀的治理对策。

相关知识

一、通货膨胀产生的原因

关于通货膨胀产生的原因,西方经济学家提出了种种解释,但概括起来讲,主要有三个方面:一是货币数量论的解释,这种解释强调货币在通货膨胀过程中的重要性;二是用总需求与总供给来解释,包括从需求的角度和供给的角度进行的解释;三是从经济结构因素变动的角度来解释通货膨胀产生的原因。下面分别进行说明。

(一)作为货币现象的通货膨胀

货币数量论在解释通货膨胀方面的基本意思是,每一次通货膨胀背后都有货币供给的迅速增长。这一解释的根据是交换方程:

$$MV = PY \tag{11.4}$$

式中:M 为货币的总供给量;V 为货币在一定时期内(通常为一年)的流通速度;P 为价格水平;Y 为实际产出水平。于是,左边的 MV 就为经济中的总支出,而右边的 PY 则为名义收入水平。

由于经济中对商品与劳务支出的货币额就是商品和劳务的销售总价格,所以,上述交换方程在不发生通货膨胀的情况下应该是完全相等的。如果我们将方程中的变量动态化,然后两边取自然对数,再对所得的方程求关于时间 t 的微分,即可得到以下关系式:

$$\pi = \hat{m} - \hat{y} + \hat{v} \tag{11.5}$$

式中:π 为通货膨胀率;$\hat{m}$ 为货币增长率;$\hat{v}$ 为流通速度变化率;$\hat{y}$ 为产量增长率。

由方程 $\pi = \hat{m} - \hat{y} + \hat{v}$ 可知,通货膨胀来源于三个方面,即货币流通速度的变化、货币增长和产量增长。如果货币流通速度不变且收入处于其潜在的水平上,则显然可以得出,通货膨胀的产生主要是货币供给增加的结果。换句话说,货币供给的增加是通货膨胀的基本原因。

(二)需求拉动的通货膨胀

需求拉动的通货膨胀,又称超额需求通货膨胀,是指总需求超过总供给所引起的价格总水平的持续而显著的上涨。需求拉动通货膨胀理论把通货膨胀解释为"过多的货币追求过少的商品"。在这里,总需求包括居民的消费需求、国内私人部门的投资需求、政府购买和转移支付等。如图 11-1 所示。

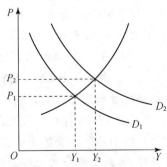

图 11-1 需求拉动的通货膨胀

从图 11-1 可以看出,在总供给 S 一定的情况下,由于受到财政投资增多、货币供给增加以及人们消费习惯的突然改变等因素的影响,使总需求迅速由 D_1 增加到 D_2,从而引起物价水平由 P_1 上升到 P_2,这样,就会发生需求拉动的通货膨胀。

一般来说,总需求的增加会引起物价水平的上升和生产总量的增加,但在达到充分就业的情况下,即达到实际产量的极限之后,总需求继续增加,总供给就不会再增加,因而总供给曲线 S 呈垂直状。这时,总需求的增加只会引起价格水平的进一步提高,也就是说通货膨胀将更加明显。如图 11-2 所示。

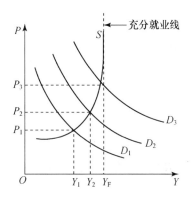

图 11-2 需求拉动通货膨胀的程度

(三) 成本推动的通货膨胀

成本推动的通货膨胀,是指在没有超额需求的情况下由于供给成本的提高所引起的价格总水平的持续而显著的上涨。来自供给方面的冲击主要是指受国际市场供给价格和数量的变化,农业的丰歉以及劳动生产率突然变化而造成的"工资推动"或"利润推动"。因此,成本推动的通货膨胀又可分为工资推动的通货膨胀和利润推动的通货膨胀。

工资推动的通货膨胀是指不完全竞争的劳动市场造成的过高工资所导致的一般价格水平的普遍上涨。据西方学者解释,在完全竞争的劳动市场上,工资率完全取决于劳动的供求,工资的提高不会导致通货膨胀;而在不完全竞争的劳动力市场上,由于工会组织的存在,工资不再是竞争的工资,而是工会和雇主共同商议确定的工资,并且由于工资的增长率超过了劳动生产率的增长率,工资的提高就会导致成本提高,从而导致一般价格水平的持续上涨,这就是所谓的工资推动的通货膨胀。

利润推动的通货膨胀是指垄断企业和寡头企业利用其强势的市场控制力谋取高额利润所导致的一般价格水平的普遍上涨。西方学者认为,就像不完全竞争的劳动市场是由工资推动的通货膨胀的前提一样,不完全竞争的产品市场是利润推动通货膨胀的前提。在完全竞争的产品市场上,价格完全取决于该商品的供求,任何厂商都不可能通过控制产量来改变市场价格;而在不完全竞争的产品市场上,垄断企业和寡头企业为了追求超额利润,便进行窜谋和价格操纵,他们把产品价格定得很高,致使价格的上涨速度超过了成本增长的速度。进而引起价格总水平的持续上涨,这就是利润推动的通货膨胀。西方学者进而认为,工资提高和价格上涨之间存在因果关系:工资提高引起价格上涨,价格上涨又引起工资提高。这样,工资提高和价格上涨之间形成了螺旋式的上升运动,即所谓工资-价格螺旋。

在总需求曲线不变的情况下,成本推动的通货膨胀(包括工资推动通货膨胀和利润推动通货膨胀)可用图11-3来说明。

一些西方学者认为,单纯用需求拉动或成本推动都不足以说明一般价格水平的持续上涨,而应当同时从需求和供给(成本)两个方面以及二者的相互影响上来说明通货膨胀。于是,有人又提出了混合通货膨胀理论,即从供给和需求(成本)两个方面及其相互影响上来说明通货膨胀的理论。这里就不再赘述。

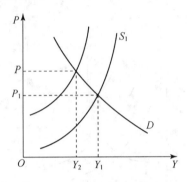

图11-3 成本推动的通货膨胀

(四) 结构性通货膨胀

西方经济学家认为,在没有需求拉动和成本推动的情况下,由于经济结构因素的变动,也会引起价格总水平的持续上涨,这种现象被称为结构性通货膨胀。结构性通货膨胀理论把通货膨胀的起因归结为经济结构本身所具有的特点。据西方学者解释,从生产率提高的速度看:社会经济结构的特点是,一些部门劳动生产率提高的速度快,而另一些部门劳动生产率提高的速度慢;从经济发展的过程看,社会经济结构的特点是,一些部门正在迅速发展,呈蓬勃上升趋势,而另一些部门正在走向衰落,呈萎缩下降趋势;再从与世界市场的联系程度看,社会经济结构的特点是,一些开放部门与行业同世界市场的联系十分紧密,而另一些非开放部门与行业同世界市场没有非常密切的联系。这样,现代社会经济结构就不容易使生产要素从生产效率低的部门转移到生产效率高的部门,从渐趋衰落的部门转移到正在迅速发展的部门,从非开放部门转移到开放部门。但是,生产率提高慢的部门、正在趋向衰落的部门以及非开放部门在工资和价格问题上却都要求一致,达到"公平",要求向生产率提高快的部门看齐,要求"赶上去",结果导致一般价格水平的普遍上涨。

二、通货膨胀的影响

通货膨胀是一个到处扩散其影响的经济过程,经济中的每一个公民和其他经济单位都会受到它的影响。下面我们从三个方面来考察通货膨胀的影响,也就是通货膨胀的经济效应。

(一) 通货膨胀的收入再分配效应

在现实经济生活中,产出和价格是一起变动的,通货膨胀常常伴随有扩大的实际产出。只有在特殊的极个别的情况下,通货膨胀的发生伴随着实际产出的收缩。为了独立考察价格变动对人们收入分配的影响,我们首先要区分什么是货币收入,什么是实际收入,然后再分析通货膨胀的发生对哪些收入阶层有利,对哪些收入阶层不利。这里我们所言的货币收入是指一定时期内一个人获得的货币数量;而实际收入则是指一个人用他的货币收入所能买到的经济物品和劳务的数量。那么,通货膨胀的再分配效应究竟是怎样的呢?

首先,通货膨胀不利于那些靠固定货币收入维持生活的人。对于靠固定货币收入维持生活的工薪阶层来说,通货膨胀发生时,由于物价上涨,纸币贬值,会使货币的实际购买力下降,即每一元货币收入的购买力将随价格的上升而下降,进而导致工薪阶层的实际生活水平降低。因此,当通货膨胀发生时,工薪阶层普遍受损。这种损害取决于工资调整的滞后期,如果工资调整较快,或者工资合同中规定有按价格变动自动上调的条款,那么领取工资者受到通货膨胀损害的程度就小;反之,受到损害的程度就大。在实际生活中,受损害最深的必然是那些领取救济金、退休金和工作业绩很难与工资挂钩的普通工人、公务员以及教师等。特别是那些只获得少量救济金的老人,他们是通货膨胀的最大牺牲品。

其次,通货膨胀有利于那些靠变动收入维持生活的人。如那些以利润为主要收入的企业主会在通货膨胀中普遍获利。这些人的货币收入一般会走在价格水平和生活费用上涨之前。这是因为生产成本特别是工资落后于产品价格的上升,因而利润会随产品价格的上涨急剧增加。只要成本滞后于产品价格的上升,那么企业主就会获得大量因价格上涨所带来的利润。

再次,通货膨胀会使以利息和租金为收入的人的利益受损。由于利息和租金这两种收入往往是在较长期的合同中被确定下来,如果在合同有效期内发生通货膨胀,就会使资本或土地的现实利息或地租高于合同规定的利息或地租,结果按合同规定的数额取得利息或租金的人的利益就会受到损害。同时,借贷或租用者就会因此而得到相应的好处。

最后,通货膨胀对储蓄者不利。随着价格的上涨,存款的实际价值或购买力就会降低,那些口袋中有闲置货币和存款在银行的人就会受到严重打击。同样,像保险金、养老金以及其他固定价值的证券财产等,它们本来是作为防患未然和蓄资养老的,但在通货膨胀中,其实际价值却在降低。

(二)通货膨胀的财富再分配效应

家庭财富状况受通货膨胀影响的大小与方向依赖于每个家庭资产的负债状况。一般说来,在一个家庭拥有的资产中,一部分是按固定的金额偿还的,如资产抵押贷款债权,按固定利息率取得红利的股票和债券等,另一部分是要求按可变价格偿还的,如房地产、汽车等;在家庭拥有的债务中,以抵押贷款、购买汽车贷款等为多数,这些债务大多数以固定的价格偿还。通货膨胀对家庭财富的影响主要取决于资产与负债的数额以及资产中按不变价格偿还的部分和按可变价格偿还的部分所占的比重。

当经济中出现通货膨胀时,一个家庭拥有的要求按固定金额偿还的资产和债务的实际价值将会减少,而拥有的要求按可变价格偿还的资产的实际价值则保持不变。若通货膨胀未被充分预料到,那么通货膨胀将对拥有较多的按可变价格偿还的资产者有利。

一般来说,一个家庭越贫穷,他们拥有的资产总额越小,相应地,由于其资信不够,他们所拥有的债务总额也就越少。对于只拥有少量资产的家庭而言,他们拥有的房屋、汽车等几乎是他们资产的全部,这些资产要求按变动价格偿还,而拥有的存款之类的按固定金额偿还的资产只是很少一部分。如果出现通货膨胀,这些家庭在资产方面的损失相对来说小,而他们从通货膨胀造成的债务减少足以补偿其资产中受到的损失,可见,通货膨胀对低财富所有者有利,因而穷人较不关心通货膨胀。

中等财产净值的家庭,一般拥有较多的资产,也拥有较多的债务。相对而言,这些家庭拥有的按固定金额偿还的资产比低财产净值的家庭要多,按可变价格偿还的资产也多,同时,他们的债务数量也大。当出现通货膨胀时,中等财产净值的家庭拥有的资产损失较多,而他们拥有的较多债务都对他们有利。因此,他们是否在通货膨胀中受到损失,主要看他们拥有的按可变价格偿还的资产数量及其拥有的按不变价格偿还的债务数量。

高财产净值的家庭拥有较多的按可变价格偿还的资产,如高级别墅、花园、高级轿车等,但同时他们又是大债主,拥有大量的按固定价格偿还的资产,而他们的债务相对较少。这样,若发生通货膨胀,这些家庭拥有的按固定价格偿还的资产就会贬值。由于他们从债务中获利较少,因而高财产净值的家庭往往是通货膨胀的最大受害者。

当然,上述分析是建立在通货膨胀没有被预料到的假设基础之上的。如果人们可以预料到未来可能发生的通货膨胀,那么人们会调整所拥有的资产中按固定金额偿还和按变动价格偿还的财产比例,从而使按固定金额偿还的资产受到的损失减少。但无论如何,人们无法完全准确地预料通货膨胀的发生及其幅度,因而通货膨胀必然对财富的分配产生影响。

(三)通货膨胀的产出效应

上面是假定国民经济的实际产出固定。事实上,国民经济的产出水平是随着价格水平的变化而变化的。下面我们分别考察经济生活中可能出现的三种情况。

第一种情况:随着通货膨胀的出现,产出增加。这就是需求拉动的通货膨胀的刺激,促进了产出水平的提高。许多经济学家长期以来坚持这样的看法,即:温和的或爬行的需求拉动的通货膨胀对产品产量的增加和就业的扩大具有正效应。假设总需求增加,经济复苏,造成一定程度的需求拉动的通货膨胀。在这种情况下,产品价格的上涨会跑到工资和其他资源价格上涨的前面,由此导致企业利润的增加。利润的增加就会刺激企业扩大生产,增加供应,从而增加了对劳动要素的需求,进而减少失业,增加产出。这种情况意味着通货膨胀的再分配会带来更多的就业机会,并在一定时期内刺激生产规模的扩大和产品产量的增加。

第二种情况:成本推动的通货膨胀会导致失业。假定在原有的需求总水平下,经济社会实现了充分就业和物价稳定。这时候如果发生成本推动的通货膨胀,则原来总需求所能购买到的实际产品的数量就会减少,企业的一部分产品因没有相应的购买力就会滞销,这时,企业就会因为产品卖不动而削减生产计划,进而进行裁员,于是,失业现象就会加剧。

第三种情况:超级通货膨胀会导致经济崩溃。首先随着价格的持续上涨,居民和企业会产生通货膨胀预期,即认为物价会再度升高。于是,人们为了不使自己的储蓄和现行的收入贬值,就会在价格上涨前把它全部花掉,从而产生过度的超前购买消费。这样,银行的储蓄就会大幅减少,进而影响到生产性投资规模,使经济增长率下降。其次,在通货膨胀发生时,劳动者也会要求提高工资,于是,企业增加生产和扩大就业的积极性就会逐步丧失。第三,企业在通货膨胀率上升时一般都会增加存货,以便应付即将来临的购买狂潮或等待在适当时机按高价出售存货以增加利润,这种通货膨胀预期除了会鼓励企业增加存货外,还可能会鼓励企业增加新设备。然而,企业的这些行为到无法筹措到必需的资金时就会停止,因为银行为吸引存款、限制贷款,自会在适当的时机提高利率,拒绝继续为企业扩大信贷,这样企业贷款就会越来越难,生产便会收缩。第四,当出现恶性通货膨胀时,情况会变得更糟。当人们完全丧失了对货币的信心时,货币就不能再执行它作为交换手段和储藏手段的职能。这时,任何一个有理智的人将不愿再花精力和时间去从事财富的创造和正当的经营,而会把更多的精力和时间用在如何尽快把钱花出去,或者进行种种投机活动上。这样,等价交换的公平买卖,经济合同的签订履行,经营单位的经济核算,以及银行的正常结算和信贷活动等,都无法再实现,市场机制也无法再正常发挥作用,别说是经济增长,就连正常的经济秩序也不能维护,于是,大规模的经济混乱必将带来整个经济的崩溃和百姓的遭殃。

单元三 通货膨胀与失业的关系

> **知识目标**
> 1. 认知理解通货膨胀与失业的关系;
> 2. 认知理解菲利普斯曲线的政策含义。
>
> **能力目标**
> 通过本节的学习,你应该能够:
> 1. 对通货膨胀与失业的关系做正确的分析;
> 2. 应用菲利普斯曲线从现实的角度提出治理通货膨胀的对策措施。

引导启示

我国著名经济学家厉以宁在央视首届中国经济年会上表示,中国当前不仅要警惕出现通货膨胀,更要警惕出现滞胀。根据以往经验,中国宏观经济调控的警戒线应该定在失业率4%和通货膨胀率4%。当失业率超过4%时,政府应该实施宽松的刺激政策调节经济,当通胀率超过4%时,政府应该采取一定的紧缩政策保持经济稳定发展。

厉以宁指出,目前统计部门所统计到的失业率,仅为城镇登记失业率,大量的农民工失业情况并未包含在内。据了解,2009年我国城镇登记失业率为4.3%。已经超过了宏观调控的警戒线,这也给政府实行宽松刺激经济的政策提供了理论支撑。

而对于通胀,货币政策和财政政策的松紧搭配并不总是奏效。厉以宁表示,中国的通胀有多种类型,如需求拉动型通胀、成本推动型通胀和国际输入型通胀,而紧缩政策只对需求拉动型通胀发挥作用。对于其他类型的通胀,不仅仅需要货币和财政政策的松紧搭配,还需要结构化调整,尤其是解决经济出现滞胀的情况。"比如,存款准备金率其实是可以尝试结构性调整的",厉以宁举例说明了结构化调整,"当东部提高0.5%,西部、中部可以暂时不动;当东部提高到1%的时候,中部可以提高0.5%,西部仍然不动。"厉以宁认为,分结构调整效果会更有利于解决实际问题。

厉以宁表示,当中国经济增长率下降到6%,通货膨胀率超过4%,就会出现滞胀。厉以宁强调:"中国当前固然需要警惕和预防通货膨胀,但更需要注意的是滞胀。"避免未来发生通胀,可以在两方面有所加强:第一,要加快城乡一体化,加快城镇化的建设;第二,要大力发展民营经济。

相关知识

一、通货膨胀与失业的关系

如前所述,失业与通货膨胀是短期宏观经济运行中经常遇到的两个主要问题。如果经济决策者的目标是低通货膨胀率和低失业率,则他们会发现低通货膨胀率和低失业率的目标往往是相互冲突的,很难协调统一。因为,较高的产出意味着较低的失业,当企业的生产规模扩大、生产能力增加时,企业不仅会增加新的机械设备,而且还需要增加新的更多的劳动力。而较高的物价水平则意味着较高的通货膨胀率,因此,当决策者使经济沿着短期总供给曲线向上移动时,他们降低了失业率而提高了通货膨胀率。相反,当决策者紧缩总需求并使经济沿短期总供给曲线向下移动时,失业增加了,通货膨胀却降低了。所以,失业和通货膨胀之间存在着西方学者所言的"替代关系"。这一"替代关系"所隐含的政策含义是:通货膨胀严重时可用失业来医治;失业严重时也可用通货膨胀来医治。正因为如此,"宏观经济学之父"凯恩斯认为,失业和通货膨胀不可能同时并存,失业是由于人们的有效需求不足引起的,而通货膨胀则是由人们的过度需求引致的。既然需求不足和需求过度不能同时并存,所以,失业和通货膨胀自然就不会同时并存。然而,凯恩斯的解释显然不符合社会经济实际。在诸多资本主义国家的经济发展过程中,失业和通货膨胀呈现出或高或低的关联性。例如,美国经济学家萨缪尔森和索洛根据美国1901—1960年的统计资料计量的结果,认为阻止通货膨胀发生的代价是失业率必须高达8%~10%;要是物价水平保持基本稳定,把通货膨胀率控制在2%~3%,必须有5%~6%的失业;若要使失业率不超过3%,通货膨胀率必须达到4%~5%。这说明通货膨胀和失业不仅能同时并存,而且还呈现出高度的关联性。事实究竟怎样,的确有必要研究探讨失业与通货膨胀的关系。在宏观经济学中,研究失业与通货膨胀关系的经济学家很多,但他们所使用的主要工具还是菲利普斯曲线。

二、菲利普斯曲线及其应用

(一)菲利普斯曲线的提出

1958年,在英国任教的新西兰籍经济学家菲利普斯通过对英国1986—1957年近100年的失业率和货币工资增长率的统计资料分析,发现在失业率与货币工资变动率之间存在一种比较稳定的此增彼减的替代关系,这种替代关系可以用一条向右下方倾斜的曲线表示,即著名的菲利普斯曲线。该曲线表明,当失业率较低时,货币工资增长率较高;反之,当失业率较高时,货币工资增长率较低,甚至为负数。

以萨缪尔森、索洛为代表的新古典综合学派随后对该曲线进行了修正,把菲利普斯曲线改造为失业与通货膨胀之间的关系,用物价水平的上涨率(通货膨胀率)取代货币工资的上升率,并将该曲线应用于对经济政策的分析,从而使其盛行。修正后的菲利普斯曲线表明通货膨胀与失业之间存在着互为消长的关系。即当失业率下降时,通货膨胀率就上升;反之当通货膨胀率下降时,失业率则上升。如图11-4所示,横轴 u 代表失业率,纵轴 π 代表通货膨胀率,向下方倾斜的曲线 PC 即为菲利普斯曲线。

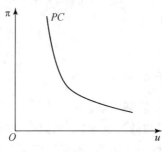

图 11-4 菲利普斯曲线

(二)菲利普斯曲线的应用

菲利普斯曲线的政策含义是:通货膨胀和失业现象会使政府陷入两难境地,无法同时解决两个问题,社会公众也不能做这种不切实际的期望。政府当局可以利用这种关系,在制定经济政策时,选择并确定社会可接受或可忍受的最大失业率和通货膨胀率,并将其作为临界点,当失业率在临界点以下,通货膨胀率超出临界点时,则提高失业率,以换取通货膨胀率的降低;当通货膨胀率在临界点以下,而失业率超出临界点时,则提高通货膨胀率,以此为代价来换取失业率的降低,如此进行"相机抉择",从而使通货膨胀率和失业率都被控制在人们可以接受的限度内。20世纪60年代,许多国家运用菲利普斯曲线原理进行政策制定,取得了显著效果。但是70年代以后,经济发生了很大的变化,高通货膨胀与高失业率同时出现,二者不再交替,经济"滞涨",政策便无所适从了。

经济学家弗里德曼和费尔普斯分别发表论文,对菲利普斯曲线提出修正,提出了适应性预期理论。该理论认为,在现代经济中存在着自然失业率,其不受通货膨胀率的影响,同时存在着通货膨胀预期,通货膨胀率与失业率的交替关系,只有在短期内当公众尚未意识到通货膨胀的时候才会成立,一旦形成预期,则通货膨胀率就会随时调整。因此,从长期看,并不存在失业率与通货膨胀率之间的替代关系,失业率将不受通货膨胀率影响而必然趋向于自然失业率,并且只有在失业率处于自然失业率水平时,通货膨胀率才能稳定下来。他们认为菲利普斯曲线只有在短期内才是一条向右下方倾斜的曲线,而在长期中,是一条与纵轴平行的直线,无论通货膨胀的程度如何,失业率总是保持在其自然率水平上。该理论具有非常鲜明并很重要的政策含义,即政府只能在短期内,才能用较高的通货膨胀率换取较低的失业率,并使实际失业率降低到自然失业率以下;但从长期看,扩张性的经济政策只能使通货膨胀加速,而不能使失业率长久地保持在低于自然失业率的水平上。

三、治理通货膨胀的基本对策

鉴于通货膨胀对经济运行和人们生活的诸多不利影响,可借鉴西方发达国家的经验,采取以下对策措施进行综合治理。

(一)紧缩性财政政策

通过紧缩财政支出、增加税收,谋求预算平衡,减少财政赤字来减少总需求,降低物价水平。它在抑制通货膨胀方面表现出以下积极效果：一是政府支出下降会使财政赤字减少，从而财政部减少向中央银行的透支，控制了货币的供给量；二是政府需求是总需求的组成部分，所以政府支出下降意味着总需求下降，有利于降低通货膨胀率；三是税收的增加使消费者、企业的购买力下降，从而降低了总需求。

（二）紧缩性货币政策

由于通货膨胀形成的直接原因是货币供应过多，因此，治理通货膨胀的一个最基本的对策就是控制货币的供应量，使之与货币需求量相适应，稳定币值以稳定物价。而要控制货币供应量，就要实行适度从紧的货币政策，以减少流通中的货币供应量，保持适度的信贷规模，从而使利率上升、总需求得到抑制。中央银行常通过出售政府债券、提高贴现率和再贴现率以及提高商业银行法定准备金率的办法来控制货币投放，治理通货膨胀。

（三）紧缩性收入政策

紧缩性收入政策主要是通过控制工资增长来控制人们的收入与现实购买力以及由此导致的产品成本增加，进而达到抑制过度需求，平稳物价的目的。

（四）直接物价控制政策

直接物价控制政策类似于收入政策，在短期内可以收到明显效果，还可以对垄断行业的定价进行严格管制，以避免价格垄断，哄抬物价，追逐高额利润所引致的价格上涨。

（五）供给政策

供给政策主要是通过降低税率，刺激储蓄和投资来增加商品和服务的供给，特别是短缺商品的生产与供给，以调整优化产业和产品结构，消除总需求与总供给的缺口。

总之，通货膨胀是一个十分复杂的经济现象，产生的原因很多，需要我们有针对性地采取相应的治理对策，对症下药。同时还要将各种治理措施有机地结合起来，方能取得理想效果。

研讨案例

案例1：1923年，德国经济因通货膨胀陷入灾难的深渊，迄今为止只有1946年的匈牙利和1949年的中国发生过。1923年12月，以战前价格指数为100，德国40种基本商品的价格指数达到了143×10。沃伦教授和皮尔逊教授曾将德国的通货膨胀数字绘成书本大小的直观柱状图，可是限于纸张大小，未能给出1923年的数据柱，结果不得不在脚注中加以说明：如果将该年度的数据画出，其长度将达到200万英里。德国在一战败北之后，丧失了七分之一的领土和近十分之一的人口，同时还要赔偿1320亿马克的战争赔款。在操作中，德国不得不靠发行纸币来渡过难关，结果陷入了经济的恶性循环。当时德国政府以极低的利率向工商业者贷款，同时在流通中投放了巨额纸币，但这些贷款和纸币却很快贬值，从而债务人得以用廉价的马克偿还贷款。"新富"们在通货膨胀中发了横财，"旧富"们却纷纷崩溃。各个经济部门和各个家庭生活在此通货膨胀中受到致命打击。

请你用所学通货膨胀的经济理论分析为什么"新富"们会在通货膨胀中发财，而"旧富"们却会遭受巨大损失。

案例2：2007年10月份中国的居民消费价格指数（CPI）总水平比去年同期上涨6.5%；

工业品生产价格指数(PPI)同比上涨3.2%;生活资料出厂价格同比上涨3.5%。除了大规模工业制品以外,资源价格的上涨对CPI的压力正在日益凸显。也就是说,不仅PPI作为一个先行指标开始传导到消费品价格上去了,而且CPI的上涨已经成为一种趋势。正如央行第三季度货币政策报告指出的那样,目前价格上行压力已经越来越大,管理层及市场不得不密切关注。然而,人们对CPI的理解仍然存在很大分歧。一种观点认为目前通货膨胀压力很大,这不仅在于今年以来的CPI同比上涨幅度持续扩大,前三季度同比上涨4.1%,而且是后一个季度总比前一个季度高(分别为2.7%;3.6%;6.1%);而另一种观点认为,如果扣除食品价格的上涨,今年的CPI上涨不必太担心。

请你用所学通货膨胀理论分析2008年CPI的上涨会不会影响人们的正常生活?

总结与回顾

通货膨胀作为一种经济现象,是价格总水平在一段时间内的、相当程度的持续而普遍的上涨,它的程度一般用通货膨胀率来衡量。通货膨胀现象既可从货币角度解释,又可从总供给或总需求的角度解释,还可从经济结构的角度来解释。

通货膨胀的经济效应包括再分配效应和产出效应。温和的需求拉动的通货膨胀对经济产出和社会就业的扩大具有一定的正效应;成本推动的通货膨胀和超级通货膨胀则会引致失业,甚至会使经济崩溃。失业与通货膨胀都会给人们带来巨大痛苦,给社会带来损失,因此,失业与通货膨胀是西方市场经济的两大弊端,也是宏观经济学研究的主要问题。二者的关系可用菲利普斯曲线来表示,许多经济学家的研究表明通货膨胀与失业之间的关系是此增彼减、互为消长的关系。政府一般通过紧缩性财政政策、紧缩性货币政策和紧缩性收入政策来治理通货膨胀。

思考与练习

1. 基本概念

通货膨胀 通货膨胀率 菜单成本 需求拉动的通货膨胀 成本推动的通货膨胀
结构性通货膨胀 菲利普斯曲线 紧缩性货币政策

2. 通货膨胀的社会成本有哪些?

3. 分别说明什么是需求拉动的通货膨胀?什么是成本推动的通货膨胀?

4. 通货膨胀的经济效应有哪些?

5. 若某一经济的价格水平2001年为102.3,2002年为108.6,2003年为112.5。问2002年和2003年的通货膨胀率各是多少?若人们对2004年通货膨胀率的预期是按前两年通货膨胀率的算术平均来形成。如果2004年的银行存款利率为5.72%,问该年的实际利率是多少?

模块十二　经济周期理论及其应用*

自1825年英国爆发历史上第一次生产过剩的经济危机之后，以后约每隔10年左右就有一次这样的危机发生。针对这一现象，经济学家们进行了多角度的分析研究。就在大多数经济学家仍把危机当做一种孤立现象时，法国学者朱格拉却提出：危机并不是一种孤立的现象，而是经济周期性波动的一个阶段。从那时以来，经济周期就成为宏观经济学的研究主题之一。由于经济学家们对经济周期有种种不同的解释，也就形成了各种不同的经济周期理论。

单元一 经济周期的定义及其类型

知识目标
1. 认知理解经济周期及不同阶段的特征；
2. 认知理解经济周期的类型。

能力目标
通过本节的学习,你应该能够:
1. 对经济周期不同阶段的特征有正确的认知;
2. 从现实的角度对经济周期的类型做正确的区分。

引导启示

就像有日出必有日落一样,经济也有周期:从健康快速的增长到鼎盛的繁荣,再到衰退的谷底,然后又重新走向繁荣。历经这些不同的阶段就如同乘坐经济过山车,在这些阶段中,大部分企业的账面资产会随之上下波动,而有些企业根本就没有意识到经济衰退危机的到来,从而陷入破产,永远无法东山再起。也正是因为经济发展有这样的循环周期,所以在经济繁荣时,会出现数以千万计的工作机会,而在经济萧条时,也不可避免地会有更多的人失去工作。与此同时,数百万的股市投资者,既包括靠养老金过活的节俭的普通人,也包括共同基金的基金经理们,将亲眼看着他们的财产快速地增长,然后莫名其妙地萎缩,最后,如果他们有足够的运气和能力,又会看着它们再次增长起来。

尽管经济周期对企业的财富和命运有着深远的影响,进而影响到企业的员工和投资者的财富和命运,但是你会发现怎么也找不到一本专注于提供全面的、关于经济周期的战略和策略管理的指导书。在有关企业战略管理的书中,这是一个有待填补的空白。事实已经证明,经济周期是企业获利能力和股价表现的最为重要的决定因素之一。

模块十二 经济周期理论及其应用

相关知识

一、经济周期的概念

（一）经济周期的定义与特征

经济周期（Business Cycle，Trade Cycle）亦称经济循环和商业循环，它是指经济处于生产和再生产过程中周期性出现的经济扩张与经济紧缩交替更迭、循环往复的一种现象。西方经济学家对经济周期有两种不同的解释：一是古典的经济周期解释。早期的经济学家对经济周期的解释是建立在实际的国民收入或总产量绝对量变动基础上的，认为经济周期是指国民收入上升和下降的交替过程。二是现代经济周期解释。现代的经济周期解释是建立在经济增长率变化基础上的，认为经济周期是指经济增长率上升和下降的交替过程。根据这一解释，衰退不一定表现为国民收入绝对量的下降，只要国民收入的增长率下降，也可以称之为衰退，所以，在西方有增长性衰退的说法。理解经济周期的概念应该注意以下几点。

（1）经济周期是市场经济不可避免的经济现象。

（2）经济周期是经济活动总体性、全局性的波动。它不是发生在一个或几个部门，而是同时发生在几乎所有的经济部门，因而不是局部的波动，而是整个经济的波动。

（3）一个完整的经济周期由繁荣、衰退、萧条、复苏四个阶段组成，这是每一个经济周期具有的共同规律，尽管每一个经济周期持续的时间、波动的幅度等不尽相同。

（4）周期的长短由周期的具体性质所决定，差异很大。

（二）经济周期的阶段及各阶段特征

1. 衰退（Recession）阶段

衰退是周期波峰过去，经济开始向下滑坡。根据美国的情况，国内生产总值（GDP）连续两季下降，即进入衰退时期。在衰退期间，需求萎缩，从而生产和就业下降。就业下降导致家庭收入减少，又导致需求进一步萎缩，利润也随着下降，企业经营困难。在繁荣时期经济情况看好时所进行的投资，现在已变得无利可图了，投资急剧降至最低水平。衰退情节严重时，大量生产能力闲置起来，这时就业与产量跌至最低谷。

2. 萧条（Depression）阶段

萧条是经济周期接近低谷部分。特点是：劳动力失业率提高，公众消费水平下降，企业生产能力大量闲置，存货积压，利润低甚至亏损，企业对前景缺乏信心，不愿冒投资风险。

3. 复苏（Recovery）阶段

当复苏开始时，也就是已经到了周期的最低点。促使复苏的因素是多种多样的。例如，大批机器经过多年磨损需要更换，存货减少需要补充，企业订单增加；就业、收入和消费支出均增加。生产销售增加以后，利润随之增加，经济前景看好，投资的乐观主义代替了萧条时的悲观主义。由于需求增加，生产的顺利扩大基本上是由萧条时闲置的生产能力和解雇后又返回工厂的工人所完成的。

4. 繁荣（Boom）阶段

繁荣是周期的波峰，是国民收入与经济活动高于正常水平的一个阶段。在繁荣时期，现有生产设备已充分利用;劳动力,特别是技术熟练劳动力已感缺乏;主要原材料也开始感到供应不足。由于这些原因,增产的困难越来越大。这时只有增加投资、扩大生产能力才能扩大产量。投资建设需要时间,生产的增加满足不了需求的增长,价格不断上涨,生产要素需求的急剧增长促使要素成本上升,但由于商品价格也同时上涨,企业产量增加、投资扩大、产品畅销。经济处于扩张状态。但繁荣阶段不可能长期维持下去,当就业与产量水平达到最高,这时经济就开始进入下一个衰退阶段。

在一个经济周期的四个阶段中,存在一个顶峰和一个谷底,它们是经济周期的转折点:顶峰出现在繁荣阶段,是整个经济周期中经济活动水平的最高点;谷底出现在萧条阶段,是整个经济周期中经济活动水平的最低点。顶峰点是经济由繁荣到萧条的转折点,谷底点是经济由萧条走向繁荣的转折点。在经济周期的四个阶段中,繁荣与萧条是经济周期的两个主要阶段,衰退是繁荣到萧条的过渡阶段,复苏是萧条到繁荣的过渡阶段。无论何为起点,只要经历了这四个阶段,便算完成了一个经济周期。经济周期的四个阶段如图12-1所示。

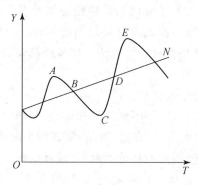

图 12-1　经济周期的阶段

在图12-1中,横轴T代表时间(年份),纵轴Y代表国民收入或经济水平,即总体经济活动状况,N代表正常的经济活动水平。经济在A点时达到顶峰,A—B为衰退,B—C为萧条,C点时达到谷底,C—D为复苏,D—E为繁荣,在E点时又达到顶峰。从一个顶峰到另一个顶峰,经济经历了四个阶段。

二、经济周期的类型

在研究经济周期时,经济学家们根据每个经济周期时间长短的不同把经济周期划分为不同的类型。由于每个经济学家所研究的统计资料和划分经济周期的标准不同,就有了经济周期不同类型。这里我们只介绍几种主要的经济周期类型。

(一)基钦周期(Kitchin Cycle)

基钦周期也称短周期,由美国经济学家基钦于1923年提出,其长度平均为40个月。基钦在研究了1890—1922年间美国与英国的物价、银行清算、利率等资料后提出:经济周期实际包括主要周期和次要周期两种,主要周期仅仅是2个或3个次要周期的总和,次要周期则是平均为40个月的经济周期。

(二)朱格拉周期(Juglar Cycle)

朱格拉周期由法国经济学家朱格拉提出,其长度平均为9～10年。朱格拉认为经济周期由繁荣、危机、清算 3 个阶段组成，这 3 个阶段在经济中有顺序地反复出现。他分析了统计资料中的物价水平和大多数经济部门的生产等指标，确定经济周期波动的长度约为 9～10 年。

(三) 库兹涅茨周期(Kuznets Cycle)

库兹涅茨周期由美国经济学家 S.库兹涅茨提出，其长度平均为 15～25 年。库兹涅茨在 1930 年出版的《生产和价格的长期变动》中分析了美国、英国、德国、法国、比利时 1866—1925 年 53 种商品的历史统计资料，认为经济中存在着长度为 15～25 年不等的长期波动。这种波动在美国的许多经济活动中，尤其是在建筑业中表现得特别明显，所以库兹涅茨周期又被称为"建筑业周期"。他把 1873 年、1890 年和 1913 年作为这种周期的顶点，而 1878 年和 1896 年则是谷底。在研究建筑业时，库兹涅茨还分析了人口、资本形成、收入、国民生产总值及其他因素。

(四) 康德拉季耶夫周期(Kandratieff Clcle)

康德拉季耶夫周期由俄国经济学家 N.康德拉季耶夫提出，其长度平均为 50～60 年，也称为长周期。康德拉季耶夫在 1925 年出版了《经济生活中的长期波动》一书，书中提出了著名的"长波理论"。认为经济中有一种平均长度约为 50 年左右的长期循环。

这里需要特别说明的是，熊波特在他的两卷本《经济周期》(1939 年版)中对前三种经济周期作了高度综合与概括。他认为前三种周期尽管划分方法不一样，但并不矛盾。每个长周期中套有中周期，每个中周期中套有短周期。每个长周期包括 6 个中周期，每个中周期包括 3 个短周期。熊波特还把不同的技术创新与不同的周期联系起来，以三次重大创新为标志，划分了三个长周期：第一个长周期，从 18 世纪中后期到 1842 年，是"产业革命时期"；第二个长周期，从 1842—1897 年，是"蒸汽和钢铁时期"；第三个长周期，1897 年以后，是"电气、化学和汽车时期"。

单元二　凯恩斯及其以前的经济周期理论

> **知识目标**
> 1. 认知理解凯恩斯以前经济周期理论；
> 2. 认知理解凯恩斯的经济周期理论。
>
> **能力目标**
> 通过本节的学习，你应该能够：
> 1. 对纯货币理论、投资过度理论以及创新周期理论有正确的认知；
> 2. 应用凯恩斯的经济周期理论对当前中国经济的运行周期做正确的分析。

引导启示

第二次世界大战以前，我们目睹了发达国家太多的危机和萧条。然而，二战以后，经济周期的波动变得不那么频繁，而且其波动幅度也温和了许多。那么，究竟是什么原因造成这种改变呢？有人认为经济发展到一定程度，经济的波动自然会越来越平稳。但其中一个不可否认的原因是，我们现在已经对宏观经济运行有了更深刻的理解，政府能够运用货币手段和财政手段来防止各种能使经济转化成衰退的冲击，防止经济像滚雪球一样从衰退跌进萧条。

相关知识

一、凯恩斯以前的经济周期理论

宏观经济学家将经济周期理论概括为两个类别，即外部因素（外生理论）和内部因素（内生理论）。外部因素理论的主要特征是认为经济周期的根源在于宏观经济之外的某些事物的冲击性波动，如太阳黑子或星象、战争、革命、政治事件、金矿的发现、人口和移民的增长、新疆域、新资源的发现、科学发明和技术进步等。内部因素理论的主要特征是从宏观经济内部的某些因素，如投资、消费、储蓄、货币供给、利率等之间的相互制约和相互促进的机制来解释导致经济周期性波动。这里介绍几种有代表性的经济周期理论。

(一) 纯货币理论

纯货币因素周期理论是由英国经济学家霍特里在1913—1933年的一系列著作中提出的。这种理论认为,经济周期是一种纯货币现象。经济中周期性的波动完全是由于银行体系交替地扩大或紧缩信用所造成的。

他运用货币信用体系的不稳定来说明经济周期性波动。他认为经济周期纯粹是一种货币现象,货币流通量、货币供应量以及货币流通速度的波动直接导致名义国民收入的波动。当银行体系降低利率,扩大信用时,就会引起投资增加、生产扩张,进而导致收入增加,刺激整个需求增加。当经济活动的累积性扩张达到一定程度,就会使经济走向繁荣阶段。现代货币体系建立在部分准备金的基础上,因此银行信用扩张是有限度的,当银行体系被迫紧缩货币信用而提高利率时,投资开始回落,生产收缩,从而需求减少,收入减少,这样经济的累积性收缩过程会使经济走向萧条。

(二) 投资过度理论

这种理论认为,无论是什么原因引起了投资的增加,这种增加都会引起经济繁荣。这种繁荣首先表现在对投资品需求的增加以及投资品价格的上升上。这就更加刺激了对资本品的投资。资本品的生产过度发展引起了消费品生产的减少,从而形成经济结构的失衡。而资本品生产过多必将引起资本品的过剩,于是出现生产过剩危机,经济进入萧条。因而经济周期是由于过度的投资引起了繁荣与萧条的交替,而投资过度的根源又在于货币与信用的扩张。

许多经济学家强调了储蓄投资过程的不稳定性导致了周期性经济波动。大致有货币因素的投资过度理论、非货币因素投资过度理论两大派。

1. 货币因素的投资过度周期理论

货币因素的投资过度周期理论的代表人物是奥地利学派的哈耶克、米塞斯和罗宾斯等人。这种理论认为,货币金融当局的信用膨胀政策是干扰经济体系均衡,并引起经济扩张,进而导致繁荣和萧条交替变动的根本原因。即认为如果没有信用扩张,那么生产结构失调以及由此产生的波动就不会出现。货币因素的投资过度理论认为只要银行扩张信贷,导致市场利率低于自然利率,工商企业贷款的投资对厂房、机器设备的需求增加,这时银行信用扩张引起的投资和生产资料需求的增加,只能是把原来用来制造消费品的生产要素转用于制造资本品,这样势必相应地引起消费品产量的减少和价格的上涨。这时,那些货币收入不变或货币收入的增长落后于消费品的价格上涨的消费者,将因消费品价格的上涨而非自愿地减缩了他们的消费,称为"强制储蓄"(Forced Saving),而借助信用扩张扩大投资所形成的新的实物资本如厂房、机器设备等是由这种"强制储蓄"提供的。

哈耶克认为这种人为地扩张信用的政策所引起的经济扩张是不能持续下去的,迟早会出现萧条和反方向的累积的衰退过程。当银行扩张的信用通过企业的投资转化为人们的货币收入后,消费者势必会恢复他们原有的消费,于是引起消费品的需求比生产资料的需求增长得更多,消费品的供给减少,需求反而增加,消费品价格进一步上涨。银行受法律或营业习惯的限制而不能无限地扩张信用,由此表现为货币资本供给的短缺,货币资本短缺将引起两种结果:或者是工商企业在繁荣阶段进行的投资(建造厂房购置设备)半途而废,不能完成;或者是已经生产出来的资本财货因需求不足而价格下落,存货积压,从而造成经济萧条。

2. 非货币因素投资过度周期理论

非货币因素投资过度周期理论的代表人物是图冈—巴拉诺斯基、斯皮特霍夫和卡塞尔。

这种理论认为投资过度是经济周期性波动的主要因素。非货币投资过度理论与货币因素的投资过度理论的主要差别在于是着重从生产过程本身来解释周期,而不把货币因素视为引发经济周期的最初动因。在这一理论中,货币信贷扩张是经济扩张的必要条件,但货币因素仅处于从属的、被动的地位。斯皮特霍夫认为消费品生产相对不足,才是周期真正的原因。他认为,引起高涨的主要动因,是新技术的发明、新市场的开拓以及萧条阶段利率的低落。这些因素促进投资活跃,于是生产资料尤其是钢、铁、机器和建筑材料等和耐用消费品包括住宅、汽车、家具等的生产大量增加,这就是经济高涨阶段。在复苏阶段和高涨阶段,扩大投资所必需的货币资本,开始来自于萧条阶段所积累的大量闲置资本,继之则主要来自银行的信用扩张和企业未分配利润转用于投资,当经济高涨达到一定程度后,由于货币工资上涨和使用生产效率较低的生产要素,成本提高,利润下降,这样,货币资本的供给减少,从而形成对生产资料的需求减少。另一方面,由于高涨阶段进行的投资所扩大的生产能力逐渐向市场上提供日益增多的钢、铁、建筑材料和耐用消费品,生产资料和耐用消费品供给大大增加了。这样,生产资料和日用消费品的供给增加而其需求逐渐减少,终必出现因货币资本供给不足以致使生产资料和耐用消费品生产部门生产过剩的经济周期。

(三)创新周期理论

创新理论是奥地利经济学家 J. 熊波特提出用以解释经济波动与发展的一个概念。所谓创新是指一种新的生产函数,或者说是生产要素的一种"新组合"。生产要素的新组合会刺激经济的发展与繁荣。当新组合出现时,老的生产要素组合仍然存在。新老组合的共存必然给新组合的创新者提供获利条件。而一旦新组合的技术扩散,被大多数企业获得,最后的阶段——停滞阶段也就临近了。在停滞阶段,因为没有新的技术创新出现,因而很难刺激大规模投资,因而难以摆脱萧条。这种情况直到新的创新出现才被打破,才会有新的繁荣的出现。

熊彼特于1912年出版的《经济发展的理论》一书中提出了"创新"经济周期理论。他发现大规模扩张的原因在于由重大技术突破所提供的投资机会。熊彼特将"发明"和"创新"两个术语区别开来,他把发明定义为生产新方法的发现。在现代市场经济中这种情况或多或少在不断地发生,人们总是在发现新的、更好的生产方法,然而只有发明被真正引入经济活动时,它才是具有经济意义的"创新"。"创新"(Innovation)一词定义为"新的生产函数的建立",即"企业家对生产要素之新的组合",它包括引入一种新产品或提供一种产品之新的质量;采用一种新的生产方法;开辟一个新的市场;获得一种原料或半成品的新的供给来源;实行一种新的企业组织形式。创新只是间断地发生,它们趋于成串或成组发生时,一组投资机会或多或少同时被利用,于是便产生了扩张。由于富有创新精神的企业家,借助银行扩大信用贷款的帮助,增加劳力,新建厂房、设备,推动国民收入和消费品生产的增加,随后,由于企业的"创新"利润,刺激其他企业也在银行信贷的帮助下模仿,这就是经济周期的复苏和高涨。当经济扩张经历一段时间,"创新"扩散到较多企业时,利润逐渐消失,扩张趋向终结。熊彼特理论最具特点的是对扩张如何开始的解释,创新及其所带来的投资使经济的适应力过度紧张,创新刺激了扩张,为了适应创新结果所作的调整又带来的紧缩。

熊彼特认为,在经济高涨阶段,厂商在乐观情绪支配下,投机盛行,借助银行贷款扩大的投资高估了社会对产品的需求。此外,消费者的乐观情绪高估了可能的收入,常用抵押贷款方式购买耐用消费品,消费者负债购买反过来促进企业的过度投资。所以,经济周期的衰退与萧条,意味着新产品、新技术对旧的厂商和部门的冲击,那些在经济高涨期间过度扩大的投资在萧条阶段的毁灭是社会经济从失衡趋向新的均衡之必然的、有益的过程,一旦萧条到达底谷,新的"创新"引致的复苏和高涨推动经济在更高水平上向前发展,均衡—失衡—在更高水平上的均衡……,如此循环往复、周而复始。

因此,熊彼特的创新周期理论把经济周期性波动的原因归之为科学技术的创新,而科学技术的创新不可能始终如一地持续不断的出现,从而必然导致经济的周期性波动。

二、凯恩斯的经济周期理论

1936年凯恩斯出版《就业、利息和货币通论》后,经济周期的发展集中在建立各种凯恩斯主义式的模型,例如萨缪尔森模型。20世纪50年代以后,宏观经济学领域开始有不少学派的理论或其政策主张向凯恩斯前的理论回归,称为新古典主义周期理论,主要有货币主义、实际经济周期、政治经济周期、理性预期、供应学派等。

货币主义代表了对纯货币理论所采用的基本观点的回归,对传统的货币数量论中的交易方程式 $MV=PT$ 的重新考虑。交易方程式指出一段时期内的平均货币供应量乘以货币流通速度,等于所生产的平均产出量乘以平均价格。传统货币数量论认为货币供应是外生的,V 和 T 仅有很慢的变化,而 P 总是正的。因此,货币供应上小的变化将导致价格一个完全成比例的变化。货币供应的变化是总量经济活动系列变化的主要决定因素。

实际经济周期(也叫作真实经济周期)理论认为经济波动的首要原因是对经济的实际(而不是货币的)冲击。实际经济周期理论是从1973年和1980年石油价格冲击以及1972年食品冲击的后果中发展起来的,实际上是早期非货币因素的投资过度理论的现代翻版,是将增长和周期结合在同一种理论中的一个重要的尝试。

供应学派是基于对萨伊市场法则的修正,代表人物是拉弗,他认为取得稳定增长的最佳途径是使企业家尽可能地增加总供给,这意味着增加对企业家投资的刺激。他认为造成抑制投资的主要因素是高的公司税率,由于高税率对工作和投资的抑制,高税率并不会得到比低税率更多的收入,而适中的税率会取得更多的收入。

政治经济周期的基础是政府采取的政策,如各种财政和货币政策,以使其重新获得选举胜利的机会最大。经济周期大体上与政策制定者的执政期相同。在大选之前,政府运用所有力量来刺激经济。然而,刺激的消极后果直到选举一年之后才会被感受到,所以政策必须转向。这种观点的主要结论是,选举型经济周期可以通过实际可支配收入和失业率来确定。

理性预期学派提出了"均衡经济周期"观点,他们认为,经济周期是完全正常的过程表示形式,通过它使经济适应变化,经济周期决不是需要干预的扰乱,而是经济正常增长过程的一部分。这种观点根植于两个重要假定,一是市场出清;二是经济主体可能有效地利用所掌握的信息。由此得出政策对经济的干预是无效的,这是因为这些政策已经被经济活动的参与者预见到了。因此,经济周期是经济发展变化的正常表现。

所以,凯恩斯主义的经济周期理论有以下特点:

(1) 凯恩斯主义的经济周期理论以国民收入为中心,把经济周期理论作为国民收入决定理论的动态化;

(2) 以总需求分析为中心,总需求变动引起了国民收入波动,从而引致经济周期;

(3) 以投资分析为中心,总需中投资变动大,对国民收入和经济影响大;

(4) 凯恩斯主义周期理论属于内生周期理论。

单元三　汉森-萨缪尔森模型及其应用

> **知识目标**
> 1. 认知理解汉森-萨缪尔森模型的经济内涵；
> 2. 认知理解周期性经济波动的上限和下限。
>
> **能力目标**
> 通过本节的学习,你应该能够:
> 1. 应用汉森-萨缪尔森模型测算产量(收入)与投资之间的数量变化；
> 2. 应用汉森-萨缪尔森模型对经济周期的波动做正确的分析。

引导启示

2009年12月13日美国经济学泰斗保罗·萨缪尔森在其位于美国马萨诸塞州的家中辞世,享年九十四岁。萨缪尔森是第一位获得诺贝尔经济学奖的美国经济学家,他的经典著作《经济学》以40多种语言在全球销售超过四百万册,是全世界最畅销的教科书,影响了整整一代人。也正是他的这本著作,将西方经济学理论第一次系统地带进中国,并使这种思考方式和视野在中国落地生根。

萨缪尔森在经济学领域中可以说是无处不在,被称为经济学界的最后一个通才。美联社当天在报道中总结萨缪尔森一生主要成就时说:他将数学分析方法引入经济学,帮助经济困境中上台的肯尼迪政府制定了著名的"肯尼迪减税方案",并且写出了一部被数百万大学生奉为经典的教科书。

萨缪尔森针对凯恩斯在《通论》中提出的"投资乘数论"和"就业乘数论",明确指出:乘数论不足以说明问题,原因是乘数论没有说明一定量的投资如何引起收入和就业的增加,也没有明确收入(或消费)的变化如何引起投资的变动。因而只有把加速原理(关于收入或消费量的变化如何导致投资量变动的理论)和乘数论有机地结合起来,才能充分估计乘数的作用,并解释经济增长中的周期波动现象。由于萨缪尔森注意到了乘数论和加速原理相互作用的关系,他在导师的提示下巧妙地把两者合为一体,于1939年发表了他的处女作《乘数分析与加速原理的相互作用》,并首创经济波动的模型,指出政府开支对国民收入的重大作用。

西方经济学界认为,这一开创性的研究是他在经济周期理论方面的重要贡献之一。

相关知识

一、汉森-萨缪尔森模型的经济内涵

在当代经济学中,对经济周期产生原因的解释,最有影响的是美国的汉森和萨缪尔森所提出的乘数与加速原理相结合的理论,即汉森-萨缪尔森模型。这个模型的中心思想是:只要根据统计资料找到消费倾向和加速系数的数值,以及过去两期国民收入的数字,就可以计算出本期的国民收入,从而发现经济的变动和增长幅度。他们认为,在社会经济生活中,投资、收入和消费是相互影响、相互调节的。通过加速数,上升的收入和消费会引致新的投资;通过乘数,投资又使收入进一步增长。假定政府支出为一固定的量(即政府不干预经济),只靠经济本身的力量自行调节,就会自发形成经济周期,经济周期中的阶段正是乘数和加速数相互作用而形成的:通过乘数作用,投资影响收入和消费,反过来,通过加速作用,收入和消费又影响投资。这两种作用相互影响,形成累积的经济扩张或萎缩的局面。

汉森-萨缪尔森模型把加速原理和乘数原理结合起来,既有理论意义又有现实意义。这不仅被认为是对凯恩斯主义的一个重要发展,而且被当作政府按照实际收入变动趋势来调节经济生活的依据。汉森-萨缪尔森模型的意图和经济内涵主要有以下几点。

(1) 尝试运用加速原理和乘数原理的相互作用,来补充发展凯恩斯的经济理论。

(2) 试图以该模型来解释资本主义经济周期波动的原因,似乎经济周期和资本主义经济的发展状况均可以通过该模型中给定的参数推算出来。

(3) 乘数与加速原理相互作用引起经济周期的具体过程是:投资增加引起产量的更大增加,产量的更大增加又引起投资的更大增加,这样,经济就会出现繁荣。然而,产量达到一定水平后由于社会需求与资源的限制无法再增加,这时就会由于加速原理的作用使投资减少,投资的减少又会由于乘数的作用使产量继续减少,这两者的共同作用又会使经济进入萧条。萧条持续一定时期后由于产量回升又使投资增加、产量再增加,从而经济进入另一次繁荣。正是由于乘数与加速原理的共同作用,经济中就形成了由繁荣到萧条,又由萧条到繁荣的周期性运动过程。

(4) 政府可以通过干预经济的政策来影响经济周期的波动。即利用政府的干预(比如政府投资变动)就可以影响减轻经济周期的破坏性,甚至消除周期,实现国民经济持续稳定的增长。因此,该模型特别强调突出政府开支,以增强国家干预社会经济的必要性。

二、加速原理

加速原理是凯恩斯的继承者对凯恩斯投资理论的重要补充和发展。他们认为,投资是影响经济周期波动的主要因素,但凯恩斯只考虑到投资对于收入和就业所产生的影响,而没有进一步考虑到收入和就业增加以后,反过来对投资又会产生什么影响。

在宏观经济学中,加速原理是一个描述产量或收入的变动对投资的影响程度的概念。

其基本内容是:产量或收入的增加或减少,会引起投资更大幅度的增加或减少。为说明收入变动与投资变动之间的关系,必须了解资本-产量比率和加速数这两个概念。

资本-产量比率就是资本与产量之比。以 R 代表资本-产量比率,K 代表资本,Y 代表产量,则:

$$R = \frac{K}{Y} \tag{12.1}$$

例如,生产1000万元的产品,需要4000万元的资本设备,则资本-产量比率 $R=4$。也就是说,每生产1元的产品,需要4元资本设备。

加速数也称加速系数,就是资本增量与产量增量之比。资本增量实际上就是投资,因而加速数又是投资和产量增量之比。以 a 代表加速数,ΔY 代表产量增量,I 代表投资,则:

$$a = \frac{\Delta K}{\Delta Y} = \frac{I}{\Delta Y} \tag{12.2}$$

例如,增加投资400万元,可以使产量或收入增加100万元,则加速数 $a=400$ 万元/100万元$=4$。也就是说,每增加1元的产品或收入,需要4元投资。

在前面的学习中,我们已了解到乘数原理,乘数原理说明投资变动通过乘数引起产量的变动。乘数原理和加速原理都是说明投资与产量之间的关系和相互变动的连锁反应。只是前者在于说明投资变动对产量变动的影响,后者在于说明产量变动对投资变动的影响。乘数和加速数的相互作用对经济周期波动的作用机制过程如下:假定经济处于萧条过后的复苏阶段。这时,生产开始回升,投资增加,在乘数作用下,投资的增加引起了国民收入较大的增长。随着国民收入的增长,在加速数的作用下,又会引起净投资和总投资的进一步扩大。这样,在乘数和加速数的不断相互作用的总过程中,经济活动水平逐步扩张直至进入繁荣阶段。在国民收入增长放慢甚至停止增长时,在加速数的作用下,投资水平就会下降。在乘数作用下,投资的下降又会使国民收入成倍的下降,并进而导致投资水平的进一步下降。如此循环下去,经济就会在国民收入和投资水平的不断缩进过程中进入萧条阶段。在乘数和加速数的相互作用下,经济将逐步走出萧条阶段而步入复苏阶段,这样就形成了周期性的经济波动。

三、汉森-萨缪尔森模型分析

为了更好地理解经济周期性波动的原因,一些经济学家将乘数原理与加速原理结合起来进行研究。美国的经济学家汉森、萨缪尔森等人将乘数和加速数结合起来,既把投资看做是收入变动的函数,同时也把收入看做是投资变动的函数。这样就把静态的分析变成了动态的分析,从而建立了汉森-萨缪尔森经济周期模型。基本公式是:现期国民收入等于政府支出、现期消费与现期投资之和。即:

$$Y_T = G_T + C_T + I_T \tag{12.3}$$

公式(12.3)中:Y_T 代表现期国民收入,G_T 代表现期政府支出,I_T 代表现期投资,C_T 代表现期消费。

假定现期消费是上期收入 Y_{T-1} 的函数,现期投资是本期消费增量($C_T - C_{T-1}$)的函数,则消费函数和投资函数分别是:

消费函数:$C_T = bY_{T-1}$ \hfill (12.4)

投资函数：$I_T = a(C_T - C_{T-1})$ (12.5)

式中：b 代表边际消费倾向，a 代表加速系数；则汉森-萨缪尔森经济周期模型的方程为：

$$Y_T = G_T + C_T + I_T = bY_{T-1} + G_T + a(C_T - C_{T-1})$$ (12.6)

因为投资函数：$I_T = a(C_T - C_{T-1}) = a(bY_{T-1} - bY_{T-2}) = ab(Y_{T-1} - Y_{T-2})$，所以有：

$$Y_T = bY_{T-1} + ab(Y_{T-1} - Y_{T-2}) + G_T$$ (12.7)

若设政府支出为常数，即 $G_T = G$，则汉森-萨缪尔森经济周期模型的数学方程式就是：

$$Y_T = bY_{T-1} + ab(Y_{T-1} - Y_{T-2}) + G$$ (12.8)

公式(12.8)就是乘数－加速数原理的数量模型，说明 T 期的国民收入是由乘数 b、加速数 a、前期国民收入 Y_{T-1}、再前一期国民收入 Y_{T-2}、T 期的政府支出 G 决定的。

经济学家们通过相关大量数据的计算，最后得出以下结论。

(1) 萨缪尔森的乘数-加速数模型，说明了经济周期波动的根源在于经济体本身的因素。经济周期是经济体本身内在机制的作用结果，它的波动是由经济的内生变量引起的，外生变量则是通过其内在机制来影响经济的。这种机制的自发调节作用，形成了经济波动，因此，经济的周期性波动是正常的，而且是有规律的。

(2) 在只有乘数作用，没有加速数作用的情况下，政府的支出只会导致国民收入按一定的倍数增加，而不会产生波动情况。只有在乘数和加速数的交互作用下，才会使经济产生波动。

(3) 国民收入的波动幅度，取决于边际消费倾向和加速数的数值。如果边际消费倾向和加速数的数值较小，则国民收入波动的幅度也较小，并逐渐趋向于一个稳定的水平。相反，如果边际消费倾向和加速数的数值较大，则国民收入波动的幅度也较大，并且越来越大，则国民收入会呈现出高速积累的增长形式。

四、经济周期的上限和下限

乘数-加速数原理模型还可用来说明周期性经济波动的上限和下限。在既定的生产技术条件下，如果社会上一切可以利用的生产资源都被充分利用了，那么经济的进一步扩张就会碰到不可逾越的障碍，此时经济活动达到上限。经济周期波动的下限由总投资的特点和加速数的局限性所决定。如果企业因经济衰退而开工不足就有闲置设备，这时加速数就不会再起作用了，但乘数仍起作用，所以经济衰退到一定程度就会停下来，这时经济活动达到下限。

研究经济周期的上限和下限，我们以英国经济学家约翰·理查德·希克斯的经济周期理论为代表来说明。希克斯认为，从历史上看，经济物品和劳务实际产量的波动表现为一种沿增长或趋于上升路线上下运动状态。其波动的高涨阶段和低潮阶段是由乘数和加速原理结合的作用决定的。这种理论认为，由于加速数的作用，产量(收入)的增长会引起投资的加速度增加；又由于乘数的作用，投资的增长又引起产量和收入量按某一倍数增长，从而使生产能力迅速扩张，其扩张幅度受周期上限限制。周期上限取决于社会已经达到的技术水平和一切生产资源可被利用的限度。当扩张达到周期上限时，就会转向经济收缩。收缩时，由于加速数的作用，投资的下降又会引起产量和收入按照某一倍数下降，其下降幅度受周期下限的限制。下限取决于总投资的特点和加速原理作用的局限性。当下降到周期下限时，经济又开始回升。希克斯根据对过去一个半世纪的经济发展史的研究认为：在这一长时期内显现出一种有规则的 7～10 年的周期性波动。以经济增长为背景，希克斯把每个周期分成四个阶段对经济周期的全过程进行了描述。

第一阶段是上升阶段，也就是复苏阶段，是从经济开始复苏到产量达到充分就业水平为止的阶段。

第二阶段是充分就业的繁荣阶段，即产量达到了充分就业线的水平。希克斯认为充分就业线就是经济周期的上限。

第三阶段是下降阶段，即衰退阶段，即就是产量由充分就业线开始下降，下至最低限线为止的这一阶段。

第四阶段是萧条阶段，这是产量沿最低线爬行的时期。

尽管经济学家们已经在运用复杂的统计模型来试图预测未来几个月或未来一两年的产量与就业量，然而，在实践中要区分经济周期的四个阶段，或者说预测周期的波峰和波谷这些转折点，仍然是极其困难的。这里提请注意衰退和萧条的区别。衰退按照马克思经济学的意思就是危机。衰退(危机)和萧条主要是程度上的差异。斯蒂格利茨(Joseph E. Stiglitz)在《经济学》中提出，有力的向上波动被称为繁荣，向下的波动被称为衰退，而严重的产量下降被称为萧条，20 世纪 30 年代发生的萧条由于其时间长和幅度大而被称为大萧条(The Great Depression)。进而认为衰退的标志是 GDP 至少连续两个季度下降，也就是说当 GDP 至少连续两个季度下降时，就说衰退已经发生了。GDP 数据在每个季度结束时公布一次。

希克斯经济周期模型所作的扩展主要在于投资函数。他仍然认为，投资由自主投资和引致投资两部分所组成，但自主投资不是固定不变的，它按照一定的百分比 g 增加。之所以如此，原因是在现实生活中，随着人口的增加、地域的扩张和技术的进步，自主投资呈增长趋势。所以，t 年的自主投资为 $I_0(1+g)^t$，引致投资仍是收入变动的函数，于是第 t 年的总投资函数为：$I_t = I_0(1+g)^t + V(Y_{t-1} - Y_{t-2})$ (12.9)

经过上述变动，乘数相加速数相互作用模型即成为希克斯模型：

消费函数：$C_T = bY_{T-1}$ (12.10)

投资函数：$I_t = I_0(1+g)^t + V(Y_{t-1} - Y_{t-2})$ (12.11)

均衡函数：$Y_t = C_t + I_t$ (12.12)

其中：$0 < b < 1, V > 0$。

按照这一模型，由于自主投资以固定比例增长，从而为国民收入规定了一个增长路径。同时，由于乘数和加速数的相互作用，经济会沿着这一路径波动，从而形成长期的周期波动。

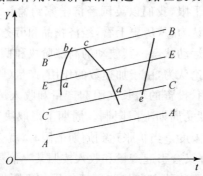

图 12-2　希克斯经济周期理论示意图

图 12-2 可以简要说明希克斯的经济周期理论。AA 线表示自主投资随时间推移而增加的路径。EE 线是由自主投资决定的收入均衡的增长路径,它是由于自主投资增加而稳定增加的。BB 线表示资源充分利用时最高产量的增长路径,即国民收入上限。CC 线表明国民收入能下降的下限。假设经济初时处于 a 点,由于某种原因导致经济系统中自主投资增加。由于乘数和加速数相互作用,会使国民收入出现向上的变动,经济从 a 点上升到 b 点。那么,经济能从 b 点沿着 BB 线增长吗?希克斯认为,这是不可能的,原因是从 a 到 b,经济的实际增长超过最高收入量的增长,这必然使得实际增长遇到上限的制约而放慢增长速度,即从 ab 转向 bc 意味着增长速度降低。

当国民收入增长速度放慢之后,引致投资相应地减少,从而进一步导致国民收入下降。也就是说,由于国民收入不可能以比产量上限增长更快的速度持续增长下去,因而注定了扩张必然结束,收缩必然随之而来。一旦收入下降,加速数就在向下方起作用。由于收入变动为负数,所以引致投资下降。但在向下的波动中,负投资受到折旧数量的限制,即负投资最多不能超过资本存量的损耗。于是,在 CC 线加速原理不起作用,收入水平的变动只与乘数有关,即国民收入只取决于自主投资。尽管在经济到达 d 时,自主投资可能下降,但它为正值,并且总有一定的增长率。所以,自主投资推动着经济沿 de 增长。随着时间的推移,一旦资本存量被消耗完,就需要进行新的重置,结果引致投资再度出现。自主投资在 AA 线上移动产生的收入增加引致的投资推动经济离开最低的增长下降,开始新一轮的扩张,从而形成经济周期。

20 世纪 90 年代,在"新经济"的有力推动下,美国经济不仅保持了长达 10 年的高速增长,而且在经济增长、失业和通货膨胀之间出现了一种前所未有的最佳组合,即"一高两低"(高增长、低失业和低通胀)同时并存的良性运行态势。据有关资料显示,进入 20 世纪 90 年代以来,美国经济从 1991 年 3 月走出战后第九次衰退期到 2000 年 12 月,已持续增长了 117 个月,成为 1854 年以来美国经济史上持续增长时期中最长的一个。而且,20 世纪 60 年代以来,只要美国经济增长率保持在 2.25%~2.5%,其自然失业率就会维持在 5.5%~6% 的水平。但在最近一轮经济增长中,1992—1999 年美国 GDP 年均增长率高达 3.6%,1996—1999 年更是高达 4.1%,而失业率和通货膨胀率则持续走低。1992 年美国的失业率为 7.5%,之后就逐年下降,1999 年全年只有 4.1%,2000 年 1—9 月进一步下降为 4.02%,创 1969 年以来的最低纪录。通货膨胀率在 1990 年为 5.4%,而 1991—1999 年平均仅为 2.6%。于是,有人便认为以知识经济为基础的"新经济"可以彻底消除美国经济的周期性波动。然而,好景不长,从 2001 年第一季度开始,美国经济走势突然发生逆转,经济增长率持续大幅下滑,失业率节节攀升。美国经济形势的这一转变,标志着"新经济"扩张阶段的结束和衰退阶段的到来。事实证明,"新经济"的发展虽然可使经济周期呈现出一些新的特点,但它不能也不可能从根本上消除经济的周期性波动,那种认为"新经济"可以消除经济周期的观点是没有现实依据的。

请你运用所学的经济周期理论分析并解释"新经济"为什么不能从根本上消除美国经济的周期性波动?

 **总结与回顾**

经济周期是指经济处于生产和再生产过程中周期性出现的经济扩张与经济紧缩交替更迭、循环往复的一种现象。现代经济分析中,把经济周期分为四个阶段:繁荣(Boom)、衰退(Recession)、萧条(Depression)、复苏(Recovery)。经济学家把经济周期分为短波周期、中波周期、中长波周期和长波周期。长期以来,经济学家对经济周期现象进行了广泛而深入的研究,形成了众多的经济周期理论,归纳起来主要有凯恩斯以前的经济周期理论、凯恩斯的经济周期理论等。乘数-加速数原理的数量模型说明了经济周期波动的根源在于经济体本身的因素,只有在乘数和加速数的交织作用下,才会使经济产生波动情况。本模块对这些理论都进行了详尽的论述。

 **思考与练习**

1. 基本概念

   经济周期 自发投资 加速系数

2. 简述熊波特"创新"经济周期理论。

3. 现代经济周期有何特征?

4. 加速原理的含义是什么?加速原理发挥作用应具备哪些条件?

5. 乘数原理与加速原理有什么联系和区别?

6. 计算题

(1) 如果某国经济中连续 5 年的国民收入分别是 $Y_t=1000$ 亿元,$Y_{t+1}=1200$ 亿元,$Y_{t+2}=1600$ 亿元,$Y_{t+3}=1600$ 亿元,$Y_{t+4}=1500$ 亿元,t 年的净投资 I_t 为 400 亿,当年的国民收入比上年增加了 200 亿元,求 $t+1 \sim t+4$ 年该国的净投资额分别为多少?

(2) 如果某国经济中 t 年的国民收入 Y_t 是 1000 亿元,资本-产出比率 v 为 2,重置投资 D_t 为每年 200 亿元,年初资本存量 K 为 1800 亿元,以后三年的国民收入分别为 1120 亿元、1180 亿元及 1150 亿元,分别计算连续四年的净投资 I 及总投资 G 各是多少?

模块十三　经济增长理论及其应用*

　　国民收入长期增长的趋势问题和实际国民收入围绕长期趋势而作出周期性波动的问题是长期国民收入决定所包含的两个主要问题。研究国民收入长期增长问题的理论被称为经济增长理论。经济增长理论所涉及的问题主要有：是什么因素影响经济的长期稳定增长；怎样才能实现经济的长期稳定增长；经济增长有多大潜力和经济增长究竟是好事还是坏事等。现代经济增长理论的一个突出特点就是把理论模型化，即通过建立经济增长模型来阐明国民收入的增长同有关的诸经济因素之间的因果关系。本模块主要介绍哈罗德-多马的经济增长模型、新古典经济增长模型以及新剑桥经济增长模型。在此基础上，重点介绍美国经济学家库兹涅茨的经济增长理论及其在现实经济生活中的具体应用。

单元一 经济增长的定义与效应

知识目标
1. 认知理解经济增长的概念与计算方法;
2. 认知理解经济增长所产生的效应。

能力目标
通过本节的学习,你应该能够:
1. 对经济增长的效应有正确的认知;
2. 正确计算国内生产总值或国民收入的增长率。

引导启示

据联合国贸发会议2007年9月发表的《世界贸易发展报告》,虽然按绝对收入计算,发展中国家与发达国家之间仍存在巨大差距,但在2003—2007年间,亚洲、非洲和拉丁美洲地区发展中国家人均国内生产总值增加了近30%,而西方七国集团国家人均国内生产总值仅增加10%。在过去14年里,东亚和南亚的人均国内生产总值翻了一番多。拉美、非洲和西亚等地区的实际人均产出在近年来也开始增长。2007年,在143个发展中国家中,只有不到10个国家的实际人均收入有所下降。发展中国家经济增长速度提高的同时,经济增长的波动幅度也明显低于西方发达国家的通常水平,从而提高了实际经济增长的成果和追赶发达国家的潜力。

在过去的几年里,亚洲经济发展迅速。中国、印度和日本已经共同成为推动亚洲经济发展的三大引擎。据估计,中国、印度和日本三国占整个亚洲经济总量的62%,占亚洲地区总进口的44%。2005年和2006年,印度经济增长连续两年超过9.0%,预计2007年仍能达到8.9%。

那么,究竟什么是经济增长?为什么有些国家的经济增长快,有些国家的经济增长慢?经济增长会对人们的社会经济生活产生怎样的影响?这一单元我们一起来学习讨论经济增长的内涵、计算方法及产生的效应。

一、经济增长的概念

人类在不断进步,社会在不断向前发展,要满足人们不断增长的物质文化需求,离不开经济的增长。经济增长已经成为当今世界各国共同面临的一个中心主题。

在经济学界,对经济增长的理解并不完全一致。一般认为,经济增长是指某一国家(或地区)在一定时期内,国内生产总值或国民收入不断增长的现象。经济增长通常用国内生产总值或国民收入的增长率来作为衡量指标。以 Y_t 表示 t 期的国内生产总值,Y_{t-1} 表示 $(t-1)$ 期的国内生产总值,则经济增长可以表示为:

$$G_t = \frac{Y_t - Y_{t-1}}{Y_{t-1}} \tag{13.1}$$

上述公式中,G_t 为某一时期的经济增长率。

同时,人们经常使用人均经济增长率。若以 y_t 表示 t 时期的人均产值,y_{t-1} 表示 $(t-1)$ 期的人均产值,则人均经济增长率可表示为:

$$g_t = \frac{y_t - y_{t-1}}{y_{t-1}} \tag{13.2}$$

上述公式中,g_t 为某一时期的人均经济增长率。

二、经济增长的效应

经济增长的效应,是指由于经济的增长给人类社会的各个方面所发挥的作用,产生的结果,带来的影响。经济增长对人类社会产生双重效应,一般可分为正效应和负效应。凡是由于经济增长给人们带来的益处,起到的促进作用,就叫正效应。如由于经济增长,促进了社会的进步;使社会物质产品极大丰富,满足了人类生存、发展的需求;改善了人类生存的环境和条件;提供了更多就业机会;提高了人们的收入;增加了人们的幸福感;保持了国家和社会的稳定;极大地提高了社会生产力水平等。相反,凡是由于经济增长给人们带来的不良影响,造成了一定的损失,就叫负效应。如生态环境遭到破坏、自然资源枯竭、能源短缺、环境污染日趋严重、贫富分化加剧、全球气候变暖、生活压力加大等。

单元二 经济增长的代表性理论及其应用

知识目标
1. 认知理解哈罗德-多马经济增长模型的经济内涵；
2. 认知理解新古典经济增长模型与剑桥经济增长模型的经济内涵；
3. 认知理解库兹涅茨经济增长理论的经济内涵；
4. 认知理解经济增长因素分析理论的经济内涵。

能力目标
通过本节的学习,你应该能够：
1. 学会应用哈罗德-多马经济增长模型对经济增长进行分析；
2. 学会应用新古典经济增长模型对决定经济增长的因素做正确的分析；
3. 学会应用剑桥经济增长模型对收入分配与经济增长的关系做正确的分析；
4. 学会应用库兹涅茨经济增长理论与经济增长因素理论对经济增长进行分析。

引导启示

古典经济增长理论十分强调物质资本的作用,这种对资本积累作用的强调,形成了经济增长理论中的"资本决定论";新古典经济增长理论则强调技术因素对经济增长的关键作用；新经济增长理论分别从技术变迁、人力资本积累、制度安排、分工演进的角度,提出了新的经济增长理论。新经济增长理论的出现使经济增长理论研究的侧重点和方向发生了转移,即由外生技术变化的新古典经济增长理论向内生经济增长理论的融合。这里的"外生"和"内生",是经济学家根据经济数学模型的假设进行分类的经济学概念。"外生变量"是方程组之外给定其参数值的变量,而"内生变量"则是由组成模型的数学方程组本身决定的变量。新古典经济增长理论通指外生经济增长理论;而新经济增长理论则是指内生经济增长理论。在过去的半个多世纪以来,经济增长理论经历了由外生经济增长到内生经济增长的演变过程。

相关知识

一、经济增长模型及其应用

当今世界,任何一个国家、政府、组织和个人,都希望经济能够长期稳定快速地增长,以造福人类社会。但一个国家(或地区)经济能否长期稳定增长,影响因素很多,涉及的问题非常广,是一个非常复杂的社会、政治、经济问题。因此,认识和掌握经济增长的规律,探讨保证经济持续增长的途径和条件,就成为宏观经济学研究的一个中心议题。经济增长模型就是通过对决定经济增长的各个因素之间量的关系的分析来寻求经济长期稳定增长途径的方法。一般来说,通过建立经济增长模型,要解决这样三个问题:第一,在长期中是否存在一种稳定状态的增长;第二,实现稳定均衡增长的条件是什么;第三,这种均衡增长是否有稳定性。

为此,经济学家们建立了为数众多的经济增长模型,取得了丰硕的成果,在实践中指导各国经济的发展。随着经济的不断发展,新的经济增长理论、新的经济增长模型还会不断出现。在本单元中,我们介绍三个有影响的经济增长模型:哈罗德-多马经济增长模型、新古典经济增长模型,以及新剑桥经济增长模型。

(一) 哈罗德-多马经济增长模型及其应用

20 世纪 40 年代,英国经济学家 R.哈罗德和美国经济学家 E.多马分别建立了一套经济增长模型,由于他们所提出的模型内容和结论基本相似,故称哈罗德-多马模型。

哈罗德-多马经济增长模型是在一系列严格的假设条件下建立的。这些假设主要是:第一,社会只是生产一种产品,这种产品既可以作为消费品,也可以作为资本品;第二,在生产过程中只使用两种生产要素:劳动(L)与资本(K),这两种生产要素在生产每单位产品时所需的数量不变,即它们在生产中的比率是固定的,而且不能互相替代;第三,规模收益不变,即生产规模扩大时不存在收益递增或递减;第四,不考虑技术进步的影响,即生产技术水平是既定的。

哈罗德-多马经济增长模型的基本公式是:

$$G = \frac{S}{V} \tag{13.3}$$

在上式中:G 代表国民收入增长率,即经济增长率。S 代表储蓄率,即储蓄量在国民收入中所占的比例。V 代表资本-产出比率,即生产一单位产品所需要的资本数量。

根据这一模型的假设,资本与劳动的配合比率是不变的,从而资本-产出比率也就是不变的。这样,经济增长实际就取决于储蓄率。例如,假定资本-产出比率 V 为 2,储蓄率 S 为 14%,则经济增长率 G 为 7%。在资本-产出比率不变的条件下,储蓄率高,经济增长率高;储蓄率低,则经济增长率低(在上例中,当储蓄率减少到 10%,则经济增长率为 5%)。

哈罗德-多马经济增长模型反映了经济增长率与储蓄率、资本产出率之间的关系。在资本-产出率一定的条件下,要获得经济增长,就必须要有一定数量的能被投资者吸收的储蓄率。在资本-产出比率不变的情况下,储蓄率越高,经济增长率越高;反之,储蓄率越低,经济增长率也就越低。

哈罗德-多马模型还用实际增长率、有保证的增长率与自然增长率这三个概念分析了经济长期稳定增长的条件与波动的原因。

实际增长率(G)是实际上所发生的增长率,它由实际储蓄率(S)和实际资本-产出比率(V)决定,即:

$$G = \frac{S}{V} \tag{13.4}$$

有保证的增长率(G_w),又称合意增长率,是长期中理想的增长率,它由合意的储蓄率(S_d)和合意的资本-产出比率(V_r)决定,即

$$G_W = \frac{S_d}{V_r} \tag{13.5}$$

自然增长率(G_n)是长期中人口增长和技术进步所允许达到的最大增长率,它由最适宜的储蓄率(S_o)和合意的资本-产出比率(V_r)决定,即

$$G_n = \frac{S_0}{V_r} \tag{13.6}$$

哈罗德-多马模型认为,长期中实现经济稳定增长的条件是实际增长率、有保证的增长率与自然增长率相一致,即 $G = G_w = G_n$。如果这三种增长率不一致,则会引起经济中的波动。具体来说,实际增长率与有保证的增长率背离,会引起经济中的短期波动。当实际增长率大于有保证的增长率($G > G_w$)时,会引起累积性的扩张,因为这时实际的资本-产出比率小于合意的资本-产出比率($V < V_r$),资本家会增加投资,使这两者一致,从而就刺激了经济的扩张。相反,当实际增长率小于有保证的增长率($G < G_w$)时,会引起累积性的收缩,因为这时实际的资本-产出比率大于合意的资本-产出比率($V > V_r$),资本家会减少投资,使这两者一致,从而引起了经济收缩。在长期中,有保证的增长率与自然增长率的背离也会引起波动。当有保证的增长率大于自然增长率($G_w > G_n$)时,由于有保证的增长率超过了人口增长率和技术所允许的程度,将会出现长期停滞。反之,当有保证的增长率小于自然增长率($G_w < G_n$)时,由于有保证的增长率不会达到人口增长率和技术进步所允许的程度,将会出现长期繁荣。所以,要想使经济长期稳定增长,应该使实际增长率、有保证的增长率与自然增长率这三种增长率达到一致。

(二)新古典经济增长模型及其应用

新古典经济增长模型是由美国经济学家 R. 索洛(1987 年获得诺贝尔经济学奖)等人提出来的。这一模型认为,哈罗德-多马模型所指的经济增长途径是难以实现的,即在现实中,实际增长率、有保证的增长率和自然增长率是很难达到一致的。

1. 新古典经济增长模型的基本假设

(1) 社会只生产一种产品;
(2) 生产中只使用两种生产要素(即资本与劳动);
(3) 生产的规模收益不变;
(4) 储蓄在国民收入中所占的份额不变;
(5) 劳动力按照一个固定不变的比率增长。

这一模型与哈罗德模型的差别首先在于假设生产中资本与劳动的比率是可以改变的,其次是它考虑到技术进步对经济增长的影响。

2. 新古典经济增长模型的基本公式

根据上述假设,新古典经济增长模型的基本公式可以表示为:

$$G = a\left(\frac{\Delta K}{K}\right) + b\left(\frac{\Delta L}{L}\right) + \frac{\Delta A}{A} \qquad (13.7)$$

上式中:G 代表经济增长率,$\Delta K/K$ 代表资本增加率,$\Delta L/L$ 代表劳动增加率,a 代表经济增长中资本所作出的贡献比例,b 代表经济增长中劳动所作出的贡献比例,a 与 b 之比即资本-劳动比率,$\Delta A/A$ 代表技术进步率。

这一模型的含义是:

第一,决定经济增长的因素是资本的增加、劳动的增加和技术进步。

第二,资本-劳动比率是可变的,从而资本—产量比率也就是可变的。这是哈罗德-多马模型的重要修正。

第三,资本-劳动比率的改变是通过价格的调节来进行的。如果资本量大于劳动量,则资本的相对价格下降,劳动的相对价格上升,从而就使生产中更多地利用资本,更少地利用劳动,通过资本密集型技术来实现经济增长。反之,如果资本量小于劳动量,则资本的相对价格上升,劳动的相对价格下降,从而就使生产中更多地利用劳动,更少地利用资本,通过劳动密集型技术来实现经济增长。这样,通过价格的调节使资本与劳动都得到充分利用,经济得以稳定增长。因为这一模型强调了价格对资本-劳动比率的调节作用,与新古典经济学的观点相似,故称新古典模型。

3. 经济长期稳定增长的条件

新古典模型从资本-产出比率的角度探索了经济长期稳定增长的条件。这一模型认为,在长期中实现均衡的条件是储蓄全部转化为投资,即对凯恩斯储蓄等于投资这一短期均衡条件的长期化。这种情况下,如果储蓄倾向不变,劳动增长率不变,则长期稳定增长的条件就是经济增长率($\Delta Y/Y$)与资本存量增长率($\Delta K/K$)相等,即 $\Delta Y/Y = \Delta K/K$。

如果 $\Delta Y/Y > \Delta K/K$,这就意味着收入的增长快于资本存量的增长,从而资本生产率提高。这就会刺激厂商用资本代替劳动。使用的资本量的增加一方面使资本边际生产率下降,另一方面也使资本价格提高,从而最终会减少资本使用量,最后达到 $\Delta Y/Y = \Delta K/K$。

可见,通过市场调节,会使经济在长期中保持 $\Delta Y/Y = \Delta K/K$,从而实现稳定增长。

(三)新剑桥经济增长模型及其应用

这一模型是由英国经济学家 J. 罗宾逊、N. 卡尔多等人提出来的,简称新剑桥经济增长模型。这一模型着重分析收入分配的变动如何影响决定经济增长率的储蓄率,以及收入分配与经济增长之间的关系。

1. 新剑桥模型的基本假设

这一模型以研究收入分配与经济增长的关系为重点,它的基本假设是:

(1) 社会成员分为利润收入者与工资收入者两类;

(2) 利润收入者与工资收入者的储蓄倾向是不变的;

(3) 利润收入者的储蓄倾向大于工资收入者的储蓄倾向。

2. 新剑桥模型的基本公式

新剑桥模型的公式为:

$$G = \frac{S}{C} = \frac{\left(\frac{P}{Y} \cdot S_P + \frac{W}{Y} \cdot S_w\right)}{C} \quad (13.8)$$

在上式中，C 仍然是资本—产出比率。P/Y 是利润在国民收入中所占的比例，W/P 是工资在国民收入中所占的比例，国民收入分为利润与工资两部分，所以 $P/Y+W/Y=1$。S_p 是利润收入者的储蓄倾向（即储蓄在利润中所占的比例）。S_w 是工资收入者的倾向（即储蓄在工资中所占的比例）。根据假设，利润收入者的储蓄倾向大于工资收入者的储蓄倾向，即 $S_p > S_w$，而且 S_p 与 S_w 都是既定的。

从上式中可以看出，在 S_p 与 S_w 既定时，储蓄率的大小取决于国民收入分配的状况，即利润与工资在国民收入分配中所占的比例。在 $S_p > S_w$ 的假定之下，利润在国民收入中所占的比例大，则储蓄率越高；相反，工资在国民收入中所占的比例越大，则储蓄率越低。可举例说明这一点。

假设 $S_p = 30\%$，$S_w = 10\%$，如果 $\frac{P}{Y} = 40\%$，$\frac{w}{y} = 60\%$，则：

$$S = (40\% \times 30\% + 60\% \times 10\%) = 18\%$$

如果改变收入分配，$\frac{P}{Y} = 60\%$，$\frac{W}{Y} = 40\%$，则：

$$S = (60\% \times 30\% + 40\% \times 10\%) = 22\%$$

在资本-产出比率不变的情况下，增长率取决于储蓄率。储蓄率越高则增长率越高，而要提高储蓄率，就要改变国民收入的分配，使利润在国民收入中占更大的比例。因此，经济增长是以加剧收入分配的不平等为前提的经济增长的结果，也必然加剧收入分配不平等。这是新剑桥模型的重要结论。

3. 经济长期稳定增长的条件

在新剑桥模型中，从社会储蓄率的角度探讨了经济长期稳定增长的条件。要使经济按一定的增长率增长下去，就必须保持一个适当的储蓄率，社会储蓄率取决于利润收入者与工资收入者的储蓄倾向，以及他们的收入在国民收入中所占的比率。前者是不变的，因此，要保持一定的储蓄率就必须使国民收入中工资与利润保持一定水平。这个过程也是通过价格调节来实现的。如果利润在国民收入中的比率加大，则储蓄率提高，投资增加，结果最终工资增加，储蓄率下降。这是增长过快的结果。反之，如果利润在国民收入中的比率减少，则储蓄率下降，投资减少，结果最终工资下降，储蓄率上升。这是增长过慢的结果。

经济要稳定增长，利润和工资在国民收入中要保持一定比率，但这一比率并不是不变的，而是随着经济增长，在国民收入分配中，利润的比率在提高，工资的比率在下降。

新古典模型和新剑桥模型实际上都是从 $G = S/C$ 这个公式来分析经济长期增长的条件的。新古典模型分析 C 的变动，新剑桥模型分析 S 的变动。

二、库兹涅茨的经济增长理论及其应用

美国经济学家库兹涅茨从 20 世纪 50 年代开始，采用统计分析方法，把总量分析与结构分析结合起来，考察了发达资本主义国家经济增长的全过程，研究了国民生产总值、生产率、产业结构、收入分配等在经济增长中的变化趋势、特点以及他们之间的相互关系，总结出规

律性的结论,建立了把经济增长与制度、结构、意识形态等因素联系起来的经济增长理论。

(一) 经济增长及其源泉

1971年,在诺贝尔经济学奖授奖仪式上的演讲中,库兹涅茨给经济增长下了这样一个定义:"一个国家的经济增长,可以定义为给居民提供种类日益繁多的经济产品的能力长期上升,这种不断增长的能力是建立在先进技术以及所需要的制度和思想意识之相应的调整的基础上的。"这个定义是对各国经济增长历史经验的高度概括,体现了经济增长的实质。

库兹涅茨根据英、法、美等14个国家一百多年来的经济增长的统计资料,从自己定义出发,总结出了现代经济增长的六个基本特征。

第一,按人口计算的产量的高增长率和人口的高增长率。经济增长最显著的特点就在于产量增长率、人口增长率和人均产量增长率三个增长率都相当高。

第二,生产率本身的增长也是迅速的。这包括所有投入生产要素的产出率是高的,例如,劳动生产率和其他要素生产率的迅速提高,反映了由于技术进步所引起的生产效率的提高。这也是产量高增长率,以及在人口增长迅速情况下,人均产量高增长率的原因。

第三,经济结构的变革速度提高了。这包括从农业转移到非农业上,以及从工业转移到服务业;生产单位生产规模的变化;劳动力职业状况变化;消费结构变化;等等。

第四,社会结构与意识形态的迅速改变。例如,城市化以及教育的分离就是整个社会现代化的一个组成部分,也是经济增长的必然结果。

第五,经济增长在世界范围内迅速扩大。发达国家凭借其技术力量,尤其是运输和通讯,通过和平或战争的形式向世界其他地方伸展,使世界都卷入增长之内,成为一个统一体。

第六,世界增长的情况是不平衡的。从目前看,还有占世界人口四分之三的国家是落后的,有些国家的经济成就远远低于现代技术的潜力可能达到的最低水平。在国际范围内,贫富的差距仍在拉大。

库兹涅茨根据统计资料,对影响经济增长的各种因素作了分类研究,认为经济增长主要是靠劳动生产率的提高来推动,而劳动生产率的提高又是由于技术的不断进步引起的。因此,科技进步是经济增长的源泉。

(二) 经济增长与产业结构

库兹涅茨把国民经济划分为三部门:农业部门、工业部门、服务部门。根据发达资本主义国家的统计资料,通过研究发现产业结构在现代经济增长过程中具有如下的变化趋势:

第一,从产值看,农业部门的产值在国民生产总值中的比重趋于下降,工业部门的产值在国民生产总值中的比重趋于上升,服务部门的产值在国民生产总值中的比重没有明显的变化;

第二,从劳动力看,农业部门劳动力在总劳动力中的比重趋于下降,工业部门劳动力在总劳动力中的比重在一些国家显著上升,而在另外一些国家则保持稳定。

库兹涅茨认为,产业结构的上述变化趋势,主要是由经济增长过程中科学技术进步引起的。库兹涅茨在研究经济增长和产业结构的关系时特别强调产业结构变化对经济增长的影响。他认为,欠发达国家经济停滞的原因之一就是受传统产业经济结构的束缚。一般来说,在欠发达国家里,农业生产采取传统的生产组织,受传统的生产方式支配,生产力十分低下,但却集中了60%的劳动力,阻碍着经济的增长。同时,制造业结构满足不了现代经济增长对它提出的要求,需求结构变化缓慢,消费水平低,不能形成对经济增长的强有力的推动。一且经济增长了,产业结构变化了,农业部门就会释放出大量的劳动力,进入工业部门,特别是进入制造业,于是整个国家的经济增长速度就会加快。库兹涅茨还认为,经济增长与产业结构的变化固然是相互影响的,但是必须先有一定的经济增长才能有产业结构的变化,在经济停滞条件下,产业结构是不会发生变化的。在知识存量、资本积累、产业结构、制度结构等影响欠发达国家经济增长的因素中,库兹涅茨把制度结构因素放在首位。同时,他还主张经济增长理论应该研究发达国家和欠发达国家经济增长的异同及其相互关系,特别要研究欠发达国家实现经济增长的有利条件和不利条件。

(三) 经济增长与收入分配结构

库兹涅茨根据发达国家的历史统计资料,对于收入分配结构在现代经济增长中的变化趋势进行了分析研究,得出如下的结论:第一,如果排除个体企业的资产,财产收入在国民收入中的比重经过长期的稳定和略有上升后,从第二次世界大战后开始出现下降,而劳动收入在国民收入中的比重则趋于上升;第二,国民收入在个人和居民之间的分配差距经过一段时间的稳定和略有扩大后,开始明显地缩小。库兹涅茨认为,收入分配差距的缩小只能发生在实现了经济增长的发达国家,而在那些欠发达国家的收入分配,不仅比发达国家不平等,而且这种不平等还有加剧的趋势。但是这种收入分配不平等的加剧只是暂时的,随着经济增长的推进,这种不平等会缩小。库兹涅茨通过对发达国家和不发达国家经济增长过程中收入分配变化趋势的比较研究,于1955年提出了收入分配状况随经济发展过程而变化的"倒U曲线",又称"库兹涅茨曲线"。该曲线表明:在经济发展过程开始的时候,尤其是在国民人均收入从最低上升到中等水平时,收入分配状况先趋于恶化,继而随着经济发展,逐步改善,最后达到比较公平的收入分配状况,呈颠倒过来的U形状。

三、经济增长因素分析理论及其应用

经济增长是一个非常复杂的社会经济问题,影响经济增长的因素很多,如劳动、资本、自然资源、科学技术、社会制度、管理方法等等。这些因素之间的关系也存在诸多不确定性。经济增长因素分析理论就是运用定量方法分析这些因素在经济增长中的具体作用,探讨提高经济增长率的途径,以便改变经济增长方式,保持人类经济的可持续发展。这里简单介绍两位美国经济学家的经济增长因素分析理论。

(一) 肯德里克的全要素生产率分析

美国经济学家肯德里克在《美国生产率发展趋势》、《美国战后1948—1969年生产率发展趋势》、《理解生产率:生产率变动的动态学导论》等著作中对美国不同时期生产率的发展趋势进行了研究,以确定生产率提高对经济增长的重要作用。

肯德里克所使用的是全要素生产率的概念。他认为,产量和某一种特定生产要素投入量的比率是部分生产率,例如,资本生产率或劳动生产率。产量和全部生产要素投入的比率是全要素生产率。全要素生产率不会受要素投入量结构的变化等因素的影响,能反映出生产率提高在经济增长中的作用。

以 T_t 代表 t 年全要素生产率,则有:

$$T_t = \frac{Q_t}{w_0 L_t + i_0 K_t} \tag{13.9}$$

在上式中：Q_t 代表 t 年的总产量（或产值），L_t、K_t 分别为 t 年劳动与资本的投入量，W_0 与 i_0 为基期年的劳动实际小时工资率与资本实际小时报酬率（包括利息、地租和利润在内）。

如果用指数形式（即用 t 年的各项数值对基期年各项数值的比率）来表示，则为：

$$\frac{T_t}{T_0} = \frac{Q_t/Q_0}{a(L_t/L_0) + b(K_t/K_0)} \tag{13.10}$$

式中：$a = W_0 L_0 / Q_0$，$b = i_0 K_0 / Q_0$

a、b 是劳动与资本在基期年产量中的份额。

根据这一公式，肯德里克计算出，1889—1957 年间，美国国内私营经济全要素生产率平均每年增长 1.7%，同期的年增长率为 3.5%。这也就是说，经济增长中来自要素投入量增加的比例和来自生产效率提高的比例大致为 1∶1。他还计算出在 1958—1966 年间，全要素生产率提高对经济增长的贡献已超过要素投入量的增加。

肯德里克还分析了影响全要素生产率的因素。他认为，这些因素是相当复杂的，主要有研究、教育等无形投资、资源配置的合理化、技术革新的扩散、生产规模的变动等。

（二）丹尼森对经济增长因素的分析

丹尼森把影响经济增长的因素分为生产要素投入量和生产要素生产率两大类。前者包括就业人数及其年龄、性别构成、非全日工作的工人在内的工时数、就业人员的教育年限、资本存量的大小；后者包括资源配置（主要指低效率工作使用劳动力比重的减少）、规模经济（以市场的扩大来衡量）、知识进展等。

丹尼森对 1929—1969 年资料分析的结果如表 13-1 所示。

表 13-1　丹尼森对 1929—1969 年经济增长因素的分析

	增长率（%）	占总增长率的比例（%）
国民收入	3.33	100
总投入量	1.81	54.4
劳动	1.31	39.3
就业	1.08	32.4
工时	−0.22	−6.6
年龄—性别构成	−0.05	−1.5
教育	0.41	12.3
未分解的劳动	0.09	2.7
资本	0.50	15.0
存货	0.09	2.7
非住宅性建筑和设备	0.20	6.0
住宅	0.19	5.7
国际资产	0.02	0.6

续表

	增长率(%)	占总增长率的比例(%)
土地	0.00	0.0
单位投入量的产出量	1.52	45.5
知识进展	0.92	27.6
改善的资源分配	0.29	8.7
农场	0.25	7.5
非农场独立经营者	0.04	1.2
住宅居住率	0.01	0.3
规模经济	0.36	10.8
非正常因素	−0.06	−1.8
农业气候	0.00	0.0
劳资争议	0.00	0.0
需求强度	−0.06	−1.8

　　从上表可以看出各种生产要素对经济增长所作出的贡献，特别可以看出生产要素生产率（即单位投入量的产出量）对经济增长率的贡献为一半左右。

　　丹尼森还对美国、西欧和日本等国各种增长因素在经济增长中所作出的贡献进行了比较，以西欧和美国1950—1962年的情况来说，要素投入量与要素生产率这两大类因素在经济增长中所起的作用是不同的。总的来说，西欧总增长率的40%由投入量提供，而60%由要素生产率提供，在美国这个比例正好倒过来。这说明战后西欧各国生产率提高的较快。再从劳动投入量来看，西欧劳动人口多，劳动力数量对经济增长所作出的贡献比较大；而美国劳动力受教育程度高，劳动力的教育水平对经济增长所作出的贡献大于西欧各国。日本经济学家金森久雄把丹尼森模型运用于日本，认为日本要素投入量与要素生产率对经济增长所作的贡献都大于美国与西欧。而在日本经济增长中作出最大贡献的是资本投入量与生产率的提高，劳动力迅速由农业转向工业、引进外国技术和规模经济对经济增长也起了重要作用。丹尼森也作出了类似的结论。

四、零经济增长理论及其应用

　　从经济增长因素分析理论中可以很明显地看出，自然资源在以往的经济增长理论和各国（地区）实践中，都起到了非常重要的作用。根据边际报酬递减规律，可以得出长期零增长的结论。特别是从20世纪60年代开始，由于经济的增长，出现的如资源短缺、人口增长过快、环境污染日趋严重等问题，已经成为经济持续增长的制约因素。这在经济学界引起了关于经济增长的争论。许多学者对经济增长提出了异议，这就是零经济增长理论的来由。这种理论或者认为增长是有极限的，或者认为即使可以无限增长，增长也是不可取的。

（一）增长极限论

　　1968年意大利菲亚特公司董事长帕塞伊邀请西方国家三十名科学家、教育家、经济学家和事业家讨论人类目前和将来的处境，这就是所谓的"罗马俱乐部"的形成。罗马俱乐部委托麦多斯把讨论情况整理成书。这样，麦多斯在1972年出版了《增长的极限》。这本书与福雷斯特尔在1971年出版的《世界动态学》都是增长极限论的代表作。

这种理论最基本的观点是：假定世界上自然的、经济的和社会的关系没有重要的变化，那么，由于世界粮食的短缺、资源的耗竭和污染的严重，世界人口和工业生产能力将会发生非常突然和无法控制的崩溃。为了避免这种人类毁灭的前途，必须在1975年停止人口增长，在1980年停止工业投资的增长，以达到零经济增长的全球性均衡。

这一观点的根据首先是：影响经济增长的五个因素：人口增长、粮食增长、资本投资、环境污染和能源消耗，共同的特点在于他们的增长都是指数增长，即按照一定的百分比递增。如用 P 代表某增长因素基期的数量，r 为每一期的增长率，A 为第 n 年的数量，则指数增长的计算方法为：

$$A = P(1+r)^n \tag{13.11}$$

表现指数增长最好的形式是倍增时间，即某因素增长一倍所需要的时间。倍增时间的简便算法是以七十除以年增长率所得到的数字。如年增长率为2%，则倍增时间为三十五年。这种增长的特点上起先并不引人注意，但经过一定时间之后就会变得非常惊人。

麦多斯根据上述理论，运用计算机计算了影响经济增长的五种因素。人口增长的情况是：在1650年时，世界人口约为5亿，每年以0.03%的增长率增长，倍增时间将近250年。但在1970年达到36亿，年增长率为2.1%，倍增时间仅为33年。由于营养、医疗条件的改善，就使人口急剧增长，如按现在的速度增加下去，到2003年时，人口将达到72亿，到2036年时，人口将为144亿。工业增长的情况是：在1963年到1968年间，世界工业年增长率为7%，按人口平均增长率为5%，这样十四年后物质生活将提高一倍，所消耗的资源也会增长一倍，而这种情况能否持续下去取决于粮食、非再生资源和污染的情况。粮食供给的情况取决于土地、淡水与农业资本，前两者(尤其土地)是有限的，而农业投资取决于非再生资源。非再生资源的消耗也是指数增长的，以铁矿石为例，按目前的消耗量现在已知的铁矿石储量可用240年，如消耗量按每年增加108%计算，93年就用完了。最后，污染问题在增长中也会更加严重，例如燃烧化石燃料放出的二氧化碳，目前是每年200亿吨，而且以每年0.2%的增长率增加着。

在以上的基础上，麦多斯把这五个因素综合起来考察，通过五个互相影响的连锁的反馈环路，经过计算机处理，建立起世界模式，得出的结论是：1970年以后，人口和工业仍维持着指数增长，但迅速减少的资源将成为约束条件，使工业化不得不放慢速度。工业化达到最高点后，由于自然时延，人口和污染还会继续增长。但由于食物与医药缺乏引起死亡率上升，最后人口增长停止，这样人类将在2100年之前崩溃。因此，这一模式被称为"世界末日模式"。

而解决这一问题的措施主要是：在1975年停止人口增长，1980年停止工业资本增长；工业品的单位物质消耗降为1970年的四分之一；经济的重点由生产物质商品转移到服务设施；污染降到1970年数值的四分之一；增加粮食生产，首先是对增加土地肥力与水土保持的投资；延长工业资本的寿命，这样才能建立起均衡世界模式，避免人类的崩溃。

(二) 经济增长怀疑论

美国经济学家米香认为即使经济增长是可能的，但并不一定能使人们的生活水平得到提高，人们为经济增长所付出的社会与文化代价太高了。首先，持续的经济增长使人们失去了许多美好的享受，例如无忧无虑的闲暇，田园式的享受，清新的空气等。其次，经济增长所带来的仅仅是物质享受的增加，但是物质并不是唯一的幸福源泉，随着社会的发展，人们也并不把物质享受作为唯一的目标，有些物质产品的增加也许还会给人们带来负效用。最后，人们对幸福的理解取决于他在社会上的相对地位,因此经济增长尽管增加了个人收入的绝对量,但并不一定能提高他在社会上的相对地位,这样也就并不一定能给他带来幸福。总之,米香认为,技术的进步,经济的增长仅仅是物质产品的增加而不是幸福的增加。在经济增长中,人们失去的幸福太多的,因此,即使经济增长是可能的,也是不可取的。应该停止经济增长,恢复过去那种田园式的生活。

(三) 对零增长理论的反驳

那些反对经济增长的理论,尤其是增长极限论在西方世界引起了激烈争论。大多数经济学家都认为这些理论是错误的,麦多斯等人只是"带者电子计算机的马尔萨斯"。他们的这一模型的错误首先在于模型本身,特别是在于对基本经济关系与参数的估算是不正确的。例如,有人曾指出按麦多斯等人的模型,如果从1970年起自然资源发现(包括回收)率为每年增长2%,控制污染的能力每年增长2%,粮食产量每年增加2%,则计算的结果是人类永远不会崩溃。相反,如果把模型的起点由1900年提前到1850年,按该年各个变量的实际数值计算,结果是世界在1970年左右就应该崩溃。其次,对五种影响经济增长的因素变动的情况,麦多斯等人的分析也是错误的。例如,以人口增长来说,并不是指数增长。人类社会历史上人口的增长大致分为三个阶段:第一阶段是人口死亡率与出生率都很高,人口增长缓慢;第二阶段是出生率高,死亡率低,这时人口增长快,有指数增长的特点;第三阶段是人口死亡率和出生率都很低,人口增长能够缓慢,甚至零增长。最后,也是最重要的,就是经济增长中出现的各种问题只有通过发展经济才能解决,人类在经济增长与技术进步中一定可以解决粮食、污染、资源等问题。如果实行零经济增长,使技术停滞,人类只能自取灭亡。经济增长不仅是一个经济问题,而且还是一个社会问题。

研讨案例

案例1:据国际货币基金组织2007年10月发表的《2007年世界经济展望》报告,2006年世界经济实现了5.4%的增长,比2005年高出0.6个百分点。2006年世界发达国家经济增长了2.9%,较2005年的2.5%高出0.4个百分点。其中,美国经济增长速度有所放慢,从2005年的3.1%降至2.9%。而欧盟经济向上的力道有所回升,增长速度从2005年的2.0%提高到3.2%。日本经济仍处于缓慢但稳定的恢复性增长的阶段,2006年的增长速度仅为2.2%。2006年,广大的发展中国家以及独联体和中东欧地区经济增长的步伐加快,非洲经济增长了5.6%,拉美经济增长了5.5%,中东欧经济增长6.3%,独联体经济增长7.7%,几乎所有地区经济增长速度都有所提高。如果不包括日本和"东亚四小"(韩国、台湾、香港、新加坡),2006年亚洲的经济增长率达到了9.8%,比2005年的9.2%提高0.6个百分点,继续在经济增长速度上领先于世界其他地区。在世界各主要国家中,中国、印度和俄罗斯无疑是经济增长最快的,2006年的增长率分别为11.1%、9.7%和9.8%。2007年和2008年,这一趋向不会有大的改变,中国、印度和俄罗斯仍将是经济最长最快的三个主要国家。试用你所学的经济增长理论对世界发达国家经济增长减缓而发展中国家经济增长加快的现象进行评价。

案例2:2002—2006年,我国国内生产总值分别为120333亿元、135823亿元、159878亿元、183868 亿元、209407 亿元，每年的增长速度分别为 9.1%、10.0%、10.1%、10.4%、10.7%，人均国内生产总值增长率分别为：8.4%、9.3%、9.4%、9.6%、9.8%。扣除通货膨胀等因素影响，2002—2006 年的 5 年中，我国平均经济增长率为 9.6%。试用你所学的经济增长理论解释国内生产总值、人均国内生产总值和通货膨胀的关系。

总结与回顾

在宏观经济学中，经济增长是指某一国家（或地区）在一定时期内，国内生产总值或国民收入不断增长的现象。经济增长对经济社会的发展具有双重效应，只有适度增长才能实现可持续发展。

经济增长模型是通过对决定经济增长的各个因素之间量的关系的分析研究，来寻求经济长期稳定增长途径的一种方法。哈罗德-多马经济增长模型反映了经济增长率与储蓄率、资本产出比率之间的关系。在资本-产出比率一定的条件下，要获得经济增长，就必须要有一定数量的能被投资者吸收的储蓄率。在资本-产出比率不变的情况下，储蓄率越高，经济增长率越高；反之，储蓄率越低，经济增长率也就越低。新古典经济增长模型从资本-产量比率的角度探索了经济长期稳定增长的条件。这一模型认为，在长期中实现均衡的条件是储蓄全部转化为投资，如果储蓄倾向不变，劳动增长率不变，则经济长期稳定增长的条件就是经济增长率与资本存量增长率相等。新剑桥模型，则从社会储蓄率的角度探讨了经济长期稳定增长的条件。要使经济按一定的增长率增长下去，就必须保持一个适当的储蓄率。社会储蓄率取决于利润收入者与工资收入者的储蓄倾向，以及他们的收入在国民收入中所占的比率。库兹涅茨的经济增长理论分析了知识存量、生产率提高和结构变化对经济增长的影响。特别是关于社会经济制度与经济增长关系的研究，在众多的经济增长理论中有很大的影响。肯德里克用全要素生产率的概念，分析了生产率的提高对经济增长的重要影响。

随着经济的不断增长，引发了一系列的问题，如环境污染、滞胀现象、假冒伪劣产品、社会风气败坏等，就在经济学界引起了关于经济增长的争论。许多学者对经济增长提出了异议，提出了零经济增长理论。这种理论或者认为增长是有极限的，或者认为即使可以无限增长，增长也是不可取的。

思考与练习

1. 基本概念

   经济增长　哈罗德-多马模型　零经济增长论　有保证的增长率
2. 简述哈罗德-多马增长模型、新古典增长模型、新剑桥增长模型的异同？
3. 简述库兹涅茨的经济增长理论？
4. 简述零经济增长理论？
5. 已知经济社会的平均储蓄倾向为 0.14，资本产量比等于 4，试求有保证的增长率。
6. 分组讨论经济增长理论对我们有哪些启发？

模块十四　货币市场

货币市场是短期资金市场，是指融资期限在一年以下的金融市场，是金融市场的重要组成部分。由于该市场所容纳的金融工具主要是政府、银行及工商企业发行的短期信用工具，因此，货币市场具有期限短、流动性强和风险小的特点，在货币供应量层次划分上被置于现金货币和存款货币之后，就被称为"准货币"。货币市场就其结构而言，包括同业拆借市场、票据贴现市场、短期政府债券市场、证券回购市场等。货币市场产生和发展的初始动力是为了保持资金的流动性，它借助于各种短期资金融通工具将资金需求者和资金供应者联系起来，既满足了资金需求者的短期资金需要，又为资金有余者暂时闲置的资金提供了获取盈利的机会。本模块我们从国家金融制度入手，重点分析货币市场上货币的供给、需求、存款创造以及货币市场的均衡。

单元一　金融制度概述

> **知识目标**
> 1. 认知理解金融体系及其构成国家金融体系的主体；
> 2. 认知理解中央银行与商业银行的区别与联系；
> 3. 认知理解什么是金融市场。
>
> **能力目标**
> 通过本节的学习，你应该能够：
> 1. 对中央银行与商业银行的职能有正确的认知；
> 2. 从现实的角度应用法定准备金率、贴现率与再贴现率的升降对国家货币金融政策的变化做正确的分析。

引导启示

2007年2月25日，央行再次上调法定存款准备金率0.5个百分点，在短短一个月内，央行已两次上调法定存款准备金率，使得法定存款准备金率达到10%。

此次上调法定存款准备金率是2006年以来央行第5次、2007年第2次上调法定存款准备金率。央行此前分别于2006年7月5日、8月15日、11月15日及2007年1月15日分4次上调存款准备金率，每次上调0.5个百分点，累计冻结银行体系流动性资金约6000亿元。而此次操作，预计将一次性冻结银行体系1500亿元左右的资金。

央行除5次提高法定存款准备金率外，自2006年以来还2次利用利率杠杆进行宏观调控：2006年一年期贷款基准利率两次上调，每次幅度0.27%；存款基准利率一次上调0.27%。从而我们可以看出，2006—2007年是央行上调存款准备金率最为频繁的时段。如此连下猛药、重拳频发，可见央行对维持人民币币值稳定、抵制通货膨胀的决心与力度非同小可。

> 相关知识

所谓金融制度是指银行系统及其相应的制度规定。构成一个国家金融制度主体的是中央银行和商业银行。

一、中央银行

中央银行是一国最高的货币金融管理机构,在各国金融体系中居于主导地位。中央银行作为政府的组建机构,主要担负控制国家货币供给、信贷条件,监管金融体系,特别是管理商业银行、非银行金融管理机构以及金融市场的责任,它代表国家管理金融、制定和执行金融方针政策,但中央银行又不同于一般的国家行政管理机构。除特定的金融行政管理职责采取通常的行政管理方式外,其主要管理职责,都属于金融业务的经营过程之中,即以其所拥有的经济力量,如货币发行权、利率、贷款的控制权等,对金融领域乃至整个经济领域的活动进行管理、控制和调节。英国的中央银行是英格兰银行,日本的中央银行是日本银行,美国的中央银行是联邦储备体系,我国的中央银行则是中国人民银行。中央银行具有三大职能。

(一)中央银行是发行的银行

所谓发行的银行就是垄断货币的发行权,成为全国唯一的现钞发行机构。中央银行集中保管银行准备金,并对它们发放贷款,充当"最后贷款者"。由于货币发行是中央银行的重要资金来源,这就为中央银行调节金融活动提供了资金力量。

(二)中央银行是银行的银行

作为银行的银行,是最能体现中央银行这一特殊金融机构性质的职能之一。(1)作为银行固有的业务特征,办理"存、放、汇",仍是中央银行的主要业务内容,如货币发行、集中存款准备金、贷款、再贴现、证券、黄金占款、外汇占款、为商业银行和其他金融机构办理资金的划拨清算和资金转移业务等。只不过中央银行的业务对象不是一般的企业和个人,而是商业银行与其他金融机构。(2)中央银行所从事的业务与其他金融机构所从事的业务的根本区别在于,中央银行从事业务活动不是为了营利,而是为实现国家宏观经济目标服务。(3)作为金融的管理机构,中央银行对商业银行和其他金融机构的活动施以有效的影响。这一职能具体表现在集中存款准备、最终的贷款人、组织全国范围的清算三个方面。

(三)中央银行是国家的银行

所谓国家的银行,是指中央银行代表国家贯彻执行财政金融政策,代为管理国家财政收支以及为国家提供各种金融服务。中央银行作为国家银行的职能,主要表现在以下几个方面:(1)代理国库;(2)代理国家债券的发行;(3)对国家给予信贷支持;(4)保管外汇和黄金储备;(5)制订并监督执行有关金融管理法规。此外,中央银行作为国家的银行,还代表政府参加国际金融组织,出席各种国际会议,从事国际金融活动以及代表政府签订国际金融协定;在国内外经济金融活动中,充当政府的顾问,提供经济、金融情报和决策建议等。

二、商业银行

商业银行也称存款货币银行,是世界各国金融机构体系中的骨干力量。它们以经营工商业存、放款为主要业务,并为顾客提供各种服务。其中通过办理转账结算实现国民经济中的绝大部分货币周转,并起着创造存款货币的作用。商业银行的资产主要有准备金、证券和贷款。准备金原是为了存款人提取存款而准备的款项,现在已成为中央银行控制商业银行贷款规模的手段。商业银行必须依法按一定比例把存款中的一部分留存起来,这部分款项构成了商业银行的资产。证券是商业银行的另一项重要资产。按规定,商业银行可以购买各级政府发行的债券和其他证券,这些证券到期还本付息。贷款是商业银行最大的一笔资产。商业银行可向工商企业或个人发放各种形式的贷款。商业银行的负债主要是各类存款。

商业银行作为以获利为目的的企业和唯一能提供"银行货币"(活期存款)的金融组织,一般具有以下基本特征。

(1) 商业银行与一般工商企业一样,是以盈利为目的的企业。它也具有从事业务经营所需要的自有资本,依法经营,照章纳税,自负盈亏,它与其他企业一样,以利润为目标。

(2) 商业银行又是不同于一般工商企业的特殊企业。其特殊性具体表现于经营对象的差异。工商企业经营的是具有一定使用价值的商品,从事商品生产和流通;而商业银行是以金融资产和金融负债为经营对象,经营的是特殊商品(货币和货币资本)。经营内容包括货币收付、借贷以及各种与货币运动有关的或者与之相联系的金融服务。从社会再生产过程看,商业银行的经营,是工商企业经营的条件。同一般工商企业的区别,使商业银行成为一种特殊的企业,即金融企业。

(3) 商业银行与专业银行相比又有所不同。商业银行的业务更综合,功能更全面,经营一切金融"零售"业务(门市服务)和"批发业务"(大额信贷业务),为客户提供所有的金融服务。而专业银行只集中经营指定范围内的业务和提供专门服务。随着西方各国金融管制的放松,专业银行的业务经营范围也在不断扩大,但与商业银行相比,仍差距甚远;因此,商业银行在业务经营上具有优势。

三、中央银行与商业银行之间的制度规定

作为金融体系,中央银行与商业银行通过制度规定相互联系起来。其中最为重要的制度规定包括以下两种。

(一) 银行准备金制度

银行的存款准备金制度作为一般性货币政策工具,是在中央银行体制下建立起来的。所谓存款准备金,是指金融机构为保证客户提取存款和资金结算需要而准备的在中央银行的存款。如果银行为了获取更大的利息收入,过多的将资金借贷出去,就会出现客户前来取款而银行却无力支付的情况。这种现象产生,人们立刻会怀疑该银行的信誉,可能会爆发"挤兑"风潮,银行不可能立刻回收贷出去的资金,因而可能会迫使该银行倒闭。在现代社会里,整个金融机构连成一体,一家银行倒闭(尤其是大银行),会引起市场金融混乱,进而引起整个社会的不安定。

为了保障存款者的利益和整个社会金融市场的良好秩序,央行在国家法律的授权下硬性规定金融机构必须将自己吸收的存款按照一定比率交存央行,这个比率就是就是"法定准备率"。

$$法定准备金率 \ r_d = \frac{准备金}{存款总额} \tag{14.1}$$

按法定准备率提留的准备金叫法定准备金。法定准备金一部分是银行库存现金,另一部分存放在中央银行的存款账户上。金融机构缴存的法定准备金,一般情况下是不准动用的。但由于商业银行都想赚取尽可能多的利润,它们会把法定准备金以上的那部分存款当作超额准备金贷放出去或用于短期债券投资。

(二)再贴现制度

由于中央银行是最终的贷款人,因而通常商业银行在需要现金时往往把未到期的票据拿到中央银行换取现金,即贴现。与客户向商业银行贴现相区别,商业银行到中央银行的贴现称为再贴现。再贴现实质上是商业银行及其他金融机构与中央银行之间的票据买卖和资金让渡,是商业银行和其他金融机构向中央银行融通资金的重要方式。

除发挥融通资金的作用外,再贴现作为中央银行执行货币政策的重要工具之一,还可以起到扩张或收缩社会信用的作用。由于贴现率意味着商业银行的贴现成本,贴现率提高,商业银行从中央银行得到的贴现数额就减少;贴现率降低,商业银行从中央银行得到的贴现数额就增加。因此,当中央银行需要收缩银根,抑制经济过热时,就可根据自身的目标提高再贴现率,使商业银行和其他金融机构向中央银行融资的成本提高,从而抑制信贷需求,减少货币供给。另外,再贴现率还影响市场利率,通过调整再贴现率,就能及时将货币政策的意图传递给社会,以引导人们的投资、消费行为,进而推动货币政策目标的实现。

四、金融市场

金融市场是指资金的融通活动,它是信用货币出现以后形成的一个经济领域。在现代市场经济条件下,各种金融活动或金融商品的买卖,是通过市场进行的,所以金融市场是指各种金融资产,包括债券、股票和货币等进行交易的场所。在金融市场上各方参与者以金融工具为媒介汇合各种货币资金,共同决定资金交易的价格,开展金融商品的交易,由市场来沟通资金的供需,实现货币资金的融通。金融市场的作用在于,经过它储蓄可以转化为投资和消费。其中,资本市场使得长期(通常是一年以上的)投资或融资更为便利,而货币则使得短期的资本信贷更为容易。

例如,当一个家庭想购买住房时,他的需要与收入未必同时出现。通常,住房的需求在有支付能力需求之前。这时该家庭就需要借贷,以便把未来的收入集中到一起。他可以直接或通过金融中介机构间接地在金融市场上筹措到购房所需的贷款。

筹措资金并不局限于消费者。事实上,企业在金融市场上筹措资金更为常见。一项投资往往需要大量的资金,这时企业可以通过发行债券或者股票筹措资金。债券就是一种贷款契约,他规定了贷款的数额、利率和到期时间。而股票则是索取部分所有权的证书。正是通过金融市场,不同的个人可以选择其特有的金融资产形式。与此同时,需要通过金融市场来筹措资金的企业或个人则可以把各种分散的资金积聚起来,用于生产或消费。

除个人外,政府也参与金融市场活动。政府借助于金融市场筹措政府支出所需要的款项。同时,政府为了其政策目标也可以在金融市场上买卖其他金融资产。

单元二　货币的供给与需求

> **知识目标**
> 1. 认知理解货币的职能、供给及存款创造；
> 2. 认知理解货币需求与流动偏好陷阱。
>
> **能力目标**
> 通过本节的学习，你应该能够：
> 1. 对货币的职能及存款创造有正确的认知；
> 2. 从现实的角度对产生货币流动性偏好的动机做正确的分析。

引导启示

据资料显示：到 2006 年末，中国的广义货币 M_2 已达 34.56 万亿元人民币，按当年汇率折算，相当于 4.3 万亿美元，当年中国 GDP 总值为 20.94 万亿元人民币，折合 2.6 万亿美元，货币存量相当于 GDP 的 1.65 倍。根据世界银行和美联储的数字，2006 年美国 GDP 总值为 12.9 万亿美元，12 月末的 M_2 为 7.1 万亿美元，美国货币存量相当于 GDP 的 55%。

以上数据表明，中国的货币存量已相当于美国的 60.6%，GDP 总值却仅相当于美国的 20.2%，如果换算成同等经济规模，中国的货币存量就是美国的 3 倍或比美国整大出 2 倍。改革开放以来，中国存款的年均增长率为 23.5%，20 世纪 90 年代以来，广义货币的年均增长率为 21.5%，大幅度高出美国与欧盟同期年均 6%～7% 的增长率。以前年份中国货币供给的高速增长，被解释为市场化的推进与商品货币关系的深化，但是在新世纪以来，中国的经济体制已经基本具备市场经济形态，广义货币却仍以年均 17% 的速度递增，并且货币存量相对于经济总产出，已经是发达市场经济体的 3 倍。到目前为止在主要新兴市场经济国家中，货币规模显著大于经济规模的国家只有中国一个国家，这说明中国货币流动性过剩的问题已相当严重。当前，过剩的流动性正在强劲地推动中国的资产价格上涨，从而开始酝酿出日益扩大的资产泡沫风险。为了防范这个风险，政府一方面在加强回收过剩流动性的力度，另一方面在努力预防和消除地产和股市的泡沫。这些做法无疑都是正确的，但要"治本"还得从消除产生货币过剩流动性的根源入手。事实上，产生货币流动性过剩的成因很多，但其中比较突出的是以下四大谜题：第一，货币乘数之谜；第二，货币流通速度下降而货币过剩增加；第三，生产过剩、贸易顺差与货币流动性过剩并存；第四，中国出现了货币规模显著大于经济规模的现象。

相关知识

一、货币及其职能

经济学通常将货币定义为公众普遍接受的对商品、劳务和债务的一种金融支付手段。货币作为充当一般等价物的特殊商品，其主要职能包括以下几种。

（一）交换媒介

交换媒介，即作为流通手段。这是货币最主要的职能。正是由于这种职能，才避免了物物交换的种种不便，使整个国民经济系统中的商品交换顺利进行。

（二）价值尺度

价值尺度，即作为计价单位或记账的单位。货币是一种尺度，是一种单位。所有商品和劳务的价值均可用它衡量，用它表示，从而可以方便地进行比较。比如，一件衣服值100元，一张桌子值200元，一套房子值50万元等，说明货币使商品的价值得到了体现，而且还可以使各种商品在价值上进行比较。

（三）储藏手段

储藏手段，即作为保存价值的手段。一般来说，将部分财产以货币的形式加以储存，其安全化程度较大，不像股票和各种证券那样大起大落，变化莫测，容易使个人财产受损。

（四）延期支付

延期支付，即用于未来支付的需要。延期支付的原因主要有：一是工资的支付有一段时间间隔，为了应付日常的、频繁发生的各种开支，需要存有一定数量的货币；二是出于各种各样非预期的突然性的支出需要。在非预期性的支出需要中，最重要的就是"投机性需要"。货币是确定未来某项权利的一种方便的标准。

二、货币供给与存款创造

（一）货币供给

货币供给（Money Supply）是指某一国或货币区的银行系统向经济体中投入、创造、扩张（或收缩）货币的金融过程。货币供给的主要内容包括：货币层次的划分；货币创造过程；货币供给的决定因素等。在现代市场经济中，货币流通的范围和形式不断扩大，现金和活期存款普遍认为是货币，定期存款和某些可以随时转化为现金的信用工具（如公债、人寿保险单、信用卡）也被广泛认为具有货币性质。那么，货币的供给量究竟如何定义呢？从狭义的角度来看，货币数量由两部分组成：一是现金（Currency），包括纸币和辅币（Paper Money and Coin），二是活期存款（Demand Depositrs）。活期存款之所以包括在货币范畴中，是因为商业银行的活期存款或支票在经济中广泛地充当交换媒介。现金和活期存款也被称为狭义的

货币量,若用 M_1 表示,即为:

$$M_1 = 现金 + 活期存款 \quad (14.2)$$

除了狭义的货币外,还有更为广义的货币,分别用 M_2、M_3 表示,即:

$$M_2 = M_1 + 商业银行的定期存款 \quad (14.3)$$

$$M_3 = M_2 + 各金融机构发行的大额定期存单 \quad (14.4)$$

活期存款充当货币(狭义货币)是西方经济的一个重要特点,也是理解货币创造理论即货币乘数理论的一把钥匙。

(二)存款创造

在法定准备金制度下,当中央银行新发行一笔通货并流入银行后,就意味着银行体系增加了一笔存款准备金,经过银行体系一连串的存款-贷款-再存款-再贷款……,即所谓的存款创造机制,由此引发的新增存款总额将是新增存款准备金的若干倍。但银行存款创造必须具备两个前提条件,一是实行存款法定准备金制度;二是实行非现金结算制度。那么,银行究竟是怎样"创造"货币的呢?一个银行不能从其一元的存款中贷出几元之多,但银行制度作为一个整体能够做到每个单个银行所不能单独做到的事情:它能够把它的贷款扩大为它原来得到的存款的许多倍,而且每家银行仅仅贷出它存款的一部分。

下面我们举例说明商业银行存款创造的过程,先作三条假定:(1)每家银行只保留法定准备金,其余部分全部贷出,超额准备金为零。这样银行每增加一笔存款时,只是法定存款准备金相应的增加。(2)客户收入的一切款项全部存入银行,而且不提取现金。(3)法定准备率为20%。A 银行额外吸收了甲厂商的 100 万元。A 银行按法定准备率保留 20 万元(100 万元×20%=20 万元)作为准备金存入中央银行,其余 80 万元全部贷出,借给一家公司用来买机器。机器制造商作为客户乙得到这笔从 A 银行开出的支票又全部存入与自己往来的 B 银行。B 银行得到这 80 万元支票存款后留下 16 万元(80×20%=16 万元)作为准备金存入中央银行,然后再贷出 64 万元,得到这笔贷款的丙厂商又会把它存入与自己有业务来往的 C 银行,C 银行又保留其中的 12.8 万元(64×20%=12.8 万元)作为准备金存入自己在中央银行的账户上,然后再贷出 51.2 万元。如此不断继续下去,各银行的存款总和就是:

$$100 + 100 \times (1-20\%) + 100 \times (1-20\%)^2 + 100 \times (1-20\%)^3 + \cdots$$
$$+ 100 \times (1-20\%)^n + \cdots$$
$$= 100 \times [1 + (1-20\%) + (1-20\%)^2 + (1-20\%)^3 + \cdots + (1-20\%)^n + \cdots]$$
$$= \frac{100}{1-(1-20\%)} = 500(万元)$$

而贷款总和是:

$$100 \times (1-20\%) + 100 \times (1-20\%)^2 + 100 \times (1-20\%)^3 + \cdots$$
$$+ 100 \times (1-20\%)^n + \cdots$$
$$= 80 + 64 + 51.2 + \cdots = 400(万元)$$

从以上的例子可以看到,存款总和 D 与这笔原始存款(用 R 表示)和法定准备率 r_d 之间的关系为:

$$D = \frac{R}{r_d} \quad (14.5)$$

在上面的例子中,如果假定这笔原始存款来自于中央银行增加的一笔原始货币供给,则中央银行新增一笔原始货币供给,将使活期存款总和(即货币供给量)扩大为这比新增原始货币供给量的 $1/r_d$ 倍。

这 $1/r_d$ 被称为货币创造乘数,它等于法定准备率的倒数。在上例中,货币创造乘数为5,即增加一笔原始货币使得经济系统中的货币供给量增加了5倍。

从以上分析可知,货币的供给不能只看中央银行起初投放了多少货币,而必须更为重视派生存款或者是派生货币,即由于货币创造乘数作用而新增加的货币供给量,而货币创造乘数的大小和法定准备率有关,法定存款准备率越大,乘数就越小,这是因为,准备率越大,说明商业银行吸收的每轮存款中可用于贷款的份额越小,因而下一轮存款就越少。

在中央银行货币供给量既定的条件下,经济系统中个人改变持有货币的习惯就可以创造出货币。上面说过客户甲把100万元存入银行时,这笔原始存款成为以后派生存款的来源或者基础。如果非银行部门(个人或企业)缩减其持有的货币,并把它存入银行,商业银行的超额准备就会增加。这就为存款扩张或者说货币创造提供了基础。

三、货币需求与流动偏好陷阱

(一) 货币需求

所谓货币需求是指人们愿意在手头上保存一定数量货币的要求。人们之所以产生对货币的需求是由于货币是流动或者说灵活性最大的资产,货币随时可以用于交易之用,随时可应付不测之需,随时可做投机之用,因而人们对货币的需求也被称作流动性偏好。西方经济学家认为,人们产生对货币流动性偏好的动机主要有三种:(1)交易动机;(2)预防动机;(3)投机动机。

1. 货币的交易需求

个人和企业主要保留一定数量的货币和存款以备日常交易使用,因为收入和支出在时间上总不是完全同步的。货币交易需求的大小取决于个人的收入量,是收入的函数。

如果从长期看,就必须考虑工资的实际支付制度。每周领工资的人与每月领工资的人相比,对货币的交易需求较少,因为收入虽然没有变化,但领取工资的次数增多了,领取工资的实际时间缩短了。同样,在月初就把所有开支账目一次付清的人为交易而需要的货币数量较少。此外,在每周工资开支日缴纳税收的人们不需要为付税保留货币,而每季度交纳一次税收的人们都要为此而保留一定数量的货币。

2. 货币的预防需求

对货币的预防需求是指为了防止意外情况的发生而对持有货币的需求。例如,某个企业的推销员从A地到B地出差旅行,他必须携带为旅行生活所需要的一定数量的货币。如果该推销员较为谨慎,他所携带的货币一定会比预计在旅途中所需要的数量更多。因为如果一旦汽车中途抛锚会付不起修理费,他便完不成推销工作。由于这次过失,可能会使他失去一次晋级的机会,甚至可能丢掉职业。更由于信誉受损,还可能难以找到新工作。这一连串的不幸,只是因为他未能准备一些预防意外情况发生所需要的货币。这种现象被经济学家称为"风险连锁"。

同交易需求一样,货币的预防需求一般同货币收入水平密切相关,它与收入大体上成正比。如果用 L_1 表示交易动机和预防动机所产生的全部货币需求量,用 Y 表示收入,则这种货币需求量和收入的关系可用以下数学式表示：

$$L_1 = L_1(Y) \tag{14.6}$$

3. 货币的投机需求

所谓货币的投机需求,是指出于随时利用市场可能出现的生息机会为达到相应的获利目的所保持货币的一种动机。在现代社会中,市场情况瞬息万变,尤其是证券市场,敏感性极强。而对市场行情变化,个人的看法也不尽相同。如果一部分人预期证券价格将下降,另一部分人预期价格要上升,则前者会抛出证券,后者则会买进证券。假如后来市场行情确实上涨,则后者获利。在西方国家,将货币作为储蓄存入银行当然也能获息,风险也小,但一般商业银行私人储蓄的利率很低,甚至可能低于通货膨胀率。购买证券风险大,赢利也大,因此还是有人甘愿冒较大的风险。为了适应这种投资需求,需要保持一定数量的货币。

一般认为货币的投机需求与收入无关,只与利率有关。利率越高,货币的投资需求越小,利率越低,货币的投机需求越大。只是因为当利率水平较高时,一般证券价格较低,这时人们购入有价证券最为有利。

总之,对货币的投机性需求取决于利率,并且与利息率的变动方向相反。如果用 L_2 表示货币的投机需求,用 r 表示利率,则这一货币需求量和利率的关系可表示为：

$$L_2 = L_2(r) \tag{14.7}$$

（二）流动偏好陷阱

以上分析说明,对利率的预期是人们调节货币和债券配置比例的重要依据。利率越高,对货币的需求量越小。当利率极高时,这一需求量等于零,因为人们认为这时利率不大可能再上升,或者说有价证券价格不大可能再下降,因而将所持有的货币全部换成有价证券。反之,当利率极低,比方说 1.2%,这时人们会认为这时利率不大可能再下降,或者说有价证券的市场价格不大可能再上升而只会跌落,因而将所持有的有价证券全部换成货币。人们有了货币也决不肯再去购买有价证券,以免证券价格下跌时遭受损失。这时,人们不管有多少货币都愿意持在手中,这种情况被称为"凯恩斯陷阱"或"流动偏好陷阱"。

（三）货币需求函数

对货币的总需求是人们对货币的交易需求、预防需求和投机需求的总和。货币的交易需求和预防需求取决于收入,即 $L=L_1(Y)$。为便于理论分析,可以把交易和预防需求表示为 $L_1(Y)=kY$,其中 k 代表货币需求量与收入的比例关系。货币的投机需求取决于利率,即 $L_2=L_2(r)$。为便于分析,可以把 $L_2(r)$ 表示为 $L_2=-hr$, h 表示利率变动一个百分点时人们对货币需求量的变动程度,负号表示 L_2 与 r 变动成反方向关系。这样,人们对货币的总需求为：

$$L = L_1 + L_2 = L_1(Y) + L_2(r) = kY - hr \tag{14.8}$$

上式中的 L、L_1、L_2 都代表对货币的实际需求,既具有不变购买力的实际货币需求量。但名义货币量和实际货币量是有区别的。名义货币量是不管货币购买力如何而只计算其票面值的货币量。把名义货币量折算成具有不变购买力的实际货币量,要用价格指数进行调整。若用 M、m 和 P 分别代表名义货币量、实际货币量和价格指数,则：

$$m = \frac{M}{P} \tag{14.9}$$

例如,若名义货币余额为 120 美元,价格指数为 1.2,则实际货币余额就为：

$$m = \frac{M}{P} = \frac{120}{1.2} = 100 \text{ 美元}$$

由于 $L=kY-hr$ 代表人们对货币的实际需求量,因此,名义货币的需求函数即为实际货币需求函数乘以价格指数。即:

$$L = (kY - hr)P \tag{14.10}$$

式中,k 和 h 是常数,k 衡量收入增加时货币的需求量增加了多少,是货币需求关于收入变动的系数,h 衡量利率提高时货币需求变动多少,是货币需求关于利率变动的系数。如果知道了 k、h、Y、r 和 P 的值,就很容易求得货币的需求量。

货币需求函数如图 14-1 所示。

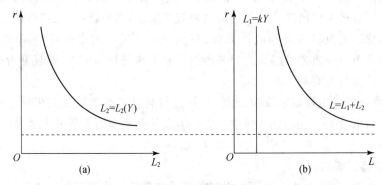

图 14-1 货币需求曲线

在图 14-1(a)中,L_2 线表示满足投机动机的货币曲线,它起初向右下方倾斜,表示货币的投机需求量随利率下降而增加,但当利息率降低到一定程度之后,投机需求落入到"流动偏好陷阱",因而呈现水平形状。在图(b)中,垂线 L_1 表示为满足交易动机和预防动机的货币需求曲线,它取决于收入,而与利息率无关,因而垂直于横轴。把图(a)中的 L_2 向右平行移动 L_1,则得到图(b)中的 L,即表示包括 L_1 和 L_2 在内的全部货币需求的曲线。这条货币需求曲线表示在一定收入水平上货币需求量和利率的关系,利率上升时,货币需求量减少,利率下降时,货币需求量增加。

然而,货币需求量和收入水平的正向关系又是如何表现出来的呢?这需要通过在同一坐标图上画若干条货币需求曲线来表示。如图 14-2 所示。

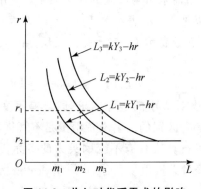

图 14-2 收入对货币需求的影响

图 14-2 中三条货币需求曲线分别代表收入水平为 Y_1、Y_2 和 Y_3 时的三条货币需求曲线。可见，货币需求量与收入的正向变动关系是通过货币需求曲线向右上方移动来表示的，而货币需求量与利率的反向变动关系则是通过每一条曲线都是向右下方倾斜来表示的。例如，当利率相同时，比如都为 r_1，则在收入分别为 Y_1、Y_2 和 Y_3 时，实际货币需求量分别为 m_1、m_2 和 m_3。而当收入水平相同，比如都是 Y_1 时，对应于不同的利息率 r_1 和 r_2，实际货币需求分别为 m_1 和 m_2。

单元三 货币市场的均衡

> **知识目标**
> 1. 认知理解市场市场均衡利息率的决定;
> 2. 认知理解货币供给对产出、就业及价格的影响。
>
> **能力目标**
> 通过本节的学习,你应该能够:
> 1. 对货币市场的均衡理论有正确的认知;
> 2. 从现实的角度分析利率变动对国民收入产生的影响。

引导启示

利率是一国中央银行进行宏观调控的重要手段。利率的杠杆作用是通过调整利率水平或结构来调节资金的流量和流向,从而达到货币政策的目标。

首先,从宏观角度看,利率变动会对资金的供求产生影响:在市场经济中,利率是重要的经济杠杆,这种杠杆的作用首先表现在对资金供求的影响上。利率水平的变动对资金盈余者的让渡行为有重要影响,它对资金盈余者持有资金的机会成本大小起决定性作用。当利率提高时,意味着人们借款的成本增大,资金短缺者的负担也越重,他们的借款需要就会受到制约。2008年以来,我国的股市、房市持续过热,为了保持经济的稳定发展,国家连续提高存贷款利率,在一定程度上缓解了经济的泡沫现象。其次,利率变动会影响微观经济:从个人来看,居民收入可分为消费和储蓄两个部分。储蓄=收入-消费。在收入水平一定的情况下,储蓄的多少取决于消费的倾向。若居民的消费倾向高,则新增收入中用于消费的部分大,储蓄就少。居民的消费倾向除了与目前收入水平、未来收入预期、物价水平及消费观念等有关外,还受利率水平的影响。当利率上升时,会抑制人们的消费欲望,反之则会增强。再从厂商的投资来看,投资代表着社会资金需要,提高利率则使厂商投资成本增加。当利率水平提高时,一方面减少消费、增加储蓄,使社会资金供给扩大,从而有可能使社会产出扩大;另一方面,又可能使投资受到抑制,从而使社会产出减少。

此外,利率变动会对国际收支产生重要影响:当发生严重的逆差时,可将本国短期利率提高,以吸引外国的短期资本流入,减少或消除逆差;当发生巨额的顺差时,可将本国利率水平调低,以限制外国资本的流入,减少或消除顺差。

相关知识

一、利息率的决定

利率决定投资,进而影响国民收入。那么,利率本身又是怎样决定的呢?凯恩斯以前的古典学派认为,投资与储蓄只与利率相关,投资是利率的减函数,储蓄是利率的增函数,当投资与储蓄相等时,利率就得以决定。

凯恩斯否定了古典学派的观点,他认为,利率不是由投资与储蓄决定的,而是由货币的供给量和货币的需求量决定的,即由货币市场的均衡所决定。前面讲到,货币供给是一个国家在某一时点上所保持的不属政府和中央银行所有的现金和存款的总和,它是一个存量的概念。货币供给量的多少由国家的货币政策来调节。因而是一个外生变量,其大小与利率的高低无关,因此货币供给曲线是一条垂直于横轴的直线。如图14-3所示。

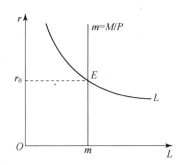

图14-3 货币市场的均衡与利息率的决定

在图14-3中,直线 m 表示货币供给,L 表示货币需求。货币供给曲线和货币需求曲线的交点 E 决定市场利率的均衡水平 r_0,它表示只有当货币供给等于货币需求时,货币市场才达到均衡状态。如果市场利率低于均衡利率 r_0,则货币需求超过供给。这时,人们感到手中持有的货币太少,就会卖出有价证券,证券价格就要下降,亦即利率上升。利率的上升,一方面减少投机动机对货币的需求,另一方面也会抑制投资,从而使国民收入 Y 下降,进而减少人们对货币的交易需求。于是,利率上升,对货币需求的减少,一直要持续到货币的供求相等时为止。相反,当利率高于均衡利率 r_0 时,说明货币供给超过货币需求,这时人们感到手中持有的货币太多,就会用多余的货币购进有价证券。于是,有价证券价格上升,亦即利率下降。利率的下降,一方面增加对货币的需求,另一方面又刺激投资,从而使国民收入 Y 水平上升,进而增加人们对货币的交易需求,这种情况也一直要持续到货币的供求相等时为止。因此,只有当货币供求相等时,利率才不会变动。

货币需求和货币供给的变动引起市场均衡利息率变动。例如,当人们对货币的交易需求或投机需求增加时,货币需求曲线就会向上移动。当政府增加货币供给量时,货币供给曲线则会向右移动。如图14-4所示。

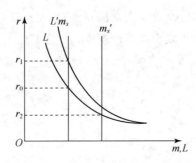

图 14-4 市场均衡利息率的变动

从图 14-4 可以看出,如果货币供给不变,货币需求曲线从 L 上移到 L' 时,均衡利率就会从 r_0 上升到 r_1;相反,如果货币需求不变,货币供给曲线从 m_s 移到 m_s' 时,均衡利率则会从 r_0 下降到 r_2。另外,当利率降低到一定程度时,货币需求曲线接近水平状态,这就是凯恩斯所说的"流动偏好陷阱"。这时候,不管货币供给曲线向右移动多少,即不管政府增加多少货币供给,都不可能再使利率下降。

二、利息率与国民收入

以上说明,货币供给或者货币需求的变动会影响市场均衡利息率,而在分析投资决定时,我们也说明,利息率变动会按相反方向影响投资,进而影响国民收入。如图 14-5 所示。

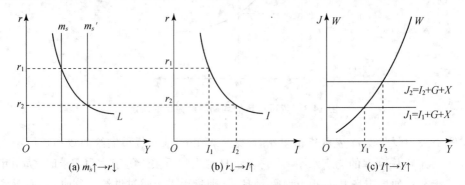

图 14-5 货币供给变动对国民收入的影响

在图 14-5(a)中,货币供给量 m 的增加将导致利率 r 下降;在图(b)中,r 下降又导致投资 I 增加,因为这时投资的成本降低;在图(c)中,投资增加从而注入增加将会导致国民收入按乘数增加。

需要说明的是,图 14-5 描绘的国民收入的增加过程是以货币需求 L 保持不变为条件的。事实上,国民收入的任何增加都会引起对货币交易需求 L_1 的增加,从而导致(a)中的 L 向右移动。因此,当货币供给量增加时,利息率 r 并未如(b)中描绘的那样大。结果,国民收入的增加也并不像图(c)中描绘的那样大。

三、货币供给对产出、就业和价格的影响程度

以上说明了货币供给增加对国民收入量所产生的影响。那么,这种影响的程度到底如何呢?下面我们来分析货币供给对产出和就业以及价格的影响程度。

由图 14-5 (a)可以看出,货币需求曲线 L 越陡峭,即货币需求相应于利息率变动越缺乏弹性,那么货币供给增加导致的利息率的下降程度就越大,从而对国民收入的影响也就越大;从图(b)中可以看出,投资函数越平缓,利息率下降对投资的影响越大,从而对国民收入的影响也就越大;再从图(c)可以看出,边际储蓄倾向越小(即边际消费倾向越大,从而投资乘数也就越大),漏出曲线越平缓,从而投资增加对国民收入的影响也就越大。

以上分析是在既定价格总水平下得出的结论。如果考虑到总需求与总供给的均衡状况,上述说明只表明了货币供给增加对总需求的影响。总需求变动对经济中均衡国民收入的影响还与总供给曲线的形状有关,如图 14-6 所示。

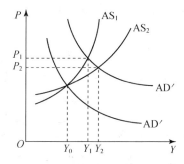

图 14-6 总需求变动对国民收入和价格的影响

假定总需求由 AD 增加到 AD'。对应于富有弹性即更平缓的总供给曲线 AS_2,国民收入增加到 Y_2,即增加较多;对应于缺乏弹性即更陡峭的总供给曲线 AS_1,国民收入增加到 Y_1,即增加较少。但对价格总水平的影响恰好相反,即对应于 AS_2,价格增加到 P_2,即增加较少;对应于 AS_1,价格增加到 P_1,增加较多。

以上我们对货币需求曲线 L、投资曲线 I 和总供给曲线 AS 的不同形状可能产生的后果进行了一般性地说明。但需要指出,这并不意味着经济学家关于这方面的分析就有相同的观点。事实说明,他们的观点有时是冲突的。

凯恩斯主义和货币主义都认为,当货币供给等于货币需求时,货币市场处于均衡,并且在封闭的经济中,均衡是通过利息率的变动实现的,这是凯恩斯主义和货币主义的共同点。但是他们对于货币市场的变动如何影响国民收入和整个经济的看法有所差别。首先,货币主义者认为,货币供给量增加,会对利息率从而对国民收入产生很大的影响,也就是说会对总需求产生很大的影响。与此同时,货币主义在自然率假设的前提下认为,总供给曲线无弹性,即总供给曲线是一条垂直的曲线,因而货币供给和利息率的变动对总需求和价格水平产生直接的影响,而对产出和就业则影响很小。而凯恩斯主义认为,货币需求曲线富有弹性,当货币供给增加,对利息率和投资产生的影响很少,从而对总需求和价格水平产生微弱的影响,并且具有不确定性。另一方面,凯恩斯也认为,在经济处于充分就业时,总供给曲线相当富有弹性,因为任何总需求的增加都会对产出和就业产生影响。但考虑到货币的供给对于

总需求的影响程度很小,并且具有不确定性,因而,建议更多地采用财政方面的政策。这就是货币主义和凯斯恩主义关于货币供给量的变动对于就业和产出的不同看法。

研讨案例

案例1:1998年3月20日,经国务院同意,中国人民银行对存款准备金制度进行了改革,主要内容是:将原来各金融机构在中国人民银行的准备金存款和备付金存款两个账户合并,称为准备金存款账户;法定存款准备金率从13%下调到8%,超额准备金及超额准备金率由各金融机构自行决定。1999年11月18日,中国人民银行决定:从11月21日起下调金融机构法定存款准备金率,由8%下调到6%。2003年,中国人民银行又决定提高存款准备金率1个百分点,即存款准备金率由原来的6%调高至7%。2004年4月25日,中国人民银行再次决定执行差别存款准备金率,并再次提高存款准备金率0.5个百分点。短短时间内,金融机构存款准备金率进行了多次调整,且调整幅度是我国实行存款准备金制度以来少有的。

请你应用本章所学的知识分析央行一再提高存款准备金率的原因是什么?央行提高存款准备金率对货币信贷总量和商业银行的利润水平有何影响?

案例2:20世纪90年代前半期,因为中国存在着通货膨胀,人民币的名义利率被确定在较高的水平上。而且为对付通货膨胀,在名义利率之外,政府还确定了一个鼓励居民储蓄的保值贴补率。到了1996年4月,鉴于通货膨胀明显回落,又有3万多亿的巨额储蓄存款躺在银行里,中央银行宣布停办保值储蓄业务,拉开此后一系列降息大戏的序幕。

1996年5月1日,中央银行第一次降息,存款利率平均下调0.98个百分点,同时取消了1982年开始的8年期储蓄存款。但降息后储户并不为所动,中央银行于8月23日第二次降息,存款利率平均下调1.5个百分点。

1997年前9个月,由于通货膨胀压力继续缓解,一年期存款实际利率达到1990年以来的最高水平。10月23日,中央银行第三次降息,存款利率平均下调1.1个百分点。但这一年,全国城乡居民储蓄存款仍比上年净增近两成,储蓄余额达46000亿元。

1998年前两个月,物价在上年仅0.8%的涨幅的基础上继续下跌。3月25日,中央银行第四次小幅降低利率。由于2月20日发行的国债利率较同期储蓄利率高得多,降息当日,很多储蓄所的国库券被抢购一空。

1998年7月1日,第五次降息,存款利率平均下调0.49个百分点。此时活期与3个月定期存款利率已创新中国成立以来最低,但实际利率仍然超过8%,远高于世界平均水平。与两年前首次降息时相比,中长期定期储蓄利息实际已减少了一半以上,但当月末,居民存款余额却顽强冲到50000亿元。12月7日第六次降,一年期名义利率降到3.78%。由于全年通货膨胀率为负1.5%,实际利率仍达4%以上。利率下降、存款猛增的状况很像西方经济学描述的"流动性陷阱"现象。

请你用本章所学的"流动性偏好陷阱"理论分析中国出现这一现象的主要原因。

 **总结与回顾**

金融制度是指银行系统及其相应的制度规定。构成一个国家金融制度主体的是中央银行和商业银行。中央银行是一国最高的货币金融管理机构,主要担负控制国家货币供给、信贷条件,监管金融体系,特别是管理商业银行、非银行金融管理机构以及金融市场的责任。商业银行也叫存款货币银行,是世界各国金融机构体系中的骨干力量。以经营存、放款为主要业务,并为顾客提供各种金融服务。其中通过办理转账结算实现国民经济中的绝大部分货币周转,同时起着创造存款货币的作用。

货币供给是指某一国或货币区的银行系统向经济体中投入、创造、扩张(或收缩)货币的金融过程。货币的供给不能只看中央银行起初投放了多少货币,而必须更为重视派生存款或是派生货币,即由于货币创造乘数作用而新增加的货币供给量。货币创造乘数的大小和法定准备率有关,法定存款准备率越大,乘数越小。货币需求则是指人们愿意在手头持有一定数量货币的要求。人们对货币的需求被称为流动性偏好陷阱,也叫凯恩斯陷阱。西方经济学家认为,人们产生对货币流动性偏好的动机主要有交易动机、预防动机和投机动机。所以,货币总需求是人们对货币的交易需求、预防需求和投机需求的总和。货币的交易需求和预防需求取决于收入;货币的投机需求取决于利息率。依照凯恩斯的理论,利息率由货币市场的均衡所决定。货币需求和货币供给的变动会引起市场均衡利率的变动。利率的变动又会按相反的方向影响投资,进而影响国民收入和就业。

 **思考与练习**

1. 基本概念

法定准备金率 存款创造 货币供给 货币需求 流动偏好陷阱 市场均衡利率

2. 简述中央银行的主要职能。
3. 简述银行的准备金制度。
4. 简述货币的基本职能。
5. 简述产生货币流动性偏好的动机。
6. 分析讨论为什么当利率降低到一定程度,货币的需求曲线就接近于水平状态。
7. 分析讨论利率变动对国民收入的影响。
8. 商业银行吸收了10000元的存款,如果存款准备金率为5%,那么,要上缴给中央银行的存款准备金应是多少?
9. 假定名义货币的供给量用 M 表示,价格水平用 P 表示,实际货币需求用 $L=ky-hr$ 表示。

(1) 求 LM 曲线的代数表达式(LM 曲线是满足货币市场均衡条件的收入 y 与利率 r 的

关系,这一关系的图形被称为 LM 曲线),并找出 LM 曲线的斜率表达式。

(2) 计算 $k=0.2, h=20$;$k=0.1, h=10$ 时 LM 的斜率值各是多少?

(3) 当 k 变小时,LM 的斜率如何变化? 当 h 增加时,LM 的斜率又如何变化?

10. 假定货币需求函数为 $L=0.2y-5r$,若名义货币供给量为 150 亿美元,价格水平 $P=1$,计算货币需求与供给相均衡时的收入和利率各是多少?

模块十五　宏观经济政策及其应用

宏观调控是现代市场经济的重要特征之一，宏观经济政策则是国家运用一定政策工具，调节、控制宏观经济运行，以达到一定目标的政策。美国著名经济学家、诺贝尔经济学奖获得者J.托宾曾说："宏观经济学的重要任务之一就是要表明如何能够运用中央政府的财政工具和货币工具来稳定经济。"经济政策问题在宏观经济学中占有十分重要的地位，宏观经济学理论分析与实践政策不仅是紧密结合，而且是相互促进的。在前面的几个模块中，我们学习了宏观经济的有关基本理论，本模块将在此基础上主要介绍政府进行宏观调控的有关经济政策，重点是财政政策与货币政策以及它们在实践中的应用。

单元一　宏观经济政策目标

知识目标
1. 认知理解国家为什么要对经济进行宏观调控；
2. 认知理解国家宏观调控的经济政策目标。

能力目标
通过本节的学习，你应该能够：
1. 对国家宏观调控的经济政策目标有正确的认知；
2. 从现实的角度深刻理解较低的失业率、较低的通货膨胀率和汇率相对稳定下的经济高增长是很难实现的。

引导启示

国家统计局发布的 2010 年经济数据显示，国民经济与社会发展各方面的指标继续稳步向好，经济总体运行态势良好。继 2009 年中国经济实现 9.2% 的增速后，2010 年又比上年增长 10.3%，创下了应对国际金融危机以来的新高。不仅经济总量指标实现了 10% 的平稳快速增长，更令人欣喜的是，持久低迷的国内消费和居民收入也表现出良好的增长势头。从消费看，全年社会消费品零售总额达 154554 亿元，比上年增长 18.4%；扣除价格上涨因素，实际增长 14.8%。热点消费中，金银珠宝类增长 46.0%，家具类增长 37.2%，汽车类增添 34.8%，家用电器和音像器材类增添 27.7%。从收入看，城镇居民人均可支配收入达 19109 元，增长 11.3%，扣除价格上涨因素，实际增长 7.8%。农村居民人均纯收入达 5919 元，增长 14.9%，扣除价格上涨因素，实际增长 10.9%。

当前中国正处于财富化、城市化与现代化多重叠加的发展阶段，经济增长方式正在发生着深刻变化，过去多年以来，我国经济增长的根基主要依靠的是投资与出口，而 2010 年收入和消费能表现出比以往加倍强劲的增长势头，说明中国经济正在由投资驱动型增长向消费拉动型增长转变，即正在向日趋成熟发展的经济体过渡。

然而，2011 年，发达国家的经济仍处于缓慢复苏、波动多变的状态，新贸易保护主义的抬头，使中国的出口形势仍然十分严峻。国内贫富差距的拉大、通货膨胀的蔓延和日趋严重的失业问题,驱使中国政府必须理性审视宏观调控政策及相应的政策目标。为此,综合分析中国经济发展面临的新形势,2011年我国的宏观调控目标应是:确保经济持续稳定增长,努力扩大就业机会,增加百姓收入,缩小居民收入差距,确保股票市场、商品市场和房地产市场的基本稳定与良性增长,适当控制物价上涨速度,继续提高正常的出口能力,保持进出口大致平衡,保持人民币稳定缓慢升值,提升人民币的国际储备货币地位。

相关知识

一、需求管理

政策目标的实现需要借助一系列的宏观经济政策工具。政策工具是多种多样的,并且具有各自的作用,但往往可以达到相同的政策目标,现实生活中常常结合使用。常用的宏观经济政策工具有需求管理政策,供给管理政策、在考虑对外经济交往的情况下,还包括国际经济政策。在此主要介绍需求管理政策。

需求管理是指通过调节总需求来达到一定政策目标的宏观经济政策工具,它包括财政政策和货币政策。需求管理是以凯恩斯的总需求分析理论为基础制定的,是凯恩斯主义所重视的政策工具。

需求管理是指通过对社会总需求的调节,实现总需求等于总供给,达到既无失业又无通货膨胀的目的。在有效需求不足的情况下,也就是总需求小于总供给时,在经济中会由于需求不足而产生失业,政府应采取扩张性的政策,刺激总需求增长,克服经济萧条,实现充分就业;在有效需求过度增长的情况下,也就是总需求大于总供给时,政府应采取紧缩性的政策,抑制总需求,以防止因需求过度增长而引起通货膨胀。

二、宏观经济政策目标

任何一项宏观经济政策都是根据一定的经济目标制定的。经济学家认为,宏观经济政策的目标主要包括:充分就业、物价稳定、经济增长和国际收支平衡。

(一)充分就业

充分就业并不是失业率为零,不是人人都有工作。充分就业是指有工作能力并且愿意工作的人,都能够按照现行工资水平找到工作的状况。一般认为,只要消灭了周期性失业就实现了充分就业。有些失业在任何一个经济中都是无法避免的,只要一个经济社会失业率仅为自然失业率,就可以被认为已达到了充分就业。在西方经济学家眼中,4%~6%的失业率一般被认为是正常的。失业意味着稀缺资源的浪费或闲置,会使经济总产出下降,而且高失业率造成了人们的许多苦难:家计的艰难、个人自尊心的丧失和犯罪的增加,高失业率给经济带来的损失是明显的。因此,降低失业率,实现充分就业就成为宏观经济政策的首要目标。

(二)物价稳定

物价稳定是指物价总水平的稳定。物价稳定不是价格不变,不是通货膨胀率为零,经济要增长,没有一点通货膨胀是很难的。物价稳定就是维持一个低而稳定的通货膨胀率。所谓低,通常认为通货膨胀率是在1%~3%之间,所谓稳定,就是指在相当时期内能使通货膨胀率维持在大致相等的水平。这种通货膨胀率能为社会所接受,对经济也不会产生不利的影响。

(三) 经济增长

经济增长是指在一个特定时期内经济社会所生产的人均产量和人均收入的持续增长,通常用一定时期内实际国内生产总值的年均增长率来衡量。经济增长会使社会福利增加,但并不是增长率越高越好,超出社会承受能力的过高的增长率,将会扭曲经济结构,破坏经济平衡,带来适得其反的后果。所以经济增长是要达到一个适度的增长率,即我们所说的可持续增长率,这种增长率要既能满足社会发展的需要,又是人口增长和技术进步所能达到的。

在现代社会人们越来越重视环境污染、社会分配不公等问题,认为经济增长速度快,并不表示人们的生活质量提高。如果环境污染加重了,社会分配更加不公平,那么这种经济增长就是以牺牲人们的生活质量来获得的。因此越来越多的经济学家认为,应该考虑用更多的指标来衡量经济增长。

(四) 国际收支平衡

在开放经济中,货物、资金和劳务在国际间流动,这种流动的价值表现就是国际收支。国际收支平衡具体分为静态平衡与动态平衡。静态平衡是指一国在一年的年末,国际收支不存在顺差也不存在逆差;动态平衡不强调一年的国际收支平衡,而是以经济运行可能实现的计划期为平衡周期,保持计划期间内的国际收支均衡。国际收支平衡主要是要求一国能保持汇率稳定,外汇储备有所增加,同时其进出口达到基本平衡。

上述这四个政策目标并不总是一致的,而是经常处于矛盾之中。

首先,充分就业与物价稳定之间有可能发生矛盾。按照标准的凯恩斯理论的宏观经济分析,充分就业与物价稳定之间本来是可以协调的,因为需求不足引起失业,过度需求引起通货膨胀,只要消除了需求不足而又不造成过度需求,那就可以既实现充分就业,又保持物价稳定了。即是说,在充分就业之前,不会出现真正的通货膨胀,只有达到充分就业之后,需求继续增大,形成过度需求,这时才会有真正的通货膨胀。但经济运行的现实往往是在充分就业之前,社会上的物价已经上涨,在这种情况下,也并不存在有效需求不足问题,如果再实行扩张性的财政政策来扩大就业只能使通货膨胀更加严重。这就需要其他各种经济政策的配合了。

其次,物价稳定与经济增长之间的矛盾。本来物价稳定是有利于促进经济增长的,但在市场经济中,由于物价稳定通常以牺牲充分就业为代价,而充分就业才是促使经济增长的主要动力,这样在物价稳定和经济增长之间便产生了矛盾。要么以物价稳定、低就业率来换取经济稳定增长,要么以物价水平上涨和较高的就业率来换取经济的快速增长。但是物价上涨并导致严重的通货膨胀,从长期来看是不可能实现真正的经济增长的。因而这二者也被认为是"鱼与熊掌不可兼得"的,各国只能根据当时的实际情况,以某一目标为主而牺牲其他目标,或者通过财政政策、货币政策等结合使用来协调这些矛盾。

最后,充分就业、物价稳定以及经济增长目标同国际收支平衡目标也有矛盾冲突。如前所述,充分就业通常带来物价上涨和通货膨胀,而通货膨胀通常导致经济的不稳定,经济的不稳定就不利于扩大出口,也不利于吸引外资,从而给国际收支平衡带来了威胁。协调国内经济的均衡和国外经济的均衡,可交替使用财政和货币政策以及汇率政策,甚至包括某些行政措施。

政策调控的理想状态是:较低的失业率、较低的通货膨胀率和汇率相对稳定下的经济高增长。但是这种状态是很难实现的。

单元二　财政政策及其应用

> **知识目标**
> 1. 认知理解国家财政政策的功能作用及局限性；
> 2. 认知理解内在稳定器的内容及常用财政政策工具。
>
> **能力目标**
> 通过本节的学习，你应该能够：
> 1. 对常用财政政策工具的应用有正确的认知；
> 2. 从现实的角度对我国目前实行的财政政策及要达到的目标有正确的认知。

引导启示

2011年中国将继续推行积极的财政政策，这是依据国内外的财经形势综合分析得出的判断。但这并不等于是简单地延续2009年以来实行的以公共投资扩张为主要特征的财政政策，而是在总结前两年经验的基础上，以积极主动的姿态，运用好财政政策，使其作用更宽广、更有效、更长远。从政策的连续性来看，主要表现在财政手段的运用上依然是积极主动的，而不是淡出，更不是退却。而从积极财政政策的内容、重点、措施来看，不会"涛声依旧"，预期将会随着条件的变化而进行相应的调整，并非一成不变。

中央经济工作会议明确提出，2011年实行的积极财政政策将在四个方面发挥作用，即稳定增长、改善结构、调整分配、促进和谐。显而易见，与前两年的积极财政政策相比，其政策目标已主要不是保经济增长。因为2011年的经济增长已经不需要财政来"保驾"。这意味着，积极财政政策从主要扩张投资需求来拉动经济增长，转变为更全面地发挥作用，也就是从上述后三个方面来重点发挥影响力。为此，可以看出，明年的积极财政政策预期将有四大转变。

一是从以总量扩张为主转变到以结构调整为主。2009年、2010年全国财政赤字分别达到9500亿元、10500亿元，与2008年1800亿元财政赤字相比实行了跳跃性的财政扩张。显然，2011年按照8%的经济增长速度预期目标，财政部进一步扩张需求即可实现。2011年财政重点转向结构调整，即通过财政收入结构、支出结构的调整来促进和推动产业结构、分配结构、需求结构、城乡结构、区域结构等各方面结构的合理化。

二是从以公共投资扩张为主转变到以公共消费扩张为主。前两年实行4万亿元的投资刺激计划表明,财政政策的着力点主要是投资。例如2009年中央政府公共投资支出达到9243亿元,比2008年预算增加5038亿元。2011年公共投资新开工项目严格控制,显然投资不再是主要的着力点。不言而喻,公共消费成为明年财政政策的主要着力点,即通过扩大各项社会性消费支出来提供更多的公共消费,改善私人消费预期,带动居民消费、提升国民消费率,为宏观经济平衡、内生性增长的形成创造条件。

三是从以经济功能为主转变到以社会功能为主。前两年的政策目标主要放在保经济增长上,尽管也有"惠民生"的提法,这一点在2009年尤其明显。经济复苏成为当时财政政策的重中之重。另外,受流行经济学观念的影响,财政政策长期以来也只是当作需求管理的手段来使用,即仅仅被视为经济政策。而这次中央经济工作会议提出明确要求,应在调整分配、促进和谐方面发挥作用。这意味着,财政政策在当前条件下更多地被视为社会政策,旨在促进社会发展和进步。也就是通过税收、公共产权收益和支出等途径提供更多、更优质的公共服务来供国民享用,改善和保障民生,缩小贫富差距,从而推进社会的公平、正义与和谐。

四是从以短期目标为主转变到以短期、长期目标相结合。从宏观调控来看,采取什么样的财政政策,是相机抉择的结果,无疑地是以短期目标为主的。而结构、分配、社会和谐则显然不是宏观调控的对象,作为财政政策发挥作用的领域,需要从长期着眼来确定目标,从短期着手来把握着力点。能把短期与长期紧密地结合起来的着力点只有一个,那就是消费。消费既构成短期需求的内容,也是人力资本积累的前提和基础。改善民生,短期看是扩大消费需求,长期看是消费的资本化,即积累人力资本。而人力资本恰恰是经济发展可持续的根本。只有"发展依靠人,发展为了人",这样的发展才是可持续的、有后劲的。转变经济发展方式的真正内涵即在于此,明年的积极财政政策正在向这方面转变。

相关知识

一、财政政策的功能作用及特点

财政政策是国家干预经济的主要政策工具之一,在凯恩斯主义出现之后,财政政策被作为需求管理的重要工具,以实现既定的政策目标。所谓财政政策,就是指政府为提高就业水平,减轻经济波动,防止通货膨胀,实现经济良性运行而采取的税收、借债水平和政府支出的政策,即政府为了实现其宏观经济政策目标而对其收入和支出水平所作出的决策。

(一) 财政政策的功能

财政政策作为宏观调控的重要手段,其主要功能作用包括以下几点。

1. 导向功能

财政政策的导向功能就是通过调整物质利益进而对个人和企业的经济行为进行调节以引导国民经济健康发展的功能作用。具体表现在两个方面:第一,配合国民经济总体政策和各部门、各行业政策,提出明确的调节目标;第二,财政政策不仅规定应该做什么,不应该

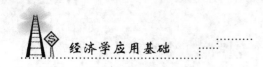

做什么,同时通过利益机制,引导人们的经济行为。

2. 协调功能

财政政策的协调功能就是指对社会经济发展过程中出现的某些失衡状态的制约和调节能力,它可以协调地区之间、行业之间、部门之间、阶层之间的利益关系。

3. 控制功能

财政政策的控制功能就是政府通过调节企业和居民的经济行为,实现对宏观经济的有效控制。如对个人所得征收超额累进税,可以防止两极分化。

4. 稳定功能

财政政策的稳定功能则是指国家通过财政政策调节总支出水平,使货币支出水平恒等于产出水平,实现国民经济的稳定发展。其稳定功能主要体现为实施反周期操作。

(二) 财政政策的特点

1. 稳定性与变动性相统一

财政政策的内容随着社会经济发展的条件和环境的变化而变化。在经济发展的各个不同阶段,都具有不同的目标,与此相适应,财政政策的目标和内容也具有一定的阶段性。然而财政政策的任何一个目标被确定之后,要实现它都要经过一个时间长短不一的过程。在这一目标实现之前,这种财政政策一般不会终止,因而使财政政策又具有相对稳定性。这种稳定性与阶段变化性的统一,正是财政政策中长期战略与短期战略的体现。

2. 集经济、法律等手段于一体

管理经济的手段通常分为三种:经济手段、法律手段和必要的行政手段。财政政策既是一种经济手段,同时又具有法律和行政手段的特性。

3. 间接性与直接性相结合

财政政策主要是发挥间接调节作用,但有些政策的实施也具有直接性,如政府投资,从项目选择到资金拨付,都是政策主体直接操作。

财政政策可以调节国民经济中的总收入和总支出,调控宏观经济,调整经济结构,调节社会产品合理分配,平衡地区经济,是一国实现宏观经济目标的重要工具之一。

二、财政政策工具及应用

(一) 财政政策工具

财政政策包括财政支出政策和财政收入政策。财政支出的政策工具主要包括政府购买和政府转移支付。财政收入的政策工具主要包括税收和公债等。

1. 财政支出

财政支出可以分为以下三类。

(1) 政府消费。包括政府支付给公共部门雇员的工资以及购买供经常性消费用的商品所作的支付。

(2) 政府投资。包括各种不同形式的资本支出,在发达的市场经济国家只包括公共项目工程和国家特殊重大项目的固定资产投资和存货投资。也可把政府消费和政府投资合称为政府购买支出,即指政府对商品和劳务的购买。政府购买支出是商品和劳务的实际交易,是政府对取得商品和劳务作有偿支出,直接影响社会需求和购买力,因此政府购买支出是按支出法计算国民收入的组成部分,作为计入GDP的四大需求项目之一。

(3) 政府转移支付。是指政府单方面的、无偿的资金支付,不以取得产品与劳务为目的,包括社会保障、社会福利支出、政府对农业的补贴以及债务利息支出、捐赠支出等。转移支付实际上是收入的再分配,是通过政府把一部分人的收入转给另一部分人,整个社会的收入总量没有变化,所以,在按支出法计算国民收入时,它不是国民收入的组成部分,不能计入GDP。

2. 财政收入

财政收入主要来源于税收和公债两个部分。

(1) 税收。税收是政府财政收入中最主要的部分,是政府为了实现其职能按照法律规定的标准,强制地、无偿地取得财政收入的一种手段。改变税收总量和税率会影响社会总需求,进而影响国民收入。各国的税收通常由许多具体的税种所组成,且依据不同的标准可以对税收进行不同的分类。比如按照课征对象的性质,可将税收分为财产税、所得税和流转税,按照税负能否转嫁,税收可以分为直接税和间接税,按照收入中被扣除的比例,税收可以分为累进税和比例税等。

(2) 公债。当政府的税收不足以弥补政府支出时,可以发行公债。公债是政府财政收入的又一组成部分。公债是国家举债,是国家为了筹措资金而向投资者出具的,承诺在一定时期支付利息和到期还本的债务凭证。一般把中央政府发行的债券称为中央政府债券,或国家债券,简称国债,而把地方政府发行的债券称为地方政府债券,简称地方债。公债实际上是政府对公众的债务,或公众对政府的债权。它不同于税收,是政府运用信用形式筹集财政资金的特殊形式。政府发行公债一方面能增加财政收入,属于财政政策,另一方面影响金融市场的扩张或紧缩,进而影响货币供求和社会需求水平,所以也是重要的货币政策工具。

作为财政政策工具的政府购买支出、转移支付、税收、公债等,对社会总需求乃至国民收入的调节作用,不是数量上的简单增减,而是会通过乘数作用对经济产生巨大的影响,发挥更大的作用,这一点我们在乘数理论中已做了深入地介绍。

(二) 财政政策的运用

财政政策的运用主要是通过政府开支和税收来调节经济,即通过财政支出和税收直接影响消费需求和投资需求,以使总需求和总供给相适应,从而稳定经济,防止经济波动。具体来说,第一,在经济萧条时期,总需求小于总供给,失业率上升,为了克服萧条,政府就要运用扩张性的财政政策来刺激总需求,以实现充分就业。扩张性的财政政策包括增加政府支出与减少税收。政府购买支出的增加有利于刺激私人投资,转移支付的增加可以增加个人消费,这样就会刺激总需求。减少个人所得税可以使个人可支配收入增加,从而消费增加,减少公司所得税可以使公司收入增加,从而投资增加,这样也会刺激总需求,从而可能使经济走出萧条。第二,在经济繁荣时期,总需求大于总供给,通货膨胀率上升,为了抑制通货膨胀,政府就要运用紧缩性的财政政策来压抑总需求,以实现物价稳定。紧缩性的财政政策包括减少政府支出与增加税收。政府购买支出的减少有利于抑制私人投资,转移支付的减少可以减少个人消费,这样就会压抑总需求。增加个人所得税可以使个人可支配收入减少,从而消费减少,增加公司所得税可以使公司收入减少,从而投资减少,这样也会压抑总需求。

财政政策的特点是"逆经济风向行事",即在经济高涨时期对其进行抑制,使经济不会过度高涨而引起通货膨胀;在经济萧条时则对其进行刺激,使经济不会严重萧条而引起失业。

在20世纪50年代,美国等西方国家就是采取了这种"逆经济风向行事"的财政政策,其目的在于实现既无失业又无通货膨胀的经济稳定。

(三)内在稳定器

内在稳定器是指某些财政制度由于其本身的特点,具有自动调节经济波动,维持经济稳定发展的机制。也就是说经济系统本身存在着一种会减少各种干扰对国民收入冲击的机制,能够在经济繁荣时期自动抑制通货膨胀,在经济衰退时期自动减轻萧条,无须政府采取任何行动。财政政策的内在稳定器常常根据一国经济的波动自动发挥作用,调节社会总需求,减轻经济波动。财政制度的这种内在自动稳定经济的功能主要通过以下三项制度得到发挥。

1. 累进税制度

在税率不变的情况下,当经济繁荣时,随着生产扩大、就业增加,人们收入随之增加,而通过累进的所得税所征收的税额也自动地增加,税收的增加意味着人们的可支配收入的增幅相对较小,从而使消费和总需求自动地少增加一些,有助于减轻由于需求过大而引起的通货膨胀。当经济衰退时,国民收入水平下降,纳税人的收入会自动进入较低纳税档次,政府税收会自动减少,留给人们的可支配收入也会自动地少减少一些,从而使消费和总需求也自动地少下降一些,起到缓解经济衰退的作用。

因此,在税率不变的条件下,税收随经济周期自动地同方向变化,税收的这种自动变化与政府在经济繁荣时期应当增税,在经济衰退时期应当减税的意图正好吻合,因而它是经济体系内有助于稳定经济的自动稳定因素。

2. 政府转移支付制度

同税收的作用一样,政府转移支付有助于稳定可支配收入,从而有助于稳定在总支出中占很大比重的消费支出。政府转移支付包括政府的失业救济和其他社会福利支出。按照失业救济制度,人们被解雇后,在没有找到工作以前可以领取一定期限的救济金,另外,政府也对穷人进行救济。这些福利支出对经济具有稳定作用。当经济出现衰退与萧条时,失业人数增加,符合救济条件的人数增多,失业救济和其他社会福利支出就会相应增加,这样就可以抑制人们的收入特别是可支配收入的下降,进而抑制消费需求的下降,有助于减轻经济萧条的程度。当经济繁荣时,失业人数减少,失业救济和其他福利支出也自行减少,从而抑制可支配收入和消费的增长,有助于减轻由于需求过大而引起的通货膨胀。

3. 农产品价格维持制度

经济萧条时,国民收入下降,农产品价格下降,政府依照农产品价格维持制度,按照支持价格收购农产品,可使农民的收入和消费维持在一定水平;经济繁荣时,国民收入上升,农产品价格上升,这时政府减少对农产品的收购并抛售农产品,限制农产品价格的上升,抑制了农民收入的增长,减少了总需求的增加量。所以农产品价格维持制度有助于自动减轻经济波动的程度。

总之,政府税收和转移支付的自动变化,农产品价格维持制度都是财政制度的内在稳定器,是政府稳定经济的第一道防线,它在轻微的经济萧条和通货膨胀中往往起着良好的稳定作用。但是,这种内在稳定器调解经济的作用是十分有限的。它只能减轻经济萧条或通货膨胀的程度,而不能改变其总趋势;它只能对财政政策起到自动配合的作用,而不能代替具体的财政政策。因而,要实现充分就业、经济增长以及物价稳定等目标,还要依赖相机抉择的财政政策的积极作用。

(四) 财政赤字与公债

在经济萧条时期,财政政策是增加政府支出,减少政府税收,这样就必然出现财政赤字,即政府收入小于支出。凯恩斯认为,财政政策应该为实现充分就业服务,因此必须放弃财政收支平衡的旧信条,实行赤字财政政策。

凯恩斯主义者认为,赤字财政政策不仅是必要的,而且是可能的。这是因为:第一,债务人是国家,债权人是公众。国家与公众的根本利益是一致的。第二,政府的政权是稳定的。这就保证了债务的偿还是有保证的,不会引起信用危机。第三,债务用于发展经济,使政府有能力偿还债务,弥补赤字。

政府实行赤字财政政策是通过发行公债来进行的。

公债是指政府的举债行为。它一般与财政赤字相联系,当年的公债与同期财政赤字相等,而累积的公债则等于历年的财政赤字再减去财政结余。公债的持有者有:银行部门持有、私人持有、公司持有和国外持有等。政府公债政策的益处有:第一,有利于政治上的稳定。特别是财政支出大幅度增加时,如果通过大幅度提高税率来弥补赤字,往往会引起纳税人的普遍不满,以致影响整个社会的稳定。如果以借债的形式筹措资金,人们是比较容易接受的。第二,有助于将项目收益者和纳税人联系在一起。政府用大量财政支出所举办的公共工程,例如,公路、水利工程、学校等,受益者可能要分布或延续到几代人中去,如果用大量征税的办法来支付这些建设项目的费用,结果是把整个费用重担都压到了项目建设时期那些纳税人身上,真正的或大多数的受益者反而没有负担任何费用。如果采用举债的办法,可在短期内筹措大量资金,使这些公共项目尽快上马,然后再从税收中将这些资金收回来,使这些项目所需资金更多地负担到它的收益人身上。第三,有助于刺激经济。增加税收,公众的收入降低,会对经济产生紧缩的作用。而公债与税收不同,它是政府暂时将公众手中的部分钱借走,对经济是有刺激作用的。

三、财政政策的局限性

对财政政策的分析表明,如果要扩张经济,就需要增加政府支出或削减税收,以增加总需求;如果要紧缩经济,就应采取相反的措施。这种决策看起来相当简单,但在实际应用中却很难收到预期的效果,这是由财政政策的局限性所导致的。

(一) 税收政策的局限性

财政政策的局限性在税收政策方面的表现是:为防止通货膨胀要增加税收,以压缩社会总需求,抑制物价上涨。但是,如果对企业利润增加课税,企业为了保持原有利润,会抬高商品价格;如果对商品增加课税,税收就要加在商品价格上。因此,通过税收负担的转嫁过程,增税必然会引起物价上涨,从而限制了税收政策用以抑制物价上涨的作用。如果对个人所得增加税收,将直接降低个人的可支配收入以及个人的消费水平,会引起国民的反感,实施起来有一定的难度。

为防止经济衰退要减少税收,以扩大社会总需求,减缓经济滑坡。但是由于在萧条时期减税,人们并不一定将因少纳税而多留下来的钱用于购买商品。因此,减税并不见得能够带来消费或投资的增加。

(二)财政支出政策的局限性

财政政策在支出政策方面的局限性表现为：在通货膨胀时期，政府要减少对商品与劳务的购买，这将直接影响企业的收益，因此会遇到很大阻力；政府要削减转移支付，这将直接减少人们的收入，甚至影响居民的基本生活，因此会遭到公众的反对；在通货膨胀时期，政府削减支出，但由于其中部分财政支出具有刚性，使得财政支出难以大幅度压缩。在经济萧条时期，政府的购买和转移支付的增加，虽然提供了增加消费和投资、扩大总需求的可能性，但如果人们将这笔收入用于储蓄而非商品购买时，这种可能性就不能成为现实。

(三)财政政策的"政策时滞"

政策时滞，是指从政策开始制定到政策目标最终实现所经过的时间。一般将时滞分为内部时滞和外部时滞两部分。内部时滞，是指从政策开始制定到实施政策工具为止这段时间。其中又细分为两个阶段，第一阶段叫认识时滞，它是指经济生活发生变化时，政府要获得反映这种变化的各种资料并进行分析和研究，以确定政策意向所需要的时间。第二阶段叫行动时滞，它是指政策意向确定后，政府要根据对经济活动变化规律及其后果等的分析，决定实施具体的政策工具所需要的时间。内部时滞的长短，取决于政府收集资料、判断形势、制定决策等项工作的效率，也取决于经济形势的复杂程度。外部时滞，是指从政府操作财政政策工具开始到对政策目标产生影响所经过的时间。很显然，政府识别和搜集资料需要时间，制定政策需要时间，即使政府及时地将财政政策付诸实施，该措施也须经过一段时间才能奏效。各种时滞的存在，使财政措施往往因时过境迁而不能发挥出预期作用。

(四)财政政策的"挤出效应"

财政政策的"挤出效应"是指，政府开支增加所引起的私人支出减少，即以政府开支代替了私人开支。这样，扩张性财政政策刺激经济的作用就被减弱。财政政策挤出效应存在的最重要的原因就是政府支出增加引起利率上升，而利率上升会引起私人投资与消费减少。财政政策挤出效应的大小取决于多种因素。在实现了充分就业的情况下，挤出效应最大，即挤出效应为一，也就是政府的支出增加等于私人支出的减少，扩张性财政政策对经济没有任何作用。在没有实现充分就业的情况下，挤出效应一般大于0而小于1，其大小主要取决于政府支出增加所引起的利率上升的幅度。利率上升高，则挤出效应大，反之，利率上升低，则挤出效应小。

单元三　货币政策及其应用

> **知识目标**
> 1. 认知理解货币政策的功能作用及局限性；
> 2. 认知理解常用的货币政策工具。
>
> **能力目标**
> 通过本节的学习，你应该能够：
> 1. 对常用货币政策工具的应用有正确的认知；
> 2. 从现实的角度对我国目前实行的货币政策及要达到的目标有正确的认知。

引导启示

当前中国货币政策面临的主要问题：一是超发货币，致使货币增速超过 GDP 增速；二是资产泡沫问题严重，货币政策对资产价格泡沫调节能力有限；三是日趋严重的通货膨胀，使百姓蒙受巨大经济损失；四是信贷规模控制与银行盈利冲动之间的矛盾加剧；五是国有企业"不差钱"和民营中小企业融资难的问题一直未能得到很好解决。

针对这些问题，2011 年，中国的货币政策取向应是：继续实行稳健的货币政策，全年广义货币 M_2 增长应控制在 14%～16%，银行信贷规模控制在 7.0～7.5 万亿元，CPI 控制在 4%以内，GDP 增速维持在 8%～9%。继续增强宏观调控的针对性和灵活性，把握政策实施的力度、节奏和重点；灵活运用多种货币政策工具，保持货币信贷适度增长；继续落实"有扶有控"的信贷政策，调整优化信贷结构；进一步完善人民币汇率形成机制；加强系统性风险防范，保持金融体系健康稳定发展，促进宏观经济稳定均衡增长。

相关知识

一、货币政策的含义

货币政策主要是指一国的货币当局，通常是中央银行，通过对货币总量或是利率进行调节,进而影响社会总需求的一种方法。它与财政政策一起,始于凯恩斯宏观经济政策,后又被货币学派推崇为最主要的经济政策法宝。20世纪60年代以后,美国的凯恩斯主义经济学家强调货币政策与财政政策同样重要,主张双管齐下,以促进经济繁荣。在20世纪70年代后期,由于通货膨胀严重,西方各国又采用了货币主义经济学家所主张的控制货币供给量的政策。20世纪90年代以后,克林顿政府又更多地运用货币政策来刺激经济并取得成功。货币政策之所以能为国家宏观经济管理所用,是因为现代经济是以货币形成全社会有效需求的经济,货币是影响几乎所有的宏观经济变量包括国民收入、社会总产量、物价总水平、就业等的重要因素,是经济得以运行的能动力量。

货币政策与财政政策的不同之处在于:财政政策是直接影响社会总需求的规模,中间不需要任何变量;而货币政策则是通过货币当局货币供给量的变化来调节利率进而间接地调节社会总需求,因而货币政策是间接发挥作用的。

二、货币政策措施及其应用

(一) 凯恩斯主义的货币政策

1. 货币政策概述

凯恩斯主义货币政策是指一国中央银行通过对货币供给量的调节来调节利息率,再通过利息率的变动来影响总需求,并进而影响宏观经济运行的经济管理政策。所以,凯恩斯主义货币政策的直接目标是利息率,最终目标是总需求的变动。其货币政策机制包括两个相关联的论断:货币供给量能调节利息率;利息率的变动影响总需求。具体来讲,当货币供给量增加时,利率会下降。利率下降会使投资成本降低,持有现金的机会成本也会下降,这样,投资需求和消费需求都会增加。总需求的增加会带来国民收入的增加。所以,调节货币量是手段,调节利率的目的是调节社会总需求。

2. 货币政策工具

在长期实施货币政策调节货币供应量方面,各国都总结出一套适合于自己国情的货币政策手段,其中最主要的是以下三种传统的手段:法定存款准备金,贴现率和公开市场业务。

(1) 法定存款准备金。是指商业银行等金融机构按照规定的比率,将所吸收的存款的一部分交存中央银行,自身不得使用。应交存的比率称为法定存款准备率。

中央银行可以通过调高或调低法定存款准备率,来增加或减少商业银行应交存到中央银行的存款准备金,从而影响商业银行的贷款能力和派生存款的能力,以达到调节货币供应量的目的。在经济萧条时,为刺激经济的复苏,中央银行可以降低法定准备率。在商业银行不保留超额储备的条件下,法定准备率的下降将给商业银行带来多余的储备,使它们得以增加贷款。这样,商业银行的存款和贷款将发生一轮一轮地增加,导致货币供给量的增加。货币供给量的增加又会降低利率,从而刺激投资的增加,最终引起国民收入水平的倍数增加。反之,在经济过热时,中央银行可用提高法定准备率的方法减少货币供给,以抑制投资的增长,减轻通货膨胀的压力。

法定存款准备率是一个指令性指标,比较严厉,它会直接影响到商业银行的可用资金,因此一般不宜经常调整,特别是大幅度的调整和由较低的法定存款准备率向较高的法定存款准备率的调整。

(2) 贴现率。贴现和再贴现是商业银行和中央银行的业务活动之一,一般商业银行的贴现是指客户因急需使用资金,将所持有的未到期的票据出售给商业银行,兑现现款以获得短期融资的行为。商业银行在用现金购进未到期票据时,可按该票据到期值的一定百分比作为利息预先扣除,这个百分比就叫做贴现率。商业银行在将贴现后的票据保持到票据规定的时间向票据原发行单位自然兑现。但如果商业银行也因储备金临时不足等原因急需现金时,则商业银行可以将这些已贴现的但仍未到期的票据售给中央银行,请求再贴现。中央银行作为银行的银行,有帮助商业银行解决流动性的职责。中央银行从商业银行手中买进已贴现了的但仍未到期的银行票据的行为就称为再贴现。并且在再贴现时同样要预先扣除一定百分比的利息作为代价,这种利息就叫做中央银行对商业银行的贴现率,即再贴现率。这就是再贴现率的本意。但在当前美国,商业银行主要不再用商业票据而是用政府债券作为担保向中央银行借款。所以,现在都把中央银行给商业银行及其他金融机构的借款称为"贴现",相应的放款利率都称为"贴现率"。

中央银行通过变动再贴现率可以调节货币供给量。若中央银行感到市场上银根紧缩,货币供给量不足时,便可以降低再贴现率,商业银行向中央银行的"贴现"就会增加,从而使商业银行的准备金增加,可贷出去的现金增加,通过货币乘数的作用使整个社会货币供给量倍数增加。反之,若市场上银根松弛,货币供给量过多,中央银行可以提高再贴现率,商业银行就会减少向中央银行的"贴现",于是商业银行的准备金减少,可贷出去的现金也减少,通过货币乘数的作用,社会上的货币供给量将倍数减少。

贴现率作为一种比较灵活的手段,被广泛地经常地使用。不过它还有平衡国际收支的功能,如当国际收支出现逆差,为吸引资本流入,往往采取提高贴现率的办法。中央银行调整贴现率对货币供给量的影响不是很大,实际上中央银行调整贴现率更多的是表达自己的意图,而不是发挥调整贴现率对货币供给量的直接影响作用。

(3) 公开市场业务。是指中央银行通过其证券经纪人在金融市场上买进或卖出有价证券以调节货币供应量的方式。当经济过热时,即中央银行认为市场上货币供给量过多,出现通货膨胀,便在公开市场上出售政府债券,承购政府债券的可能是各商业银行,也可能是个人或公司。当商业银行购买政府债券后,准备金会减少,可以贷款的数量也减少。通过货币乘数的作用,整个社会的货币供给量将会倍数减少。反之,当经济萧条时,市场上出现银根紧缩,这时中央银行可在公开市场上买进政府债券,商业银行通过政府的购买增加了准备金,个人或公司出售债券所得现金也会存入银行。这样,各商业银行的准备金即可增加,银行的贷款能力也可以扩大,再通过货币乘数的作用,整个市场的货币供给量倍数增加。同时中央银行买卖政府债券的行为,也会引起债券市场上需求和供给的变化,进而会影响到债券价格和市场利率。有价证券市场是一个竞争性市场。其证券价格由供求双方决定。当中央银行购买证券时,证券的需求就增加,证券的价格也随之上升,从而利率下降,利率的下降又会使投资和消费需求上升,从而刺激经济,增加国民收入。反之亦然。因此,中央银行可以通过公开市场业务增加或减少货币供给量,以实现宏观经济调控的目的。

与法定存款准备金和贴现率相比,公开市场业务具有如下优点:① 隐蔽性强,一般不会引起社会震荡。公开市场业务是中央银行通过证券经纪人来进行的,其政策意图不易被社会所觉察,具有一定的隐蔽性,可以避免不必要的社会震荡。② 传导过程短,更容易达到目的。调整法定存款准备率和贴现率是需要通过商业银行调整其行为来实现的,公开市场业务就不需要这个传导过程,它可以通过证券买卖,直接左右市场的货币供应量。③ 主动权掌握在中央银行手中。在公开市场业务中,中央银行可根据经济情况的需要自由决定买卖有价证券的数量、时间和方向,买进还是卖出,何时买进何时卖出,买进多少卖出多少,都由中央银行决定。基于上述原因,公开市场业务成为现代西方社会最常采取的货币政策手段。

除上述传统手段外,西方国家还经常地辅以其他调节手段。① 道义劝告。也称窗口指导。是指中央银行采取书面或口头方式,以说服或政策指导的方法,引导各金融机构扩大或收缩贷款。② 行政干预。在有些国家,中央银行有权对各商业银行规定出最高贷款限额,以控制信贷规模;或是对商业银行的存贷款最高利率加以限制等等。③ 金融检查。中央银行有权随时对商业银行的业务活动进行金融监督与检查。这种检查包括检查业务经营范围、大额贷款的安全状况、银行的资本比率和流动资产比率等。

3. 货币政策的运用

在不同的经济形势下,中央银行要运用不同的货币政策来调节经济。

在经济萧条时,总需求小于总供给,为了刺激总需求,就要采用扩张性的货币政策。即在公开市场买进有价证券,降低贴现率并放松贴现条件,降低准备率等。扩张性货币政策可以增加货币供给量,降低利息率,刺激总需求增长。

在经济繁荣时,总需求大于总供给,为了抑制总需求,就要采用紧缩性的货币政策。即在公开市场卖出有价证券,提高贴现率并严格贴现条件,提高准备率等。紧缩性的货币政策可以减少货币供给量,提高利息率,抑制总需求增长。

(二) 货币主义的货币政策

货币主义是 20 世纪 50—60 年代,在美国出现的一个经济学流派,亦称货币学派。其创始人为美国芝加哥大学教授弗里德曼。货币主义的货币政策并不属于需求管理。货币学派强调货币供应量的变动是引起经济活动和物价水平发生变动的根本的和起支配作用的原因。货币供应量直接影响国内生产总值与价格水平这一机制的前提是:人们的财富具有多种形式:货币、债券、股票、住宅、珠宝、耐用消费品等。这样,人们在保存财富时就不仅是在货币与债券中做出选择,而是在这各种财富的形式中进行选择。在这一假设之下,货币供给量的变动主要并不是影响利率,而是影响各种形式的资产的相对价格。在货币供给量增加后,各种资产的价格上升,从而直接刺激生产,在短期内使国内生产总值增加,以后又会使整个价格水平上升。

1. 货币主义的理论基础

货币主义的理论基础是弗里德曼提出的新货币数量论。米尔顿·弗里德曼是当代西方经济学主流学派-货币学派的代表人物,他的理论及其政策主张,被称为新货币数量论或货币主义,而他的货币需求理论又是其全部理论的核心。其基本内容是:物价水平乃至名义收入的水平是由货币供应和货币需求共同作用的结果。在决定实际产量的生产条件不变的情况下,当货币供应大于货币需求时,物价上涨,名义收入增加;当货币供应小于货币需求时,则物价下跌,名义收入减少。至于货币供求对实际产量的影响,则取决于供求失衡的严重状况和持续时间。由于货币供应是取决于货币制度的外生变量,即货币供应是由货币当局和有关立法来控制的,其变化独立于经济体系的内部运转,因此,问题的关键在于了解货币需求函数的状况。理论分析和统计资料证明,货币需求函数是极为稳定的。货币需求函数的稳定性,使货币供应量的人为变化不能被货币需求所抵消,从而作用于物价乃至名义收入,对经济生活发生影响。因此,货币供应量的不规则变动是经济波动的根本原因,通货膨胀就是货币供应过多的结果。如要控制通货膨胀,实现经济的稳定增长,就必须实行"单一规则"的货币政策,即将货币供应量作为唯一的政策工具,并制定货币供应量增长的数量法则,使货币增长率同预期的经济增长率保持一致。

2. 货币主义的政策主张

(1) 反对凯恩斯主义的经济政策。权衡使用或逆经济运动风向而动的财政政策和货币政策是凯恩斯主义需求管理的主要政策工具。以弗里德曼为首的货币主义认为凯恩斯主义的财政政策是无效的,权衡使用的货币政策由于其时间滞后性也难以实现政策目标。因为旨在刺激总需求的扩张性财政政策难以适度把握,一旦扩张力度过大,其后果是严重的通货膨胀,在人们对其未有预测到之前,它可能在短期内增加就业,一旦人们调整预期,失业率就会恢复到自然率水平。并且长期使用扩张性财政政策,还会产生政府支出扩大挤出私人支出的"挤出效应"。其次,货币政策可能有助于抵消经济体系内其他因素引起的干扰,但由于从发现经济运行中的问题、制定相应的政策,到政策实施产生效果,需要很长时间,往往是待政策出来或实施时,经济运行早已发生变化,从而政策失去针对性。因此,弗里德曼反对对宏观经济进行所谓的"积极干预"。

(2) 推崇"单一规则"的货币政策。所谓"单一规则"的货币政策,是指在相当长的时期内,货币供给量以一个固定比率增长的货币政策。其特点是排除了其他货币政策手段,如利率、法定准备金率等,而把控制货币供给量作为货币政策的唯一手段。弗里德曼主张,货币供给量增长率按平均国民收入增长率来确定,这样可保证最终产品的一般价格水平处于稳定状态。

自20世纪60年代末期以来,美国的通货膨胀日益剧烈,特别是70年代在所有发达资本主义国家出现了剧烈的物价上涨与高额的失业同时并存的"滞胀"现象,凯恩斯主义理论无法作出解释,更难提出对付这一进退维谷处境的对策。于是货币主义开始流行起来,并对美英等国的经济政策产生了重要影响。货币主义的代表在美国有哈伯格、布伦纳和安德森等人,在英国有莱德勒和帕金等人。凯恩斯主义货币政策与货币主义货币政策的对比如表15-1所示。

表15-1 凯恩斯主义货币政策与货币主义货币政策

对比内容	凯恩斯主义货币政策	货币主义货币政策
目标	通过利率调节总需求	通过控制货币量实现物价稳定
机制	货币量→利率→总需求	货币量→物价
手段	公开市场业务、贴现率、法定准备金率	单一规则的货币政策

三、货币政策的局限性

中央银行通过货币政策,控制货币供给量,从而相应地影响市场利率水平,实现宏观调控目标。但是,在一些具体情况下,则暴露出货币政策本身的局限性。

(一) 货币流通速度的变动会限制货币政策效应

从货币市场均衡的情况看,增加或减少货币供给要影响利率的话,必须以货币流通速度不变为前提。如果这一前提并不存在,货币供给变动对经济的影响就要大打折扣。在经济繁荣时期,中央银行为抑制通货膨胀需要实行紧缩性货币政策,然而,那时公众一般说来支出会增加,而且物价上涨时,公众不愿把货币持在手上,而希望尽快花出去,从而货币流通速度会加快,产生扩大货币供给量的效果。这时候,即使中央银行减少货币供给,也无法使通货膨胀率降下来。反之,当经济衰退时期,中央银行实行扩张性的货币政策,但由于人们压缩开支,货币流通速度下降,产生减少货币供应量的效果。这时中央银行增加货币供给对经济的影响也就可能被货币流通速度的下降所抵消。

(二)货币政策的"政策时滞"会影响货币政策效果

同财政政策一样,货币政策的调控作用也受到时间滞差的限制,即也存在内部时滞(包括认识时滞和行动时滞)和外部时滞。很明显,如果货币政策时滞较短或者中央银行对货币政策时滞能准确预测,货币政策效果就容易确定,货币政策工具在实施和传导的选择中就容易把握方向和力度,如果货币政策时滞较长且不稳定,政策效果就难以观察和预测,那么,政策工具在实施和传导过程中就可能变得无所适从,政策的取向和力度不能根据对政策生效程度的判断而随时确定和灵活调整,就难以达到理想的政策目标。货币政策时滞太长,其间的经济形势已发生很大变化,还可能导致最初采取的政策工具和选取的传导中介变得无效,导致政策的彻底失败。就货币政策而言,决定和影响外部时滞的因素要比内部时滞复杂得多。货币政策工具实施以后要首先作用于商业银行等金融机构、作用于金融市场,然后又进一步作用于企业、个人家庭等经济主体,通过经济主体投资、消费活动的变化使政策目标得以实现。在政策工具与政策目标之间,须经过由利率、货币供应量、基础货币、超额准备金等作为中间指标的复杂的传导过程。传导过程中的任何一个环节、一个指标发生预料不到的变化,都将影响对时滞的准确预测和把握。

总之,货币政策即使在开始采用时不需要花很长时间,但执行后到产生效果却需要有一个比较长的过程,在此过程中,经济情况有可能发生和人们原先预料的相反变化,比方说,经济衰退时中央银行扩大货币供给,但未到这一政策效果完全发挥出来经济就已转入繁荣,物价已开始较快地上升,则原来扩张性货币政策不是反衰退,却为加剧通货膨胀起了火上浇油的作用。

单元四 宏观经济政策的协调与配合应用

知识目标
1. 认知理解财政政策与货币政策搭配应用的必要性；
2. 认知理解什么是双扩张政策、双紧缩政策和松紧搭配政策。

能力目标
通过本节的学习,你应该能够:
1. 对财政政策与货币政策搭配应用的必要性有正确的认知;
2. 从现实的角度对我国目前实行的财政政策与货币政策做正确的分析。

引导启示

2010年12月3日中央政治局召开会议,分析研究2011年的经济工作。会议提出,2011年将继续实施积极的财政政策和稳健的货币政策,并增强宏观调控的针对性、灵活性和有效性。财政政策重在"调结构"和"稳增长";货币政策则由此前的"适度宽松"调整为"稳健",这是中国货币政策基调的重大转变,这一转变说明管理好通胀预期已经成为当前和2011年宏观调控的重点所在。此外,应完善人民币汇率形成机制,避免剧烈运动;坚持房地产调控政策方向不动摇、力度不放松,也是2011年中国财政与货币政策的目标选择。

相关知识

一、财政政策与货币政策的搭配

要实现国民经济宏观调控的目标,仅靠财政政策或仅靠货币政策都是难以奏效的,这需要各种经济政策的相互配合,特别是需要财政政策与货币政策的相互配合。财政政策与货币政策需要协调配合,主要在于以下两方面的原因,一是由于财政政策、货币政策具有不同的作用机制与特点,各有各的优势和局限性,如果能够协调配合使用,便可取得更好的政策效果。二是由于在政策实施过程中,财政政策、货币政策之间往往会相互影响,两者之间如果没有协调和配合,有时会相互制约。

财政政策和货币政策的特点,如表15-2所示。

表15-2 财政政策与货币政策的特点

	财政政策		货币政策		
	政府支出政策	税收政策	法定准备金率	贴现率	公开市场业务
作用强度	较猛烈	较缓慢	较猛烈	较缓慢	较缓慢
决策速度	较慢	较慢	较慢	较快	较快
执行阻力	较大	较大	较小	小	较小
作用对象	总需求	总需求	货币供给	货币供给	货币供给

财政政策和货币政策都有其各自的特点和局限性,这决定了在进行宏观调控时,单独使用其中一种,都不能有效实现预期政策目标,因此必须将二者有机协调起来,搭配运用。

二、相机抉择的方法

财政政策与货币政策及其不同的政策手段如何进行搭配,并没有一个固定不变的模式,这是一个政策运用的技巧问题,需要政府根据具体情况进行"相机抉择"。所谓相机抉择,是指政府在运用宏观经济政策调节经济时,根据经济形势的客观要求和各种政策措施的特点,机动地、灵活地决定和选择在某个时期选择哪一种或哪几种政策措施。

财政政策和货币政策,如果都按"松"、"中"、"紧"三种类型划分的话,它们的组合方式就有九种。但九种组合方式在实践中的运用,一般被认为是三类四种:一是"双松"的政策,也称为"双扩张政策",即"松"的财政政策与"松"的货币政策的配合;二是"双紧"的政策,即"紧"的财政政策和"紧"的货币政策;三是"一松一紧"的政策,分为"松"的财政政策与"紧"的货币政策和"紧"的财政政策与"松"的货币政策相配合两种方式。

(一)双扩张政策

"双扩张"的财政政策与货币政策,通常是在经济衰退时期所采用的政策。如前所述,一国政府如果采取扩张性财政政策,例如政府增加支出或减少税收,能够扩大总需求,增加国民收入,但也会引起利率提高,从而抑制私人投资,产生挤出效应,减少财政政策对经济的扩张作用。如果同时采取扩张性货币政策,就可以抑制利率上升,刺激企业投资,消除或减少扩张性财政政策的挤出效应,扩大总需求,增加国民收入,其结果是在保持利率不变的条件下,刺激了经济。所以,当经济严重衰退时,同时采取扩张性财政政策和扩张性货币政策,比单纯运用财政政策有着更大的缓和衰退、刺激经济的作用。

这种双扩张政策会在短期内增加社会需求,见效迅速,但运用时应慎重,其适用条件是:第一,大部分企业开工不足,设备闲置;第二,劳动力就业不足;第三,大量资源有待开发;第四,市场疲软。

(二)双紧缩政策

"双紧"的财政政策与货币政策,通常是在经济过热通货膨胀压力较大时所采用的对策。例如,采取紧缩性的财政政策,即减少政府支出,提高税率,可以压缩总需求,抑制通货膨胀,减少国民收入;而同时采取紧缩性货币政策,则可以减少货币供应量,减缓物价上涨。紧缩性的财政政策在抑制总需求的同时,引起利率下降,紧缩性的货币政策却使利率提高,从而抑制企业投资,不使由于紧缩性财政政策而导致的利率下降起到刺激总需求的作用。

紧缩性的财政政策与紧缩性的货币政策相配合,将对经济起到紧缩作用,不过这种政策长期使用,将会带来经济衰退,增加失业。因此,应谨慎使用作用幅度较大的双紧政策。双紧政策的适用条件是:第一,需求膨胀,物价迅速上涨;第二,瓶颈产业对经济起严重制约作用;第三,经济秩序混乱。

(三) 松紧搭配政策

"双松"和"双紧"的财政政策与货币政策,都是在社会供求总量失衡严重的情况下所采取的措施,对经济的稳定发展极为不利,会带来经济的大起大落,引起社会震荡。在一般情况下,应采取"一松一紧"的政策。松紧搭配的政策方式有两种:一种是扩张性财政政策与紧缩性货币政策的搭配,另一种是紧缩性财政政策与扩张性货币政策的搭配。

(1) 当经济萧条但又不太严重时,可采用扩张性财政政策与紧缩性货币政策相配合。扩张性的财政政策有助于通过减税和增加政府支出,克服总需求不足和经济萧条。紧缩性货币政策则可以控制货币供给量的增长,从而减轻扩张性财政政策带来的通货膨胀压力。这就是说,扩张性财政政策与紧缩性货币政策结合运用,可以在刺激总需求的同时,又抑制通货膨胀。但这种配合也有局限性,即扩大政府支出和减少税收,并未足够地刺激总需求的增加,却使利率上升,国民收入下降,最终导致赤字居高不下。

这种松紧搭配方式的适用条件是:第一,财政收支状况良好,财政支出有充足的财源;第二,私人储蓄率下降;第三,物价呈上涨趋势。

(2) 当经济中出现通货膨胀但又不太严重时,可采用紧缩性的财政政策与扩张性的货币政策相配合。一方面用紧缩性的财政政策压缩总需求,另一方面用扩张性的货币政策降低利率,刺激投资,以免财政过度紧缩而引起经济衰退。

这种松紧搭配的配合模式如果运用不当会使经济陷入滞胀,其适用条件是:第一,财力不足,赤字严重;第二,储蓄率高;第三,市场疲软。

总之,不同的政策搭配方式各有利弊,应当针对经济运行的具体情况,审时度势,灵活、适当地进行相机抉择。一般来说,财政政策与货币政策的搭配在运用一段时间以后,应选用另一种搭配取而代之,形成相互交替运用的政策格局。这是因为,一方面,经济形势是不断发生变化的,固守一种配合方式,有可能因不适应变化的形势而不能达到预期目的;另一方面,即是经济形势是稳定的,也不能一成不变的长期使用某一种政策,否则,往往是正效应递减,负效应递增,不仅不利于预期目标的实现,而且可能会产生相反的作用。

研讨案例

案例1:20世纪60年代,肯尼迪总统采用凯恩斯主义经济学的观点,使财政政策成为美国对付衰退和通货膨胀的主要武器之一。肯尼迪总统提出削减税收来帮助经济走出低谷。这些措施实施以后,美国经济开始迅速增长。但是,减税再加上1965—1966年在越战中财政扩张的影响,又使得产出增长过快,超过了潜在GDP水平,于是通货膨胀开始升温。为付不断上升的通货膨胀,并抵消越战所增开支的影响,1968年国会批准开征了一项临时性收入附加税。不过,在许多经济学家看来,这项税收增加的政策力度太小、也太迟了一些。

80年代美国是另一个典型例子。1981年国会通过了里根总统提出的一揽子财政政策计划,包括大幅度降低税收,大力扩张军费开支而同时并不削减民用项目。这些措施将美国经济从1981—1982年的严重衰退中拯救出来,并进入1983—1985年的高速扩张。

克林顿总统一上台,就面临着一个两难困境:一方面高赤字依然顽固地存在着;另一方面经济不景气且失业率高得难以接受。总统必须决定财政政策应从何处着手,是应该先处理赤字,通过增加税收、降低支出来增加公共储蓄,进而靠储蓄水平提高来带动国民投资的增长呢?还是应该关注财政紧缩会减少$C+I+G$并排挤投资,而税收增加和G的减少又会降低产出?最后,总统还是决定优先考虑削减财政赤字。1993年预算法案决定,在其后5年中落实减少赤字1500亿美元的财政举措。(资料来源:萨缪尔森著《经济学》)

请根据上面的资料,结合本章所学的财政政策来说明利用财政政策对付经济衰退的手段以及财政政策实施中的制约因素。

案例2:由于低失业率和第二次石油价格的冲击,1979年美国的年通货膨胀率上升到13%,对经济产生了不良影响,所以,美国联邦储备当局决定利用紧缩性货币政策来抑制这次通货膨胀。与以往不同的是,美联储倾向于关注准备金和货币供给的增长,而不是利率,以便能够迅速降低通货膨胀。

通过这次政策,美国的货币供给量大幅度减少,利率上升到自南北战争以来的最高水平。随着利率的上升,投资及其他利率敏感性支出显著减少。这次政策确实对抑制通货膨胀产生了很好的效果,到1982年为止,通货膨胀率已降低到4%。但是,经济的进一步发展表明,紧缩性货币政策过于严厉,导致了经济的衰退,失业率超过了10%。

请根据上面的资料,结合本章所学的货币政策来说明中央银行实施货币政策手段主要有哪些以及货币政策实施的局限性。

总结与回顾

宏观经济政策是指国家有意识、有计划地运用一定的政策工具,调节、控制宏观经济的运行,以达到一定目标的政策。它主要应达到四个目标:充分就业、物价稳定、经济增长、国际收支平衡。财政政策是指政府为提高就业水平,减轻经济波动,防止通货膨胀,实现稳定增长而采取的税收、借债水平和政府支出的政策,即政府为了实现其宏观经济政策目标而对其收入和支出水平所作出的决策。其主要内容包括政府支出与税收。货币政策主要是指一国的货币当局,通常是中央银行,通过对货币总量或是利率进行调节,进而影响社会总需求的一种方法。在凯恩斯主义的货币政策中,中央银行一般通过公开市场业务,调整再贴现率和改变法定存款准备率这三种主要的货币政策工具来改变货币供给量,以达到宏观经济调控的目标。它与货币主义货币政策有所不同。宏观经济政策的选择要注意财政政策与货币政策的相互配合。

思考与练习

1. 基本概念

   宏观经济政策 财政政策 货币政策 内在稳定器 公开市场业务
2. 宏观经济政策的目标是什么？如何理解各宏观经济目标之间的关系？
3. 财政政策的主要内容有哪些？在不同的经济背景下应该如何运用？
4. 什么是内在稳定器？具有内在稳定器作用的财政政策主要有哪些？
5. 什么是财政政策的挤出效应？
6. 凯恩斯主义货币政策的主要工具有哪些？在不同的经济背景下应该如何运用？
7. 财政政策和货币政策的配合方式有哪些？

模块十六　国际经济理论*

　　国际经济理论是研究国际经济活动和国际经济关系的理论，是一般经济学理论在国际经济活动范围内的具体应用和延伸，是经济学体系的有机组成部分。国际经济的研究对象主要有国际贸易理论与政策、国际收支理论、汇率理论、资源要素的国际流动、国际投资理论以及开放的宏观经济均衡等。本模块重点介绍国际贸易的基本理论、资源要素的国际流动、国际收支理论、汇率理论及其在经济生活中的实际应用。

单元一 国际贸易的基本理论

> **知识目标**
> 1. 认知理解国际贸易的绝对优势理论和相对优势理论；
> 2. 认知理解国际贸易的要素禀赋理论和贸易保护理论；
> 3. 认知理解贸易保护主义的代价及其对本国经济的影响。
>
> **能力目标**
> 通过本节的学习,你应该能够:
> 1. 对国际贸易的绝对优势理论和相对优势理论有正确的认知；
> 2. 掌握对外贸易利益的计算分析方法；
> 3. 从现实的角度对贸易保护主义的代价及影响做正确的分析。

引导启示

中国的人均可耕地面积居于世界严重偏少国家的行列。根据大卫·李嘉图的"比较利益"理论,中国的农产品出口应该是处于劣势,农产品对外贸易方面应该主要是以进口为主。但是,事实却不是这样,中国的农产品出口每年都以两位数的速度增长。以加入WTO前后几年为例,中国1999年的农产品进出口总额为216.3亿美元,其中出口为134.7亿美元,而2003年中国农产品进出口总额403.6亿美元,其中出口为214.3亿美元。这究竟是为什么呢？因为考察一个国家对外贸易的比较优势不能只从一个方面来考虑,而应把各种生产要素综合起来进行全面考察。正如中国的农产品出口,如果单从人均耕地面积来考虑,中国就处于劣势,但是,如果从劳动力角度、生态环境多样性的角度来考虑,中国就有自己的绝对优势。根据赫-俄理论,产品的价格是由要素的成本决定的,中国具有劳动力成本低的优势。按照国际分工原理和比较优势理论,中国应选择劳动密集型的产品出口,选择土地密集型或资源密集型的产品进口。所以,中国农产品对外贸易额每年以较高的速度增长就不足为怪了。

相关知识

国际贸易理论是长期国际贸易实践的经验总结,是各国制定对外贸易政策措施的主要依据之一。在不同历史时期、不同国家,经济学家从不同的历史特点和不同国家的利益出发,提出了许多国际贸易主张。本节主要介绍国际贸易的绝对优势理论、比较优势理论、要素禀赋理论和对外贸易利益的计算。

一、绝对优势理论

这是早期的国际贸易理论。这一理论的主要代表是英国经济学家亚当·斯密。亚当·斯密在其《国民财富的性质和原因的研究》,简称《国富论》中用一国中不同的职业分工和交换来解释国际贸易,认为国际贸易的产生就像裁缝不会自己制作靴子,鞋匠不会自己缝做衣服一样,他们一般都用自己的产品去交换自己不擅长生产的东西。一个国家之所以要进口别国的产品,是因为该国在这一产品的生产技术上处于劣势,自己生产成本太高,还不如直接购买别国的产品来的便宜和划算。而一国之所以能够向别国出口产品,则是因为该国在这一产品的生产工艺技术上要比别国先进。如果一国能够用同样的资源生产出比别国更多的同类产品,从而使生产每一单位产品的成本低于别国,则称该国在这种产品的生产上具有绝对优势。事实上,每一个国家都有其适宜于生产某些特定产品的绝对有利的生产条件。如果每一个国家都能按其绝对有利的生产条件(即生产成本绝对低)去进行专业化生产,然后再彼此进行交换,这将会使各国的资源、劳动力和资本得到最为有效的利用,这对所有交换国家都是非常有利的。这一理论被称为绝对优势理论,也叫亚当·斯密的"绝对成本说"。

建立在绝对优势基础上的贸易理论认为,各国间存在的生产技术上差别,以及由此造成的劳动生产率和生产成本上的绝对差别,是国际贸易和国际分工产生发展的基础。各国应该集中生产并出口其具有绝对优势的产品,进口其不具有绝对优势的产品,其结果比自己什么都去生产更为有利。那么,如何来确定生产技术上的绝对优势呢?最直接的方法是衡量产品的投入-产出率。在劳动是唯一投入的情况下,生产技术的优劣可用劳动生产率,即单位劳动产量来衡量。如果一个国家在某种产品的生产上具有比别国更高的劳动生产率,则该国在这一产品的生产上就具有绝对优势。当然生产技术上的绝对优势也可以间接地由生产成本来衡量。即一国生产某种产品所需的单位劳动比别国生产同样产品所需的单位劳动要少,则该国就具有生产这一产品的绝对优势。

为了具体说明这一理论,我们现在假定有 A、B 两个国家,两国都生产大米和小麦,但生产技术不同。劳动是唯一的生产要素,两国有相同的劳动力资源,都是 100 人。由于生产技术的不同,同样的劳动投入,生产出的产品是不同的。如果所有的劳动都用来生产大米或者都用来生产小麦,两国每年的生产可能性假设如表 16-1 所示。

表 16-1　生产可能性假设

国家	大米(吨)	小麦(吨)
A	100	50
B	80	100

从劳动生产率的角度讲,A 国每人每年可生产 1 吨大米,而 B 国每人每年只能生产 0.8 吨大米,A 国就具有生产大米的绝对优势。B 国每人每年生产 1 吨小麦,而 A 国每人每年只能生产 0.5 吨小麦,B 国就具有生产小麦的绝对优势。再从生产成本的角度讲,每吨大米的生产在 A 国只需要 1 个劳动力(100 人/100 吨),在 B 国则需要 1.25 个劳动力(100 人/80 吨)。相反,每吨小麦在 B 国只需要 1 个劳动力(100 人/100 吨),而在 A 国却需要 2 个劳动力(100 人/50 吨)。通过生产成本的比较也可以得出与劳动生产率同样的结论:A 国应进行大米的专业化生产,B 国则应进行小麦的专业化生产,然后用 A 国的一部分大米去交换 B 国的一部分小麦。这样就发生了国际贸易。

绝对优势理论解释了国际贸易的部分原因,但局限性很大。因为在现实世界中,有些国家比较先进发达,有可能在各种产品的生产上都具有绝对优势,而另一些国家有可能不具备在任何产品生产技术上的绝对优势。但贸易仍然在这两个国家之间发生。这又是为什么呢?

二、相对优势理论

在亚当·斯密绝对优势理论的基础上,英国的另一位经济学家大卫·李嘉图提出了比较优势理论。比较优势理论认为,国际贸易的基础并不限于生产技术上的绝对差别,只要各国之间存在着生产技术上的相对差别,就会出现生产成本上的相对差别,从而使各国在不同产品的生产上具有相对优势,使国际分工和国际贸易成为可能。即就是说每个国家不一定要生产所有商品,而应集中力量生产那些利益较大或不利较小的商品,然后通过对外贸易交换,在资本和劳动力不变的情况下,生产总量将会增加。如此形成的国际分工对贸易各国都有利。这一理论被称为相对优势理论,也叫大卫·李嘉图的"比较成本说"。

为了进一步说明这一理论,我们也举一个例子。假定美国为情人节种植 1000 万枝玫瑰。如果将种植这些玫瑰的资源用来生产计算机,则可生产 10 万台计算机,于是生产这 1000 万枝玫瑰的机会成本就是 10 万台计算机。另一方面,这 1000 万枝玫瑰也可以在南美种植。这时用计算机来衡量的这些玫瑰的机会成本则很可能要比美国低。一方面,在南半球 2 月份种植玫瑰将容易得多,因为南半球的 2 月份恰好是夏季,再者,相对于美国工人来说,南美工人在生产诸如计算机这样的复杂产品时,效率要比生产玫瑰低。换句话说,既定数量的资源用来生产计算机,在南美生产的数量要比在美国生产的数量少。假定这种替换在南美变化为 1000 万枝玫瑰相当于 3 万台计算机。正是这种机会成本的差异给世界生产提供了一个互利性重新组合的可能性。即让美国停止种植冬季玫瑰,将这些资源转来生产计算机;与此同时,让南美某个国家用于生产计算机的必需资源转移到玫瑰的种植中,这样在生产上的变化结果就可用表 16-2 来表示。

表 16-2　假定的生产变化

国家或地区	玫瑰(万枝)	计算机(万台)
美国	−1000	+10
南美	+1000	−3
合计	0	+7

从表 16-2 可以看出,世界上种植的玫瑰还是与以前一样多,但现在生产了更多的计算机。因此,在美国集中生产计算机、南美集中种植玫瑰时,这种生产上的重新组合(或安排)将增大整个世界经济这一"蛋糕"的规模。由于世界作为一个整体比以前生产了更多的财富,则在理论上可能会提高每个人的生活水平。一般地,如果一个国家在本国生产一种产品的机会成本(用其他产品来衡量)低于在其他国家生产该种产品的机会成本,则称这个国家在该种产品的生产上拥有比较优势。上例中,南美就具有冬季种植玫瑰的比较优势,而美国则拥有生产计算机的比较优势。以上论述表明了建立在比较优势基础上的国际贸易的基本原理:如果每个国家都生产并且出口本国具有比较优势的商品,则两国间的贸易就能使两国都受益,且贸易国的生产资源要素也能得到更加合理的配置和利用。

三、要素禀赋理论

要素禀赋理论也叫要素比例说,是由瑞典经济学家赫克歇尔和他的学生俄林提出。在《域际和国际贸易》一书中阐述了这一理论。其主要结论可概括如下:

(1) 每个区域或国家利用它的相对丰富的生产诸要素(土地、劳动力、资本等)从事商品生产,就处于比较有利的地位,而利用它的相对稀少的生产诸要素从事商品生产,就处于比较不利的地位。因此,每个国家在国际分工和国际贸易体系中生产和输出前面那些种类的商品,输入后面那些种类的商品。

(2) 区域贸易或国际贸易的直接原因是价格差别,即不同地区或国家的商品价格不同。

(3) 商品贸易一般趋向于消除工资、地租、利润等生产要素收入的国际差别,导致国际商品价格和要素价格趋于均等化。

总体来讲就是:资本丰裕的国家将出口资本密集型产品,进口劳动密集型产品;反之,劳动力丰裕的国家将出口劳动密集型产品,进口资本密集型产品。

四、对外贸易利益的计算

上述的比较优势理论,只是从理论上说明了贸易的利益,并没有说明贸易对每个国家生产和消费的好处。下面我们通过举例用简单的图形分析来说明这一问题。

假定世界上有两个国家:A 和 B,两国都只生产两种产品,即大米和布料。为简单起见,假定两国在贸易前,以大米来表示的布料的机会成本不随产量的变化而变化。在这种不变机会成本的假定下,设 A 国的生产可行组合由表 16-3 给出。

表 16-3 A 国的生产可行组合

产品组合方案	大米(单位)	布料(单位)
a	1000	0
b	800	100
c	600	200
d	400	300
e	200	400
f	0	500

由表 16-3 可知,对 A 国而言,每多生产 100 单位的布料,该国必须放弃 200 单位的大米生产。假设 B 国的生产可行组合由表 16-4 给出。

表 16-4 B 国的生产可行组合

产品组合方案	大米（单位）	布料（单位）
a	1200	0
b	1000	400
c	800	800
d	600	1200
e	400	1600
f	200	2000
g	0	2400

由表 16-4 可知,对 B 国而言,每多生产 200 单位的大米,就必须放弃 400 单位的布料。如果将两国的生产可能组合描绘成图,便可得到两国的生产可能曲线。如图 16-1 所示。

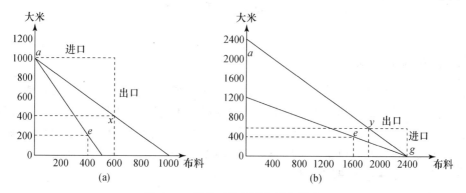

图 16-1 贸易对消费可能性的影响

假定在两国贸易前,A 国的生产状态位于 16-1(a)图中的 e 点,即该国生产 200 单位的大米和 400 单位的布料。B 国的生产状态位于 16-1(b)图中的 e 点,即生产 400 单位的大米和 1600 单位的布料。如果两国进行贸易,由于 A 国具有大米的比较优势,该国将专门生产大米,这时该国的生产状态位于(a)图中的 a 点,即该国将资源全部用来生产 1000 单位的大米,而不生产布料。同理,由于 B 国具有布料的比较优势,该国将专门生产布料,此时该国的生产状态位于(b)图中的 g 点,即该国的资源全部用来生产 2400 单位的布料,而不生产大米。

为简单起见,假定两国货币的兑换率为 1∶1,这意味着两国可以沿着图 16-1 各自的线消费。设两国分别在图 16-1 中的 x 点和 y 点进行消费。在 x 点,A 国消费 400 单位大米（这比贸易前的大米多 200 单位）,同时消费 600 单位的布料（这也比贸易前的布料多了 200 单位）。而在 y 点,B 国消费 600 单位的大米（这比贸易前的大米多 200 单位）,同时消费 1800 单位的布料（这比贸易前的布料也多了 200 单位）。因此,贸易使两国都增加了对两种物品的消费。

但必须注意,在上述的例子中,两个国家的生产和消费必须是匹配的,因为一个国家的出口就是另一个国家的进口。因此,如果 A 国在 a 点生产在 x 点消费,则 B 国若在 g 点生产,就必须在 y 点消费。两国在 x 点和 y 点消费所产生的贸易效益可归纳在表 16-5 中。

表 16-5　A、B 两国在 x 和 y 点消费所产生的贸易效益表

	A 国			B 国			总计	
	生产	消费	进口(—)出口(+)	生产	消费	进口(—)出口(+)	生产	消费
贸易前								
大米	200	200	0	400	400	0	600	600
布料	400	400	0	1600	1600	0	2000	2000
贸易后								
大米	1000	400	+600	0	600	—600	1000	1000
布料	0	600	—600	2400	1800	+600	2400	2400

在上述所考察的例子中,A 国现在必须进口布料,而 B 国必须进口大米。因此,在两国货币兑换率为 1∶1 的假定前提下,A 国出口 600 单位大米以交换进口的 600 单位布料。表 16-5 的最后两栏显示了贸易增加了两国的总生产和总消费。

五、贸易保护理论

前面论述的国际贸易的基本理论都表达了一个共同的观点,即自由贸易将使整个世界的资源配置达到最高的经济效率。进行自由贸易使交易各国从贸易中获益。然而,在现实世界中,人们却找不到一个真正的实行自由贸易的国家。每个国家或多或少地都采取一些措施,来干涉进出口贸易,以保护本国与进口产品相同或相近的产业免受冲击。

(一) 实行贸易保护的理论依据

1. 保护幼稚工业论

保护幼稚工业理论的主要观点是:许多工业在发展中国家刚刚起步,处于新生或幼嫩阶段,就像初生婴儿一样,而同类工业在发达国家已是兵强马壮,实力雄厚。如果允许自由贸易、自由竞争的话,发展中国家的幼稚工业肯定被打垮或被扼杀,永远没有成长起来的希望。如果政府对其新建工业实行一段时间的保护,等"婴儿"长大后,再取消保护,那么它就不但不怕竞争,还可与先进国家的同类工业相匹敌了。但并不是所有的幼稚工业或民族工业都应该受到保护,而只有那些确有发展潜力的工业才应该得到保护。但在现实中,许多受到保护的工业并不符合这一点,保护的目的并没有达到。

2. 比较优势变动论

这一论点认为,国与国之间的比较优势由于自然、技术、政策等原因,会随着时间的推移而发生变化。由于要素是不变的,或者因为生产的惯性,生产不一定会对这些变化的条件作出反应或者是反映很迟缓。因此,自由贸易反映的可能只是过去的比较优势而非现在的比较优势。这就被认为那些所谓的幼稚行业理应受到保护。

3. 增加政府收入

通过关税来增加政府收入,这被认为是政府要实行贸易保护的重要动因之一。从通常的情形看,征收关税要比增加国内的各种税收要容易得多。此外,征收关税可以将一部分税负转移到外国生产者或出口商身上。

4. 民族自尊

进口商品一般都印有"某某国制造"的标签,以示与本国商品的区别,发展中国家进口的先进工业产品,许多是本国所不能生产的。在消费者推崇进口商品的同时,政府往往会觉得有损民族自尊心和自信心。为了增强民族自豪感,政府一方面从政治上把使用国货作为爱国主义来宣传,另一方面企图通过贸易保护政策来减少外来冲击,发展民族工业。

5. 国家安全

这一观点认为,自由贸易会增加本国对外国经济的依赖性。因此可能会危及国家安全,一旦战争爆发,国家之间关系紧张,贸易停止,供应中断,依赖对外贸易的国家经济就会出现危机,在战争中可能会不战自败。

(二) 贸易保护的主要措施

1. 关税措施

关税是进出口商品经过一国国境时,由政府设置的海关向进出口商品征收的税收。关税作为国家税种的一种,是国家凭借政治权力取得财政收入的方式之一,也是管理社会经济和国民生活的一种手段,它具有强制性、无偿性和预定性的特征。所谓强制性,是指国家通过法律形式,由代表国家的管理部门强制执行。无偿性是指国家将其征收的税款全部作为国家财政收入,不付给纳税人任何补偿,也不再偿还。预定性则是指国家将税收项目、种类、对象、税率及征收方法等作出明确具体的规定,且在一定时期内相对固定,不能随意改动。

2. 非关税壁垒措施

非关税壁垒措施是指关税以外的一切限制进口的措施。非关税壁垒措施的形式很多,主要包括进口限额、自愿出口限额、进口许可证、技术性限制等。

进口限额是指一国政府在一定时期内(一般为1年),直接规定某些商品的进口数量或金额,超过规定的数量或金额,则禁止进口或征收惩罚性关税以限制进口。

自愿出口限额是指出口国在进口国的要求或压力下,"自动"规定某一时期内(一般为3年~5年)某些商品的出口限额,以限制某些商品的出口。

进口许可证是政府颁发的凭以进口的证书。许可证即为国家政府规定商品进口必须领取许可证,没有取得许可证,一律不得进口的限制性制度。

技术性限制是指进口国以保护消费者利益或以保护环境为理由,颁发各类进口商品的技术标准、卫生检疫规定、商品包装和商品标签规定。这些标准和规定复杂多变、严格苛刻,使出口国生产者很难适应,以此达到限制出口的目的。

(三) 贸易保护的代价

在现实中,自由贸易由于种种原因受到许多国家经济贸易政策的干预。其中最主要、最普遍的政策是限制进口和鼓励出口。限制进口的政策工具有:进口关税和进口配额。进口关税是指产品运抵一国时所须交纳的税款。进口配额则是一国对特定产品进口数量和金额的限制。而鼓励出口最常见的做法则是对出口进行补贴。

下面我们就以征收关税的情形来说明贸易保护主义的代价。现假定某国某种产品一部分由本国生产,一部分需进口,其保护代价如图16-2所示。

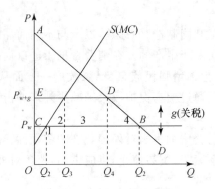

图 16-2 贸易保护的代价

在图中，D 和 S 分别表示国内的需求和供给曲线。假定国内的厂商是完全竞争的厂商，其供给曲线则为所有厂商的边际成本曲线的水平相加。假定所考虑的国家很小以至于成为该产品的世界价格的接受者，此时世界价格为 P_w。在这一价格水平下，Q_2 为产品的需求量，如果国内厂商提供的产量为 Q_1，则 Q_2-Q_1 为该产品的进口数量。

现在假定该国制定了关税，在定量税的假设前提下，使产品价格上升到 P_w+g，其中 g 为关税。从图 16-2 中可以清楚地看出，这将使国内的生产增加到 Q_3，需求减少到 Q_4，于是，产品的进口数量下降到 Q_4-Q_3。

从经济学上讲，这一措施给社会增加了成本。消费者不得不支付较高的价格，从而消费者剩余从三角形 ABC 所示的区域下降到三角形 ADE 所示的区域。这一成本的一部分，作为再分配的结果成为社会上别的部门的利益。厂商由于产品价格的提高而获得了额外利润（图中区域 1）。政府也从关税支付中得到了额外的收益（图中区域 3），即 $(Q_4-Q_3)\times$关税税率。

然而，这一成本并没有全都构成其他部门的收益。也就是说，关税保护造成了社会的净损失，表现在图中，这一净损失就是区域 2 与区域 4 的面积之和。区域 2 表示国内企业生产 (Q_4-Q_3) 的额外成本。如果 (Q_4-Q_3) 进口，该国将仅支付 P_w。如果这一数量由国内生产，其成本由国内供给曲线所决定（它等于边际成本 MC），MC 与 P_w 之间的差额（即区域 2）便构成生产方面的效率损失。区域 4 代表消费量由 Q_2 下降到 Q_4 后消费者剩余的损失。

单元二 资源要素的国际流动

> **知识目标**
> 1. 认知理解生产要素国际流动及其对国民收入均衡的影响；
> 2. 掌握国际技术转移的方式。
>
> **能力目标**
> 通过本节的学习,你应该能够：
> 1. 对生产要素国际流动的原因及其对国民收入的影响有正确的认知；
> 2. 从现实的角度对国际技术转移的方式和产生的效应做正确的分析。

引导启示

技术贸易一般只转让技术使用权,不转让技术所有权,技术供给方不因把技术转让给他人而失去所有权。技术贸易谈判的内容比较复杂,一般包括技术部分、商务部分(技术转让范围、价格、支付等)和法律部分的谈判。中海油下属某公司欲从澳大利亚某研发公司(以下简称 C 公司)引进"地层测试仪",双方就该技术交易在 2000—2002 年期间举行了多次谈判。地层测试仪是石油勘探开发领域的一项核心技术,掌控在国外少数几个石油巨头公司手中,如斯伦贝谢、哈利伯顿等。他们对中国实行严格的技术封锁,不出售技术和设备,只提供服务,以此来占领中国广阔的市场,赚取高额垄断利润。澳大利亚 C 公司因缺乏后续研究和开发资金,曾在 2000 年之前主动带着他们独立开发的、处于国际领先水平的该设备来中国寻求合作者,并先后在中国的渤海和南海进行现场作业,效果很好。

中方于 2000 年初到澳方 C 公司进行全面考察,对该公司的技术设备很满意,并就技术引进事宜进行正式谈判。考虑到这项技术的重要性以及公司未来发展的需要,中方谈判的目标是出高价买断该技术。但 C 公司坚持只给中方技术使用权,允许中方制造该设备,技术专利仍掌控在自己手中。他们不同意将公司赖以生存的核心技术卖掉,委身变成中方的海外子公司或研发机构。双方巨大的原则立场分歧使谈判在一开始就陷入僵局。

中方向 C 公司表明了立场之后,对谈判进行"冷处理",回国等待。迫于资金短缺的巨大压力,C 公司无法拖延谈判时间,在 2000—2002 年期间,就交易条件多次找中方磋商,试图打破僵局。由于种种原因,中澳双方最终没能达成协议,谈判以失败告终。但中海油的科技工作者们走出了一条自力更生的技术创新之路。

相关知识

一、劳动力的国际流动

西方经济学家对劳动力国际流动的研究,主要包括劳动力国际流动的原因分析和经济效应分析两部分内容。

(一)劳动力国际流动的原因

劳动力的国际流动就是作为劳动力载体的人的跨国迁移和流动。劳动力的国际流动源远流长,早在17世纪欧洲就出现过大规模的移民潮,在20世纪美国经历了历史上两次大的移民浪潮。劳动力的国际流动既有经济原因也有非经济原因。在19世纪以及更早年代的国际移民大多是为了逃避政治、宗教的迫害,甚至有的是由于残酷的奴隶贸易造成的。然而,大多数、特别是第二次世界大战之后发生的国际劳动力流动,是由于经济原因所造成的。其主要的经济原因有:

(1)国民收入的国际差异。一般来说,劳动者都有逐利的原始本能,因此,国家间的经济发展水平和收入水平的差异往往会形成劳动力从低收入国家向高收入国家流动的倾向。

(2)各国劳动力供求状况的不平衡。那些经济发展较慢的国家在一定时期内劳动力可能过剩,而那些经济发展快的国家劳动力可能不足,为了就业,前者会倾向于向后者转移劳动力。

(3)经济周期引起的劳动力流动。一个国家在经济高涨时期,企业开工率高,就业率高,工资高,对外籍劳动力的吸引力及容量均会增加;相反,在经济不景气和衰退时期,失业率上升,就业压力增大,对外籍劳动力流入的限制就会更加严格,外籍劳动力就有可能回流。

(4)国际投资及其他国际经济活动而带来的劳动力的国际流动。

(二)劳动力国际流动的经济效应分析

劳动力国际流动的经济效应对流出国而言,若存在劳动力过剩且流出的是非智力型的劳动力,则可以减轻本国的就业压力,增加国民收入;而智力型劳动力的流出,实践证明,会影响本国的经济发展。对流入国产生的经济效应则恰好相反。

现假设劳动力可在甲、乙两国之间自由流动,以横轴表示劳动力的数量,纵轴表示甲、乙两国劳动的边际生产率。则劳动力国际流动的经济效应分析如图16-3所示。

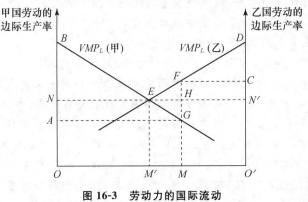

图 16-3 劳动力的国际流动

从图 16-3 可以看出,移民前,甲国的劳动力数量为 OM,工资率为 OA,总产量为 $OMGB$;乙国的劳动力数量为 $O'M$,工资率为 $O'C$,总产量为 $O'MFD$。由于 $O'C>OA$,在劳动力可以自由流动的条件下,劳动力自然会从甲国向乙国转移。图 16-3 中的 $M'M$ 段就表示劳动力从甲国流向乙国的数量。劳动力的转移使得甲国的劳动力数量由 OM 变为 OM',乙国的劳动力数量则由 $O'M$ 变为 $O'M'$。由于甲国的劳动力流出与乙国的劳动力流入受两国工资水平高低差别的驱使,所以,流动的结果使得两国的工资最终趋于均衡,即 $ON=O'N'$。这时甲国的总产量为 $OM'EB$,减少了 $M'MGE$;乙国的总产量为 $O'M'ED$,增加了 $MM'EF$,两国增减的产量相抵后,净增总产量 $GEF(MM'EF-M'MGE=GEF)$。这是劳动力在国际范围内流动导致世界资源的有效配置所带来的净福利水平的增加。由此可以得出结论:劳动力的国际流动会给整个世界带来利益。但在一般情况下,只有当受益大于成本即在得大于失的条件下才有可能发生,这是劳动力国际流动的基本准则。

二、资本的国际流动

资本的国际流动是指一个国家或地区与另一个国家或地区之间以及与国际金融组织之间的资本转移、输出与输入。确切地说,是货币资本的使用权在国际间的有偿让渡和转移,它是资本国际化的重要形式。

(一) 资本国际流动的分类

资本的国际流动一般分为长期资本的国际流动和短期资本的国际流动。

长期资本的国际流动是指期限在一年以上或未规定使用期限的各种形式的资本转移。按照资本转移的方式不同,又分为直接投资、间接投资和国际信贷三种形式。直接投资是指投资者通过在国外设立独资企业、合资企业或合作开发企业将其资本投入到另一个国家的生产服务部门。间接投资,也叫证券投资。它是投资者在国际金融市场上购买外国政府和企业发行的中长期债券,或是购买外国企业发行的仅参加分红的股票而进行的投资活动。国际信贷则是指某些国家的政府、金融机构和国际银行发行的中长期贷款,包括一年以上的政府贷款、国际金融机构贷款与国际银行贷款、出口信贷与租赁信贷等。

短期资本的国际流动是指期限在一年及一年以下的各种形式的资本转移。按照资本流动的原因或特征不同,又分为贸易结算与资金短期融通、银行资本流动、保值性资本流动、投机性资本移动等。贸易结算与资金短期融通是指由于进行对外贸易而发生的短期资金融通。它反映一国的进出口状况,是传统的短期资本流动形式。银行资本流动是指各经营外汇业务的银行,由于业务需要而进行的套汇、套利、掉期、多空头寸抵补、头寸调拨和短期同业拆放等引起的短期资本在国际间的转移。保值性资本流动,也称资本逃避,是资本持有者为了逃避损失,保持其资本的安全性而在国际间进行的资本转移。投机性资本移动则是指各种投机者利用国际市场上行市的涨落差以及行市的发展趋势进行投机活动达到取得巨额利润的短期资本移动。它与保值资本的根本区别在于:保值者逃避风险机会,以防止受到损失,而投机者利用风险机会,以期获得高额利润。

(二) 资本国际流动的动因

资本国际流动的根本原因在于世界经济发展的不平衡并由此产生的等量资本不能获得等量利润而引起。资本的增值本性驱使它从一国向另一国流动。同时,也有出于避免或减少风险的动机所至。

(1) 资本在不同国家间收益率的差异是促使资本跨国流动的根本动因。资本一般总是从收益率低的国家向收益率高的国家转移。

(2) 由于利率、汇率不同而导致的资本的跨国流动。当今世界经济发展极不平衡,一些国家特别是发展中国家,通过提高利率与汇率来吸引外商投资。

(3) 为规避风险而引起的资本的国际流动。资本的国际流动有时并不一定是出于追求利润,逃避风险也是一个重要原因。因此,资本的流动,有时是出于安全的需要,将资本转移到政局稳定、税率适中、经济风险较小的国家或地区。

(4) 由于投机、规避贸易保护、国际分工等其他原因引起的资本的国际流动。

(三) 资本国际流动的经济效应分析

资本国际流动对输入国来讲,有利于推动其经济的快速发展,但要注意控制输入量与投资方向。对输出国来讲,能够使转移的资本获得高额利润,但也有一定的消极影响。现假设资本在甲、乙两国间流动,横轴为资本的数量,纵轴为甲、乙两国资本的边际生产力。则资本国际流动的经济效应分析如图16-4所示。

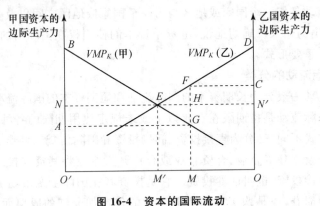

图 16-4 资本的国际流动

从图16-4可以看出,在发生资本国际流动前,甲国的资本总量为 OM,资本报酬为 OA,总产出为 $OMGB$;乙国的资本总量为 $O'M$,资本报酬为 $O'C$,总产出为 $O'MFD$。由于 $O'C>OA$,在资本能够自由流动的条件下,资本自然会从甲国向乙国流动。图16-4中的 MM' 段就表示资本从甲国流向乙国的数量。资本流动使得甲国的资本数量由 OM 变为 OM',乙国的资本数量则由 $O'M$ 变为 $O'M'$。由于甲国的资本流出与乙国的资本流入受两国资本收益高低的影响,所以,流动的结果使得两国的资本收益或报酬最终达到均衡状态,即 $ON=O'N'$。这时甲国的总产出为 $OM'EB$,减少了 $M'MGE$;乙国的总产出为 $O'M'ED$,增加了 $MM'EF$,两国增减的产出相抵后,净增总产出 $GEF(MM'EF-M'MGE=GEF)$。这是资本在国际范围内流动导致资源的有效配置,使得世界范围内的总产出增加,福利水平提高。这里需要注意的是: VMP_K(甲)和 VMP_K(乙)两条曲线中,更陡峭的曲线所代表的国家从资本的国际流动中获得的利益将更多、更丰厚。

三、国际技术转移

技术是一种非常重要的国际生产要素,随着科学技术的飞速发展和经济全球化进程的加快,技术的国际转移对一国经济的发展起着至关重要的作用,现已成为国际经济关系的一个重要方面。

(一)国际技术转移的概念及方式

国际技术转移也称国际技术转让,是指国际间的技术交换与交流。即一国的技术许可方(又称供方)将其拥有的技术通过各种方式和渠道,超越国境转让给另一国的技术引进方(又称受方)使用的行为。这种转移可以通过技术贸易、技术援助以及科技人员的交流与共同研究等途径来进行。技术转让与物品转让不同,物品转让是所有权的转让,而技术转让则只是使用权的转让,原有技术的持有者并不因为技术的转让而失去对该技术的所有权。

国际技术转让一般分为非商业性技术转让和商业性技术转让两种。非商业性技术转让是指不以盈利为目的的国际技术转让活动。例如,实施政府或国际组织的技术援助计划、国际间的科学技术情报交换及学术交流等。商业性的技术转让则是以盈利为目的的技术转让,主要通过经济合作途径和贸易途径两种方式进行。通过经济合作途径进行的国际技术转让,是指作为技术许可方的外国合作者,将其技术作为投资股本作价转让给东道国的合作企业,双方共同合作研制或生产某一产品。通过贸易方式进行的国际技术转让则是指不同国家的法人或自然人之间,通过贸易方式,按照一定商业条件,进行技术交易的活动。

国际技术转移的方式一般有四种:① 垂直型技术转移。它是指把一国基础科学或原理的研究成果用于另一国的实际生产领域,以形成现实生产力。② 水平型技术转移。它是指一国把已经应用于生产领域的新技术,用于另一国的生产领域,即就是直接模仿别国的技术成就。③ 简单型技术转移。是指将某种先进技术转移到国外,而不管在国外采用这种技术的生产者是否能将其复制出来。④ 吸收型技术转移。它是指先进技术转移到国外后,不但能被输入国使用,而且能被仿造复制出来。

(二)国际技术转移的经济效应分析

国际技术转移有利于国际间的技术交流,其经济效应是双赢的。对于技术输出国来说,它会为输出国扩大国际影响,增强其国际综合竞争力,占领有利的国际技术市场,创造更多的投资机会,有助于减轻和释放国内经济过剩的压力,并能带来可观的商业利益或非商业利益。对于技术输入国来说,国际技术转移有利于推动输入国的科技创新和技术进步,有利于提高国内生产要素的综合生产率,有利于世界先进科技成果的普及推广和经济发展水平差异的消除,有利于增强输入国参与国际经济竞争的能力。

国际技术转移对于加快科学技术的现代化,进而提升输入国的综合国力具有十分重要的作用。以日本为例,近年来,日本大力倡导技术立国。日本经济主要依靠进口技术和原料加工贸易起家,由于贸易摩擦和受到"白坐车"的批评,为承担经济大国的义务和克服资源小国的弱点,日本政府决定改走技术立国之路。这一战略的实施使日本经济的发展突破了资源瓶颈的制约,走出了增长乏力的困境,驶入了高起点发展的快车道。

单元三 国际收支

知识目标
1. 认知理解国际收支平衡表的基本构成；
2. 认知理解国际收支失衡的原因及调节政策。

能力目标
通过本节的学习，你应该能够：
1. 根据资料编制国际收支平衡表；
2. 从现实的角度对国际收支失衡的原因做正确的分析。

引导启示

从1994年到2006年，我国国际收支的主要特征是"双顺差"结构不断强化。1994~2006年，我国连续13年出现了经常项目顺差，并且顺差规模呈逐渐扩大趋势，尤其是2005年和2006年，经常项目顺差达到1608亿美元和2499亿美元。2007年前7个月，仅贸易收支顺差就达到1368.2亿美元。资本账户除1998年受亚洲金融危机影响出现过一年逆差外，也都是顺差状态，这主要源于直接投资账户外资的持续不断流入，2006年资本和金融账户顺差100亿美元。国际收支的"双顺差"一定程度上反映了我国出口产品国际竞争力的提高和对外资吸引力的增强，但持续的"双顺差"背后隐藏的是经济深层次的矛盾和问题，对我国经济的持续发展构成了现实的威胁和挑战。

第一，贸易收支持续顺差使我国成为全球国际收支失衡的焦点，恶化了经济发展的外部环境，并可能成为全球失衡调整的"买单"者。

第二，经济对外需外资的依赖以及国内资源的偏向性流动，导致贸易部门和非贸易部门、内资经济和外资经济发展的不平衡。

第三，双顺差意味着对实际资源的让度，其暴露出的粗放的贸易增长方式以及体制和结构问题更为堪忧。

第四，外汇储备持续累积，导致流动性过剩，货币政策调控难度加大。

第五，国外私人和股权资本的持续流入与国内官方和债权资本的持续流出，不仅造成了我国国际投资的低收益,而且牺牲了对经济的控制权。

当今世界,各国之间的经济联系日益加深,越来越多的人接受了全球经济一体化的观点。因此,从宏观经济的观点看,现实世界中任何一个国家的经济都是开放的经济,只不过有些国家的开放程度高,有些国家的开放程度低。而在开放的经济条件下,随着各国之间商品交换、资本流动及劳动力转移等经贸活动的开展,必然会导致国际间的货币收支。

相关知识

一、国际收支的概念

国际收支有广义与狭义之分,根据世界各国普遍采用的概念,国际收支是指一国居民在一定时期内与非居民之间所进行的全部经济交易活动。在这个定义中的"一定时期",通常是一年,也可以是一个月或一个季度,这主要根据实际需要和资料来源的可能来确定,有些则是根据惯例和习惯。由此可知,国际收支是一个流量概念。要正确把握这个概念,必须注意以下几点。

1. 强调居民与非居民之间的经济交易

所谓经济交易实质上就是价值的交换,它是经济价值从一个经济单位向另一个经济单位的转移。如果当事者的一方为居民,另一方为非居民,这样的转移便是国际经济交易。居住地不同,是划分居民与非居民的依据。然而,区分居住地,并不以国籍或法律为标准,而是以交易者的经济利益中心所在地,亦即以从事生产、消费等经济活动的所在地和以交易发生的所在地作为划分的标准。IMF规定,从事这些经济活动和交易的期限必须在一年以上。按照经济利益中心所在地划分居民与非居民的原则,企业、非盈利机构和政府等法人,均属所在国居民。至于自然人,不论其国籍如何,只要他(她)在所在国从事一年以上的经济活动或交易,就是所在国居民;否则,即为非居民。

2. 国际经济交易的内容与特性

国际经济交易按其价值转移的内容和方向不同,一般分为五种类型:① 金融资产与商品、劳务之间的交换,即商品、劳务的买卖;② 商品、劳务与商品、劳务之间的交换,即易货贸易;③ 金融资产与金融资产之间的交换;④ 无偿的、单向的商品和劳务的转移;⑤ 无偿的、单向的金融资产的转移。前三种经济交易,都是一方向另一方提供一定数量的经济价值,并从对方得到价值相等的回报,这实质上是交换。而后两种经济交易只是一方向另一方提供了经济价值,提供价值的一方并未得到接受价值一方的回报和补偿,这实质上是无偿转移。

3. 国际收支与国际借贷不同

国际收支是一个流量概念,它是指一国在一定时期内(即报告期)发生的所有对外经济交易的综合。而国际借贷是一个存量概念,它是指一国居民在一定时点上的(一般为年底)对外资产和对外负债的汇总。

二、国际收支平衡表

国际收支是指一国在一定时期内从国外引进的全部货币资金和向国外支付的全部货币

资金的对比关系。一国国际收支的状况集中反映在这个国家的国际收支平衡表上。国际收支平衡表是按照复式簿记的原理,以货币为计量单位,用表格的形式,分门别类地设置项目和账户,总括地记录一国一定时期内全部对外经济交易的报告文件,它是所有有关对国外收支项目的概览。国际收支平衡表是一张国际上通用的、有标准格式的收支平衡表,也是一个会计账目表,一般每年公布一次。

(一)国际收支平衡表的编制原理与记账方法

国际收支平衡表是按照现代会计学的复式记账原理编制的,即以借、贷为记账符号,遵循"有借必有贷,借贷必相等"的原理来记录每一笔经济业务。凡是收入项目或负债项目、资产减少的项目均列入贷方,称正号(+)项目;凡是支出项目或资产增加、负债减少的项目均列入借方,称负号(一)项目。由于每笔经济交易要同时分记有关的借方和贷方,且金额相等,所以,原则上国际收支平衡表全部项目的借方余额与贷方余额总是相等的,其净差额为零。但是国际收支平衡表中每一具体项目,如贸易项目、劳务项目等的借方和贷方一般总是不平衡的,收支相抵总要出现一定差额,这种差额称为局部差额。如收入大于支出,称为顺差;若支出大于收入,称为逆差。在未用平衡项目平衡之前的各局部差额合计就是国际收支总差额,称为国际收支顺差或国际收支逆差,也有称为国际收支盈余和国际收支赤字的。

(二)国际收支平衡表的主要内容

国际收支平衡表所包含的项目比较复杂,各国又都根据自己的情况和需要来编织,因而各国所公布的国际收支平衡表,内容有较大差异。但就基本构成来看,一般都包括经常项目、资本项目和平衡项目。

1. 经常项目

经常项目是国际收支平衡表中最基本、最重要的项目。凡是涉及居民与非居民之间的所有交易(不包括金融项目的交易)都包括在经常项目内,总括反映一国与其他国家之间真实资源的转移状况。通常包括以下三个项目。

(1)商品进出口贸易。由商品的进口和出口构成,又称为有形贸易。它不仅是经常项目中而且也是整个国际收支中最重要的项目,因为它记录了一国的全部商品进口和出口,并最终直接反映一国的经济实力。商品出口所得货款,构成一国的贸易收入,记入贷方;商品进口所付货款,构成一国的贸易支出,记入借方,两者之差即为一国的贸易差额。如出口收入大于进口支出即为贸易顺差;反之为贸易逆差。贸易差额对一国的国际收支平衡有很大的影响,一般来说大多数国家都希望保持国际收支平衡或略有顺差。

(2)劳务收支。是指为国外提供劳务服务和利用外国的劳务而引起的外汇收支,又称无形贸易。此项收支所包含的内容十分复杂,主要有运费、保险费和保险赔偿金、旅游费、各国互派使领馆、代表团的费用以及其他劳务费用如通讯费、广告费、专利费、银行手续费等。近十几年来,国际无形贸易发展迅速,它在一些国家的国际收支中所占地位不断攀升,并为平衡这些国家的国际收支发挥了极其重要作用。

(3)单方面转移支付。是指单方面的、无对等的经济交易。这种交易引起的资金国际转移后不产生归还或偿还的问题。它包括私人单方面转移和官方单方面转移。前者主要有侨汇、个人赠予和财产继承等;后者主要包括政府间无偿的经济援助、军事援助、战争赔款等。

2. 资本项目

资本项目反映金融资产在一国与其他国家之间的转移。即国际资本流动,包括资本输出与资本输入。一国资本输出就是该国对外资产的增加或对外负债的减少,在国际收支平衡中列入借方;一国资本输入则是该国对外资产的减少或对外负债的增加,在国际收支平衡表中列入贷方。资本项目一般分为长期资本和短期资本两大类。

(1) 长期资本。长期资本流动是指期限在一年以上的资本流动。分为政府长期资本流动和私人长期资本流动。具体包括直接投资、证券投资、政府及国际金融组织提供的贷款和商业银行提供的国际贷款。

(2) 短期资本。短期资本流动是指期限在一年或一年以下的资本流动。也可分为政府短期资本流动和私人短期资本流动。短期资本流动的形式和内容十分复杂,主要包括各国银行间的调拨和拆放,国际贸易的短期融资和清算结算,逃避外汇管制和货币贬值风险的资本外逃、套汇、套利、抵补保值等的外汇买卖,以及利用货币危机或某些政治事件冲击资金、股票、外汇市场牟取暴利的投机活动等等。国际上还有一种所谓"游资"的短期资本流动形式,数量巨大,流动性强,对国际金融市场的影响较大。

3. 平衡项目

从理论上讲,国际收支平衡表应当是平衡的,通常所讲的国际收支差额是指经常项目和资本项目借贷两方相抵后发生的顺差或逆差。平衡项目是用以弥补这种差额而使国际收支平衡表达到平衡的项目。它包括误差与遗漏、分配的特别提款权和官方储备等。

(1) 误差与遗漏。在编制国际平衡表的过程中,由于资料不完整,统计时间和记价标准不一致,以及各种货币相互间的换算差额等原因,国际收支平衡表中的统计数就难免出现错漏。当国际收支平衡表出现差额时就用这一项目来调整。若差额为负数,就将等值的数据记入"误差与遗漏"的贷方;反之,则记入借方。

(2) 分配的特别提款权。特别提款权是国际货币基金组织按会员国缴纳的份额分配给会员国的一种记账单位或账面资产。这种账面资产能够用于政府间的结算,也可以与黄金、外汇一起作为一国的国际储备资产,也可以用来向其他会员国换取可自由兑换的外汇以及偿还基金组织的贷款,但不能用于贸易或劳务方面的支付和私人之间的国际结算。各国分配到的特别提款权是该国国际收支的收入,故应记入国际收支平衡表的贷方。

(3) 官方储备。是指一国货币当局所持有的一切外国资产,包括黄金储备、外汇储备、特别提款权、在国际货币基金的储备寸头和基金信用的使用等。当经常项目和资本项目差额之和出现顺差时,表示官方储备的增加,应记入国际收支平衡表的借方;反之,若出现逆差时,表示官方储备的减少,应记入国际收支平衡表的贷方。这样就达到了国际收支平衡表的平衡。所以,反映在国际收支平衡表上的官方储备是增加额而不是持有额。

综合上面所介绍的内容,为增加读者对国际收支平衡表的感性认识,我们就以2001年中国的国际收支平衡表为例来作为参考。其基本格式如表16-6所示。

表16-6　2001年中国国际收支平衡表　　　　　　　　　　单位:千美元

项　　目	差　　额	贷　方	借　方
一、经常项目	17,405,275	317,924,465	300,519,190
A. 货物和服务	28,086,220	299,410,173	271,323,953
a. 货物	34,017,234	266,075,039	232,057,805
b. 服务	−5,931,014	33,335,135	39,266,148
1. 运输	−6,689,078	4,635,059	11,324,137

续表

项　　目	差　额	贷　方	借　方
2.旅游	3,883,174	17,792,000	13,908,826
3.通讯服务	−54,858	271,121	325,979
4.建筑服务	−16,815	830,194	847,009
5.保险服务	−2,483,687	227,327	2,711,014
6.金融服务	21,662	99,076	77,414
7.计算机和信息服务	116,752	461,458	344,706
8.专有权利使用费和特许费	−1,827,964	110,096	1,938,060
9.咨询	−612,844	889,273	1,502,117
10.广告、宣传	19,228	277,288	258,060
11.电影、音像	−22,324	27,895	50,220
12.其他商业服务	1,538,181	7,281,751	5,743,570
13.别处未提及的政府服务	197,558	432,596	235,038
B.收益	−19,173,258	9,389,580	28,562,839
1.职工报酬	−554,145	297,490	851,635
2.投资收益	−18,619,114	9,092,090	27,711,204
C.经常转移	8,492,313	9,124,711	632,398
1.各级政府	−66,628	138,044	204,672
2.其他部门	8,558,941	8,986,667	427,726
二、资本和金融项目	34,775,427	99,531,135	64,755,708
A.资本项目	−53,540	0	53,540
B.金融项目	34,828,966	99,531,135	64,702,169
1.直接投资	37,355,893	47,052,421	9,696,528
1.1 我国在外直接投资	−6,885,398	206,421	7,091,819
1.2 外国在华直接投资	44,241,291	46,846,000	2,604,709
2.证券投资	−19,405,929	2,403,858	21,809,788
2.1 资产	−20,654,278	69,208	20,723,487
2.1.1 股本证券	31,586	31,586	0
2.1.2 债务证券	−20,685,864	37,622	20,723,487
2.1.2.1 (中)长期债券	−5,588,004	37,622	5,625,627
2.1.2.2 货币市场工具	−15,097,860	0	15,097,860
2.2 负债	1,248,349	2,334,650	1,086,301
2.2.1 股本证券	849,000	849,000	0
2.2.2 债务证券	399,349	1,485,650	1,086,301
2.2.2.1 (中)长期债券	399,349	1,485,650	1,086,301
2.2.2.2 货币市场工具	0	0	0
3.其他投资	16,879,003	50,074,856	33,195,853
3.1 资产	20,812,758	33,667,201	12,854,442
3.1.1 贸易信贷	702,329	702,329	0
长期	0	0	0
短期	702,329	702,329	0

续表

项　目	差　额	贷　方	借　方
3.1.2 贷款	15,313,555	15,736,290	422,735
长期	−177,000	0	177,000
短期	15,490,555	15,736,290	245,735
3.1.3 货币和存款	−3,213,816	301,162	3,514,978
3.1.4 其他资产	8,010,691	16,927,419	8,916,729
长期	−5,387,298	0	5,387,298
短期	13,397,988	16,927,419	3,529,431
3.2 负债	−3,933,756	16,407,655	20,341,411
3.2.1 贸易信贷	−2,441,935	0	2,441,935
长期	0	0	0
短期	−2,441,935	0	2,441,935
3.2.2 贷款	−1,490,082	10,304,541	11,794,623
长期	−1,198,193	7,127,414	8,325,607
短期	−291,889	3,177,127	3,469,016
3.2.3 货币和存款	492,185	567,279	75,093
3.2.4 其他负债	−493,923	5,535,836	6,029,759
长期	−1,105,948	3,797,609	4,903,557
短期	612,025	1,738,227	1,126,202
三、储备资产	−47,325,130	0	47,325,130
3.1 货币黄金	0	0	0
3.2 特别提款权	−51,830	0	51,830
3.3 在基金组织的储备头寸	−682,259	0	682,259
3.4 外汇	−46,591,040	0	46,591,040
3.5 其他债权	0	0	0
四、净误差与遗漏	−4,855,572	0	4,855,572

三、国际收支的调节

前面已经讲过,按照复式簿记的记账原理,一国的国际收支平衡表借贷两方总是平衡的。但这只是账面上的平衡。实质上一国的国际收支经常是不平衡的。国际收支出现的顺差或逆差,必须经过人为调整才能达到平衡。如果一国的国际收支长期失衡,而不采取措施予以调整,使其趋于平衡,势必对本国经济的发展造成非常不利的影响。

(一)国际收支不平衡的原因

引起国际收支不平衡的原因是很复杂的,既有国内因素,也有国外因素。概括起来,主要有以下几种。

1. 偶发性因素

国内的某些偶发性事件,如灾荒、骚乱等,可能会引起该国的出口商品减少或进口商品增加,从而使该国的国际收支出现逆差。同样,国外的贸易伙伴国发生类似的事件,也可能带来出口需求下降,导致本国国际收支逆差。

2. 货币性因素

由于一国的价格水平、成本、汇率、利率等货币性因素所造成的国际收支不平衡,称为货币性不平衡。如一国通货膨胀,造成成本和物价普遍上升,在汇率不变的情况下,以外国货币表示的本国出口商品的价格就会上涨,从而削弱本国商品在国际市场上的竞争力,使商品出口受到限制,进口则受到鼓励,这样就会引起国际收支发生逆差。反之,则会使国际收支出现逆差。

3. 结构性因素

当国际市场的需求发生变化,一国的商品生产结构不能适应这种变化而造成的国际收支不平衡,称为结构性不平衡。如当前生产技术日新月异,产品更新换代加快,一国若不能在技术设备上进行革新和改进,其优势出口产品在国际市场上迟早要被他国的同类或类似商品所替代,由此引起贸易不平衡,进而导致国际收支的不平衡。

4. 周期性因素

市场经济条件下,经济发展具有周期性。在再生产周期的各个阶段,由于生产、人均收入和社会需求的消长,会使一国的国际收支发生不平衡。由于生产和资本国际化的发展,主要西方国家经济周期的阶段性更替也会影响到其他国家的经济运行,从而导致各国发生国际收支的不平衡。

(二) 国际收支不平衡的调节

国际收支不平衡是经常的,就一国来说,不管是顺差还是逆差,都应采取适当的政策措施进行调节,使其达到平衡。尤其是长期的、持续的、巨额的逆差,会造成该国黄金外流,外汇储备减少,本国货币的对外汇率下降,甚至会引发国际收支危机;反之,如出现持续性的巨额顺差,就会使本国货币的对外汇率上升,不利于出口。同时,还会因为外资的大量流入,加剧国内通货膨胀的压力。总之,无论是逆差或是顺差,都对本国经济发展不利,乃至在国内和国际间引起严重的不良经济、政治后果。尤其是逆差国所承受的不良影响远比顺差国要大,因此对它们来说,调节国际收支的意义更为重要。各国政府总是根据本国国际收支不平衡的不同情况以及国内外的经济状况,选择有针对性的政策措施来调节其国际收支的。

1. 财政政策

宏观财政政策主要是通过调整税收和政府支出来实现对国民经济需求的管理。当一国出现国际收支顺差时,政府可以通过扩张性财政政策促使国际收支平衡。一般来讲,扩张性财政政策对贸易收支的影响超过它对资本项目收支的影响,因此有助于一国在国际收支顺差的情况下恢复国际收支平衡。当一国出现国际收支逆差时,政府可以通过紧缩性财政政策促使国际收支平衡。首先,增税或减少政府支出可以减少国民收入,从而相应地压缩进口。其次,抑制总需求会降低通货膨胀率或使物价水平下降,从而有利于出口并抑制进口。政府一般是在充分就业和高通货膨胀的情况下才推行紧缩性财政政策的。

2. 货币政策

货币政策主要是一国通过调整货币供应量实现对国民经济的需求管理。在市场经济发展比较成熟的国家,主要通过再贴现率、法定准备金率和公开市场业务来调整货币供应量。如一国出现国际收支逆差时,政府采取紧缩性货币金融政策,即调高再贴现率、提高法定准备金率和在公开市场上卖出政府债券,从而使利率上升,投资减少,物价下跌,国民收入降低,成本和居民消费支出下降,以使出口增加,进口减少,达到平衡国际收支的目的。若一国出现国际收支顺差,则采取膨胀性的货币金融政策,即通过削减财政开支、提高税率的措施,使国内投资增长,国民收入和消费增加,价格上涨,从而在汇率不变的情况下,引起出口减少,进口增加,以达到平衡国际收支的目的。

3. 汇率政策

汇率政策是一国通过调整本币汇率来调节国际收支的政策,即就是采取货币贬值或调低汇率、货币升值或调高汇率的办法来消除国际收支逆差或顺差。当一国发生国际收支逆差时,政府可以实行本币贬值或调低汇率来增强出口商品的国际竞争力并削弱进口商品的竞争力,以吸引资本流入,减少资本流出,从而改善一国的贸易收支。而当一国发生国际收支顺差时,政府可以实行本币升值或调高汇率来鼓励进口,抑制出口,以使国际收支顺差逐步消失,进而达到国际收支的平衡。由于调整汇率的方法对一国经济冲击较大,使用不当可能诱发货币危机。因此,国际货币基金组织要求其成员国,只有在国际收支长期失衡时,才允许采用汇率政策来调整国际收支失衡。

4. 直接管制

直接管制是指政府直接干预对外经济往来。包括:外汇管制、财政管制和贸易管制。外汇管制是指一国政府通过有关机构对外汇买卖和国际结算进行行政干预。如限制私人持有外汇、限制私人和进口商购买外汇、限制资本流入、限制资本流出、实行复汇率制、禁止黄金输出和携带本币出境等。财政管制是指政府通过有关机构管制进出口商品的价格和成本。如进口关税政策、出口补贴政策、出口信贷政策等;贸易管制是指政府直接限制进出口商品的数量。如实行进口配额制、进口许可证制、苛刻的进口技术标准、歧视性采购政策、歧视性税收政策和国家垄断外贸业务等措施。这主要用于缓解严重的国际收支逆差。

5. 国际协调

各国政府调节国际收支都以本国利益为出发点,他们所采取的措施可能会对其他国家的经济产生不利影响,并使其他国家采取报复性措施。为了维护正常国际经济秩序,有必要加强各国对国际收支调节政策的国际协调。如确定协调国际收支调节的一般原则、建立国际资金融通机制、建立区域性一体化经济和各种国际会议协调机制等。以上措施在一定程度上缓解了各国国际收支之间的矛盾,维护了正常的国际经济秩序。

单元四 汇 率

知识目标
1. 认知理解汇率及汇率制度；
2. 认知理解汇率变动对经济的影响。

能力目标
通过本节的学习,你应该能够：
1. 进行汇率的正确换算；
2. 从现实的角度对人民币汇率提高产生的影响做正确的分析。

引导启示

所谓汇率即两国货币折算的比率,或者说是以一国货币单位所表示的另一种货币单位的价格。汇率是一种特殊的价格,之所以说它特殊,一是在于它的表现形式特殊,它是以一国货币表示另一国的货币；二是在于它作为一种价格指标,对于经济社会中其他价格变量有着特殊的影响。

作为本国货币与外国货币之间价值联系的桥梁,汇率在本国物价和外国物价之间起着纽带作用,它首先会对国际贸易产生重要影响,同时也对本国的国民生产结构产生影响。因为汇率的高低,会影响到资源在出口部门和其他部门之间的分配。此外货币领域也会因为汇率的变化,大量资金相应地从一种货币流向另一种货币；在国内金融市场上则可以看到汇率随着货币供求状况的变化而进行适应性变动,反过来汇率对国内货币状况也会产生极大影响。

改革开放以来,人民币汇率走过了一个先贬值后升值的过程。

第一阶段为改革开放至汇率改革时期,此间人民币兑美元汇率从 1.5∶1(元/美元)下滑到 8.6∶1(元/美元)。人民币的大幅度贬值主要是因为当时我国外汇储备不足、物价大幅上涨,而国内又急需扩大出口。在实施贬值后,缓解了国内工资水平大幅上涨的压力,也吸引了更多国外投资,为我国这一期间经济的高速增长作出了巨大贡献。

第二阶段为 1994 年至今,这一阶段人民币币值基本保持稳定。1994 年人民币汇率并轨,取消官方汇率,形成了以市场供求为基础的、单一的、有管理的浮动汇率制。此后的几年里,人民币汇率一直在 8.72~8.27(元/美元)之间浮动。即使在亚洲金融危机中,中国依然坚持人民币不贬值;由于人民币稳定,我国出口减少、经济增长放缓,但却保持了经济、社会的稳定和发展,并促使亚洲金融危机尽快结束,避免了世界性金融危机,这一行为受到了国际社会的高度评价。

我国将货币政策目标定位于保持人民币币值稳定,而根据购买力平价理论,一国货币的对内价值决定其对外价值,所以在国际经济波动不大的前提下,保持汇率稳定是我国货币政策的要求;从我国近年汇率政策实践和实际汇率变动状况来看,基本上与我国货币政策一致。

相关知识

一、汇率及其标价

汇率又称汇价,是一个国家的货币折算成另一个国家货币的比率,或者说是以外国货币表示的本国货币的价格。因此汇率表示的是两个国家货币之间的互换关系。

汇率主要有两种标价方法。一种被称为直接标价法,它是用一单位的外国货币作为标准,折算为一定数额的本国货币来表示的汇率。例如,2007 年 5 月 14 日,银行间外汇市场美元对人民币的汇率为:1 美元兑换 7.6739 元人民币。另一种被称为间接标价法,它是用一单位的本国货币作为标准,折算为一定数额的外国货币来表示汇率。如 1 元人民币兑换 0.76739 美元。无论用哪一种标价方法,如果某种货币价值提高,则该货币升值;如果某种货币价值降低,则该货币贬值。

二、汇率制度

(一) 固定汇率制度

固定汇率制度是根据不同货币含金量的对比制定出的不同货币之间的汇率。或者是由政府通过法令规定的本国和他国货币之间的比率。这种汇率一般不轻易变动,具有相对的稳定性,故称为固定汇率制度。在金本位制和纸币流通制度下都曾经有过固定汇率制度,两者就形式上看都是不轻易变动、相对稳定的汇率,但实质上却是不同的。金本位货币制度下的固定汇率是由两国单位货币的含金量对比即铸币平价为依据来确定的,它的波动要受到黄金输送点的限制,波动幅度很小,能够保持相对稳定。所以,金本位制度下的固定汇率制度是典型的固定汇率制度。而在纸币流通制度下,汇率决定的依据是两国政府所规定的单位纸币的含金量之比,即黄金平价。每一单位纸币的含金量是该国政府用立法程序规定的。如一国政府通过立法程序公开宣布变动纸币的含金量,就称作该国货币的法定升值或贬值。政府用法令明文规定降低本国货币的含金量、提高外汇汇率,叫做货币的法定贬值;反之,政府用明文规定提高本国货币的含金量、降低外汇汇率,叫做货币的法定升值。一国政府实行货币的法定贬值或升值,必然引起该国货币的汇率发生波动,这对该国经济的发展和国际贸易金融关系的稳定往往会带来消极影响。所以,各国政府为了维持本国经济和国际贸易金融的稳定发展,一般不轻易变动货币的含金量。同时,政府为维持汇率的稳定还规定了市场汇率波动的上下限。如果波动的幅度超过了所规定的上下限,政府有关金融当局就要运用贴现政策、设立外汇平准基金、动用外汇储备等来干预汇率,使其继续维持在波动界限以内。

(二)浮动汇率制度

浮动汇率制度,是指一国中央银行不规定本国货币与其他货币的黄金平价或法定比价,也不规定汇率波动的上下限,中央银行也不再承担将汇率维持在一定水平的义务,而是由外汇市场上外汇供求关系状况来决定本国货币和外国货币比价的汇率制度。在浮动汇率制度下,一国国际收支状况所引起的外汇供求关系的变化是影响汇率高低变化的主要因素。国际收支顺差的国家,外汇供给增加,外国货币的价格下跌,即外汇汇率下浮;国际收支逆差的国家,对外汇的需求增加,外国货币价格上涨,即外汇汇率上浮。实行浮动汇率制度,外汇市场上的汇率上下波动是经常发生的正常现象。但从币值的变化看,一国货币汇率上浮,实质上是货币升值;一国货币汇率下浮,则是货币贬值。

(三)盯住汇率制度

一些发展中国家,由于自己经济实力的限制,无法使本国货币保持稳定的汇率水平,而采用一种盯住汇率制度。盯住汇率制度就是把本国货币与本国主要贸易伙伴国的货币确定一个固定的比价,随着一种或几种货币进行浮动。

三、汇率变动对经济的影响

(一)汇率变动对进出口的影响

一般说来,汇率下降,能起到促进出口,抑制进口的作用。其影响过程大体是:在一国货币对内购买力不变,而对外汇率下降时,该国出口商品所得的外汇收入、按新汇率折算要比按原汇率获得更多的本国货币,出口商品可从汇率贬值中得到额外利润。对于进口而言,由于进口商品按新汇率所需支付的本国货币,要比按原汇率计算的多,从而引起进口商品价格上涨,起到抑制进口的作用。也就是说本币贬值,外汇汇率提高,而本国国内物价未变动或变动不大,出口商品以外币表示的价格就降低,外国购买本国商品、劳务的购买力就增强,从而有利于扩大本国商品的出口规模。同时,本币汇率下降,以本币所表示的进口商品的价格则会提高,从而影响进口商品在本国的销售,起着抑制进口的作用。

(二)汇率变动对国际资本移动的影响

汇率变动对长期资本流动影响较小,因为长期资本流动主要以利润和风险为转移,在利润有保证和风险较小的情况下不至于出现大的波动。但短期资本流动常常受汇率变动的影响较大,在汇率变动的条件下,本国投资者和外国投资者就不愿持有以贬值国货币计值的各种金融资产,而将其转兑成外汇,发生资本外逃现象;同时由于纷纷转兑外汇,加剧外汇供应紧张,会促使本币汇率进一步下跌。反之,本币汇率上升,本币的购买力增强,本币的威望提高,可使本国资本的对外投资扩大。同时,也会吸引外资的流入。例如,日元在80年代和90年代初大幅度升值后,日本企业加快了向海外发展的速度,汽车行业首先向海外扩张并提前实施在海外就地生产的计划。家用电器、办公机械和机床行业也拼命向海外拓展。

(三)汇率变动对非贸易收支的影响

当本币贬值、外汇汇率上升时,外国货币的购买力相对提高,贬值国的商品、劳务、交通、旅游和住宿等费用就变得相对便宜,这对外国游客无疑增加了吸引力。对其他无形贸易收入的影响也大致如此。反过来,本币贬值后,国外的旅游和其他劳务开支对本国居民来说相对提高,进而抑制了本国的对外劳务支出。本币升值后的情况则与以上结果恰好相反。

(四)汇率变动对外汇储备的影响

当作为主要储备货币的美元汇率下跌时,拥有美元储备的国家就会遭受损失。但对积欠美元债务的国家来说,则相应地减轻了债务负担。相反,如果某种储备货币的汇率上涨,持有这种储备货币的国家其外汇储备的实际价值就会增加,而对积欠以这种货币计算的债务国来说,则会增加债务的实际负担。本币汇率的变动,会通过资本流动和进出口贸易额的增减,直接影响本国的外汇储备。一国货币汇率稳定,外国投资者能够稳定地获得利息和红利收入,有利于国际资本投放,从而促进外汇储备增加;反之,则引起资本外流,外汇储备减少。

(五)汇率变动对物价的影响

本币贬值后,国内物价将会上升,并逐渐扩展。因为,货币贬值后,进口商品的物价用贬值国货币来表示就会上升,进口原材料、半成品的价格上涨,会直接影响到本国商品生产成本的提高。另一方面,由于进口消费品价格的提高,会影响到本国工资水平的提高,这又间接地影响到商品生产成本的增加。国内物价上涨的另一个原因是,通过贸易收支改善的乘数效应,引起需求拉动的物价上涨。

(六)汇率变动对产业结构和资源配置的影响

本币贬值后,出口产品在国外市场的竞争能力提高,出口扩大,整个贸易部门的利润就会高于非贸易部门,从而会诱使资源流向出口产品制造业或出口贸易部门,这样一来,整个经济体系中贸易出口部门或出口产品制造业所占的比重就会扩大,从而提高本国的对外开放程度,更多的产品将加入与外国产品相竞争的行列。另一方面,货币贬值后,进口商品的价格提高,使原来对进口商品的一部分需求转向了本国商品的需求,这样,也会促使国内某些内销产品行业的较快发展。

(七)汇率变动对国际经济的影响

弱小国家汇率的变动对贸易伙伴国经济产生的影响轻微,而主要工业国货币汇率的变动将对国际经济产生重大影响:① 主要工业国家汇率的变动(贬值)将会不利于其他工业国和发展中国家的贸易收支,由此将加剧工业国和发展中国家的矛盾,也会加剧工业国之间的矛盾,有可能会引起连续不断的贸易摩擦和汇率战,并影响经济的景气。② 主要工业国家的货币一般作为国际间的计价手段、支付手段和储备手段,故其汇率变动将会引起国际金融领域的动荡,这对整个国际经济的发展将是十分不利的。

案例1： 当经济全球化已经变成一种无法回避的客观现实时，贸易摩擦就无法避免。2000年4月21日，中韩签署中韩大蒜贸易协议备忘录，中韩贸易战刚刚尘埃落定。2000年3月30日，日本农林水产大臣谷津义男、财务大臣宫泽喜一和经济产业大臣平沼赳夫在国会内举行会谈，针对从中国进口的葱、香菇及榻榻米用灯心草3种农产品实施"紧急限制进口措施"的问题进行磋商并达成共识。他们认为，从中国进口的3种农产品数量的激增已对日本农民造成巨大冲击，现已符合世界贸易组织所规定的发动制裁条件。4月23日起，日本便开始对从中国进口的大葱、鲜香菇及灯心草3种农产品实施"紧急限制进口措施"，对限制进口数量内的农产品即大葱5383吨、鲜香菇8003吨和南草席7949吨，征收3%～6%的关税，超过上述数量的部分则征收106%～266%的关税。中日之间的贸易大战似乎已经初见端倪。这无疑把中国对日出口的蔬菜加工企业推向了破产的边缘，菜农也将遭受严重损失。中国外经贸部新闻发言人高燕指出，日本政府单方面决定对3种主要从中国进口的农产品采取临时保障措施，严重损害了中日两国经贸关系，对这种遏制公平竞争的贸易保护主义行为，中方表示坚决反对。中日农产品贸易是根据日本市场的实际需求，在两国业界的共同努力下发展起来的，中国农产品在日本市场深受消费者欢迎。日方无视这一事实，在未经充分协商，未能得出客观、公正、实事求是调查结论的情况下，启动临时保障措施，对3种农产品提高进口关税，背离了日方一贯主张的贸易自由化原则。

请你用所学的国际经济理论谈一下日本对中国出口蔬菜的制裁是否符合国际贸易的公平竞争原则。

案例2： 2005年7月21日，我国实施人民币汇率形成机制改革。汇改后，人民币汇率弹性不断增强，走势总体趋升。人民币汇率小幅升值，主要是国际收支顺差较大、外汇市场供大于求的结果。近年来，随着贸易顺差和外商投资的快速增长，外汇源源涌入中国，国际收支顺差不断增加。人民币汇率作为人民币与外汇的比价，在外汇市场供求关系的作用下，自然会渐渐走高。2006年3月，持续维持在高位的贸易顺差出现下降，仅为68.7亿美元，比上月减少168.9亿美元。相应的，人民币汇率在3月份也仅升值130个基点，明显低于1、2月的297个基点和206个基点。而4月份贸易顺差大幅反弹，高达169亿美元，超出3月份水平的一倍以上。于是，人民币汇率在4月升值了251个基点，"五一"后更是演绎了"五天三级跳"的行情。于是，国内外呼声渐高，要求人民币升值。

请你用所学的汇率知识谈一谈人民币升值对中国经济发展有何影响。

国际经济理论是经济学的重要组成部分。国际贸易的绝对优势理论认为由于各国间存在着生产技术上的差别，以及由此造成了劳动生产率和生产成本上的差别，因此，各国应该

集中生产并出口其具有绝对优势的产品,进口其不具有绝对优势的产品,其结果比自己什么都去生产更有利。比较优势理论则认为,国际贸易的基础并不限于生产技术上的绝对差别,只要各国之间存在着生产技术上的相对差别,就会出现生产成本上的相对差别,从而使各国在不同产品的生产上具有相对优势,使国际分工和国际贸易成为可能。也就是说每个国家不一定要生产所有商品,而应集中力量生产那些利益较大或不利较小的商品,然后通过对外贸易进行交换,在资本和劳动力不变的情况下,生产总量自会增加。

在开放的经济中,世界范围内资源要素的优化配置实质上是通过商品、劳动力、资本和技术的国际流动来实现的。特别是劳动力、资本、技术等要素的国际流动,对促进国家或地区经济的跨越式发展,作用巨大。

国际收支是指一国在一定时期内从国外引进的全部货币资金和向国外支付的全部货币资金的对比关系。一国国际收支的状况集中反映在这个国家的国际收支平衡表上。国际收支平衡表所包含的项目比较复杂,但就基本构成来看,一般都包括经常项目、资本项目和平衡项目。按照复式簿记的记账原理,一国的国际收支平衡表总是平衡的。但事实上一国的国际收支常常是不平衡的。偶发性因素、货币性因素、结构性因素和周期性因素是引起国际收支不平衡的主要原因。国际收支出现不平衡,不管是顺差还是逆差,都应采取措施进行调节,使其达到平衡,否则,将会对本国经济的发展造成不利影响。

汇率表示的是两个国家货币的兑换关系。汇率有两种标价方法。即直接标价法和间接标价法。汇率的变动必然影响到商品的进出口、物价和资本的流入、流出,进而对经济运行产生重大影响。因此,适当的汇率政策有助于经济的健康发展。

思考与练习

1. 基本概念

绝对优势　相对优势　国际收支　贸易壁垒　汇率　固定汇率　浮动汇率　汇率制度　直接标价法　间接标价法　资本国际流动

2. 简要分析劳动力国际流动的原因及经济效应?
3. 国际收支平衡表的主要内容有哪些?
4. 国际收支不平衡是如何形成的?应怎样进行宏观调控?
5. 汇率变动对经济的影响主要有哪些?

主要参考文献

[1] 亚当·斯密.国富论(下册)[M].伦敦:丹特公司,1955
[2] 萨缪尔森,诺德豪斯.经济学[M].16版,纽约:麦格劳-希尔公司,1998
[3] 高鸿业.西方经济学(第三版)[M].北京:中国人民大学出版社,2005
[4] 牛国良.西方经济学[M].北京:高等教育出版社,2002
[5] 梁小民.西方经济学教程[M].北京:中国统计出版社,1998
[6] 史忠键.经济学基础[M].北京:高等教育出版社,2003
[7] 陈章武.管理经济学[M].北京:清华大学出版社,1996
[8] 陈通.宏微观经济学(第二版)[M].天津:天津大学出版社,2006
[9] 张瑞恒.经济学原理(第二版)[M].重庆:重庆大学出版社,2004
[10] 李成,何善华,林宙.西方经济学[M].广州:暨南大学出版社,2006
[11] 刘凤良,吴汉洪.经济学[M].北京:高等教育出版社,1998
[12] 郭丁.对外经济管理概论[M].武昌:武汉大学出版社,1997
[13] 缪代文.微观经济学与宏观经济学(第二版)[M].北京:高等教育出版社,2004
[14] 曼昆.经济学原理[M].北京:三联书店 北京大学出版社,1999
[15] 斯蒂格利茨.经济学(第二版)[M].北京:中国人民大学出版社,2001
[16] 宋承先.现代西方经济学[M].上海:复旦大学出版社,1997
[17] 尹伯成.西方经济学简明教程(第三版)[M].上海:上海人民出版社,2002
[18] 梁小民.西方经济学[M].北京:中央电大出版社,2002
[19] 连有,方杰,蒋京梅.西方经济学[M].北京:中国传媒大学出版社,2007
[20] 梁小民.微观经济学纵横谈[M].上海:三联书店,2000
[21] 黄亚钧,郁义鸿.微观经济学[M].北京:高等教育出版社,2000
[22] 大卫·伯格,斯坦雷·费希尔等.经济学基础[M].北京:人民邮电出版社,2003
[23] 孙荣,许洁.政府经济学[M].上海:复旦大学出版社,2001
[24] 苏东水.产业经济学[M].北京:高等教育出版社,2000
[25] 严国辉.经济学基础[M].北京:对外经贸大学出版社,2006
[26] 石良平.西方经济学[M].北京:高等教育出版社,2000
[27] 刘源海.经济学基础[M].北京:高等教育出版社,2006
[28] 方欣.西方经济学[M].北京:科学出版社,2005
[29] 汪祥春.宏观经济学[M].大连:东北财经大学出版社,2004
[30] 邓文博.经济学基础[M].北京:化学工业出版社,2011
[31] 徐祖兴.西方经济学原理[M].大连:大连理工出版社,1992
[32] 凯恩斯.就业、利息和通货理论[M].北京:商务印书馆,1988
[33] 陈福明.经济学基础[M].北京:高等教育出版社,2011
[34] 保罗·A·萨缪尔森.经济学[M].14版,胡代光等译,北京:北京经济学院出版社,1996
[35] 韩燕雄,朱景发.经济学基础[M].北京:北京理工大学出版社,2010